Clifford/Cavanagh
Spitzengewinner

Donald K. Clifford
Richard E. Cavanagh

Spitzengewinner

Strategien erfolgreicher Unternehmen

ECON Verlag
Düsseldorf · Wien

Titel der Originalausgabe: *The Winning Performance, How America's High-Growth Midsize Companies Succeed*
Original-Verlag: Bantam Books, Inc., New York
Übersetzt von Angelika Jaeger

CIP-Kurztitelaufnahme der Deutschen Bibliothek

Clifford, Donald K.:
Spitzengewinner: Strategien erfolgreicher Unternehmen/Donald K. Clifford; Richard E. Cavanagh. [Übers. von Angelika Jäger].
– 1. Auflage. – Düsseldorf/Wien: ECON Verlag, 1986. Einheitssacht.: The Winning Performance ›dt‹
ISBN: 3-430-11879-4
NE: Cavanagh, Richard E:

1. Auflage 1986

Gesetzt aus der Times der Fa. Linotype GmbH
Satz: Formsatz GmbH, Diepholz
Papier: Papierfabrik Schleipen GmbH, Bad Dürkheim
Druck und Bindearbeiten: Pustet, Regensburg
Printed in Germany
ISBN 3-430-11879-4

Marvin Bower, der uns die Werte erkennen ließ,
die unserem Berufsstand und dem Unternehmertum zugrunde liegen.
Donald K. Clifford jr. und Richard E. Cavanagh

Meinen Eltern, die mir alles ermöglichten,
und Mary, die mir viel Verständnis entgegenbrachte.
Donald K. Clifford jr.

Meiner Mutter, die mich erkennen ließ, daß
Mitgefühl und Mut genauso wichtig sind wie
Fachkompetenz und Leistung.
Richard E. Cavanagh

Und Dee d'Arbeloff in Erinnerung,
dessen Mut, Wissen und Freundschaft
uns noch immer inspiriert.

Inhaltsverzeichnis

Vorwort

Unternehmertum ist in Amerika noch immer eine lebendige Kraft.

Wie dieses Buch zeigt, leisten die Unternehmer – jene Frauen und Männer an der Spitze erfolgreicher Wachstumsunternehmen – egal, zu welchem Wirtschaftsbereich sie gehören oder wo ihr Standort sich befindet, außergewöhnliches in bezug auf Arbeitsplätze, Exporte, Dividenden, Bruttosozialprodukt und Innovationen. Größen, die für die wirtschaftliche Entwicklung besonders wichtig sind.

Da die Gründer der American Business Conference (ABC), einer Vereinigung wachstumsstarker mittelgroßer Unternehmen, von Anfang an das Ziel verfolgten, Innovation und Unternehmertum in den Vereinigten Staaten zu fördern, wollten sie aus dieser Organisation sehr viel mehr als nur eine weitere Interessengruppe machen, die die Aufmerksamkeit der politischen Entscheidungsträger des Landes auf ihre Sonderinteressen zu lenken versucht. Die ABC sollte wirklich Entscheidendes bewirken.

Von Anfang an konzentrierte sich die ABC daher auf Fragen, von denen für die gesamte amerikanische Wirtschaft die stärksten Wachstumsimpulse ausgehen würden. Wir haben deshalb die Zusammenhänge zwischen wirtschaftlichen Schlüsselfragen und dem Wirtschaftswachstum, dem Zuwachs an Arbeitsplätzen und dem Lebensstandard des Durchschnittsamerikaners in den Mittelpunkt gestellt. Wir vermieden lediglich, eng umgrenzte Fragen, die unsere wachstumsstarken Mitglieder betreffen, in den Vordergrund zu stellen, und wurden als Organisation dadurch glaubwürdig, daß wir politische Grundsatzpositionen von weitreichendem, nachhaltigem Einfluß auf die Gesamtinteressen der Nation entwickelten.

Die ABC scheut sich keineswegs, eigenständige und manchmal unorthodoxe Positionen zu beziehen, die für die übrige Geschäftswelt eine Herausforderung sind. Wir haben aber immer versucht, die öffentliche politische Diskussion auf die Erfordernisse langfristigen Wirtschaftswachstums zu lenken. 1982 widersetzten wir uns der Opposition in weiten Kreisen der Geschäftswelt gegen Steuererhöhungen, insbesondere bei den Körperschaftssteuern, und führten erfolgreich den Kampf um den *Tax Equity and Fiscal Responsibility Act*, der für Steuergerechtigkeit und finanzpolitische Verantwortung sorgen sollte. Teilweise infolge dieser Gesetzgebung gab es geldmarktpolitische Erleichterungen, die den nahezu stärksten Wirtschaftsaufschwung der Nachkriegszeit auslösten. Das hat Millionen von erwerbstätigen Durchschnittsamerikanern Vorteile gebracht, und Millionen benachteiligter Bürger können jetzt endlich wieder am normalen Wirtschaftsleben teilnehmen.

Wenn diese Leistungen Bestand haben sollen, muß die Nation ein dem unternehmerischen Wachstum förderliches Klima schaffen. Der gesunde Menschenverstand gebietet das. Mit einem derartigen Klima, das Wohlstand ermöglicht, werden keine Sonderinteressen verteidigt. Unsere Regierung muß den eigenen Haushalt finanziell in Ordnung halten, damit den Unternehmern in hinreichender Menge und zu erträglichen Preisen Kapital zur Verfügung steht, um Risiken eingehen zu können und Visionen Wirklichkeit werden zu lassen. Die Wirtschaft regelnde staatliche Maßnahmen sollten verringert und vereinfacht werden, denn Unternehmer müssen ihre Tatkraft einsetzen, um Unternehmen aufzubauen und Arbeitsplätze zu schaffen, nicht, um Formulare auszufüllen. Und auf dem Weltmarkt sollte unsere Regierung Spielregeln aushandeln, unter denen der eigentliche Produktwert für den Kunden, nicht das Ursprungsland oder Subventionen über Erfolg oder Niederlage entscheiden.

Die ABC ist stolz, daß sie die diesem Buch zugrunde liegende wissenschaftliche Untersuchung von McKinsey & Company, Inc., *The Winning Performance of the Midsized Growth Companies*, einen 1981 veröffentlichten Bericht, fördern konnte. Das Wissen um wirtschaftliche Zusammenhänge ist wichtig für Amerikas Zukunft und Sicherheit. Zukünftige Generationen von Spitzengewinnern, so hoffen wir, werden sich die Erfahrung derjenigen, die bereits Einmaliges geleistet haben, zunutze machen, wenn sie Geschichte, Methoden und Philosophien der erfolgreichen Unternehmer und Führungskräfte kennen.

Viele Ergebnisse dieses Buches widerlegen irrige Meinungen, die einst als Inbegriff fortschrittlichen Managements galten. Aber sie erhärten die Werte und Unternehmensphilosophien, die die freie Wirtschaft ausmachen. In den Unternehmen, die der American Business Conference angehören, und in den ihnen verwandten wachstumsstarken Unternehmen ganz Amerikas bestimmt diese Haltung tagtäglich das Handeln.

Arthur Levitt jr., *Chairman*
John M. Albertine, *President*

The American Business Conference
New York und Washington

Geleitwort

Viele haben ihre Gedanken, aber auch Zeit und Begabung in dieses Buch eingebracht.

Drei Kollegen bei McKinsey verdienen, besonders hervorgehoben zu werden. Bob Waterman war der geistige und intellektuelle Pate unserer Arbeit. Freigebig ließ er uns seine Ideen, Unterstützung und Kritik zuteil werden. Jon Katzenbach, der alles meisterhaft in die Praxis umzusetzen wußte, leistete uns seinen umfassenden persönlichen Beistand. Marvin Bower war ein professioneller Mentor – mit Leitungs- Beratungs- und Koordinationsfunktionen. Auch Tom Peters und Allan Kennedy waren an der Entstehung dieses Buches beteiligt – ihr Denken und ihre methodischen Ansätze ermöglichten, daß unsere Arbeit in ihren Grundzügen strukturiert wurde. Fred Gluck vermittelte uns sein Wissen über die neusten Erkenntnisse auf dem Gebiet der Unternehmensstrategie. Julien Phillips half uns zu verstehen, wie Wandel zu steuern ist. Terry Williams war der erste Verfechter dieses Projekts und ein hilfreicher Kritiker. Später haben auch Kollegen wie Doug Axsmith, Jim Balloun, Jim Bennett, Steve Coley, Nathaniel Foote, Dick Foster, Max Geldens, Quincy Hunsicker, George Norsig, Bob O'Block, John Stewart und Don Waite ihre eigenen Gedanken beigesteuert und unser Denken angeregt. Robert Higgins, ein »Risikokapitalist« und Unternehmer, gab uns entscheidende Denkanstöße.

Das Forschungsteam von McKinsey, das mit uns an dem ersten Forschungsauftrag der American Business Conference gearbeitet hat, zeichnete sich durch außergewöhnlichen Sachverstand aus. In ihm vereinigten sich die analytische Schärfe von Kevin Coyne, der wissenschaftliche Scharfsinn von David Mark und Bruce Roberson, die Kreativität von Jon Winder und die Durchsetzungskraft und das Einfühlungsvermögen von Cindy Perrin. Professor Harvey Wagner machte mit seinem außerordentlichen Können die komplizierten statistischen Analysen nicht nur möglich, er führte uns auch zu den richtigen Schlußfolgerungen. Ann Robertson half, die Fakten zusammenzutragen, und Ralph Romano überlegte, wie sie graphisch darzustellen sind.

Ron Daniel unterstützte mit seinem Engagement unsere jahrelange Arbeit und zeigte eine Geduld und Zuversicht, durch die es erst möglich wurde, dieses Buch auch in der hektischen Umgebung einer Unternehmensberatungsgesellschaft zu schreiben. Warren Cannon und Roland Mann – die Ideenreichtum und Stilsicherheit bewiesen – haben beide das Ihre beigesteuert.

Nicht zu vergessen sind diejenigen, deren Energie, Begeisterung und Bereitschaft zur harten Arbeit zur Entstehung des Buches unerläßlich waren. Ted Barnett, der die Forschungsarbeit koordinierte, vergewisserte sich, ob Fakten wirklich Fakten waren, und verstand es durch seine Kreativität, Material zusammenzutragen. (Carol B. White überprüfte zur Kontrolle alles ein weiteres Mal.) Yolande Lynch und Emilia Diez erstellten nicht nur gewissenhaft das Manuskript, sie organisierten auch die tägliche Arbeit der Autoren und ermutigten sie immer wieder. Yo Lynch und Arlene McCarthy haben peinlich genau Korrektur gelesen; im gesamten Verlauf unserer Arbeit fungierte Mrs. Lynch fleißig, eifrig und gut gelaunt als Projektmanager.

Rafe Sagalyn, unser Verlagsagent, trug als einer der Besten seines Faches ebensoviel zum Inhalt wie zum Aufbau des Buches bei. Und trotz der schweren Bürde ihrer Verantwortung als Verlegerin und Cheflektorin von Bantam Books half Linda Grey zwei neuen Autoren, Schriftsteller zu werden.

Und keineswegs zuletzt sind wir Robert Keefe, unserem Herausgeber, zu besonderem Dank verpflichtet, der diesem Buch mehrere Monate angestrengter Arbeit widmete. Bob regte uns nicht nur an, unsere Gedanken zu strukturieren und unseren Stil nach besten Kräften zu glätten, sondern brachte auch viel Witz, neue Perspektiven und persönliche Organisationsmethoden in die Arbeit ein. Wir hatten bei Bob mit einem hohen Stand fachlichen Könnens gerechnet – aber noch mehr Hilfe erhalten, als wir erwarteten.

Diesen Männern und Frauen und zahllosen anderen, die mit diesem Projekt zu tun hatten wie dem Informationsdienst bei McKinsey und seinen Berichterstattern in New York und in Washington fühlen wir uns zu Dank verpflichtet. Doch obwohl sie ihr Bestes leisteten, dürfte auch dieses Buch wie jedes andere Produkt menschlichen Strebens seine Unzulänglichkeiten haben – für die wir, nicht sie, verantwortlich sind.

Washington und New York — Die Autoren

Spezielles Vorwort zur American Business Conference

Unser besonderer Dank gilt der Führung und den Mitgliedern der American Business Conference – einer Vereinigung von einhundert Leitern mittelgroßer Wachstumsunternehmen, die die Interessen dieser Firmen vertreten.

Die American Business Conference ist zwar eine relativ junge politische Organisation, hat aber in ihrer kurzen Geschichte bereits große Erfolge erzielt; von der *New York Times* und *Fortune* wurde sie als eine der fünf wichtigsten Wirtschaftsvereinigungen in Washington gepriesen.*

Die ABC ist das Produkt der Vision von Arthur Levitt jr., der Energie von Jack Albertine und dem Wissen von hundert anderen erfolgreichen Unternehmensleitern. Levitt, der *Chairman* der American Stock Exchange, der wichtigsten amerikanischen Börse, ist fest davon überzeugt, daß die wirtschaftliche Zukunft der Nation in den ehrgeizigen Träumen ihrer Unternehmer liegt. Zu einem früheren Zeitpunkt seiner Laufbahn spielte Levitt als Gründer und Leiter einer Firma an der Wall Street (jetzt Shearson Lehman Brothers, Inc.) eine führende Rolle beim Aufbau dieser Firma sowie bei der Finanzierung einer ganzen Reihe von jungen Unternehmen, die deren Kunden waren. In Anerkennung seines Interesses und Sachverstandes auf diesem Gebiet wurde Levitt 1978 zum Vorsitzenden der Mittelstandskonferenz des Weißen Hauses ernannt, die den Präsidenten und den Kongreß beraten sollte, wie die Nation kleine und mittelständische Unternehmen fördern und – von deren Energie, Erfindungsreichtum und Leistung profitieren könnte.

In seiner Washingtoner Dienstzeit stellte Levitt fest, daß der Staat immer mehr Einfluß auf die Unternehmen gewinnt und daß ein wichtiger Bereich der Wirtschaft, die mittelgroßen Unternehmen, für ihre Leistung nicht anerkannt,

* »Business Chiefs Ask Budgets Cuts«, *The New York Times* (15. November 1982), S. D1; »The Impresario of Corporate Rate Cuts«, *Fortune* (13. Juni 1983), S. 32.

bei grundsätzlichen Entscheidungen nicht hinreichend berücksichtigt wurden oder in den höchsten staatlichen Gremien nicht vertreten waren. Riesenkonzerne, deren illustre Namen in den oberen Bereichen der *Fortune*-500-Liste erschienen, wurden gut repräsentiert. Die kleinsten Unternehmen (wie die Mitglieder der National Federation of Independent Businesses, des Bundesverbandes Unabhängiger Unternehmen) erhielten ebenfalls über die Kongreßausschüsse ausreichende Beachtung. Auch die einzelnen Branchen – von den Herstellern von Klimaanlagen bis zu den Herstellern von Schreibgerät –, die die lange Liste der Wirtschaftsverbände im Washingtoner Telefonbuch mit 1400 Eintragungen füllen, sind vertreten. Aber die mittelgroßen Unternehmen verfügen ebensowenig wie der amerikanische Mittelstand allgemein über eine gezielte und organisierte Interessenvertretung in der Hauptstadt.

Also bemühte sich Levitt, dem Bereich mittlerer Unternehmen – insbesondere dem wichtigen Segment wachstumsstarker Unternehmen – in Washington Gehör zu verschaffen. Er organisierte Zusammenkünfte zukunftsorientierter Wirtschaftsführer wie von Lee Brown, Bob Chilton, Bob Mosbacher, Ernie Nagy und Red Scott. Arthur Andersen & Company, das Wirtschaftsprüfungsunternehmen, führte auf breiter Basis eine Erhebung bei den mittelgroßen Unternehmen durch und stellte fest, daß sie alle der festen Überzeugung waren, daß ihre Anliegen in Washington Gehör finden müßten. Auch McKinsey half, die dortigen Entscheidungsträger zu befragen, die die mangelnde Repräsentanz des mittleren Bereichs bestätigten.

Als Mitglieder der ABC können nur Leiter mittelgroßer Unternehmen aufgenommen werden, deren Umsatz und Gewinn in den letzten fünf Jahren jährlich mindestens um 15 Prozent angestiegen ist – mit anderen Worten Unternehmen, die in bis zu fünf Jahren um das Doppelte gewachsen sind.* Um die Vereinigung wirklich repräsentativ zu machen, wurden Mitglieder aus allen Wirtschaftssektoren – verarbeitendes Gewerbe, Dienstleistung, Einzelhandel, Rohstoffgewinnung usw. – sowie aus allen Regionen Amerikas einbezogen . Obwohl ihr Gründer die American Stock Exchange leitete, bemühte sich die ABC bewußt, sowohl Unternehmen zu gewinnen, die sich in Privatbesitz befanden, als auch solche, die im Freiverkehr oder amtlich an der New Yorker Börse oder an der American Stock Exchange gehandelt wurden.

Während die neue Vereinigung nach einem hauptberuflichen Geschäftsführer in Washington suchte, wurden ihre ersten Bemühungen von Dorothy Drummer, der damaligen *Vice President* der American Stock Exchange, mit Sachverstand geleitet. Jack Albertine, der ehemals geschäftsführender Vorsitzender des Joint Economic Committees im Kongreß, des gemeinsamen Wirtschaftsausschusses von Senat und Repräsentantenhaus war, stieß zu der neuen unbekann-

* Als Gruppe lagen die ABC-Mitgliedsunternehmen weit über dieser Mindestanforderung.

ten Vereinigung. Als ehemaliger Universitätslehrer und promovierter Wirtschaftswissenschaftler war Albertine fest davon überzeugt, daß die Anliegen des Unternehmers in Washington besser bekannt werden müßten. Als er dann zum Vorsitzenden der ABC ernannt wurde, nahm er diese Aufgabe zielstrebig, kreativ und mit politischem Verstand in Angriff – so daß *Fortune* zwei Jahre später über ihn als den »schärfsten Lobbyisten in der Stadt« berichtete.*

Die Gründer der ABC beschlossen, sich auf wenige, für das Unternehmertum in Amerika entscheidende Fragen zu konzentrieren – auf Steuerpolitik und Kapitalbildung, internationalen Handel und wirtschaftsregelnde Maßnahmen. Und sie bestimmten, daß die Vereinigung mit kleinem Stab und bescheidenem Budget arbeiten sollte.

Als die ABC ins Leben gerufen wurde, hatte der Kongreß die Hiobsbotschaften über Wirtschaftslage und mangelnde Wettbewerbsfähigkeit der amerikanischen Industrie gründlich satt. Bundeszuschüsse für in Schwierigkeiten geratene Unternehmen waren in dieser Zeit oft bewilligt worden, und die Mitglieder des Kongresses waren durch lautstarke Forderungen nach Sonderrechten – etwa nach Schutzzöllen oder Steuervergünstigungen – nicht offen für die Probleme der Unternehmen. Inmitten dieses pessimistischen Klimas beraumte das Joint Economic Committee Hearings an, um sich über die gesunden und vielversprechenden Bereiche der Wirtschaft zu informieren und sie zu untersuchen. Daß der Ausschuß bei der Vorbereitung dieser Hearings mit dem Thema »Methoden der Unternehmensführung und die Produktivität der amerikanischen Wirtschaft« versuchte, sich die Erkenntnisse der ABC-Mitglieder zunutze zu machen, versteht sich . So traten fünf Unternehmensleiter, die allesamt Gründungsmitglieder der ABC waren, am 11. Mai 1981 vor den Ausschuß.** Jack half, die Aussagen zu strukturieren, so daß ein präziser und detaillierter Report darüber entstand, wie und weshalb ABC-Unternehmen ihre Leistungen erzielten.

Etwa gleichzeitig beendeten zwei unserer McKinsey-Kollegen, Tom Peters und Bob Waterman, ihre Untersuchung über die Methoden leistungsstarker großer Unternehmen, den sogenannten »Excellent Companies«. Schließlich wurde diese Untersuchung in ihrem Buch *Auf der Suche nach Spitzenleistungen. Was man von den bestgeführten US-Unternehmen lernen kann* veröffentlicht. Albertine und die ABC-Mitglieder hatten sich bei ihren Aussagen auf Peters' und Watermans Ergebnisse über die »Excellent Companies« gestützt, und da sie nach Mitteln und Wegen suchten, um ihre Forschungen weiterzuführen, waren sie begeistert von der Idee einer Paralleluntersuchung über erfolgreiche mittelgroße Wachstumsunternehmen. So bewilligte die ABC unter der Federführung

* Fortune, a. a. O.
** D. V. d'Arbeloff, Don L. Gevirtz, N. Klein, Abraham Krasnoff und Arthur Levitt jr.

seines Forschungsausschusses, geleitet von D. V. d'Arbeloff, die Untersuchung und beauftragte McKinsey & Company mit der Durchführung.

Unser Bericht *The Winning Performance of the Midsized Growth Companies* wurde im Mai 1983 fertiggestellt. Auch wenn das keinem von uns anfangs bewußt war, ist dies offensichtlich die erste umfassende Untersuchung über mittelgroße Wachstumsunternehmen. Im Juni stellte die ABC deren Ergebnisse in Informationsveranstaltungen der Öffentlichkeit vor. Der Bericht fand Anklang, und von der ABC und McKinsey ermuntert, beschlossen wir, ein Buch darüber zu schreiben, was man von mittelgroßen, wachstumsstarken Unternehmen lernen kann. Die Unterstützung, der Enthusiasmus und die Erkenntnisse der ABC-Mitglieder, die ja die Grundlagen unserer Untersuchung waren, waren dabei von großem Wert, und dafür sagen wir ihnen Dank.

* * *

Als dieses Buch in Druck ging, erfuhren wir mit großem Bedauern vom Tod von D. V. (»Dee«) d'Arbeloff, der voller Lebensmut sieben Monate lang gegen den Krebs gekämpft hatte. Der Verlust dieses großen Freundes, Unternehmers, Wirtschaftsführers und Staatsmannes hat uns Autoren besonders schmerzlich getroffen. Dee hat die ursprüngliche ABC-Untersuchung außergewöhnlich qualifiziert geleitet und uns später – als stellvertretender Vorsitzender der American Business Conference – bei der Niederschrift dieses Buches als wichtigster Ratgeber und konstruktiver Kritiker geholfen. Von 1971 bis 1984 war er Vorstandsvorsitzender von Millipore und leitete das Unternehmen in den entscheidenden Entwicklungsphasen. Er war Mitbegründer und später Vorsitzender des Massachusetts High Technology Council, der Vereinigung, die sich in diesem Land für die Steuer- und Bildungsreform einsetzte. Dee war Vorsitzender der Health Industry Manufacturers Association, des Verbandes der Hersteller medizinischen Geräts und Mitglied der vom Präsidenten berufenen Kommission für Fragen der Wettbewerbsfähigkeit der amerikanischen Industrie.

Wir werden ihn vermissen.

Einleitung

An Beispielen läßt sich ausgezeichnet lernen.

Wenn Kinder Erfolge und Mißerfolge ihrer Eltern, Geschwister, Spielgefährten, Lehrer, Klassenkameraden und Nachbarn beobachten, lernen sie an Beispielen. Handwerker machen eine Lehre. Juristen und Studenten der Betriebswirtschaft lernen an Fallstudien. Ärzte machen in den verschiedenen Stufen ihrer Ausbildung Praktika. Fast jeder von uns profitierte von Mentoren – von erfolgreichen Praktikern, die uns am Schatz ihrer Erfahrung teilhaben ließen und uns als Vorbild dienten. An Beispielen zu lernen ist ein einfaches Konzept, das sich aber nur schwer durchführen läßt. Im Verlauf dieses Prozesses entdeckt man, was funktioniert, und bleibt dabei; und man entdeckt, was nicht funktioniert, und nimmt Abstand davon. An Beispielen zu lernen bedeutet kein gedankenloses Nachahmen. Um an Beispielen zu lernen, muß man die besten Methoden erkennen, sie selektiv anwenden, ständig überprüfen und in Frage stellen.

Für alle, die auf solche Weise etwas über die Führung wachstumsstarker mittlerer Unternehmen lernen wollen, haben wir die Beispiele dieses Buches sorgfältig ausgewählt. Nicht alle, aber die meisten der genannten Firmen waren an dem McKinsey-Projekt für die American Business Conference von 1981–83 beteiligt. Es sind gute Beispiele für Unternehmen, deren Umsätze, Beschäftigtenzahlen und Gewinne sehr schnell gewachsen sind – gute Beispiele für Unternehmergeist und Innovation. Nicht alle, aber die meisten sind auf ihrem Weg zum Erfolg auf erhebliche Probleme gestoßen, meistens haben sie diese Probleme bewältigt und dann im Vergleich zur Gesamtwirtschaft und zu ihrer Branche wieder überdurchschnittliche Wachstumsraten und Gewinne erreicht.

Wie und weshalb diese Unternehmen Spitzenleistungen erzielten – und was sich aus deren Erfolgsstrategien lernen läßt –, ist das Thema dieses Buches. Unser Ansatz ist recht einfach und gleicht dem unserer McKinsey-Kollegen Tom Peters und Bob Waterman, die bereits Anfang der 80er Jahre die Spitzenleistungen von Großunternehmen untersuchten;* einen ähnlichen Ansatz verfolgten übrigens in der Nachkriegszeit auch die japanischen Industriellen, die sich in den Vereinigten Staaten umfangreiche Anregungen über die Arbeitsweise führender amerikanischer Unternehmen holten.

Anfänglich bestand unsere Erhebungsauswahl aus Mitgliedern der American Business Conference (ABC) – deren Umsätze zu Beginn unseres Projekts zwischen 25 Millionen Dollar und 1 Milliarde Dollar lagen und deren jährliches Gewinn- oder Umsatzwachstum in den letzten fünf Jahren 15 Prozent überstiegen hatten. Insgesamt erzielten sie aber noch bessere Leistungen: In den fünf Jahren vor 1983 stiegen bei den börsennotierten Aktiengesellschaften unter den ABC-Mitgliedern die Umsätze durchschnittlich um 18 Prozent, die Gewinne um 20 Prozent und der Marktwert um 38 Prozent. Nach Branche, geographischer Lage und nach Besitzverhältnissen war diese Auswahl erfolgreicher Unternehmen weitgehend repräsentativ für US-Unternehmen mittlerer Größe.

Daß sich in der Zeit seit Beginn unserer Arbeit 1981 in der Gesamtwirtschaft und bei den Mitgliedsunternehmen der ABC viel änderte, ist nichts Neues, und wir haben während der Niederschrift dieses Buches unsere Untersuchung entsprechend ergänzt und aktualisiert.

Mehrere Unternehmen unserer Erhebungsauswahl haben die obere Grenze von 1 Milliarde Dollar Umsatz überschritten – nicht unerwartet, da ja Wachstumsunternehmen *per definitionem* wachsen. Eine Handvoll hat fusioniert oder ist von anderen Unternehmen aufgekauft worden. Einige stecken sogar finanziell in der Klemme; Erfolg ist eigentlich nie etwas von ewiger Dauer. Und wir haben auch neue Unternehmen in die Auswahl aufgenommen. Einige der Unternehmen sind oder waren Klienten von McKinsey; mit ihrer Zustimmung haben wir die Ergebnisse unserer Beobachtungen und Analysen aus jahrelanger Zusammenarbeit in dieses Buch aufgenommen. Aber bei der überwiegenden Mehrheit der Fälle führten wir neue Untersuchungen durch.

Zunächst lasen wir alles, was wir über die Unternehmen, ihre Führung, Konkurrenten und Märkte finden konnten. Dann absolvierten wir ein umfangreiches Interview- und Besuchsprogramm. Von besonderer Bedeutung waren die – in vier Jahren mehr als einhundert – Interviews mit Unternehmensleitern. Aber wenn man sich mit dem Chef unterhält, erfährt man nicht immer die ganze Geschichte; so ermittelten wir ergänzende Fakten – in Hunderten weiterer Gespräche – mit ehemaligen *CEOs* und Firmengründern, anderen Führungskräften, ehemaligen Mitarbeitern, Belegschaftsmitgliedern, Kunden, Konkurren-

* Thomas J. Peters und Robert H. Waterman, Jr., *In Search of Excellence* (Harper and Row, New York, 1982), deutsch: *Auf der Suche nach Spitzenleistungen. Was man von den bestgeführten US-Unternehmen lernen kann,* übersetzt von Hartmut Reddmann (Verlag Moderne Industrie, Landsberg am Lech, 1984).

ten, Branchenbeobachtern wie Journalisten und Finanzanalysten und wo immer sonst Information aus erster Hand zu erwarten war. Wir führten auch eine Umfrage zu zweiundachtzig Punkten durch, in der detaillierte Daten über Geschäftsbetrieb, Finanzen und Marketing erhoben wurden, und gaben jedem *CEO* die Möglichkeit, zu unseren ersten Ergebnissen Stellung zu nehmen.

Zum Teil stießen wir auf vertraute Führungsmethoden. In einigen Fällen gleichen sie den Ergebnissen von Peters und Waterman, über die sie in *Auf der Suche nach Spitzenleistungen* berichten. Zum Beispiel sind auch unsere kleineren, aber leistungsfähigeren Verwandten der »Excellent Companies« Meister in Sachen Autonomie, Experimentieren, Handeln und wertbestimmter Führung. Auch sie bleiben kundennah und ihrem angestammten Geschäft treu. Daß wir Ähnlichkeiten – und sogar eine noch deutlichere Ausprägung dieser Eigenschaften – feststellten, kann nicht überraschen; von Tom und Bob wissen wir, daß die größten, leistungsfähigsten Unternehmen ihre Führungsphilosophie, Methoden und Werte in der Regel in den Jahren entwickelten, in denen sie sich der Schwelle zum Großunternehmen näherten – was ja Thema dieses Buches ist.

Aber viele der Merkmale, die wir bei Strategie, Organisation und Führung feststellten, widersprachen der herrschenden Meinung über geschäftlich erfolgreiche Methoden und gingen auch über neuere Forschungsergebnisse noch hinaus. Um diese Ideen auf die Probe zu stellen, warfen wir unser Netz zur Sammlung und Auswertung von Daten noch weiter aus. Da wir unsere Einsichten über erfolgreiche Geschäftsmethoden auch bei erfolgreichen Unternehmen gewonnen hatten, mußten wir diese Ergebnisse anhand einer anderen Gruppe mit unterschiedlichem Leistungsniveau überprüfen; wir mußten uns vergewissern, daß die von uns ermittelten Merkmale für Spitzengewinner typisch, für die Unternehmen »unter ferner liefen« aber atypisch waren. Wir stellten daher Branchentrends fest und untersuchten größere Populationen mittelgroßer Unternehmen, wobei wir auf Standard & Poors Datenbank Compustat (sechstausend Unternehmen) und Dun & Bradstreet-Daten (fünf Millionen Firmen) zurückgriffen, um unsere Spitzengewinner mit weniger erfolgreichen zu vergleichen. Zusätzlich zu diesen statistischen Auswertungen kamen uns natürlich die kollektive Erfahrung von McKinsey und unsere persönliche Erfahrung mit Klienten aller Leistungsstufen aus über vierzig Jahren zugute, als wir den Unterschied zwischen erfolgreichen und weniger erfolgreichen Unternehmen herauszuarbeiten versuchten.

Wir hatten das Glück, mit dem Profit-Impact-of-Market-Strategy-Programm (PIMS) arbeiten zu dürfen, einem angesehenen wissenschaftlichen und wirtschaftlichen Forschungs- und Anwendungsprogramm, das vom Strategic Planning Institute in Cambridge, Massachusetts, betrieben wird. PIMS machte uns seine Datenbank und Software zugänglich, wodurch uns detaillierte Geschäfts- und Leistungsdaten von etwa 200 beteiligten Unternehmen mit 2500 Geschäftseinheiten erschlossen wurden. Und wie der Leser sehen wird, testeten wir die

Ergebnisse unserer Erhebungsauswahl umfassend anhand der größeren PIMS-Gruppe – wir untersuchten, wie die Merkmale, die wir bei den Spitzengewinnern ermittelten, über einen Zeitraum von vier Jahren hinweg mit der Leistung von 525 anderen mittelgroßen Unternehmen korrelierte.

Des weiteren führte uns eine umfangreiche Literaturrecherche zum Thema Unternehmenserfolg zu Quellen, die von Artikeln in der Publikumspresse bis zu Dissertationen reichten. Außer in Don Cliffords Aufsätzen aus den 70er Jahren* fanden wir wenig, worin mittelgroße Unternehmen im Vordergrund gestanden hätten. Aber wir erfuhren viel über die Führung großer und kleiner Unternehmen, was uns half, Vorstellungen zu entwickeln. Zwei richtungweisende Werke – Joseph Schumpeters Gedanken über das Unternehmertum, bereits vor siebzig Jahren veröffentlicht, und Peter Druckers zeitgenössische Werke über Management, Unternehmertum und Innovation – haben unser Denken nachhaltig beeinflußt.

Unser Buch ist nach Ergebnissen, nicht nach Beispielen gegliedert. Im ersten Kapitel werden die Spitzengewinner vorgestellt und überblickartig dargestellt, wie sie ihre Leistung erreichen. Das nächste Kapitel vermittelt einen Eindruck von den Hindernissen, die dem Erfolg im Wege stehen, und von Wandlungen und Wachstumssprüngen, die diese Unternehmen durchmachen.

Die drei folgenden Kapitel zeigen dann detailliertere Beispiele ihrer Unternehmensstrategie, Organisationsmethoden und Führungsmerkmale. Dann betrachten wir Beispiele von Unternehmen, die in Schwierigkeiten geraten sind (was offensichtlich den meisten irgendwann einmal passiert): wie es dazu kam und wie sie sich wieder Erfolg verschafften. Es folgt eine Untersuchung von drei Unternehmen, die nach unserer Meinung das ganze Spektrum erfolgreicher Vorgehensweisen verdeutlichen. Wir schließen mit einigen Bemerkungen darüber, welche Lehren, die wir zogen, besonders wichtig sind und welche Implikationen sie für kleinere und größere Unternehmen haben.

Eines möchten wir ganz deutlich machen: Wir versuchen in diesem Buch nicht, die Zukunft vorherzusagen. Die Unternehmen, die wir als Beispiele anführen, haben nach beinahe jedem Maßstab bislang beachtlichen Erfolg und beträchtliches Wachstum erreicht. Aber wenn die geschichtliche Erfahrung nicht trügt, wird es nicht bei allen so weitergehen. Unternehmenserfolg heißt wirklich, Innovation zu praktizieren und neue Usancen zu schaffen. Wir skizzieren hier die augenblickliche Praxis unternehmerischen Führens – als Ausgangspunkt für diejenigen, die sie in Frage stellen, ausbauen und reformieren werden, um als Spitzengewinner der 90er Jahre hervorzutreten.

* »Growth Pains of the Threshold Company«, *Harvard Business Review* (September-Oktober 1973), S. 143–54; »The Case of the Floundering Founder«, *Organizational Dynamics* (Herbst 1975), S. 21–33; »Thriving in a Recession«, *Harvard Business Review* (Juli-August 1977), S. 57–65

Kapitel I
Ansätze zu einer neuen Management-Tradition

Nach unserem Verständnis behandelt dieses Buch Unternehmen außerhalb der statistischen Norm. Die statistischen Ausreißer, deren Geschichte wir hier erzählen, gehören vermutlich zum unbekanntesten, aber erfolgreichsten Bereich der amerikanischen Wirtschaft, nämlich zu den mittelgroßen Wachstumsunternehmen, den Spitzengewinnern.

Sie haben unübersehbare Zeichen gesetzt durch die Abkehr von den geltenden Lehrmeinungen der 70er Jahre. An deren Stelle setzten sie eine neue Tradition der Unternehmensführung für die 80er Jahre.

Auf den ersten Blick haben die Spitzengewinner wenig gemeinsam. Sie sind nicht nur im Sonnengürtel oder im Silicon Valley zu finden; sie sind über den ganzen Kontinent verstreut. Es handelt sich weder um besonders junge noch um besonders alte Unternehmen; sie sind zwischen 10 und 150 Jahre alt. Sie gehören sowohl zur Hochtechnologie als auch in die Zeit traditioneller »Schornstein-Industrien«. Einige zählen zum produzierenden Gewerbe, andere sind Dienstleistungsunternehmen. Die Spitzengewinner sind eigentlich in jedem Wirtschaftssektor tätig.

Wirklich gemeinsam sind ihnen nur bisherige Spitzenleistungen. Nach jedem wichtigen Maßstab wirtschaftlichen Wachstums liegen sie vor ihren größeren Konkurrenten; sie liegen in ihrer Branche vorne; sie liegen auch in der Gesamtwirtschaft vorne.

Diese Unternehmen mit Spitzengewinnen, die zum Zeitpunkt unserer Untersuchung alle Jahresumsätze zwischen 25 Millionen und einer Milliarde Dollar hatten, haben die Schwelle zum Großunternehmen erreicht – sie sind in das Stadium der Metamorphose eingetreten, in dem sich die Herausforderungen, die Wachstum und Komplexität nach den ersten Erfolgen an das Unternehmen stellen, nur noch mit systematischer Unternehmensführung und geteilter Führungsverantwortung bewältigen lassen.

Aber wie diese Spitzengewinner gewonnen haben, ist ihr wichtigstes gemeinsames Merkmal – wichtig ist es darum, weil jede Führungskraft in jedem Unternehmen daraus lernen kann, gleichgültig, ob es sich dabei um einen Familienbetrieb, ein Unternehmen an der Schwelle zum Großunternehmen oder um General Motors handelt.

Sie sind Vollblutunternehmer im klassischen Sinn.

Nun ist Unternehmertum eigentlich nichts Neues. Der Drang der Menschheit, neue Institutionen zu schaffen und bestehende zu erneuern, ist wohl so alt wie die Menschheit selbst. Schon vor dem Ersten Weltkrieg nannte Joseph A. Schumpeter, der bedeutende Wirtschaftswissenschaftler, als Aufgabe des modernen Unternehmers »die Durchsetzung neuer Kombinationen«, durch die neue Güter, neue Produktionsmethoden, neue Märkte, neue Organisationsformen geschaffen werden.*

Noch mehr jedoch verdanken wir Schumpeter wegen seiner Beobachtung, *wie* Unternehmer ihre Erfolge erzielen. Das geschieht, sagt er, indem sie die alte Tradition zerstören und eine neue schaffen – und genau damit kommen Unternehmer auch heutzutage zum Erfolg.

Sie gewinnen, weil sie Unternehmensstrategien, Führungsmethoden und persönliche Führungsstile zu entwickeln und umzusetzen vermögen, die den allgemein vertretenen Grundsätzen orthodoxer Unternehmensführung zuwiderlaufen. Alles mögliche machen sie »falsch«, und trotzdem (oder vielleicht deswegen) sind sie nach jedem nur erdenklichen Maßstab der Konkurrenz um Runden voraus.

Ein unzureichend beachteter Wirtschaftsbereich

Wie viele Unternehmen es in Amerika gibt, läßt sich zwar nicht mit absoluter Genauigkeit berechnen, aber die zuverlässigsten Untersuchungen lassen vermuten, daß es etwa 19 Millionen Unternehmen sind; sie reichen von den multinationalen Riesenkonzernen an der Spitze der *Fortune-500*-Liste bis zu den Millionen von Ein- oder Zweimannbetrieben irgendwo im Hinterhof. Von diesen 19 Millionen Unternehmen sind etwa 15000 (0,08 Prozent) nach unserer Definition selbständige Schwellenunternehmen.

Angesichts der reinen Zahlen kann es daher kaum verwundern, daß Wissenschaftler, Journalisten, die Finanzwelt und Akademiker ihre Aufmerksamkeit fast ausschließlich auf die beiden Extreme konzentriert haben, auf die fest eta-

* Joseph A. Schumpeter: *Theorie der wirtschaftlichen Entwicklung. Eine Untersuchung über Unternehmergewinn, Kapital, Kredit, Zins und den Konjunkturzyklus,* 1. Aufl. 1912, 6. Aufl. 1964, S. 100f.

blierten großen und auf die neu entstehenden kleinen Unternehmen. Man nehme doch nur irgendeine beliebige Zeitschrift, und schon findet man bestimmt eine Geschichte über Probleme und Macht der Riesenunternehmen des Landes oder über Aussichten und Potential der kleinen neuen Unternehmungen. Für die ersteren gibt es die Zeitschriften *Fortune* und *Forbes* und für die letzteren *Inc.* und *Venture.* Aber eine *Threshold* gibt es nicht – noch nicht.

Obwohl Amerikas 15000 Schwellenunternehmen weniger als ein Prozent aller Unternehmen ausmachen, entfallen etwa ein Viertel aller Umsätze und etwa ein Fünftel aller Beschäftigten der freien Wirtschaft auf diese winzige Minderheit. Außerdem ist dieser mittlere Bereich in bezug auf Branchenzusammensetzung, regionale Verbreitung, allgemeine Unternehmens- und Finanzleistung ganz allgemein so etwas wie ein Mikrokosmos der amerikanischen Volkwirtschaft.

Die besten Pferde im Stall

Die Unternehmen, die wir Spitzengewinner nennen, erbringen sowohl im Vergleich zur Gesamtheit der Schwellenunternehmen als auch zur übrigen Wirtschaft wesentlich bessere Leistungen.

Die obersten 25 Prozent aller mittleren Unternehmen haben Wachstumsraten erreicht, die über den Zahlen für das oberste Viertel der Gesamtwirtschaft für das oberste Viertel der *Fortune-500*-Liste liegen.

Unsere Analyse der 6117 mittelgroßen Unternehmen, über die Dun & Bradstreet fünf Jahre lang Daten erhoben hat, ergab, daß die Erträge des obersten Quartals der Schwellenunternehmen sogar in der Rezessionsphase von 1981 bis 1982 um 43 Prozent stiegen – viermal so stark wie beim entsprechenden Quartal der *Fortune-250*-Liste (11 Prozent) und dreieinhalbmal so stark wie bei den zwei mittleren Quartalen aller mittelgroßen Unternehmen (12 Prozent).

Dieses Buch konzentriert sich auf eine Auswahl von Unternehmen, die sich aus Mitgliedern der American Business Conference (ABC) zusammensetzt – einer Vereinigung von *Presidents, Chairmen* und *Chief Executiv Officers (CEOs)* von 100 der wachstumsstärksten mittleren Unternehmen des Landes, der man nur auf Einladung beitreten kann.*

In dem halben Jahrzehnt von 1978 bis 1983 lag die Gesamtleistung der ABC-Unternehmen in bezug auf Umsätze, Erträge, Anlagevermögen, Arbeitsplätze und Marktwert oft um das Doppelte oder Vielfache über den Vergleichswerten der Gesamtwirtschaft, der *Fortune-500*-Liste und sogar der *»Excellent Compa-*

* Eine Mitgliederliste der American Business Conference ist in Anhang A enthalten.

Abbildung I-1
Jährliche Gesamtwachstumsraten, 1978–1983

In Prozent

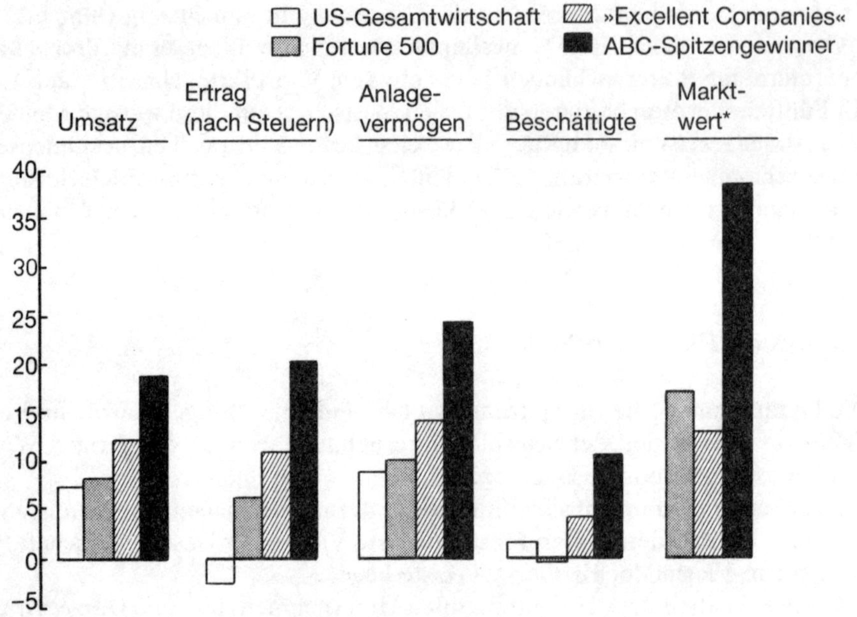

* Für die US-Gesamtwirtschaft nicht relevant

Wachstumsraten 1978–1983

Leistungs-maßstab	US-Gesamt-wirtschaft	Fortune 500	»Excellent Companies«	ABC-Spitzen-gewinner
Umsatz	7,1	7,9	12,0	18,4
Ertrag (nach Steuern)	–2,7	5,9	10,4	19,7
Anlagevermögen	8,3	9,5	13,5	23,6
Beschäftigte	1,0	0,5	3,6	10,0
Marktwert	–	16,3	12,5	37,8

nies«, über die Tom Peters und Bob Waterman in ihrem Buch *Auf der Suche nach Spitzenleistungen* berichten* (vgl. Abbildung I-1).

Wenn es so etwas wie einen Investmentfonds der Spitzengewinner für die börsennotierten oder im Freiverkehr gehandelten Aktien der ABC-Mitglieder gegeben hätte, so wäre eine Investition in diese Fonds in Höhe von 1000 Dollar im Jahr 1973 in einem Jahrzehnt auf 22742 Dollar angewachsen. Im Vergleich dazu kam der erfolgreichste wirklich existierende Investmentfonds, Fidelity Magellan, im gleichen Zeitraum auf eine Zuwachsrate von weniger als einem Drittel: Er hätte für die gleiche 1000-Dollar-Investition 6319 Dollar erbracht. Und die Standard & Poor's 500 und Dow Jones Industrial Average schnitten vergleichsweise geradezu kläglich ab: Ihre entsprechenden Ergebnisse nach zehn Jahren hätten gerade 2239 und 2046 Dollar betragen.

Die Leistung unserer Spitzengewinner ist beeindruckend. Aber noch wichtiger ist, daß sie auf ihrem Weg zu diesem Leistungsniveau eine neue Tradition ins Leben rufen, die das Thema dieses Buches ist.

Wo und wie konkurrieren?

Wer in seiner Ausbildung auch nur einen blassen Schimmer von Unternehmensstrategie mitbekommen hat, wird wissen, daß die Antworten auf zwei Fragen den Erfolg eines jeden Unternehmens erklären: *wo* und *wie* es tätig werden soll.

Die Fragen sind richtig gestellt, aber die üblichen Antworten sind zu oft falsch.

Wo konkurrieren?

Vor etwa einem Jahrzehnt wurde den Studenten der Betriebswirtschaft eingebleut, daß Erfolg in der freien Wirtschaft heiße, attraktive Sektoren ausfindig zu machen und auf sie zu setzen. Bis heute prägt das die Denkgewohnheiten vieler Unternehmensstrategen, die mit spitzer Feder über ihren Plänen sitzen: Um ein lukratives Stück vom Kuchen zu erhalten, muß man in rasch wachsende, interessante, aktuelle Märkte investieren.

In den 70er Jahren gehörten ausgefeilte Planungswerkzeuge wie Wachstums-/

* Wenn man prozentuale Zuwachsraten als Leistungsmaßstab verwendet, riskiert man zumindest eine Verzerrung. Jeder zusätzliche Dollar ist für ein kleines Unternehmen ein größerer prozentualer Zuwachs als für ein größeres Unternehmen. Ein Umsatzzuwachs von 10 Millionen Dollar bedeutet für ein Unternehmen mit einem Umsatz von 50 Millionen Dollar 20 Prozent; für ein Unternehmen mit einem Umsatz von 1 Milliarde Dollar macht der gleiche Zuwachs um 10 Millionen Dollar nur 1 Prozent aus.

Marktanteils-Matrizes und Branchenanalysenraster zur Standardausrüstung eines jeden strategischen Planers. Unternehmen, Investmentfonds, sogar Regierungen versuchten, sie mit Gewinn anzuwenden. Unternehmen drängten in die Wachstumsmärkte (als dieses Buch in Druck ging, boten mindestens 150 Unternehmen PCs an). Zahllose bundesstaatliche und kommunale Verwaltungen versuchten, ihr Gebiet zum Mekka der Hochtechnologie zu machen. Man gründete Investmentfonds speziell für Anlagen in den Bereichen Gesundheitswesen, Energie und Hochtechnologie. Einige dieser Fonds hatten zwar Erfolg, die meisten aber nicht.

Die neue Tradition der Spitzengewinner geht jedoch davon aus, daß *Erfolge nicht von ganzen Wirtschaftssektoren erzielt werden, sondern von einzelnen Unternehmen.* Selbst die ödesten Sektoren bringen Unternehmen mit beeindrukkend wachsender Ertragskraft hervor.

Die Spitzengewinner, die wir untersucht haben, kommen nicht gehäuft aus den angeblich »phantastischen« Wachstumsbranchen; sie sind überall in der gesamten Volkswirtschaft tätig. Wir erwarteten, in den Bereichen Computer, Gesundheitswesen, Fernmeldewesen und Hochtechnologie allgemein Spitzengewinner zu finden – und wir fanden sie dort tatsächlich. Aber auch in so wenig glanzvollen Branchen wie Textilien, Möbel, Befestigungselemente und Kreditinformation stießen wir auf Unternehmen mit außergewöhnlichen Wachstums- und Ertragsraten. Eigentlich gibt es keine einzige im SIC verzeichnete Branche, in der *kein* Spitzengewinner zu finden wäre.*

Unifi, Inc., ein Hersteller von texturiertem Polyestergarn in Yadkinville, North Carolina, ist ein Beispiel für ein Unternehmen, das in einer eindeutig wenig glanzvollen Branche gut abgeschnitten hat. Obwohl mehrere große Chemieunternehmen diesen scheinbar uninteressanten, aussichtslosen und unrentablen Markt aufgegeben hatten, entschloß sich G. Allen Mebane, Unifis *CEO*, zu erheblichen Investitionen; er machte aus einem Betrieb, der mit einem Marktanteil von 2 Prozent »unter ferner liefen« rangierte, ein Unternehmen mit 200 Millionen Dollar Jahresumsatz, das weltweit das größte seiner Art sein dürfte.

In der Zeit von 1977 bis 1982 verdreifachte Unifi seinen Umsatz und steigerte seine Gewinne auf das Achtfache, wobei die Eigenkapitalrentabilität durch-

* Das *Standard-Industrial-Classification-*(SIC-)System, das das amerikanische statistische Bundesamt 1940 einführte, ist die wichtigste Grundlage zur Beobachtung einzelwirtschaftlicher Entwicklungen geworden. Es ist, kurz gesagt, eine Deweysche Dezimalklassifikation für Wirtschaftswissenschaftler. Mit der zweistelligen Einteilung wird die amerikanische Volkswirtschaft in Sektoren unterteilt, die von Unterhaltung und Freizeitdienstleistungen bis zum Großhandel reichen. Bei unserer Untersuchung haben wir die nicht erwerbswirtschaftlich orientierten SIC-Gruppen (etwa Verwaltungsbehörden und Bildungswesen) sowie Finanzwirtschaft und Immobiliengeschäft ausgeklammert und uns auf die 58 größeren SIC-Codes in den erwerbswirtschaftlichen Wirtschaftssektoren konzentriert.

schnittlich mehr als 20 Prozent betrug. Obwohl dieser Sektor der Textilbranche wahrscheinlich stärker als die meisten anderen von der Auslandskonkurrenz heimgesucht wurde, setzte Unifi etwa ein Drittel auf Märkten im Ausland einschließlich Festlandchina ab. Im Jahre 1983 stellte *Forbes* Unifi bewundernd als Beispiel eines Unternehmens heraus, das sich über die herrschende Meinung hinwegsetzte und ein »Ernten«-Geschäft mit geringem Marktanteil an einem stagnierenden Markt zum stürmischen Erfolg führte.*

Oder nehmen wir Safety-Kleen Corporation in Elgin, Illinois. Dieses Unternehmen liefert kleine rote Behälter mit einem Reinigungsmittel für fettverschmierte Maschinenteile und Werkzeuge – etwas weniger Schillerndes dürften wir uns kaum vorstellen können. Doch Safety-Kleen gab wenig auf äußeren Glanz und sah seine Erträge von 100 000 Dollar im Jahre 1968 auf 185 Millionen Dollar im Jahre 1984 wachsen. Safety-Kleens Erfolg ist daran abzulesen, daß seine Nettogewinne seit 1971 vierzehn Jahre lang ununterbrochen um mehr als 20 Prozent im Jahr stiegen und die Eigenkapitalrentabilität im Zeitraum von 1979 bis 1983 um 28 Prozent zunahm.

Oder betrachten wir William Farley, den Sohn eines Postbeamten in Providence, Stipendiat der Universität Bowdoin, den *Forbes* jetzt zu den 400 reichsten Amerikanern zählt. Sein persönliches Vermögen und Farley Industries, ein Unternehmen im Wert von 800 Millionen Dollar, das ihm privat gehört, baute er auf, indem er stagnierende Betriebe übernahm, die die ursprünglichen Besitzer abgestoßen hatten – eine Druckgießerei, eine Schraubenfabrik, ein Papierfalzmaschinenwerk. Farleys Konzept ist ein Zweifrontenansatz, einmal fordert er dazu auf, in die Betriebe zu investieren, und zum anderen will er, daß sich seine Mitarbeiter mit Elan den Aufgaben stellen. Damit hat er die Umsätze und Erträge dieser akquirierten Unternehmen verdoppelt bis verdreifacht.

Letzten Endes bedeutet die Entscheidung, wo ein Unternehmer tätig werden soll, keineswegs, eine bestimmte Branche zu wählen, ob sie nun glanzvoll oder weniger glanzvoll ist – das wissen erfolgreiche Unternehmer. Sie bedeutet vielmehr, das richtige spezialisierte (in der Regel kleine) Marktsegment – die richtigen *Nischen* – zu finden. Für A. T. Cross bedeutet das Qualitätsschreibgeräte anstatt Wegwerfkugelschreiber oder Kunststoff-Filzschreiber. Für Dunkin' Donuts bedeutet es genau das, was der Name sagt: Berliner und Kaffee, um sie hineinzustippen.

Es erwies sich, daß mehr als 90 Prozent der von uns untersuchten mittelgroßen, ertragsstarken Wachstumsunternehmen in Nischen tätig waren; sie segmentierten den Markt und machten ausfindig, wie sie die besonderen Bedürfnisse ihrer Kunden befriedigen konnten.

* »The market share myth«, *Forbes,* 14. März 1983, S. 109f.

Wie konkurrieren?

Der neuen Managementtradition der Spitzengewinner liegen im Kern sechs Wettbewerbsgrundsätze zugrunde – heutzutage klingen sie irreführend konventionell. Sie laufen den herrschenden Ansichten der 70er Jahre über den Weg zum Unternehmenserfolg aber zuwider und überwinden sie:

- Am Markt orientierte Innovationen untermauern den Unternehmenserfolg und schaffen Wert für den Kunden.
- Dieser Wert, nicht nur der niedrige Preis, bringt Erfolg.
- Wahllose Diversifikation ist ein Todfeind für Spitzengewinne.
- Bürokratie und Unternehmenserfolg sind unvereinbar.
- Unter dem Strich zählt viel mehr als nur der Gewinn.
- Irgendwie setzen Führungspersönlichkeiten ihre persönliche Besessenheit in dauerhaft institutionalisierte Werte und Energien um.

Innovation: Der beste Wettbewerbsvorsprung

Den Strategien und Erfolgen der Spitzengewinner liegen Innovationen zugrunde – die angewandte Kunst des Neuen und Besseren. Diese Unternehmen führen frühzeitig und häufig Innovationen ein – sie schaffen neue Märkte, neue Produkte und Dienstleistungen sowie Angebotsformen.

Innovation heißt, beinahe *per definitionem,* bisherige Regeln zu verletzen und eingefahrene Denkgewohnheiten zu überwinden. Sie ist das Gegenteil von Nachahmung und dem üblichen Trott. Für den neuen Anbieter, der auf einem Markt, auf dem bereits etablierte Konkurrenten über die Wettbewerbsvorteile besserer Betriebsgrößen, langjähriger Beziehungen zu den Kunden, Ansehen und finanziellen Durchhaltevermögens verfügen, zu überleben und sich durchzusetzen versucht, sind Innovationen kein schmückendes Beiwerk. Sie sind schiere Notwendigkeit.

Von den Unternehmen unserer Untersuchung begannen 74 Prozent mit einem innovativen Produkt, einer innovativen Dienstleistung oder einer innovativen Angebotsform. In den meisten Fällen boten sie neue und bessere Produkte an. Die Charles River Laboratories, heute der weltweit führende Züchter von Versuchstieren, erkannten, daß es einen ungedeckten Bedarf an genetisch definierten (d. h. »reinrassigen«) Ratten bester Qualität für Versuchszwecke gab, und befriedigten diesen Bedarf. Nach wie vor bringt Cray Research immer neue Generationen von Großrechnern auf den Markt, die leistungsfähigen Maschinen, die für die Kernphysik, die Wettervorhersage, die Erdölexploration und andere komplizierte Formen der Rechnerei so wichtig geworden sind.

In einigen Fällen führten diese Unternehmen revolutionäre Angebotsformen ein. Lenox China forcierte in Amerika aggressiv Listen für Hochzeitsgeschenke:

Die Braut suchte sich ein Porzellanservice aus, und Freunde und Verwandte kauften im Rahmen ihrer Mittel und Neigung die einzelnen Teile. Im Fernmeldewesen, das man bislang sowohl für ein natürliches als auch ein rechtliches Monopol hielt, führte MCI das Konkurrenzprinzip ein.

Aber mindestens ein Jahrzehnt lang – besonders in den 70er Jahren, als die hier untersuchten Unternehmen ihre Rekordleistungen erbrachten – nannten die Päpste der Unternehmensstrategie immer wieder den einen sichersten Weg zum Unternehmensgewinn: ständig und häufiger das gleiche zu tun. Im Zweiten Weltkrieg hatten weitsichtige Vertreter des Operations Research das Phänomen der Erfahrungskurve erkannt, als immer mehr Flugzeuge gebaut wurden, diese schneller und billiger herzustellen waren, weil sich der Kenntnisstand der Arbeitskräfte dauernd erhöhte und die Unternehmensführung größenbedingte Kostendegressionen immer besser zu nutzen verstand.

Nachdem mit Hilfe dieser Flugzeuge der Krieg gewonnen war, wurde das Konzept der Erfahrungskurve überall in der Wirtschaft immer häufiger angewandt. Dabei dachte man etwa so: Um Geld zu machen, muß man kostengünstig produzieren. Um kostengünstig produzieren zu können, muß man die Erfahrungskurve nutzen – also mehr billiger produzieren. Um die Erfahrungskurve durchlaufen zu können, muß man sich den größten Marktanteil verschaffen. Um sich den größten Marktanteil zu verschaffen, muß man die niedrigsten Kosten und damit den billigsten Preis haben, weil die Verbraucher als ökonomisch rationale Wesen die billigsten Erzeugnisse kaufen. Und wenn ein kostengünstiger Hersteller dank seiner niedrigeren Kosten größere Mengen produziert, kann er Kosten und Preise noch weiter senken. Und dann . . . Sie sehen, wie das funktioniert.

Auch wenn diese Art wirtschaftlichen Denkens durchaus logisch folgerichtig und seine Quantifizierung wissenschaftlich bestechend ist, sprachen sich die meisten der von uns befragten *CEOs* dagegen aus, zielstrebig den Goldschatz am Ende der Erfahrungskurve anzupeilen. Warum? Weil eine Fixierung auf die Erfahrungskurve, so erklärte ein Unternehmer nach dem anderen, eine verhängnisvolle Nebenwirkung hat: Ganze Organisationen befassen sich ausschließlich mit dem Problem, das gleiche billiger zu machen – was sie häufig Quantensprung-Innovationen gegenüber blind werden läßt.

Einer der ersten *CEOs*, den wir befragten, sagte: »Mir und meinen Aktionären können Sie wirklich einen großen Gefallen tun, wenn Sie dieses Zeug mit der Erfahrungskurve verbreiten – bei meinen Konkurrenten!« Anstatt sich mit bereits vorhandenen Erfahrungskurven abzugeben, schaffen die Unternehmer unserer Untersuchung neue Erfahrungskurven, mit denen sich die anderen dann auseinandersetzen müssen, und setzen im Wettbewerb auf den Wert ihrer Produkte und Dienstleistungen für den Kunden.

Der Wert entscheidet
Einmal hat Oscar Wilde einen Zyniker als jemanden definiert, der von allem den Preis, aber von nichts den Wert kennt. Unsere mittelgroßen Spitzengewinner sind alles andere als Zyniker.

Sehr wenige von ihnen sehen in Kosten, Betriebsgröße oder Preisen ihre entscheidende Wettbewerbsbasis. Alle achten sie zwar sorgfältig auf Wirtschaftlichkeit und Effizienz, aber drei von vieren sind nicht der kostengünstigste Hersteller ihrer Branche. Statt dessen geht die neue Tradition davon aus, daß der Wert, den der Kunde erhält, sehr viel wichtiger ist als die reinen Kosten des Produkts oder der Dienstleistung.

Unternehmenserfolg erfordert weit mehr, als zu wissen, wie Betriebsgrößen und Kosten in den Griff zu bekommen sind. Er setzt die Kunst, Menschen zu führen, sie zu fördern, ihre Kreativität zu wecken, so daß sie begreifen, was die Kunden *wirklich* brauchen und wollen, voraus.

Die Kosten genau im Auge zu behalten ist wichtig; keiner bestreitet das auch nur im geringsten. Aber wenn die Organisation sich schließlich nur noch darauf konzentriert, hier und dort einen Weg zu verkürzen, die Fertigungskosten größenbedingt zu minimieren und das gleiche immer besser und billiger zu tun, dann sind neue Ideen – für neue Produkte oder Angebotsmethoden – nichts als störende Ablenkung. Die amerikanischen Reifenhersteller mit ihrem weltweiten Absatz lehnten anfangs das Konzept der Gürtelreifen ab, zum Teil, weil sie die Kosten oder Preise der Gürtelreifen gegenüber der Massenfertigung der damals marktbeherrschenden Diagonalreifen, die damals marktbeherrschend waren, für nicht konkurrenzfähig hielten. Gürtelreifen kosteten tatsächlich mehr; sie sind nach wie vor teurer. Dann zeigte der französische Reifenhersteller Michelin, daß amerikanische Kunden scharenweise bereit waren, höhere Preise zu zahlen, weil Gürtelreifen länger halten und sicherer sind. Die amerikanischen Hersteller brauchten Jahre und Millionen von Dollars, um diesen Vorsprung wieder einzuholen.

Die alte Tradition, die früher einmal als guter amerikanischer Geschäftsgeist galt, haben unsere erfolgreichen Schwellenunternehmen wiederentdeckt und neu belebt. Die Aufgabe des Unternehmens sehen sie darin, die Kundenbedürfnisse zu erkennen und sie durch für sie maßgeschneiderte Innovationen auf einmalige Art und Weise zu befriedigen. Die Verbraucher müssen wissen – das haben erfolgreiche Unternehmen erkannt –, daß sie für das, was sie erhalten, auch bezahlen müssen: Im Wettbewerb gibt es kein Freibier. Deshalb ist bei praktisch allen der von uns untersuchten Unternehmen mit Spitzengewinnen – bei 97 Prozent – die Wettbewerbsbasis der Wert, nicht der Preis; deshalb können sie oft selbst in preisempfindlichen Märkten höhere Preise durchsetzen.

Als einige unserer Freunde, die im akademischen Bereich oder als strategische Planer arbeiten, zum erstenmal von diesen Ergebnissen, besonders vom

Sieg des Wertes über den Preis, erfuhren, versicherten sie sofort, dieses Phänomen könne sicherlich nur für Spezialprodukte, nicht aber für Massenartikel oder Gebrauchsgüter gelten.

Eine beträchtliche Zahl der *CEOs* unserer Spitzenunternehmen würde antworten, daß es so etwas wie Massenware eigentlich nicht gebe. Dermot Dunphy, *CEO* von Sealed Air Corporation, das als erstes Unternehmen luftgepolsterte Kunststoffverpackungen, sogenannte Bubble-Verpackungen, einführte, hält innerhalb und außerhalb seines Unternehmens regelmäßig Reden dieses Inhalts. Bei einer Vertretertagung der Sealed Air Corporation am 19. März 1984 sagte er zum Beispiel: »Was wir lernen müssen, ist, daß kein noch so alltägliches Produkt zur Massenware werden muß. Jedes Produkt, jede Dienstleistung läßt sich differenzieren.«

Wir fanden überzeugende und einträgliche Beispiele dafür, daß echte Massenwaren zu den äußerst seltenen Ausnahmeerscheinungen gehören.

Wer in den Vereinigten Staaten an der Ostküste lebt, findet diese Hypothese bereits bestätigt, wenn er die Geflügeltheke in seinem Supermarkt besucht. Die meisten Menschen halten frische Hähnchen für eine Massenware: Ein Hähnchen ist nun einmal ein Hähnchen. Farmer produzieren zu Tausenden Hähnchen; sie sind ein Grundnahrungsmittel mit sich täglich ändernden Preisen. Aber Frank Perdues Hähnchen werden fast immer für etwa zehn Cent mehr je Pfund verkauft, und der Supermarktleiter kann bestätigen, daß Perdue-Hähnchen einen hohen Marktanteil haben.

Trotz Aufpreis verkaufen sich Perdue-Hähnchen so gut, eben weil sie *keine* Massenware sind. Mag sein, daß es sich bei Hähnchen in der Regel um Massenware handelt, aber Perdue-Hähnchen sind es nicht. Sie schmecken *tatsächlich* besser als die anderen. Sie zu produzieren kostet mehr, weil sie eine bessere Qualität haben. Die Verbraucher erkennen den Unterschied und bezahlen ihn. Mit wissenschaftlichen Aufzuchtmethoden, peinlich genauen Qualitätskontrollen und gekonnter Werbung hat Frank Perdue es erreicht, daß seine Hähnchen keine Massenware sind.

Die Indizien sind überzeugend: Bei Produkten und Dienstleistungen können die Leute Qualität fast immer erkennen und sind auch bereit, mehr dafür zu zahlen – nur muß jemand einfallsreich genug sein, sie ihnen anzubieten.

Diversifikation: Expansion durch Grenzüberschreitungen

Wenn Innovation ein Lebenselement und die Wettbewerbsbasis der Wert für den Kunden ist, so müssen die erfolgreich wachsenden mittleren Unternehmen wissen, was sie tun – und zwar bis ins kleinste Detail. Deswegen erreichen sie Wachstum und Gewinne, indem sie die Grenzen zu verwandten Geschäftsbereichen überschreiten – zu verwandten Märkten, verwandten Produkten, verwandten Dienstleistungen. In einigen Fällen bieten sie vorhandene Produkte auf neuen Märkten an; in anderen Fällen neue Produkte auf vorhandenen Märkten.

Oft überschreiten sie diese Grenzen, indem sie nach sorgfältiger Auswahl andere Unternehmen aufkaufen. Drei Viertel unserer Auswahl von Mitgliedsunternehmen der American Business Conference haben auf diese Weise Wachstumschancen genutzt und in dem Jahrzehnt bis 1981 jeweils durchschnittlich sechs Unternehmen übernommen. Zum größten Teil waren dies Übernahmen von verwandten Geschäftszweigen. Die Spitzengewinner jagen dabei nicht so sehr Gewinn- oder Umsatzzahlen nach, sondern erwerben für ihre Unternehmen vielmehr eigene Ideen, Fertigkeiten und Fähigkeiten hinzu.

Die neue Tradition der Grenzüberschreitung unterscheidet sich grundlegend von der wahllosen Diversifikation bei der Bildung von Mischkonzernen, wie sie in den 70er Jahren gang und gäbe war. Für die Wirtschaftspresse war der Aufbau der Mischkonzerne etwas Aufregendes und für die Anlagenbanken, die diese monströsen Gebilde erst zusammensetzten und dann später wieder zerlegten, recht ertragreich. Im wesentlichen aber funktionierte diese Art wahlloser Diversifikation nicht, weil sie in der Regel auf Vorstellungen basierte, die man als falsches Synergiekonzept bezeichnen könnte.

Die Theorie der Synergie besagt, daß die Summe einzelner Unternehmensteile, richtig geführt, mehr sein kann als das Ganze. Für sein Portfolio von Geschäften profitiert ein Unternehmen davon, daß es, wie es heißt, sich auf ein Reservoir sich ergänzender Fertigkeiten stützen und auf gemeinsame Ressourcen bei der Finanzierung, im Außendienst, bei Kontrollsystemen und im Personalwesen zurückgreifen kann. Vor allem würde es von der gemeinsamen Führung profitieren – von synergistischen Visionen, synergistischer Erfahrung, synergistischem Urteilsvermögen.

Viele Mischkonzerne bauten jedoch auf falscher Synergie auf. Wenn Synergie funktionieren soll, muß eine Partei etwas haben (Fertigkeiten, Kapital), das sie der anderen Partei vermitteln und was diese braucht oder verwenden kann. Wenn ein Unternehmen mit einem leistungsfähigen, weitverzweigten Außendienst Wärmedämmung für den Wohnungsbau vertreibt, dann ist es *vielleicht* sinnvoll, auch Doppeltüren in sein Produktprogramm aufzunehmen. Aber jeder, der über gesunden Menschenverstand verfügt, weiß, daß Führungskräfte, die ein unrentables Stahlunternehmen nur mit Schwierigkeiten zu besseren Ergebnissen führen, mit einem Ölunternehmen wahrscheinlich nicht mehr Glück haben werden. Und in der freien Wirtschaft ist gesunder Menschenverstand ein gnadenloser Richter.

Baldwin United, einst ein führender Klavierbauer, meinte, in die Sach- und Personenversicherung sowie in andere Finanzdienstleistungen diversifizieren zu können; The Charter Company in Jacksonville, Florida, meinte, Synergien würden es rechtfertigen, ihr Ölgeschäft mit einem Verlagsimperium und Versicherungsunternehmen zusammenzuführen. Aber Klaviere, Versicherungspolicen, Zeitungen und Ölraffinerien haben wenig gemeinsam – weder Märkte, Fertigung, Technologie noch Distribution. Noch während wir an diesem Buch arbeiteten, gingen beide Mischkonzerne in Konkurs.

Sogar Exxon, die größte Aktiengesellschaft der Welt, geriet mit ihrem ehrgeizigen Diversifikationsprogramm an die Grenzen ihrer Möglichkeiten und hat mit Unternehmen außerhalb des Energiebereichs, etwa mit Elektromotoren, chilenischem Kupfer, Büroinformation und Datenverarbeitung, Verluste in Höhe von über 700 Millionen Dollar zu tragen.

Auch Erfolgsunternehmen diversifizieren, gewiß. Nur 2 Prozent der Unternehmen unserer Auswahl beschränken sich nach wie vor ausschließlich auf ein Produkt oder einen Markt. Aber wenn *sie* diversifizieren, tun sie das fast immer, indem sie die Grenze zu verwandten Produkten und verwandten Märkten überschreiten.

Als die Charles River Laboratories zu diversifizieren beschlossen, hatte das Unternehmen ein ausreichend feines Gespür für seine besonderen Fähigkeiten und bot Versuchstiere an – nicht etwa Haustiere. Safety-Kleen übernahm sein bestehendes Filialnetz in einen neuen Markt (Restaurants). Es hatte damit Erfolg, weil sich das Marketingwissen übertragen ließ und das Unternehmen das notwendige Vertriebsnetz bereits zur Verfügung hatte.

Wo es um Diversifikation geht, machen die meisten Spitzengewinner keine großen, sondern kleine, aber sichere Schritte.

Der Todfeind Bürokratie

Es kann sehr wohl sein, daß dem amerikanischen Unternehmertum die ernsthafteste Gefahr nicht von unfairer ausländischer Konkurrenz, staatlicher Intervention oder hohen Lohnkosten droht. Sie droht vermutlich vielmehr von der eigenen Bürokratie – die Innovationen erdrückt, an die Stelle des gesunden Menschenverstandes Vorschriften setzt, Entscheidungen vereitelt und Initiative erstickt. Leider sind bürokratische Verkrustungen in der freien Wirtschaft genauso verbreitet wie in der staatlichen Bürokratie, die ja Gegenstand so vieler Karikaturen ist.

Natürlich äußert sich niemand zugunsten der Bürokratie. Aber die dynamischen und agilen Firmen, die wir untersuchten, tun mehr, als nur über Bürokratie zu schimpfen. Mit mindestens drei klassischen Methoden bekämpfen sie den Bürokratismus im eigenen Unternehmen und halten ihn in Schach.

Spitzengewinner machen ihre Angestellten zu Unternehmern. Niemand außer dem Eigentümer denkt wahrscheinlich so wie ein Eigentümer. Anstatt ihren Angestellten Systeme zu oktroyieren, lassen Spitzengewinner sie wirklich einen Teil des Geschäfts verdienen. Und das nicht nur symbolisch: Führungskräfte und andere Angestellte der Mitgliedsunternehmen der American Business Conference besitzen durchschnittlich mehr als 30 Prozent des Aktienkapitals ihrer Unternehmen – etwa sechsmal soviel wie der durchschnittliche Anteil der Belegschaft bei den größten Unternehmen des Landes. Mehr als eine Empfangsdame sagte uns, daß sie hart arbeite, weil ihr ein Teil der Firma gehöre.

Spitzengewinner vermeiden herkömmliche Managementfunktionen im Gemeinkostenbereich. Diese Unternehmen haben mit die einfallsreichsten und praktikabelsten Unternehmensstrategien, auf die wir gestoßen sind – aber 40 Prozent von ihnen haben keine Abteilung für Unternehmensplanung. Und wo es sie gibt, handelt es sich um einen kleinen Stab, dessen Aufgabe es ist, zu koordinieren, nicht aber endgültige Pläne zu erstellen oder zu genehmigen. Auch haben diese Unternehmen in den fünf Jahren, in denen wir sie beobachtet haben, einen jährlichen Gesamtzuwachs ihres Marktwertes von 38 Prozent erreicht, aber 80 Prozent von ihnen haben keine Abteilung, die sich mit der Pflege der Beziehungen zum Anlagepublikum befaßt.

Die Spitzengewinner sind überzeugt, daß Planung, Personal, Kommunikation und ähnliche »Stabsaufgaben« zu wichtig sind, als daß man sie an Stabsleute delegieren könnte. In diesen Unternehmen versteht man derartige Funktionen häufig ausdrücklich als etwas, was in der Verantwortung einer jeden Linienführungskraft liegt – die dementsprechend Personalchef, Unternehmensstratege und Repräsentant des Unternehmens gegenüber der Belegschaft, den Anteilseignern und öffentlichen Stellen ist. Spitzengewinner lassen Führungskräfte wirklich Führungskräfte sein.

Die Unternehmensführung signalisiert deutlich, daß sie kein bürokratisches Verhalten duldet. Bill McGowan, *CEO* von MCI, der »anderen« Telefongesellschaft für Ferngespräche, schneite in eine Besprechung von Führungskräften bei MCI hinein und fragte, ob es stimme, wie ihm zu Ohren gekommen sei, daß jemand im Unternehmen dabei sei, Richtlinien zur Personalpolitik auszuarbeiten. Wie sich herausstellte, wurde daran tatsächlich gearbeitet, weil (so erklärte man) ein aufstrebendes Unternehmen wie MCI mit seiner weltweiten Tätigkeit ohne gewisse Regeln für Titel, Einstellungsmethoden, Antragsformulare usw. nicht auskommen könne. McGowans Reaktion: »Stellen Sie fest, wer das macht, und schmeißen Sie ihn dann raus!« Das war eine von McGowans eindrucksvollen Gesten mit Symbolwert; zwar wurde niemand rausgeworfen, aber was er sagen wollte, war klar. MCI duldet keine aufgeblähten Stäbe, die sich Vorschriften und Richtlinien ausdenken, sie durchsetzen und darüber wachen. MCI duldet keine Verfahrenshandbücher. Hier existieren sie höchstens im Untergrund – sie werden allenfalls von Führungskräften geschaffen und angewandt, die ohne sie einfach nicht arbeiten können. MCI stellt seine Führungskräfte ein, damit ihr geschäftliches Urteilsvermögen und ihr gesunder Menschenverstand zum Zuge kommen – nicht um Regeln und Vorschriften zu schaffen oder sie zu befolgen.

Ergebnis: Nicht Gewinn allein

Außer dem erfolgreichen Unternehmer weiß jeder, daß viel Geld zu verdienen das einzige Ziel ist, von dem erfolgreiche Unternehmer besessen sind. Die Männer und Frauen, die wir beobachteten, haben aber offensichtlich ebensoviel Interesse, Bedeutendes zu leisten, wie ein Vermögen zu verdienen. Ihr Ziel ist der Aufbau eines Unternehmens, nicht die Aufstockung ihres Bankkontos.

Das wurde uns zu Beginn unserer Untersuchungen klar, als wir mehrere Treffen vereinbarten, bei denen uns *CEOs* unserer Spitzengewinner – manchmal unter vier Augen, manchmal in kleinen Gruppen – helfen sollten, ihr Unternehmen zu verstehen. Wir erwarteten, daß die *CEOs* über sich selbst reden, Proben ihrer Produkte mitbringen, Pläne und Finanzunterlagen vorlegen, uns Organogramme und Jahresberichte geben, uns sogar Zeitungsausschnitte von Berichten über ihre Unternehmen zeigen würden.

Statt dessen sprachen die meisten Führungskräfte über Unternehmensleitlinien und -philosophie – intelligente, prägnante Darstellungen eines Wertsystems. In jedem Fall gaben diese Leitlinien anschaulich die Handlungsgrundsätze des Unternehmens wider.

Häufig beherrschten die Äußerungen über die Mission unsere ganze Unterhaltung mit den Führungskräften der wachstumsstarken Schwellenunternehmen. Und wir sind zu der Überzeugung gelangt, daß die Unternehmenskultur, die aus diesen Kredos, Kodizes und Philosophien spricht, daß eigentlich die Kredos selbst eine der stärksten Waffen der Spitzengewinner sind. Philosophie und Werte lassen sich nur schwer messen – aber ihr Wert kann gar nicht zu hoch veranschlagt werden. Natürlich machen Glaubenssätze allein kein Unternehmen erfolgreich. Kredos artikulieren die Unternehmenskultur – sie können sie nicht ersetzen. Tatsächlich ist der Begriff der »Unternehmenskultur«, der einige Autoren der betriebswirtschaftlichen Fachliteratur, Universitätslehrer, Unternehmensberater und Führungskräfte so fesselt, in manchen Kreisen bereits zur Marotte geworden.

Aber Ausschüsse und Unternehmensberater können eine Unternehmenskultur nicht über Nacht herstellen. Sie ist die Artikulation gut durchdachter und leidenschaftlich vertretener Werte, durch die Institutionen erst ihren Sinn bekommen. In den von uns untersuchten Unternehmen der Spitzengewinner gibt es eine fest verwurzelte, von allen getragene Unternehmenskultur. Im allgemeinen hat sie sich bereits in der frühen Wachstumsphase des Unternehmens ausgeprägt.

Wir haben vier allgemeine Merkmale herausgefiltert, die die Unternehmenskultur der meisten Spitzengewinner charakterisieren. Das erste ist *begründete Achtung* – das Gefühl, daß das, wofür das Unternehmen eintritt, was es tut und wie es dies tut, etwas Besonderes ist. Es verlangt und verdient von seinen Mitarbeitern außergewöhnliche Einsatzbereitschaft.

Das zweite ist ein nahezu *religiöser Eifer* – eine ehrliche Begeisterung, die sich auf alle, die mit dem Unternehmen geschäftlich zu tun haben, überträgt, von Angestellten und zukünftigen Angestellten über Kunden, Lieferanten, Vertriebsorganisationen sogar bis hin zu den Konkurrenten.

Das dritte ist die *Gepflogenheit, Mitarbeiter einzubeziehen* – alle Mitglieder der Organisation so ziemlich über alles zu informieren und sie als gleichberechtigte Partner am Kreuzzug teilhaben zu lassen. Strategien, Pläne, ehrgeizige Ziele und Probleme bleiben nicht das Geheimnis der Palastgarde; das ganze Unternehmen kennt sie und weiß sie zu würdigen.

Das vierte ist die *Ansicht, daß Gewinne und Vermögen zwangsläufig als Nebenprodukte anfallen, wenn anderes gut funktioniert.* Geld ist als Maßstab für quantitative Leistung und Gewinne nützlich und für Investoren unumgänglich. Aber obwohl die von uns befragten *CEOs* mehrheitlich aus bescheidenen Verhältnissen stammten, hat das Geldverdienen als Selbstzweck für sie einen niedrigen Stellenwert.

Derartige Wertsysteme machen bürokratischen Ballast weitgehend überflüssig, der ja so viele Organisationen belastet. Wo wirksame Leitlinien in Kraft sind und allgemein befolgt werden, sind Regeln, Vorschriften, Richtlinien, Verfahrensweisen, Anweisungen und ähnliches nicht mehr so nötig. Wo Unternehmen dagegen keine allgemeinverständlichen und zu befolgenden Prinzipien haben, wachsen formale Systeme und Abläufe ins Uferlose, werden bis in immer kleinere Details und für alle Bereiche des Unternehmens festgelegt. Sie schreiben vor, was, wo, wie, wann und mit wem zu tun ist – während Leitlinien das Verständnis für das *Warum* vermitteln.

Anstatt neue Regeln und Vorschriften zu schaffen und durchzusetzen, vertreten Spitzengewinner ihre Philosophie und ihr Kredo in Wort und Tat. Die Mehrheit der von uns untersuchten Spitzengewinner entwickelt nicht einfach ein Kredo und hofft dann, daß es sich im Unternehmen durchsetzt. Die Unternehmensführung nimmt es selbst in die Hand, ihr Kredo zu verbreiten. Da ja ein mittleres Unternehmen weitgehend die Personifizierung seines *CEO* ist, überrascht es nicht, daß die *CEOs* der Spitzengewinner glauben, die Unternehmensmission mit Nachdruck vertreten zu müssen. Das ständig sowohl substantiell als auch symbolisch zu tun ist eine der wichtigsten Aufgaben des *CEO* – und eine der leichtesten, da er selbst fest daran glaubt.

Wir hörten von Schulungsseminaren für neue ebenso wie für altgediente Mitarbeiter – und nahmen auch daran teil –, in denen nur Werte erörtert und verdeutlicht wurden. *CEOs* wie Dee d'Arbeloff von Millipore und Bill McGowan von MCI erklären in Videoprogrammen, »wofür wir eintreten«. Viele *CEOs* treffen sich mindestens einmal im Jahr mit jedem Mitarbeiter.

Und die Unternehmensphilosophie ist etwas Lebendiges. Damit diese Darlegung der Unternehmensmission ihre Gültigkeit behält und im Alltagsgeschäft weiterhin Impulse zu geben vermag, wird sie regelmäßig von einer Gruppe von Führungskräften neu überprüft.

Führung: Der Aufbau einer Institution

Es gibt mindestens zwei stereotype Antworten auf die Frage, welche Art von Männern und Frauen mittlere Unternehmen führen. Beide sind falsch.

Einerseits gibt es da die allgemein bekannte Vorstellung vom Unternehmer als einem schöpferischen Genie, erfolgsbesessen, aber persönlich desorganisiert, mit hoffnungslos kurzfristiger Perspektive, Richtungslosigkeit und mangelnder Disziplin. Andererseits wird das Bild eines kalten, rational handelnden Profis beschworen, der kraft seiner Ausbildung und seiner Kenntnis raffinierter wissenschaftlicher Methoden und Theorien praktisch jedes Unternehmen leiten kann.

Die Männer und Frauen, die die neue Tradition der Unternehmensführung begründet haben, entsprechen keinem dieser Stereotypen ganz; aber irgendwie entsprechen sie beiden.

Zuallererst betreiben diese Unternehmer ihr Geschäft mit außergewöhnlichem Engagement, oft mit Besessenheit. Daß sie viele Stunden arbeiten, läßt sich nachweisen: Die Spitzengewinner arbeiten durchschnittlich 64 Stunden in der Woche im Vergleich zu den 56,9 Stunden, die bei einer Erhebung der Robert-Half-Organisation von 1984 bei leitenden Angestellten in hundert der größten Unternehmen der Vereinigten Staaten ermittelt wurden.*

Bezeichnender und wichtiger ist jedoch, wie intensiv sie arbeiten. Die *CEOs*, mit denen wir sprachen, nahmen selbst an alltäglichen Einzelheiten ihres Geschäfts echten Anteil. Sie nannten Marktanteilsverschiebungen, einzelne Kunden, Kosten, Maßnahmen der Konkurrenten, Renditen, Prozentsätze – ohne auch nur auf Notizen, Ausdrucke, Berichte, Assistenten oder andere Gedächtnisstützen zurückzugreifen. Als wir ihnen unseren Fragebogen mit 82 ausgearbeiteten Fragen zuschickten, füllten ihn die *CEOs* meistens selbst aus. Und bei ihren Mitarbeitern ist ihre Arbeitswut legendär – in den ersten Jahren des Unternehmens hat Jim Macaleer, der *CEO* von SMS (Shared Medical Systems), einmal ununterbrochen 72 Stunden lang im Computerraum seiner Firma gearbeitet, um ein Problem zu lösen; in den dunkelsten Zeiten von MCI traf sich Bill McGowan regelmäßig am Samstagvormittag mit seiner Führungsmannschaft, nicht etwa, um das Handtuch zu werfen oder auch nur zu verkünden, alle müßten den Gürtel enger schnallen, sondern vielmehr, um Pläne für die internationale Expansion zu entwickeln.

Aber individuelle Arbeitswut ohne Mitstreiter ist frustrierend. Ohne Perspektive wird sie zu Fanatismus. Die *CEOs*, die wir hier kennenlernten, haben

* »Exekutives' Work Week Found to Be 16.9 Hours«, *The Wall Street Journal,* 2. Januar 1985, S. 2.

es geschafft, in einem Balanceakt diesem Schicksal zu entgehen, ohne sich deswegen mit weniger Enthusiasmus für ihre Aufgabe zu engagieren. Sie wissen ihren persönlichen Arbeitseifer in Engagement und Energie ihrer Institutionen umzuwandeln.

Ganz im Gegensatz zu ihrer scheinbaren Allgegenwärtigkeit gehen die *CEOs* der Spitzengewinner in dem, was sie selbst erledigen, sehr selektiv vor. Den vergleichsweise wenigen Faktoren, die für den Unternehmenserfolg am entscheidendsten sind, widmen sie auffällig viel Aufmerksamkeit. Während sie einige an einer Hand abzuzählende Maßnahmen mit intensivem Interesse und großer Sorgfalt selbst überwachen, überlassen sie die Verantwortung für die große Masse von Kontrollaufgaben und Entscheidungen dem Urteilsvermögen von Stellvertretern ihres Vertrauens.

Bei den *CEOs*, die wir beobachteten, ist *Management by Exception* – die Methode, sich mit etwas ausschließlich zu befassen, wenn es nicht mehr reibungslos funktioniert, was lange Zeit fester Bestandteil wissenschaftlich fundierter Managementlehren war – quasi ein Schimpfwort. Ihre Haltung ist das genaue Gegenteil des alten Sprichworts »Was nicht kaputt ist, geht dich nichts an«. Statt dessen sagen sie: »Um was man sich nicht kümmert, das geht kaputt.« Sie gehen für gewöhnlich nicht nur ganz in ihrem Unternehmen auf, sondern verachten auch grundsätzlich alles, was im alten Trott geschieht. Wenn etwas gut funktioniert, kann es noch besser funktionieren; und wenn man nicht selbst auf die bessere Methode kommt, wird das die Konkurrenz tun.

Natürlich, *Management by Exception* erfordert formale Informations- und Steuerungssysteme, um die Führungskräfte auf dem laufenden zu halten. Im allgemeinen haben die von uns untersuchten Unternehmen zwar leistungsfähige Finanzsysteme und operative Steuerungssysteme, aber ihre *CEOs* und andere Führungskräfte lassen sich viel einfallen, um sich über wichtige Fragen Informationen direkt zu verschaffen.

Zum Teil aus diesem Grund widmen sie den Kunden viel Zeit – durchschnittlich 10 Prozent –, wobei sie Probleme lösen, Ideen haben, etwas über die Konkurrenz erfahren und einfach zuhören.* Sie verwenden die eigenen Produkte und die Konkurrenzerzeugnisse selbst, begeben sich gelegentlich persönlich an die Front (als Vertreter, Ingenieure oder im Reklamationsdienst) und rufen sogar ihr eigenes Unternehmen selbst an.**

* Die übrigen Mitglieder des Top-Managements wenden 20 Prozent ihrer Zeit für die Kunden auf.

** Wir raten *CEOs* oft, ihre eigene Telefonzentrale anzurufen und zu bitten, wegen eines Kundendienstproblems mit dem Chef verbunden zu werden. Es ist immer nützlich und oft auch interessant, festzustellen, wie Beschwerden entgegengenommen werden, wie Kunden behandelt werden, wie gut das Unternehmen organisiert ist und inwieweit bei dem ganzen Vorgang die normalen Gesetze der Höflichkeit befolgt werden.

Und sie scheuen sich nicht, sich selbst die Hände schmutzig zu machen. Wer selbst im Schützengraben steht, stellt ja auch leichter fest, was dort vor sich geht, und kann Schlüsselfunktionen besser überwachen, als wenn er sich formelle Berichte anhören (oder, noch schlimmer, ausführliche Memoranden lesen) muß. Die Möglichkeit von Verzerrungen wird auf ein Minimum beschränkt. Shelly Weinig, der Gründer und *CEO* von Materials Research Corporation, nennt es eine seiner wichtigsten Aufgaben, mit einfachen Angestellten zu essen – und nicht nur zu Mittag, sondern auch Frühstück und Abendbrot mit ihnen einzunehmen. Bob Rosenberg und Tom Schwarz, *Chairman* bzw. *President* von Dunkin' Donuts, besuchten 1983 unangekündigt 113 ihrer Läden (die Zahl hatten sie im Kopf) und luden zu Kaffee, Berlinern und zur Entwicklung neuer Ideen ein. Bill McGowan von MCI nimmt höchstpersönlich das Telefon ab.

Um zusammenzufassen, die *CEOs* der Spitzengewinner (und ihre Führungsteams) wissen ihre Prioritäten zu setzen. Allein durch die Vision des *CEO* und seine Fähigkeit, andere für sie zu gewinnen, erhält ihr Trachten ein Ziel. Gleichzeitig stehen sie fest auf dem Boden der Tatsachen. Die *CEOs* von Spitzengewinnern berechnen auf lange Sicht, wie sich Risiken auszahlen könnten, und lassen sich vom Auf und Ab der Quartalsergebnisse nicht zu Kurzschlußhandlungen hinreißen. Sie verzichten auf Möglichkeiten, die oberflächlich äußerst attraktiv erscheinen, wenn diese nicht den eigentlichen Fähigkeiten des Unternehmens entsprechen. Was aber am wichtigsten ist, keinen Augenblick lang vergessen sie, daß Innovation die einzige Wettbewerbsbasis von Dauer ist – und nie vergeht ihnen der unersättliche Appetit auf Veränderung, der einen Spitzengewinner charakterisiert.

Die zehn Gebote des Unternehmenserfolgs

Denkgewohnheiten der 70er Jahre	Die neue Tradition
Um überdurchschnittlich zu wachsen und zu verdienen, mußt du die Branchen finden, die gerade aktuell sind und am meisten expandieren.	Das spielt keine Rolle. Gewinner gibt es in jedem Sektor – bei Berlinern, Klebstoff und Textilien genauso wie bei Software, im Gesundheitswesen und in der Nachrichtentechnik.
Größe ist genauso wichtig wie der Sektor. Finde und besetze die größten Märkte.	Am besten fährst du, wenn du Nischen schaffst und aufbaust.
Verschaffe dir Größendegressionen, indem du die Erfahrungskurve durchläufst.	Schaffe durch Innovation neue Erfahrungskurven. Die Mühe mit den anderen, veralteten überlaß deinen Konkurrenten.
Niedrige Preise bringen hohe Marktanteile.	Der Wert entscheidet.
A. Finde ein gutes Geschäft und bleibe dabei. B. Diversifiziere. Werde ein Mischkonzern.	Bleib nicht stehen, wo du bist, aber geh auch nicht überallhin. Überschreite die Grenzen – zu verwandten Produkten oder verwandten Märkten oder zu beidem.
Deine Angestellten sind Bürokraten, die auf Anweisungen warten – also gib sie ihnen.	Vermittle deinen Angestellten Werte und eine Vision. Mache sie zu Anteilseignern: Sie werden sich wie Eigentümer verhalten, weil sie Eigentümer *sind.*
Aufgabe des Unternehmens ist es, für die Anteilseigner Vermögen zu schaffen.	Aufgabe des Unternehmens ist es, eine Institution zu schaffen, ein Erbe zu hinterlassen, etwas Besonderes zu erreichen. Ein gutgeführtes Unternehmen bildet Vermögen als Nebenprodukt.
Was nicht kaputt ist, geht dich nichts an.	Um was man sich nicht kümmert, das geht kaputt.
Erfolgreiche Führungskräfte sind kühle, rational handelnde Profis.	Erfolgreiche Unternehmensführer sind von ihrer Arbeit besessen. Zu Recht verlassen sie sich mindestens ebensosehr auf den eigenen Instinkt und die eigene Intuition wie auf Fakten und Analysen.
Erfolgreiche Unternehmen werden von verschrobenen Unternehmern geführt, die desorganisiert und undiszipliniert drauflosarbeiten.	Erfolgreiche Unternehmen werden von Menschen geführt, die ihre Prioritäten und ihre Werte genau kennen, sich ihrer Zielrichtung sicher sind und die Unternehmenskultur fest im Griff haben.

Kapitel II
Wachsen wollen und gewinnen können

Besonders beeindruckend sind die Leistungen der Spitzengewinner, weil sie trotz schwerwiegender Handicaps erreicht wurden. Es ist leicht, ein Unternehmen zu gründen, aber weniger als eines unter tausend erreicht die Schwelle zum mittleren Unternehmen unserer Definition, d. h. einen Jahresumsatz von 25 Millionen Dollar. Nach diesem Anfangserfolg werden mittlere Unternehmen mit einer ganzen Reihe neuer Wachstumshindernisse konfrontiert. Unternehmen, die letztendlich gewinnen, erkennen diese Gefahren im voraus und wissen ihnen zu begegnen, während sie die Alltagsgeschäfte weiterhin gekonnt abwikkeln. Was am wichtigsten ist, die Spitzengewinner wollen gewinnen und wissen, wie man das anstellt. Sie wollen und können gewinnen.

Die Hürden auf dem Weg, ein mittleres Unternehmen zu werden

In den Vereinigten Staaten gab es immer genügend Unternehmer, die ihr eigenes Unternehmen starten wollten. Allein 1983 wurden etwa 600000 Unternehmen aus der Taufe gehoben, eine Fortsetzung des Aufwärtstrends, der die Zahl neuer Unternehmen von 234000 vor fünfzehn Jahren kontinuierlich steigen ließ. Rezessionsphasen wirkten sich da kaum aus; in dem genannten Zeitraum von fünfzehn Jahren gab es den stärksten Rückgang bei den Unternehmensgründungen im Jahr 1982, im größten Konjunktureinbruch seit der Weltwirtschaftskrise. In diesem Jahr wurden nur noch 567000 Unternehmen gegründet im Vergleich zu 582000 im Jahr 1981 – ein kaum merklicher Rückgang in der Welle von Neugründungen. Und das geschieht überall im Land – in New York, Florida und Kalifornien entstanden 1983 mehr als 50000 neue Unternehmen und jährlich 1000 in den weniger dichtbesiedelten Staaten wie in Nord- und Süddakota.

Neben den Betriebsgründungen gibt es jedes Jahr eine sehr viel größere, buchstäblich unzählbare Zahl neuer Partnerschaften, Geschäftsübernahmen durch neue Inhaber sowie Einzelpersonen, die sich selbständig machen. Und zumindest theoretisch kann jede dieser neuen Unternehmungen potentiell gewinnen.

Gleichzeitig verschwinden Unternehmen auch massenweise von der Bildfläche. Mehr als 95000 Geschäfte meldeten 1983 offiziell Konkurs an, und Zehn-, wahrscheinlich sogar Hunderttausende schließen jedes Jahr ganz einfach die Türen, oder sie verkaufen.

Mit wenigen Ausnahmen bedeutet »Unternehmen« in den Vereinigten Staaten sehr kleine Unternehmen. Wenn nur 1 Prozent der heute bestehenden Unternehmungen zu mittleren Unternehmen – mit einem Jahresumsatz von 25 Millionen Dollar – hätten heranwachsen wollen *und* können, wäre das Volumen der amerikanischen Volkswirtschaft *mehr als doppelt so groß* wie gegenwärtig. Aber Tatsache ist, daß mehr als 999 von 1000 Unternehmen klein bleiben.

Der Wille zu wachsen

Nach herkömmlicher Ansicht genießt Wachstum zwar in jedem Unternehmen höchste Priorität, aber die Tatsachen bestätigen das nicht. Nehmen wir das einfache Beispiel von Tupper Lake, um die üblichen Verhältnisse in der amerikanischen Geschäftswelt zu verdeutlichen. Das ist ein malerischer Ort in den Adirondacks im Norden des Staates New York, etwa 100 Kilometer von der kanadischen Grenze entfernt, wo zum größten Teil die erste Fassung dieses Buches entstand.*

Tupper Lake begann, sich Ende des 19. Jahrhunderts zu entwickeln, als dort damals die forstwirtschaftliche Industrie aufblühte. Den größten Wachstumsimpuls brachte 1890 die Eisenbahn. Heute gehört es zu den wenigen Gemeinden in diesem Gebiet, aus denen die Holzarbeiter noch nicht verschwunden sind. Ein paar übriggebliebene holzverarbeitende Betriebe, mehrere andere kleine Fertigungsbetriebe, der Tourismus und eine staatliche Schule bilden die Haupteinnahmequellen der Gemeinde.

Im Laufe der Jahre sind Industriebetriebe entstanden und wieder verschwunden. Die Fabriken der Norwood Manufacturing, der A. Sherman Lumber Company und der Santa Clara Lumber Company existierten allesamt bereits vor dem Zweiten Weltkrieg nicht mehr. Ein Werk, das die Draper Corporation (später ein Zweig von Rockwell International) 1949 eröffnete, um dort Spulen

* Louis J. Simmons (*Mostly Spruce and Hemlock,* Binghamton, N. Y., Vail-Ballou Press, 1976) verdanken wir die Kenntnis der frühen Daten und Ereignisse.

für Webstühle der Textilindustrie herzustellen, wurde Ende der 70er Jahre stillgelegt, da es wegen der gestiegenen Transport- und Lohnkosten nicht mehr rentabel war. Soweit wir das feststellen können, haben wenige, wenn überhaupt einer dieser oder anderer holzverarbeitenden Betriebe, die sich im Laufe der Jahre in Tupper Lake ansiedelten, jemals mehr als 1 Million Dollar im Jahr umgesetzt.

Aber in dieser Ortschaft mit 6000 Einwohnern führt das Register der Handelskammer von Tupper Lake mehr als 200 Firmen in mehr als 82 Branchen, die von Antiquitäten- und Autohändlern bis hin zu Anbietern von Hochzeitskleidern und Großhandelsbetrieben reichen.

Die meisten Firmen in Tupper Lake gehören in den Dienstleistungssektor – Restaurants, Motels, Eisenwarenhandel, Kaufhäuser und Sportartikelgeschäfte, Elektriker, Installateure, Tankstellen usw. Die Fluktuation ist erheblich; Läden und Restaurants, in denen wir vor einem oder zwei Jahren gewesen sind, sind in andere Hände übergegangen oder verschwunden.

Selbst einige langjährige, eingesessene Geschäfte sind in den letzten Jahren verkauft worden:

- Ginsbergs Kaufhaus wurde vor fast neunzig Jahren von Mose Ginsberg gegründet, der zu Fuß von einem Holzfällerlager zum nächsten zog und die entlegene Wildnis der Adirondacks mit Textilien versorgte. Als Wahrzeichen der Gegend und ihr größtes und angesehenstes Kaufhaus wurde es jahrelang von Muriel Ginsberg, Moses Tochter, geführt. Aber vor einigen Jahren verkaufte Fräulein Ginsberg den Laden an ein Ehepaar aus Michigan, da sie den immer schwieriger werdenden Bedingungen des Einzelhandels, auch durch den Trend zu Supermärkten, nicht mehr gewachsen war. Die größere Bedeutung des Umsatzvolumens anstatt des individuellen Kundendienstes zwang sie dazu aufzugeben.
- Der Tip Top Sport Shop, den Bert und Roland Richer nach dem Zweiten Weltkrieg gegründet hatten, ist lange das erste Haus am Platze für Sportausrüstung gewesen – und auch gleichzeitig einer der ersten Friseure am Platze. Dann kamen die zwei Geschäftsgründer zu dem Schluß, sie hätten hart und lang genug gearbeitet, und verkauften das Geschäft an ihren früheren Angestellten Dick Parent. Der Friseurladen wurde geschlossen, aber das Sportgeschäft läuft unter seinem neuen Besitzer weiterhin gut.
- Der *Director* der Tupper Lake High School L. P. Quinn gründete 1931 die Zeitung *Free Press,* die in Tupper Lake erscheint. Er war so weitsichtig, Louis Simmons einzustellen, nachdem sein erster Chefredakteur Anfang des darauffolgenden Jahres ausgeschieden war, und Simmons leitete das Blatt bis 1977 als Chefredakteur. Dann geriet *Free Press,* die noch mit dem altmodischen Hochdruckverfahren arbeitete, unter wirtschaftlichen Druck, als

sich die anderen kleinen Lokalzeitungen entschlossen zu modernisieren und ebenfalls auf das Offsetverfahren umstiegen. Aber da die drei Besitzer des Unternehmens (Simmons, Mary Quinn und Ben Schryver) alle bereits über siebzig waren, nahmen sie die teure und schwierige Umstellung auf das neue Verfahren nicht in Angriff und verkauften die Zeitung statt dessen an eine kleine, aber erfolgreiche kanadische Zeitungskette, die die Modernisierung vornahm, *Free Press* ansonsten aber weiter ganz im alten Stil betreibt.

Andere Unternehmen in Tupper Lake werden nach wie vor von den Familien ihrer Gründer geführt. Es wird sich zeigen, ob die nächsten Generationen die Tradition fortsetzen werden. Zum Beispiel:

- Frenette Brothers begannen 1925, Eis und Erfrischungsgetränke herzustellen und zu vertreiben, nach Aufhebung der Prohibition dann auch Bier. In diesen ganzen Jahren waren die Frenettes nicht nur wegen ihres Geschäfts prominente Mitglieder der Gemeinde, sondern auch wegen ihres intensiven Engagements für den North-Country-Sport. Der augenblickliche Chef des Unternehmens, Bill Frenette, war Cheftrainer der amerikanischen Skimannschaft bei den Olympischen Spielen und bei Langlauf- und Kanuwettbewerben häufig Sieger; seine Frau Ginny ist Leiterin der Skischule im Skigebiet Big Tupper. Ganz sicher leben sie lieber nach ihrer Art, anstatt zu versuchen, aus ihrem Geschäft ein Imperium zu machen.
- Vermutlich ist Fortune's Hardware, das Tom Fortune 1920 gründete, in Tupper Lake das Einzelhandelsgeschäft, das sich am längsten in Familienbesitz befindet. Der Gründer verkaufte das Geschäft 1959 zwar an seinen Sohn, den »jungen Tom«, und auch ein Enkel ist jetzt dort tätig, aber er kommt selbst fast noch jeden Tag in den Laden. Als wir ihn Ende 1984 besuchten, war Tom Fortune einundneunzig – und stolz darauf, der älteste noch aktive Kaufmann des Ortes zu sein.

Ständiges rasches Wachstum ist einfach kein Ziel für die Geschäftswelt von Tupper Lake. Ein Geschäftsinhaber sagte uns: »Ich kann hier gut leben, und ich lebe hier gern. Warum expandieren? Wer braucht wirklich all den Ärger? Wenn ich versuche, drüben in Saranac Lake ins Geschäft zu kommen, fangen die auch an, hier gegen mich zu konkurrieren. Das hat doch gar keinen Sinn.«

Lou Simmons faßte das vor kurzem in einem Brief sehr gut zusammen, den er auf seiner alten Remington-Schreibmaschine heruntertippte: »Wir sind damit zufrieden, hier genug zu verdienen, um unseren Verpflichtungen nachzukommen, sorgenfrei zu leben und für schlechte Tage genug beiseite zu legen – und genug Freizeit zu haben, um ein bißchen zu angeln, hier und dort ein Bier zu trinken und eine Menge Freundschaften zu pflegen.«

Was wir damit sagen wollen, ist, daß die Geschäftswelt von Tupper Lake ein genaues Abbild der 999 von den 1000 Unternehmen ist. Sie ist repräsentativ für das typisch amerikanische Leben. Die überwiegende Mehrheit teilt die Meinung von Lou Simmons, nicht aber die der dynamischen Wachstumsfirmen. Fast keines der Unternehmen, die Jahr für Jahr hoffnungsvoll ihre Pforten öffnen, haben die Absicht, Großunternehmen zu werden. In die *Fortune-500*-Liste aufsteigen zu wollen kommt den typischen Gründer-Unternehmern nie in den Sinn – ihr Ziel ist es ganz einfach, sich und ihrer Familie einen Lebensunterhalt zu verdienen, ihren Beitrag zur Gemeinschaft zu leisten und die vielen Vorteile eines überschaubaren Lebensrhythmus und intensiver dauerhafter Beziehungen zu genießen, um die sie die gehetzten Angestellten großer Unternehmen nur beneiden können.

Aber was ist mit den anderen, dem einen Prozent?

Der winzigen Schar von Gründer-Unternehmern, für die Wachstum wirklich ein Ziel ist, fehlt es keineswegs an Möglichkeiten. Man kann sich kaum einen Geschäftszweig vorstellen, in dem es nicht ungeheure Wachstumspotentiale gäbe. Es gibt keine institutionellen oder wirtschaftlichen Gründe, weshalb irgendein Einzelhändler an der Ecke oder lokale Dienstleistungsunternehmen nicht mehr Zweigstellen eröffnen und womöglich eine landesweite Kette aufbauen könnten – wie das Dunkin' Donuts (Berliner und Kaffee), Levitz Furniture (Möbel), Standard Brands Paint (Renovierungsbedarf) und California Plant Protection (Wachdienst) zeigen.

Die meisten Verbraucherkredit-Informationsdienste zum Beispiel sind lokale Unternehmen, obwohl es dafür keinen zwingenden Grund gibt. Ein Beweis dafür ist die Chilton Corporation, die ihre Geschäftsbasis von Dallas aus auf eine Menge anderer Städte von Boston bis Denver erweitert hat. Automatic Data Processing hat es zu ungewöhnlichen Wachstumsraten gebracht, indem es seine EDV-Dienstleistungen in immer neuen Landesteilen anbot, während viele andere Datenverarbeiter lokal begrenzte Dienstleistungsunternehmen blieben. Eigentlich kann jede Firma ihren geographischen Horizont erweitern, wenn sie das will. Mangelndes Wachstum beruht nicht auf fehlenden Möglichkeiten. Wie die Geschichte von Tupper Lake zeigt, fehlt der Wunsch zu wachsen – mangelt es am Willen.

Die Fähigkeit zu gewinnen

Aber in der Regel scheitern auch Unternehmen, die wirklich wachsen wollen. Das liegt natürlich daran, daß der Wille zu wachsen zwar nötig ist, das alleine aber noch nicht reicht. Den meisten Unternehmen, die den Willen haben zu wachsen, mangelt es an der Fähigkeit.

Bis zur mittleren Größe ist diese mangelnde Fähigkeit zu wachsen in der Regel auf einen oder zwei von drei Faktoren zurückzuführen:

1. *Falsches Konzept.* Manchmal scheitert eine erfolgreiche kleine Firma mit ihren Expansionsversuchen, weil das Geschäft für den Betrieb in größerem Umfang nicht konzipiert ist. Unzählige Kettenrestaurants mußten wieder schließen, weil sie keine Standardmenüs und keine Betriebsvorschriften entwickelten, um in allen Lokalen einheitliche Qualitätskontrolle, Zubereitungs- und Servicestandards zu gewährleisten. Noch andere Unternehmen wurden in ihrem Wachstum gebremst, weil ihre Produkte für einen zu engen Markt konzipiert wurden, zum Beispiel die teuren Elektroautos. Andere wiederum sorgten nicht für einen ständigen Strom neuer Produkte, die Anfangserfolge mit einem kurzen Lebenszyklus ersetzen müßten – wie das viele Unternehmen mit so unterschiedlichen Produkten wie Kleidung und Videospielen erfahren konnten. Und einige Firmen haben niemals Marketingprogramme entwickelt, um die persönlichen Beziehungen des Firmengründers in seiner lokal begrenzten Gemeinde zu ersetzen – was häufig der Grund für den Zusammenbruch von Dienstleistungsunternehmen ist, die versuchen, ihr Geschäft geographisch auszuweiten.
2. *Überschuldung.* Den meisten kleinen Unternehmen, die finanziell scheitern, fehlt es an der fundamentalsten Disziplin und Kontrolle, um das Wachstum im Griff zu behalten. Manche stellen Mitarbeiter ein und bauen Läger auf, lange bevor sie ausreichende Einkünfte haben, wodurch sie dann Schiffbruch erleiden. Andere nehmen zu schnell zu viele Aufträge an und können die Nachfrage dann nicht mehr befriedigen, ohne daß ihnen das Geld ausgeht. Also muß entweder das Wachstum gestoppt werden, oder das Unternehmen scheitert.
3. *Menschliche Unzulänglichkeit.* In mindestens ebenso vielen Fällen handeln sich kleine Unternehmen, die sich um Wachstum bemühen, offensichtlich kurz vor dem Sieg doch noch eine Niederlage ein, weil sie es nicht schaffen, auf ihrem Weg zur mittleren Unternehmensgröße das Klima der Zusammenarbeit oder die persönliche Motivation weiterhin aufrechtzuerhalten. Manchmal entstehen Probleme, weil der Eigentümer selbst sein drängendes Interesse am Geschäft verliert; manchmal ist ihm nicht rechtzeitig klar, wie wichtig anhaltendes persönliches Engagement ist; manchmal führen persönliche Eitelkeiten zu Streit in der Familie oder der Belegschaft; und manchmal heißt das Problem ganz einfach Betrug. Oder, was vermutlich am häufigsten ist, der Gründer-Unternehmer meint, eigentlich lieber alles selbst zu machen anstatt andere zu führen, so daß das Wachstumspotential des Unternehmens durch seine persönliche Energie und Fähigkeiten stark begrenzt ist.

Die siegreichen Unternehmen haben diese drei Hindernisse überwunden, als sie in die mittlere Unternehmensgröße hineinwuchsen. Sie haben gelernt (oder gespürt), wie sie mit den anspruchsvollen geschäftlichen, finanziellen und menschlichen Anforderungen eines kleinen wachsenden Unternehmens fertig werden können. Aber mit der wachsenden Größe und dem weiteren Tätigkeitsfeld entstehen für ein mittleres Unternehmen eine ganze Reihe neuer Herausforderungen. Die Sieger müssen diese Wachstumshindernisse wie Spießruten durchlaufen und dabei sowohl den Willen zum Wachstum haben als auch die erforderliche Fähigkeit zum Gewinnen – worauf in den folgenden Kapiteln dieses Buches noch näher eingegangen wird.

Risiken und Chancen des Wachstums

Wenn ein Unternehmen erst einmal Umsätze in Höhe von 25 Millionen Dollar Umsatz erreicht, wird es in der Regel in drei verschiedenen Bereichen herausgefordert, auch wenn sich diese Probleme einigen Firmen schon früher oder erst später stellen. Wann immer es soweit ist, muß das mittlere Unternehmen seine Fähigkeit unter Beweis stellen, mit diesen Herausforderungen fertig zu werden, was sehr viel mehr bedeutet, als wachsen zu wollen, eine gewisse geschäftliche und finanzielle Disziplin zu entwickeln und mit grundlegenden menschlichen Unzulänglichkeiten fertig werden zu können. Spitzengewinner müssen:

1. in einer feindlicheren Umwelt mit härteren finanziellen Bedingungen fertig werden,
2. auf die explosionsartig zunehmende Komplexität von Produkten und Märkten reagieren, indem sie neue organisatorische Fähigkeiten entwickeln,
3. die Führungsaufgaben des *CEOs* grundlegend an die wachstumsbedingt veränderten Erfordernisse anpassen.

Die Spitzengewinner erkennen diese Herausforderungen mit ihren zahlreichen Aspekten sehr viel besser als die meisten anderen Unternehmen und werden leichter mit ihnen fertig.

Finanzieller Druck

Sobald ein Unternehmen mittlere Größe erreicht hat, gerät es durch verschiedene Einflußkräfte in ein Umfeld mit höherem finanziellem Risiko und Druck. Fast immer agiert ein Schwellenunternehmen in sehr viel mehr Wirtschaftssektoren und Märkten, als es das als kleines Unternehmen tat – außerhalb der persönlichen Kontrolle des Firmengründers und daher mit einem weit größeren Risiko von Fehlentwicklungen. Wenn es auf internationalen Märkten tätig wird, hat es Währungsrisiken zu tragen, die ja in den letzten Jahren die Bilanzen und Gewinne vieler großer amerikanischer Konzerne ernsthaft beeinträchtigt haben. Das mittlere Unternehmen hat fast zwangsläufig ein größeres Produktprogramm oder ein breiteres Spektrum von Dienstleistungen als zu der Zeit, als es diese Schwelle noch nicht erreicht hatte. Wenn das Unternehmen etwas produziert und verkauft, muß es seine Produkte entwerfen, konstruieren, fertigen, verteilen und Kundendienst leisten, und es muß bei Reklamationen für Rücknahme oder Reparatur sorgen. Wenn es eine Dienstleistung anbietet, gibt es entsprechende und keineswegs einfache Anforderungen. Unter anderem braucht alles Zeit und verursacht in der Regel finanzielle Auslagen, lange bevor das Geld in Form von Umsatzerlösen zurückfließt.

Was noch bedrohlicher ist, jetzt geben mehr Leute das Geld des Unternehmens aus. In den Anfangstagen konnte der Unternehmer jeden Scheck persönlich unterschreiben und jede Verpflichtung übersehen. Jetzt machen Außendienst- und Kundendienstmitarbeiter Zusagen, und unter Umständen geben Abteilungsleiter ohne tägliche Kontrolle oder Genehmigung Gelder aus. Geld läßt sich sehr leicht in einer Weise und für Dinge ausgeben, die mit den Wertvorstellungen des Gründer-Unternehmers einfach nicht zusammenpassen. Geld kann auch einfach spurlos verschwinden.

Währenddessen ruft der Wachstumserfolg des Unternehmens die Konkurrenz auf den Plan. Weder von den großen etablierten Gesellschaften noch von anderen Unternehmern bleibt eine Firma unbeachtet, die sich aus irgendeinem Markt ein 25-Millionen-Dollar-Stück herausnimmt, selbst wenn sie den Markt selbst geschaffen und dort anfänglich ein Monopol gehabt hat. Größere Konkurrenten, die das Unternehmen kaum beachteten, als es noch klein war, sehen in ihm mehr und mehr eine ernsthafte Gefahr. Um eine Wachstumsrate von 15 Prozent zu halten, muß sich ein 25-Millionen-Dollar-Unternehmen außerdem jährlich Umsätze in Höhe von mindestens 4 Millionen Dollar hinzugewinnen – ein Umsatzpotential, das die Großen des Marktes in Versuchung führt und die Kleineren nicht mehr ruhen läßt.

Wettbewerbsdruck entsteht nicht nur durch neue Anbieter; er kann auch durch Preiskonkurrenz, durch Produktverbesserungen der Konkurrenten oder eine Intensivierung des Wettbewerbs bei Kundendienstleistungen entstehen – um nur einige Quellen zu nennen. Und wahrscheinlich muß das mittlere Unternehmen feststellen, daß seine größeren, besser finanzierten Konkurrenten über mehr Mittel verfügen als es selbst, während seine kleineren Konkurrenten unter Umständen noch gewinnhungriger sind.

Es überrascht nicht, daß die Finanzlage und Leistung typischer Schwellenunternehmen weniger stabil sind, daß sie risikoanfälliger und auch höher verschuldet sind als ihre größeren Konkurrenten.

Mehr Risikoanfälligkeit

Umsätze und Erträge des typischen mittleren Unternehmens sind weniger stabil als bei seinen größeren Konkurrenten. Wir untersuchten die finanziellen Leistungsmerkmale aller mittleren Unternehmen (nicht nur derjenigen mit den höchsten Wachstumsraten) und verglichen sie mit den Riesenkonzernen, und zwar zu mehreren Zeitpunkten im Verlauf der letzten zwanzig Jahre. Unsere früheste Untersuchung verglich die Leistung von Unternehmen im Umsatzbereich zwischen 20 und 200 Millionen Dollar für die Zeit von 1965 bis 1970 mit den *Fortune 500.** Diese Analyse zeigte, daß eine eindeutige Mehrheit der *Fortune*-Unternehmen einen wenig spektakulären, aber stetigen Gewinnzuwachs aufwiesen – der sich etwa mit der durchschnittlichen Wachstumsrate der Gesamtwirtschaft deckte – und daß nur wenige Verluste machten.

Aber die mittleren Unternehmen lagen als Gruppe insgesamt außerhalb des Durchschnitts. Ihre überwiegende Mehrheit wies Erträge auf, die sehr rasch wuchsen, stark rückläufig oder negativ waren. Eine entsprechende Analyse für die Jahre 1978 bis 1983 ergab ein vergleichbares Muster.

Selbst die von uns untersuchten Spitzengewinner – die Besten aus der Gruppe der Mittelgroßen – sind gegen Instabilität nicht gefeit. Im Extremfall sagte uns etwa die Hälfte der *ABC-CEOs*, daß ihre Unternehmen zu irgendeinem Zeitpunkt ihrer Geschichte »pleite« oder »beinahe pleite« gewesen waren. Zwischen 1964 und 1983 erlebten 85 Prozent der ABC-Unternehmen mindestens einmal einen Umsatz- oder Gewinneinbruch, und die meisten hatten mehr als ein schlechtes Jahr. Mehr als ein Drittel machte zumindest in einem Jahr Verluste. Daß es diesen Unternehmen gelang, aus den Widrigkeiten zu lernen, von ihnen zu profitieren, sich aber auch von ihnen wieder zu erholen, ist ein Merkmal, durch das sie sich von der großen Masse unterscheiden. (Wie sie schwierige Situationen meistern und zu ihrem Vorteil wenden, beschreibt Kapitel VI.)

Höhere Fremdfinanzierung

Unternehmen leben von Geld. Wenn die Menschen Gehirn und Muskeln des Unternehmens sind, ist das Geld dessen Herzblut. Je mehr Geld ein Unternehmen aufnehmen muß – das ist eine wirtschaftliche Binsenweisheit –, um so größere finanzielle Risiken geht es ein. Und im Laufe der Jahre mußten mittlere Unternehmen immer mehr über Kredite finanzieren.

Finanziell gesehen ist die mittlere Größe eine schwierige Phase im Leben ei-

* Donald K. Clifford jr.: *Managing the Threshold Company,* A McKinsey Report to Management, McKinsey & Company, Inc., 1973, S. 9 ff.

nes Unternehmens. Vorher war es noch ein lokales Unternehmen – ein gesicherter persönlicher Betrieb mit kurzen Versorgungs- und Kommunikationswegen und beispielsweise geringem Bedarf an Auslieferungslagern. Entsprechend war sein Kapitalbedarf bescheiden.

Dagegen bedeutet Wachstum in der Regel auch geographische Expansion, was längere Liefer- und Kommunikationswege, verzweigte Bestandshaltung, mehrere Produktions- und Verwaltungsstandorte und umfangreichere Transportsysteme erfordert – wozu wiederum Kapital gebraucht wird. Insgesamt sind mittlere Unternehmen im Verhältnis zu ihrem Eigenkapital um 15 bis 25 Prozent höher verschuldet als die Großunternehmen, und durchschnittlich zahlen sie um einen ganzen Prozentpunkt höhere Zinssätze.

Die Herausforderung durch größere Komplexität

Erfolg führt zu Komplexität, und Komplexität läßt die Aufgabe der Unternehmensführung schwieriger werden.

Pandick, Inc., erledigte 1970 (damals noch Pandick Press) alle Arbeiten an einem einzigen Standort mit einer Handvoll herkömmlicher Linotype-Maschinen. Inzwischen unterhält Pandick in den Vereinigten Staaten zehn Betriebe und wird bald auch in Europa und im Fernen Osten Produktionsstätten errichten. Pandick arbeitet heute mit Computersatz und Offsetdruck, und alle Standorte sind durch ein Telekommunikationssystem miteinander verbunden, so daß Änderungen an Druckunterlagen an jedem beliebigen Standort in Sekundenschnelle möglich sind. Die Vermehrung der Standorte und die Modernisierung der Anlagen und der Kommunikationswege hat Pandick zwar wesentlich mehr Kapazität und Flexibilität gebracht, aber auch die Aufgabe der Unternehmensführung erheblich komplexer werden lassen.

Von 1970 bis 1980 wies Pall Corporation, ein Unternehmen, das ein breites Spektrum von Filtern für Flugzeuge, Krankenhäuser, Industrieanlagen und viele andere Anwendungsbereiche auf den Markt brachte, unter allen Industrieunternehmen der *Fortune 1000* die höchste Gesamtausschüttung an die Aktionäre aus.* In der ersten Hälfte dieses Zeitraumes schuf im wesentlichen ein Mann, Dr. David Pall, alle neuen Produkte, und in wöchentlichen Sitzungen wurden von drei oder vier Führungskräften die Entscheidungen über den Produktionsbeginn neuer Erzeugnisse getroffen. Heute bringt das Unternehmen in sehr viel schnellerer Folge neue Produkte und neue Anwendungen heraus, bedient ein sehr viel breiteres Spektrum von Marktsektoren und stützt sich auf

* Mit genau einer Milliarde Dollar Umsatz wäre ein Unternehmen 1984 auf Platz 302 der *Fortune*-Liste gekommen.

neue Filtersysteme und bahnbrechende Technologien. Seinen Führungsstil mußte es dabei drastisch ändern: Um all die erforderlichen Disziplinen abzudecken, besteht die Forschungsabteilung jetzt aus etwa 125 Wissenschaftlern, aufgeteilt in neun verschiedene Gruppen (von denen vier für Werkstoffe und fünf für Anlagetechnik arbeiten). In regelmäßigen Abständen kommen vierzig Führungskräfte aus Unternehmensleitung und Funktionalbereichen zusammen, um über die Produkteinführungen zu entscheiden.

Kleine Unternehmen werden, vereinfacht ausgedrückt, *von Einzelpersonen geführt.* Das anfängliche Wachstum dieser Unternehmen beruht auf persönlicher Leistung. Zwar können auch die Bemühungen einer kleinen Gruppe von Leuten, die sich untereinander gut kennen, zum Erfolg führen, aber meistens entspringen frühe Erfolge der Leistung eines einzelnen – in der Regel des Unternehmensgründers und -eigentümers, aber immer des Unternehmers –, der sein Geschäft bis ins Detail kennt und persönlich leitet. Dagegen *wird das große Unternehmen institutionell geführt.* Seine Komplexität verlangt als Erfolgsgrundlage ein breites Spektrum von außerordentlichen Fähigkeiten, die in der gesamten Organisation anzutreffen sein müssen. Die Stärken der Institution liegen in der Hand vieler Führungskräfte, die für ein ganzes Spektrum verschiedener Tätigkeiten, Regionen und Funktionen verantwortlich sind.

Wenn das mittlere Unternehmen mit hohen Wachstumsraten – im Übergangsstadium zwischen diesen beiden Phasen der Unternehmensentwicklung – weiter wachsen soll, muß es seine unternehmerischen Fähigkeiten und Funktionen in einer größeren Organisation institutionalisieren, dabei aber das Tagesgeschäft weiterhin mit Erfolg betreiben. Um beide Aufgaben erfüllen zu können, müssen die betreffenden Führungskräfte erkennen, welche verschiedenartigen Herausforderungen sich aus dem Unternehmenswachstum ergeben haben, *und* sie müssen sehen, welche am dringlichsten sind; dann wissen sie auch, worauf sie ihre Aufmerksamkeit konzentrieren sollten.

Wenn wir in unserer Beratungsarbeit Schwellenunternehmen beim Erkennen und Bewältigen dieser Herausforderungen unterstützen, finden wir es manchmal nützlich, die Komplexität des Unternehmens in vereinfachter Form darzustellen und die zentrale Komplexität in zehn Komponenten zu gliedern, die wiederum in drei allgemeine Klassifizierungen unterteilt werden: *Produkte* (Anzahl; Komplexität der Konstruktion; Integrationsgrad; Geschwindigkeit technologischer Produktinnovationen), *Markt* (geographische Verteilung der Produktion; geographische Abdeckung des Marketings; Anzahl der Vertriebskanäle; Anzahl der Endabnehmergruppen) und *Umwelt* (Wettbewerbsintensität; externe Einflüsse). In unserem Klassifikationsrahmen erhält jede Komponente je nach ihrer Komplexität in dem jeweiligen Unternehmen eine bestimmte Gewichtung – der Grad der Komplexität kann gering (1. Stufe), mäßig (2. Stufe), erheblich (3. Stufe) oder hoch (4. Stufe) sein (vgl. Abbildung II-1).

Abbildung II-1
Die produkt-marktbedingte Komplexität eines Unternehmens ist von zehn wichtigen Variablen abhängig

	Grad der Komplexität			
Produktbedingte Komplexität	Gering (1)	Mäßig (2)	Erheblich (3)	Hoch (4)
1. Anzahl von Produkten	Eine Produktlinie	Mehrere verwandte	Mehrere verwandte, einige andere	Vielgestaltig und komplex
2. Komplexität der Technologie/einzelner Produkte	Einfache Konstruktion	Mehrere Komponenten	Sehr kompliziert, techn. empfindlich	Komplexe Systeme
3. Grad der Vorwärts-/Rückwärtsintegration	Keine	Teilweise, eine Stufe	Erheblich, mehr als eine Stufe	Stark integriert
4. Innovationsrate – Technologie, Produkt, Verfahren	Langsam	Langsam bis mäßig	Mäßig bis schnell	Schnell
Markt-/geschäftsbedingte Komplexität				
5. Geographische Verteilung der Produktion	Ein Standort	2 bis 3 Standorte	Viele im Inl., einige im Ausland	International
6. Geographische Abdeckung des Marketing	Regional	National	National, erhebliche Exporte	International
7. Vertriebswege	1	2 bis 3	Mehrere	Vielschichtig, komplex
8. Endabnehmergruppen	Eine, genau abgegrenzt	2 bis 3	Mehrere verschiedene	Vielschichtig, unterschiedlich
Umweltbedingte Komplexität				
9. Wettbewerbsintensität (Preis, Produkt, Marketing)	Gering	Gering bis mäßig	Mäßig bis stark	Sehr stark
10. Externe Einflüsse (wirtschaftlich, staatlich, gesellschaftlich)	Neutral	Neutral bis mäßig	Mäßig bis stark	Unberechenbar gr. Gefahren, rasche Veränderungen, schwerwiegende Konsequenzen

Wenn man jede kritische Variable einer bestimmten Komplexitätsspalte zuordnet, lassen sich Umfang und Bedeutung der Aufgaben für die Unternehmensführung sichtbar machen und Prioritäten ableiten. Dabei wird dann deutlich, wo noch ungelöste Einzelprobleme bestehen, so daß die Führungskräfte deren verhältnismäßige Dringlichkeit abschätzen können.

Wenn ein Unternehmen noch jung und klein ist, hat es wahrscheinlich ein begrenztes Produktprogramm; wahrscheinlich ist es weder vorwärts in die Distribution noch rückwärts in Rohstoffbeschaffung oder Teilefertigung integriert; in der Regel führt es neue Produkte oder Technologien langsam ein. Der Umfang von Marketing und Produktion ist im allgemeinen begrenzt; meist gibt es keinen nennenswerten Wettbewerb oder Druck von seiten der Gewerkschaften oder staatlicher Stellen. Jeder im Unternehmen hat alle Hände voll zu tun, die ursprüngliche Idee des Unternehmens gewinnbringend zu nutzen. Solange ein Unternehmen noch so einfach ist, kann auch ein einzelner oder ein kleines Gründerteam es aufgrund persönlicher Kenntnisse und eines intensiven persönlichen Engagements informell führen. Seine Komplexität ist gering.

Aber durch das Wachstum wird dieses günstige Profil zwangsläufig komplizierter. Die Anzahl von Entscheidungen, die zu treffen sind, die Aktivitäten, die auszuführen sind, und der Bedarf an Koordination und Kontrolle, der sich daraus ergibt, vervielfachen sich.

Nehmen wir Millipore Corporation, ein Unternehmen, das in so esoterischen Technologien tätig ist wie mikroporösen Membranen, Hochdruck-Flüssigkeitschromatographie und Systemen zur Trennung von Substanzen in hochempfindlichen Anwendungsbereichen (zum Beispiel bei der chemischen Analyse und zur Sicherung der Reinheit intravenös zu injizierender Flüssigkeiten und pharmazeutischer Präparate). Millipore hatte 1973 eine einzige Produktlinie mäßig komplizierter Produkte, die allesamt in seinen Werken in Bedford, Massachusetts, und Jaffrey, New Hampshire, hergestellt wurden. Das Unternehmen hatte nur einen Außendienst und einige Händler, die seine Produkte in etwa einem Dutzend Marktsegmenten in den Vereinigten Staaten absetzten. Die Fertigung war weit integriert – d. h., Millipore hatte seine eigenen Werkstätten, in denen es Fertigungseinrichtungen aus Edelstahl passend für seine Membranen herstellen konnte. Es entwickelte und produzierte ständig neue Produkte. Der Druck von seiten der Konkurrenz und staatlicher Aufsichtsbehörden war erträglich. Der Umsatz betrug in dieser Phase 31 Millionen Dollar.

Heutzutage hat Millipore sehr viel mehr Trennungsverfahren, Produkte und Systeme und bringt sehr viel häufiger neue Produkte auf den Markt als früher. Es hat viel mehr als hundert verschiedene Marktnischen besetzt, um die vielschichtigen, anspruchsvollen Anforderungen unterschiedlichster Kunden zu befriedigen. Millipore fertigt und vertreibt seine Produkte in fast allen größeren Ländern der Erde und unterhält drei eigene Außendienste sowie eine größere

Vertriebsorganisation. Der Wettbewerb ist viel intensiver geworden, Produktvorschriften der amerikanischen Lebensmittelbehörde und der Umweltschutzbehörde nehmen erheblichen Einfluß, und internationale Wechselkursschwankungen haben sich schon oft als kostspielig erwiesen. Millipores Management ist heute sehr viel komplexer als 1973.

Mit Hilfe des Komplexitätsgitters haben Unternehmen wie Millipore die wachsende Vielschichtigkeit kontrolliert und festgestellt, welche Fragen besondere Beachtung verlangen. Im Fall Millipore handelte es sich um ein geradezu explosionsartiges Wachstum. Millipores Komplexität betrug 1973 $1 \times 2^6 \times 3^3$ oder 1728. Bis 1984 hatte sich seine Komplexität auf $3^4 \times 4^6$ oder 331776 erhöht – sie ist also beinahe 200mal so hoch wie vorher (vgl. Abbildung II-2).

Abbildung II-2
Zunahme der Komplexität bei Millipores: 1973 ○⟶● 1984

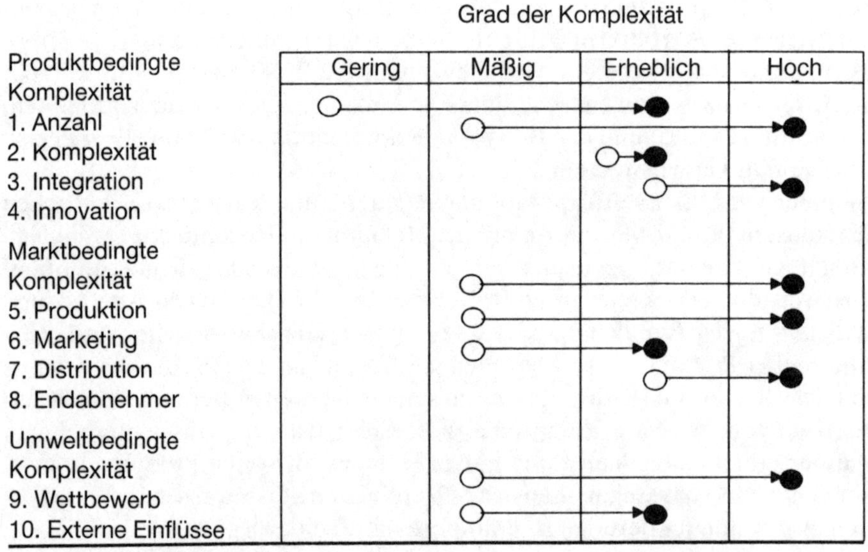

Das ist eine einfache Rechnung mit gerichteten Größen – sie zeigt, daß Millipores Komplexität exponentiell zunahm und folglich auch die Herausforderungen, denen sich die Unternehmensführung zu stellen hatte. Die Anzahl der Entscheidungen, die zu treffen, die Aktivitäten, die auszuführen sind, und die dadurch erforderlichen Koordinations- und Kontrollverfahren haben sich um ein Vielfaches vermehrt. Und diese Rechnung läßt gewisse Probleme erkennen – wie Produktentwicklung, weltweite Fertigung und Vertrieb sowie Steuerung des Wettbewerbs –, die jetzt der besonderen Beachtung durch die Unternehmensführung bedürfen.

Auch im einfachsten Fall muß ein Unternehmen, das so explosionsartig komplexer geworden ist, ganz anders geführt werden. Der Unternehmer kann nun nicht mehr alle Entscheidungen selbst treffen. Er muß bestimmte Aufgaben Fachleuten übertragen; um ihre Kenntnisse zu nutzen, müssen komplexe Kommunikationswege geschaffen werden. Zum erstenmal müssen formale Regelungen her – eine formale Struktur, formale Managementsysteme, formale Mechanismen zur Vermittlung von Zielen und Werten –, weil informelle persönliche Kontakte nicht mehr reichen. Und das Unternehmen wird nie mehr so wie früher geführt werden können. Die Spielregeln haben sich verändert. Weil Unternehmen nur aus Menschen bestehen, ist es ganz natürlich, daß diese Begegnung mit Unbekannten ihnen Unbehagen verursacht und sie für menschliche Probleme anfällig werden läßt. Infolgedessen werden ungewöhnlich harte Anforderungen an die Unternehmensführung gestellt.

Veränderte Anforderungen an die Unternehmensführung

Die Aufgabe angesichts knapper Finanzmittel und explosionsartig wachsender Komplexität, die Richtung zu bestimmen, fällt letzten Endes nur einer Person zu – dem *CEO*. Fast ausnahmslos sagten uns die *CEOs* der American Business Conference, daß sie aufgrund der Komplexität in der mittleren Phase der Unternehmensentwicklung ihre Aufmerksamkeit nicht mehr dem Alltagsgeschäft widmen konnten, sondern in erster Linie auf den Aufbau der Organisation konzentrieren mußten.

Dee d'Arbeloff, *CEO* bei Millipore, ist dafür ein gutes Beispiel. Seit seiner frühesten Jugend war d'Arbeloff mit den raschen Veränderungen der Welt, in der er lebte, vertraut. Er wurde 1929 in Paris geboren, in der Stadt, in die seine Eltern geflohen waren, nachdem die bolschewistische Revolution sie aus Rußland vertrieben hatte. Sieben Jahre später kam er in die Vereinigten Staaten und erwarb 1955 in Harvard seinen M. B. A. Als junger Unternehmer gründete d'Arbeloff Ende der 50er Jahre United Research, ein Beratungsunternehmen in Boston. Er leitete die Firma, bis er 1962 bei Millipore eintrat, das damals einen Umsatz von nur 2 Millionen Dollar hatte. Zu dieser Zeit beabsichtigte er, höchstens fünf Jahre bei Millipore zu bleiben, um sich Erfahrung in der Fertigung anzueignen und dann ein anderes Unternehmen zu gründen.

Aber es kam anders. Nachdem er 1967 *Executive Vice President* von Millipore geworden war (die Umsätze lagen damals bei 11 Millionen Dollar), wurde er 1971 *President* und *CEO Vorstandsmitglied* und 1980 *Chairman* des Unternehmens; unter seiner Führung wuchs das Unternehmen bis 1983 fast bis auf 300 Millionen Dollar. Seine sich verändernde Führungsaufgabe bei Millipore beschreibt d'Arbeloff wie folgt: »Plötzlich sieht man sich mit der Notwendigkeit konfrontiert, in der Führung des Unternehmens alles außer den Grundwerten zu ändern. Da gibt es ein grundlegendes Dilemma: Das Unternehmen ist komplex geworden, und um es zusammenzuhalten, muß man Fachleute einstellen und Sparten schaffen. Aber ebendieser Vorgang, in einer Organisation gewisse formale Strukturen einzuführen, bewirkt leicht Bürokratie und Ressortdenken. Das wiederum kann dazu führen, daß die Leute ihr geschäftliches Urteilsvermögen verlieren und sich nur noch auf die Sonderinteressen und Aufgaben der eigenen Sparte oder Funktion konzentrieren. Man selbst ist zu diesem Zeitpunkt mit den Einzelheiten des Geschäfts schon nicht mehr so vertraut, wie man das einmal war. Früher führte ich oft Kundenseminare durch und verkaufte selbst, so daß ich aus erster Hand wußte, was dort vorging. Vieles davon kann ich heute nicht mehr übernehmen. Man muß sich anpassen, oder die Vitalität des Unternehmens – seine Innovationskraft, seine Reaktionsfähigkeit auf Umweltveränderungen – geht verloren. Der *CEO* kann seine Finger einfach nicht mehr so am Puls des Tagesgeschäfts haben, wie er das früher einmal hatte – es gibt einfach zu viele verschiedene Pulse. Seine Aufgabe ist es jetzt, jeden Mitarbeiter irgendwie dazu zu bringen, wie ein selbständiger Gründer-Unternehmer zu denken und sich auch so zu verhalten. Aber eines kann man nicht delegieren, und das ist die Aufgabe, das kritische Gleichgewicht zwischen Innovation und Kontrolle zu halten.«

Wandel der Führungsrolle

Während ein Unternehmen aus seinen Anfängen zu einem Riesenkonzern heranwächst, hat der *CEO* wenigstens vier verschiedene Rollen zu erfüllen. Am Anfang steht der *Firmengründer,* der über jede Einzelheit unterrichtet ist, die meiste Arbeit selbst tut und jede Entscheidung selbst trifft. Ihm muß der *Vorarbeiter* folgen, unter dessen Anweisung viele Menschen arbeiten, der das Geschäft aber noch persönlich betreibt. Anschließend stellt dann der *Integrator* ein Team von Führungskräften zusammen und schafft eine Führungskultur. Und Aufgabe des *Unternehmensführers* schließlich ist es, die allgemeine Richtung abzustecken und dabei für Rahmenbedingungen zu sorgen, mit denen sich Menschen gewinnen und motivieren lassen, die selbst befähigt sind, Organisations- und Führungsaufgaben zu übernehmen.

Bestimmte Fähigkeiten sind zwar für alle diese Rollen gleichermaßen erforderlich – zum Beispiel die Kenntnis der wirtschaftlichen Grundlagen und der Eigendynamik des Geschäfts und die Fähigkeit, Menschen zu überzeugen und zu motivieren –, aber für diese verschiedenen Funktionen gelten noch andere, sehr unterschiedliche Anforderungen. In Kapitel V werden wir im einzelnen untersuchen, welche Merkmale und Verhaltensweisen erfolgreiche *CEOs* auszeichnen und wie sie im Verlaufe des Wachstums mit diesem Wandel der Anforderungen fertig geworden sind.

In der Praxis geschieht es selten, daß dieselbe Person eine Organisation durch alle vier Stadien der Führungsrollen führt. Nur wenige haben die persönliche Befähigung, Flexibilität und Energie, sich der Anforderung von zwei Stadien anzupassen, geschweige denn allen vier. Nur einige *CEOs* der *Fortune-500*-Unternehmen hatten in ihren Unternehmen bereits Führungspositionen, als diese noch klein waren; und noch weniger haben diese Unternehmen selbst gegründet. Aber wenn das Unternehmen weiter wachsen und gedeihen soll, muß ein Wechsel stattfinden. *Daß* er stattfindet, ist viel wichtiger als die Frage, ob er durch eine Person oder durch mehrere Personen vollzogen wird.

Bis ein Unternehmen den Weg zur mittleren Größe zurückgelegt hat, muß es beachtliche Hindernisse überwinden, ganz zu schweigen von denen, bis es dieses Stadium erfolgreich durchlaufen hat. Der erste Schritt dazu ist der Wille zu wachsen. Der zweite – noch schwierigere – besteht darin, die Fähigkeiten zu entwickeln und anzuwenden, die für einen Sieg erforderlich sind. Finanzielle Anfälligkeit und Risiken, die explosionsartig zunehmende Komplexität der Führungsaufgaben und der Zwang zum Wandel im Führungsstil – während das Unternehmen gleichzeitig versucht, neue Geschäfte aufzubauen und sich erfolgreich gegen größere Konkurrenten durchzusetzen –, all dies läßt erkennen, welch umfangreiche Aufgaben hier zu bewältigen sind.

Aber nur eine kleine Gruppe von Unternehmen stellt sich diesen Hindernissen, überwindet oder umgeht sie mit Erfolg und läßt die Besten unter den Großunternehmen im eigenen Land und in der Welt hinter sich. Die folgenden Kapitel dieses Buches befassen sich eingehend mit der Anatomie und Eigendynamik dieser Spitzengewinner; sie schildern, wie sie die klassischen Herausforderungen der Übergangsstadien bewältigen und sie zum eigenen Vorteil nutzten.

Kapitel III
Guerillastrategien

Unter vielerlei Gesichtspunkten hat das, was wir unter Unternehmensstrategie verstehen, seine Wurzeln in der militärischen Strategie.* Eine Grundvoraussetzung militärischer Strategie ist natürlich, daß erfolgreiche Krieger die schwache Stelle ihres Gegners erkennen und ihn überraschen müssen – sie sollten wie in einem Guerillakrieg handeln. Mittlere Unternehmen mit hohen Wachstumsraten, denen die Vorteile der Unternehmensgröße und ausreichender Mittel fehlen, sind zu Meistern des Guerillakrieges geworden. Wie bei den amerikanischen Revolutionären vor zweihundert Jahren basiert ihre Strategie auf der sorgfältigen Wahl des Schlachtfeldes, auf Schnelligkeit und dem Überraschungseffekt, fanatischer Überzeugung, der Konzentration der Kräfte und dem Sieg von Einfallsreichtum und des gesunden Menschenverstands.

Unsere Kollegen von McKinsey haben eine erfolgreiche Unternehmensstrategie definiert *als Bündel von Maßnahmen zur Schaffung eines nachhaltigen Wettbewerbsvorteils durch höheren Wert für den Kunden.* Wenn ein Unternehmen das im Griff hat, gelingt ihm alles auf der Welt. Alle Wünsche können in Erfüllung gehen. Für die Aktionäre zahlt sich ihr Engagement aus, Zulieferer und Händler sind zufrieden, die Mitarbeiter sind stolz auf das Wachstum, das ihnen beneidenswerte Entwicklungsmöglichkeiten verschafft, das Unternehmen bildet Vermögen. Es ist ein Konzept, das sich leicht beschreiben, aber nur äußerst schwer verwirklichen läßt.

* Die Analogie zwischen militärischer Strategie und Unternehmensstrategie ist zwar nützlich, hat aber wie alle Analogien ihre Grenzen. Bei militärischen Begegnungen muß es *per definitionem* Verlierer geben: Das sind Spiele um Sieg oder Niederlage – mit Siegern und Besiegten – oder um Niederlage und Niederlage, bei denen es keinen Sieger, nur Verlierer gibt. Bei vielen Wettbewerbsbemühungen von Unternehmen gibt es zwar auch die Ergebnisse Sieger/Verlierer oder Verlierer/Verlierer, andere aber führen zu dem Ergebnis Sieg/Sieg, und zwar wenn neue Märkte und Branchen geschaffen werden.

In den letzten Jahren hat man sich generell zu sehr mit der Theorie und zuwenig mit der Praxis der Unternehmensstrategie befaßt. In den 70er Jahren haben sich amerikanische Führungskräfte von modischen Methoden und technischen Theorien faszinieren lassen. Absolventen der Betriebswirtschaft hatten gelernt, in den Kategorien der Wachstums-/Marktanteilsmatrizes zu denken. Sie fachsimpelten in agrarischen Analogien: Da galt es, »Cash-Kühe« zu melken, »arme Hunde« an die Leine zu nehmen und »Wildkatzen« zu zähmen. Konzepte der Erfahrungs- und Kostenkurven hatten Hochkonjunktur.

Die Hohenpriester der Unternehmensstrategie, die Unternehmensplaner, entwickelten mit Hilfe dieser und anderer Instrumente aus ihrer strategischen Werkzeugkiste fachlich korrekte, analytisch bestechende, ausgefeilte strategische Theorien – die, wenn man sie blindlings befolgte (wie das manchmal geschah), einfach nicht in die Alltagswelt von Kunden, Konkurrenten und Mitarbeitern passen wollten. In extremen Fällen wurden die Pauseneinlagen wichtiger als die Zirkusvorstellung – Unternehmensplaner versprachen Ergebnisse, und das Linienmanagement mußte dann sehen, wie es diese Versprechungen erfüllen konnte. Die Spitzengewinner, die wir untersuchten, bilden Ausnahmen zu dieser mißlichen Regel. Die meisten sind überragende Unternehmensstrategen; einige sind Spitzenklasse.

Als wir mit Unternehmern diskutierten, ihre Leistung mit der ihrer Konkurrenten verglichen und eine umfassende statistische Analyse ihrer strategischen Methoden durchführten, erkannten wir, daß die überwiegende Mehrheit der Spitzengewinner sich durch fünf strategisch wichtige Eigenschaften auszeichnet:

- Sie konzentrieren sich mehr auf das »Wie« als auf das »Wo« des Wettbewerbs.
- Innovation hat einen hohen Stellenwert.
- Sie verstehen es, aus Kundenbedürfnissen Marktnischen abzuleiten und diese zu bedienen.
- Sie erkennen ihre besonderen Stärken und bauen darauf auf.
- Sie wissen, daß der Erfolg vom Wert eines Produkts oder einer Dienstleistung abhängig ist, nicht nur vom Preis.

Wo oder wie konkurrieren?

Klebstoffe, Installationsmaterial, Kreditauskünfte, Möbel, Verpackungsmaterial und Prospekte haben, abgesehen vom ausgeprägten Mangel an Glanz und Gloria, als Branchen sehr wenig gemeinsam. Die meisten von uns könnten sich nur mit gewisser Mühe und viel Phantasie sechs noch langweiligere, ausgereiztere Wirtschaftssektoren vorstellen oder sechs unrentablere, verschlafenere Geschäftszweige mit mäßigen Gewinnaussichten oder auch sechs Arbeitsbereiche, von denen wir einem Sohn oder einer Tochter, falls es deren Berufsziel wäre, nicht nachdrücklich abraten würden. Würde sich ein Investmentfonds auf diese Branchen spezialisieren und damit gegen andere Fonds in den Bereichen Kommunikation, Hochtechnologie und Gesundheitswesen konkurrieren, so würde das vermutlich ebensoviel Anklang finden wie eine Wurzelbehandlung beim Zahnarzt.

Aber in allen diesen sechs Branchen – sowenig »schick« und so langweilig sie auf den ersten Blick auch scheinen mögen – sind manche Unternehmen so explosionsartig und gewinnbringend gewachsen, daß sie zu unseren Spitzengewinnern zu zählen sind. Und jeder Investor hätte sehr gut daran getan, seine Mittel vor einem Jahrzehnt in diesen Unternehmen anzulegen:

Klebstoffe: Solange Menschen durch ihre Ungeschicklichkeit Sachen zerbrechen, solange versuchen sie auch schon, sie wieder zusammenzuleimen. Vernon Krieble, ein Chemieprofessor am Trinity College in Hartford, Connecticut, entdeckte 1956 eine Methode, Metallteile wie Muttern und Schrauben fest zu verbinden. Mit Familienangehörigen und Freunden startete er ein Unternehmen, das seinen revolutionären anaeroben Klebstoff Tropfen für Tropfen herstellt und verkauft. Im ersten Jahr setzte die Loctite Corporation monatlich Klebstoff im Wert von etwa 300 Dollar ab. Heute ist Loctite ein 240-Millionen-Dollar-Unternehmen, das einen Anteil von 85 Prozent am Weltmarkt für anaeroben Klebstoff hat. Loctites Umsätze sind seit 1974 um das Fünffache gestiegen – von 48 Millionen auf 242 Millionen Dollar im Jahr 1984 –, und das Unternehmen hat auch in den Konsumgütermarkt expandiert.

Installationsmaterial: In den beiden Jahrzehnten von 1964 bis 1983 hat Harvey Hubbell – ein Unternehmen in Connecticut, das Steckdosen, Schalter, Stecker, Sicherungskästen und anderes elektrisches Gerät herstellt – seine Gewinne jedes Jahr und seine Umsätze in neunzehn der zwanzig Jahre gesteigert – ein Rekord, bei dem wenige Unternehmen in Amerika mithalten können.* Im Jahre 1983 war Hubbell bereits ein 422-Millionen-Dollar-Unternehmen, dessen Gewinne sich in den vorhergehenden zehn Jahren verdreifacht hatten; es beschäftigte etwa 5700 Menschen, die mehr als 4000 elektrische Erzeugnisse, Außenleuchten, Austauschkompressoren für Klimaanlagen und Steuerungen herstellten.

Selbst unter den Herstellern von Installationsmaterial gibt es mehrere Unternehmen mit Spitzenergebnissen. Laut dem verständlicherweise populären Buch *The 100 Best Companies to Work For in America*** sollte jemand, der sich nach

* Im Rezessionsjahr 1982 sanken die Umsätze um 4 Prozent.

** Robert Levering, Milton Moskowitz und Michael Katz: *The 100 Best Companies to Work For in America,* Reading, Mass., Addison-Wesley, 1984.

einer lohnenden Karriere umsieht, die Kollmorgen Company auf seiner Liste ganz nach oben setzen. Kollmorgen stellt qualitativ hochwertige Leiterplatten, Zwischenschaltungen, Spezialmotoren und Periskope her – 1984 im Wert von 326 Millionen Dollar. Sowohl Augat, ein Hersteller von Verbindungsgerät in Neuengland, als auch Thomas & Betts, ein Hersteller von elektrischen und elektronischen Steckverbindungen und Zubehör in New Jersey, haben mit ihren Umsätzen und Gewinnen ebenfalls erhebliche langfristige Wachstumsrekorde erzielt.

Kreditauskünfte: Unter allen an der American Stock Exchange gehandelten Unternehmen verzeichnete Chilton Corporation 1983 die größte Steigerung des Marktwertes seiner Aktien. Ein konventionelles Familienunternehmen, das sein Kreditauskunftsgeschäft vor Jahrzehnten in Dallas begann, befaßt sich Chilton mit einer einzigen Tätigkeit – der Speicherung und dem Abruf von Kreditinformationen über Privatpersonen. 1965, bei einem Umsatz von 4,5 Millionen Dollar, entschied der heutige *CEO* Bob Chilton, daß im Einsatz von Computern die Zukunft seines Unternehmens liege; es war bislang ein weit zersplittertes Dienstleistungsunternehmen, in dem Berge von Papier manuell bearbeitet wurden. 8,5 Millionen Dollar Investitionen in Software und Computer – mehr, als das Unternehmen in seiner gesamten Geschichte verdient hatte – machten Chilton zum Pionier. Bis Anfang 1985 war Chiltons Marktwert auf 155 Millionen Dollar gestiegen.

Möbel: Ein weiterer dieser hundert besten Arbeitgeber findet sich in Zeeland, Michigan, dem Sitz eines der wenigen Unternehmen in Amerika, in denen alle festangestellten Mitarbeiter Unternehmensanteile besitzen. Die Herman Miller Inc. stellt dort seit 1930 Büromöbel her. Mit Beschränkung auf Büro- und Fabrikeinrichtungen bei gleichbleibend guter Qualität steigerte Herman Miller von 1974 bis 1985 den Umsatz um das Zehnfache (von 40 Millionen Dollar auf mehr als 400 Millionen Dollar), den Gewinn um das Elffache (von 2,5 Millionen auf 29 Millionen Dollar).

Bubble-Verpackungen: Die Sealed Air Corporation stellt die bekannte Blasenfolie her, die uns tagtäglich in Postpaketen und wattierten Umschlägen begegnet. Diese Plastikmatten sind die High-Tech-Nachfolger der Papierschnipsel und Holzwolle von ehedem. Bubble-Verpackungen sind ein gutes Geschäft: Im Jahr 1984 war Sealed Air ein 166-Millionen-Dollar-Unternehmen, dessen Umsatz seit 1974 von 19 Millionen auf diese Höhe angewachsen war und dessen Gewinn in dieser Zeit von 1,5 Millionen auf 11,9 Millionen um das Achtfache in die Höhe geschnellt war. Das Bubble-Material wird allerdings nicht zur Verpackung zerbrechlicher Güter benutzt. Große Lagen davon können zum Beispiel im Swimming-Pool die Wärme drinnen und Ungeziefer draußen halten.

Druckerei: Zu den Routineaufgaben für Junior-Mitglieder der Anwaltsfirmen und Effektenbanken in Wall Street gehört es, in den frühen Morgenstunden regelmäßig beim Drucker Anlageinformationen, Prospekte, Aktionärsbriefe und ähnliches abzuliefern, diese zu überprüfen und gegebenenfalls im letzten Moment zu ändern. Die Druckerei, die diese übermüdeten, aber gutbezahlten Männer und Frauen am häufigsten beauftragen, ist Pandick, die führende amerikanische Druckerei für kurzlebige Finanzdrucksachen, auf die wir schon in Kapitel II hinwiesen. Obwohl das Druckgewerbe im allgemeinen weder eine Wachstumsbranche noch besonders rentabel ist, hat sich Pandicks Nischenstrategie bezahlt gemacht. Heute ist es ein 158-Millionen-Dollar-Unternehmen, dessen Umsatz seit 1975 um das Siebenfache und dessen Gewinn um das Dreizehnfache gestiegen ist. Diese Spitzengewinner aus reizlosen Branchen stellen keine seltenen Ausnahmen dar. Unsere Erhebungsauswahl von Unternehmen der American Business Conference ist tatsächlich sowohl für mittlere Unternehmen als auch für die amerikanische Gesamtwirtschaft recht repräsentativ. Aber auch außerhalb unserer Auswahl sprechen überwältigende Indizien dafür, daß Unternehmenserfolge im wesentlichen von der Branche unabhängig sind.

Unsere Untersuchung aller 6117 mittleren Unternehmen außerhalb der Finanzwirtschaft, die in der Datenbank von Dun & Bradstreet erfaßt sind, war in diesem Zusammenhang besonders aufschlußreich. Als wir prüften, in welchen Branchen die Unternehmen mit einem Umsatzwachstum von über 25 Prozent jährlich tätig waren, fanden wir sie in *allen 58* Branchen mit zweistelligen Kennzahlen der *Standard Industrial Classification*, die die wichtigsten erwerbsorientierten Segmente des Bruttosozialprodukts erfaßt.* Tatsächlich wiesen in 50 der 58 Sektoren mindestens 10 Prozent der Unternehmen ein Umsatzwachstum in dieser Höhe auf. Für die Leser, die sich gerne Glockenkurven und statistische Verteilungen ansehen, zeigen die Abbildungen III-1 und III-2 die Daten und ihre Auswertung.

Eine weitere Analyse der zwanzig SIC-Sektoren des verarbeitenden Gewerbes bestätigte, daß auch das Ertragsniveau von der Branche unabhängig ist. In neunzehn der zwanzig Sektoren erzielten mindestens 10 Prozent aller Beteiligten Eigenkapitalrenditen von über 18 Prozent.

Nicht nur Unternehmen des mittleren Bereichs der Wirtschaft können in »faden« Branchen Spitzenleistungen erzielen. Unter den erfolgreichen Großunternehmen – über die Peters und Waterman in ihrem Buch *Auf der Suche nach Spitzenleistungen* berichteten – gibt es außer den Stars der Hochtechnologie wie Hewlett-Packard und IBM ein Textilunternehmen (Blue Bell), einen Süßwarenhersteller (Mars), einen Hersteller von Autoteilen (Dana), eine Engineering-Firma (Bechtel) und einen Hersteller von Elektrogeräten (Maytag).

Ein Blick auf kleinere, aufstrebende Unternehmen führt zu dem gleichen Ergebnis. Eine Auswertung der Liste der Zeitschrift *Inc.* mit den am schnellsten

* Vgl. Kapitel I, Anmerkung Seite 26, wo das SIC-Klassifizierungssystem kurz erklärt wird.

Abbildung III-1
Verteilung der Branchen nach Anteil der Wachstumsunternehmen

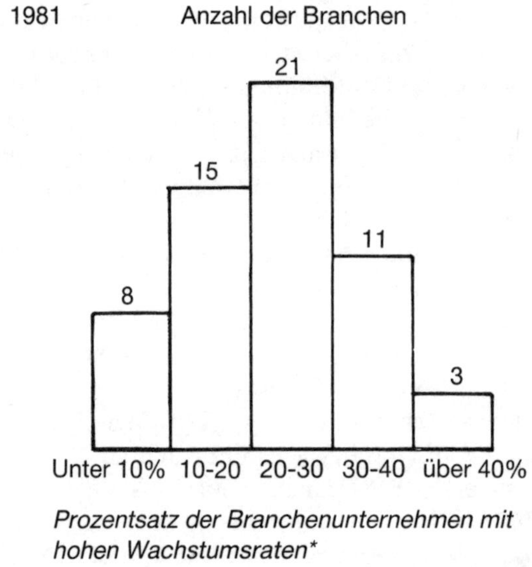

* Firmen, die nach Umsatzwachstum zum obersten Quartal aller mittelgroßen Unternehmen gehören

Anmerkung: 58 Branchen (mit zweistelligen SIC-Kennzahlen), die 6117 untersuchte Unternehmen umfassen; ohne Finanz-, Versicherungswesen und Immobiliengeschäft

Quelle: Dun & BradStreet; McKinsey-Analyse

gewachsenen Gesellschaften, die jünger als fünfzehn Jahre sind, zeigt, so stellte Peter F. Drucker im *Wall Street Journal* fest, daß »80 von 100 Unternehmen eindeutig als nur durchschnittlich oder unterdurchschnittlich technologieabhängig einzustufen sind – Hersteller von Damenoberbekleidung, Restaurantketten und ähnliches«.*

Die Liste Forbes 300 Up & Comers von 1984 (schnell wachsende, profitable Aktiengesellschaften bis 250 Millionen Dollar Umsatz) ergibt das gleiche Bild.

* »Why America's Got So Many Jobs«, *The Wall Street Journal,* 24. Januar 1984, S. 32.

Abbildung III-2
Verteilung der Branchen des verarbeitenden Gewerbes nach Anteil der Unternehmen mit hoher Eigenkapitalrendite*

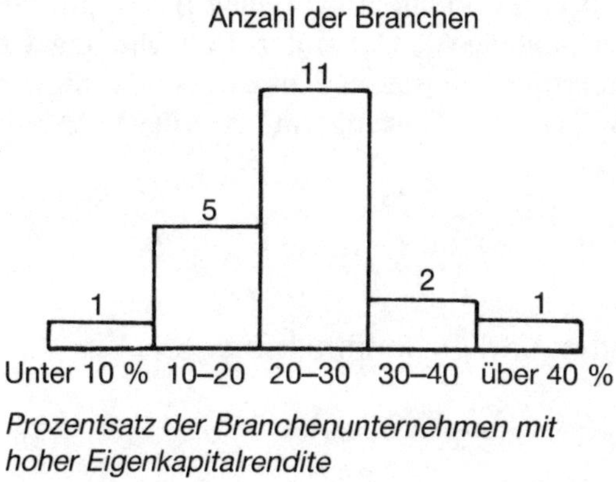

* Eigenkapitalrendite, mit der das Unternehmen zum obersten Quartal aller mittelgroßen Unternehmen gehört.

Anmerkung: Zwanzig Branchen des verarbeitenden Gewerbes (mit zweistelligen SIC-Kennzahlen), die 1157 untersuchte mittelgroße Unternehmen umfassen.

Quellen: Compustat; McKinsey-Analyse

Die Hälfte der besten zwanzig Unternehmen, die sie nennt, kommen aus keineswegs attraktiven Branchen – wie Schuhe, Kunstfasern, Kleidung und Speiseeis. Aber für einen Zeitraum von fünf Jahren liegt die durchschnittliche Eigenkapitalrendite dieser Unternehmen zwischen 51 und 713 Prozent, und das durchschnittliche Wachstum ihres Jahresumsatzes beträgt für den gleichen Zeitraum 67 bis 810 Prozent.*

Die neuen Unternehmer sind sich wohl bewußt, daß Erfolg nicht auf die schicken, attraktiven Branchen beschränkt bleibt, sondern auch in einigen der scheinbar langweiligeren Zweigen der Wirtschaft zu erzielen ist. Interessantes Anschauungsmaterial hierfür liefert neben Gesprächen mit jungen Männern und Frauen, die Unternehmen gegründet haben, auch die Ausgabe der Zeitschrift *Esquire* vom Dezember 1984. Unter dem Titel »The Best of the New

* »The Up & Comer 300«, *Forbes,* 5. November 1984, S. 128–174.

Generation: Men and Women Under Forty Who Are Changing America« – wurden 42 Leiter von Dienstleistungs- und Industrieunternehmen porträtiert, von denen etwa die Hälfte neue, sehr erfolgreiche Firmen gegründet hatten und sie noch leiteten. (Die anderen waren in Bereichen wie im Wertpapiergeschäft und Risikokapital oder bei älteren, etablierten Unternehmen tätig.) Einige von ihnen wie Steven Jobs und Stephen Wosniak, die Apple Computers gründeten, oder Mitch Kapor, der Lotus Development ins Leben rief, gehören eindeutig in den Bereich der Hochtechnologie wie Computer, Biotechnologie und Medizin – aber mindestens genauso viele leisteten Einmaliges in weniger reizvollen Branchen – Schokoladenplätzchen, Gartengerät, Autoteile, Meeresfrüchte, Tee, Spielwaren gehören dazu.

Abbildung III-3
Reales Marktwachstum und Geschäftserfolg

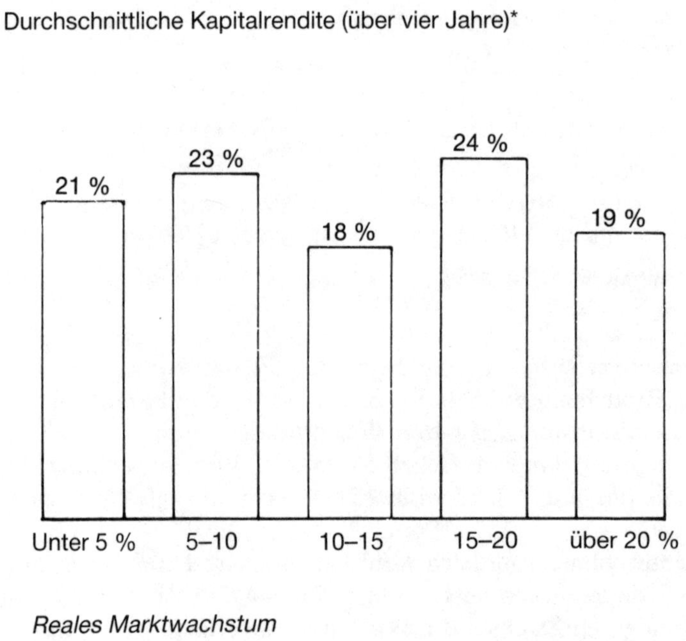

* Vor Zinsaufwendungen und Gemeinkosten; 525 mittelgroße Unternehmen

Quelle: PIMS-Programm

Wir stellten auch fest, daß hohe Rentabilität nicht unbedingt Hand in Hand geht mit schnellem Wachstum des Gesamtmarktes. Die Theorie, daß man auf schnell wachsenden Märkten tätig werden sollte, leuchtet intuitiv ein – mit dem Wachstum müßten doch auch Chancen verbunden sein. Aber unsere Analyse von 525 mittleren Firmen und Unternehmenseinheiten, die auf dem PIMS-Programm des Strategic Planning Institute in Cambridge, Massachusetts, beruht,* zeigt praktisch keine Beziehung zwischen den beiden Größen. Wir verfolgten über vier Jahre hinweg die Bruttokapitalrentabilität (Kapitalrentabilität vor Zinsen und Gemeinkosten). In Märkten mit einem realen Wachstum von weniger als 5 Prozent betrug sie durchschnittlich 21 Prozent. In Märkten, für die das reale Wachstum über 20 Prozent lag, betrug der Durchschnittswert 19 Prozent. Auch zwischen diesen beiden Extremwerten gab es ausgeprägte Schwankungen (vgl. Abbildung III-3).

Damit soll nur gesagt sein, daß attraktive Wachstumsmärkte nicht zwangsläufig Erfolg bedeuten und auch weniger attraktive, ausgereifte Branchen nicht zwangsläufig zum Mißerfolg verdammen. Über beide lassen sich erstaunliche Erfolgsgeschichten erzählen. Aufschluß über Erfolgsursachen erhält man jedoch eher durch die Frage, wie die Unternehmen im Wettbewerb vorgehen, als welcher Branche sie angehören.

Innovation: Der entscheidende Wettbewerbsvorsprung

»Wenn man Erfolg haben will«, sagte John D. Rockefeller sen., »muß man neue Wege gehen, anstatt die ausgetretenen Pfade bisheriger Erfolge zu wählen.« Die Spitzengewinner teilen seine Meinung – und liefern den Beweis. Auf Innovation – der gezielten Anwendung neuer Ideen – basiert der Erfolg der Spitzengewinner. Diese Unternehmen führen Innovationen frühzeitig und häufig durch. Von den Unternehmen der American Business Conference berichteten, wie in Kapitel I bereits erwähnt wurde, drei Viertel, daß ihr anfänglicher Unternehmenserfolg auf ein einmaliges Produkt oder eine einzigartige Methode zurückzuführen war.

Auch unsere Analyse des PIMS-Programms mit seinen Informationen über ein weites Spektrum von Unternehmenseinheiten mit unterschiedlichem Erfolg zeigt, wie wichtig Innovationen sind. Unternehmen, die sich selbst als »Pioniere« bezeichneten – Innovatoren also –, schnitten selbst in reifen Märkten wesentlich besser ab – als Nachzügler.

Spitzengewinner bringen ununterbrochen Innovationen auf den Markt. Von den Unternehmen unserer Auswahl gaben 84 Prozent an, häufig Innovationen

* Vgl. Anhang II, wo die PIMS-Datenbank beschrieben wird.

Abbildung III-4
Zeitpunkt des Markteintritts und Geschäftserfolg

Durchschnittliche Kapitalrendite (über vier Jahre)*

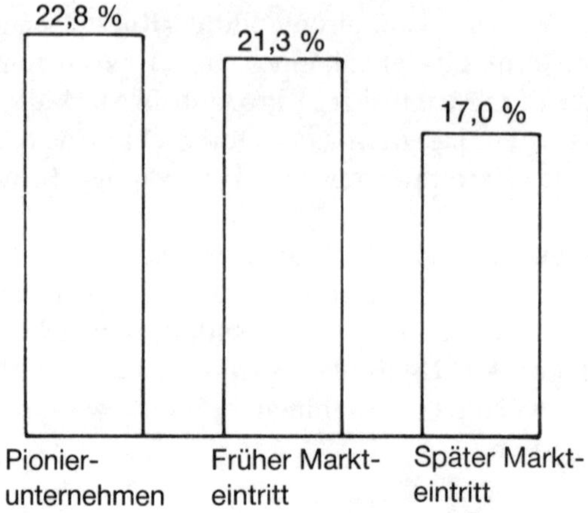

* Vor Zinsaufwendungen und Gemeinkosten; 525 mittelgroße Unternehmen

Quelle: PIMS-Programm

einzuführen. Außerdem berichteten die Teilnehmer an unserer Umfrage, daß sie durchschnittlich mehr als ein Viertel ihres Umsatzes mit Produkten erzielen, die es vor fünf Jahren noch nicht gab; von diesen Unternehmen selbst wiederum existierten 40 Prozent vor einem Jahrzehnt noch nicht. Sie gaben weiter an, daß auf ihre Unternehmen durchschnittlich 40 bis 60 Prozent aller wichtigen Innovationen innerhalb ihrer Branchen entfallen.

Praktisch kann sich Pionierleistung in der Wirtschaft in vielen Formen äußern. In manchen Fällen erfindet und verkauft der Innovator ein Produkt oder eine Dienstleistung, die es vorher einfach noch nicht gab. In anderen Fällen entstehen neue Produkte dadurch, daß ältere verbessert oder neu gestaltet werden. Wieder andere Innovationsunternehmen lassen sich neue Geschäftsmethoden einfallen und führen sie praktisch durch. Häufig schaffen sie einen neuen Markt. Wir wollen nacheinander auf jede dieser Innovationsformen im einzelnen eingehen.

Neue Produkte
Im Bereich der Hochtechnologie führte Seymour Cray die Entwicklung zum Supercomputer an – zuerst bei der Control Data Corporation und später bei Cray Research mit drei weiteren Generationen von Supercomputern. In den Bereichen einfacher und mittlerer Technologie entwickelte Safety-Kleen das Produkt- und Servicesystem zur Reinigung fettiger Maschinenteile und Werkzeuge, und Sealed Air führte die Bubble-Verpackung ein.

In den Hochtechnologieunternehmen sind Innovationen als Strategiefundament eine Notwendigkeit, kein Luxus. J. P. Barger, einer der Gründer und jetzt *President* von Dynatech Corporation, ein Hersteller von Kommunikationselektronik in Massachusetts, erklärte uns das so: »1962 nahm ich an einem Seminar der American Management Association teil, wo wir über wichtige Diskontinuitäten in der westlichen Gesellschaft diskutierten – über Sachverhalte wie Bevölkerungsentwicklung, Informationsexplosion, technologischen Fortschritt usw. Ich stellte damals unter anderem fest, daß die Produktzyklen immer kürzer werden würden, und folgerte daraus, daß kein Einproduktunternehmen lange im Geschäft bleiben werde. Wenn man im Zeitalter kürzerer Produktzyklen überleben will – besonders in den wirklich schnellebigen Bereichen der Hochtechnologie –, dann muß man ständig an vielen neuen Produkten arbeiten, um die kurzen Zyklen auszugleichen.«

Für Dynatech, das seit dreizehn Jahren steigende Umsätze und Gewinne verzeichnet, hat sich Bargers Feststellung als zugleich prophetisch wie auch als gewinnbringend erwiesen. In einem Jahrzehnt, seit 1973, erreichte Dynatech Jahreswachstumsraten von 32 Prozent beim Umsatz und 33 Prozent beim Gewinn. Etwa zwei Drittel dieses Wachstums wurden intern erzeugt; der Rest entstand durch ein aggressives Programm zur Akquisition verwandter Betriebe.

Ray Stata und sein Zimmergenosse im MIT, Matthew Lorber, gründeten 1965 Analog Devices, den Hersteller elektronischer Bauteile und Systeme an der berühmten »Route 128« in Boston, dessen Eigenkapitalrendite 1983 mehr als das Doppelte des Branchendurchschnitts erreichte. Stata hat sich mit diesem schnell wachsenden Unternehmen (seit 1978 jährlich um 30 Prozent) intensiv auf Innovationen konzentriert. Und innovativ ist Analog Devices wirklich: Im Jahr 1983 führte es 35 neue Produkte ein – wovon 29 in ihrem Bereich einmalig sind.

Stata ist ein fanatischer Innovator – er ist auch Co-Autor des Buches *The Innovators,** welchem seine Sicht der Marktwirtschaft zugrunde liegt. So sagte er uns an einem Winternachmittag in seinem Büro in Norwood, Massachusetts: »Wie Sie wissen, bemühen sich eine Menge Leute um die Marktführerschaft,

* James Botkin, Dan Dimanescu und Ray Stata: *The Innovators: Re-discovering America's Creative Energy,* New York, Harper & Row, 1984.

damit sie der kostengünstigste Hersteller werden können. Das ist dummes Zeug. Der Grund, sich um die Marktführerschaft zu bemühen, ist, die Begabtesten für sich zu gewinnen und über ausreichende Mittel zu verfügen, um sich einen Weg durch das Dickicht schlagen und als Pionier neue Grenzen überschreiten zu können.«

In einer Branche, die von Preiskriegen, Überangebot und in jüngster Zeit auch von Verlusten bei führenden Unternehmen wie National Semiconductor und Texas Instruments heimgesucht wird, besteht die Strategie von Analog Devices darin, an der vordersten Technologiefront tätig zu sein – in den Anwendungsbereichen, für die Höchstleistungen nach dem neuesten Stand der Technik (oder der Wissenschaft) erforderlich sind und in denen Präzision und Zuverlässigkeit mehr zählen als der Preis. Wie Gerald Fishman, ein Geschäftsführer von Analog Devices, in der Zeitschrift *Electronic Business* erklärte: »Wir vermeiden das Geschäft mit der Massenware Halbleiter und bedienen lieber Marktnischen mit sogenannten ›Markenartikeln‹, für die es keine zweiten Bezugsquellen gibt.«* Analog Devices vertreibt mehr als zweihundert solcher Markenartikel, mit deren Hilfe Computer natürliche Phänomene erkennen und interpretieren können – ob das nun Schläge des menschlichen Herzens, der Druck in Flugzeugkabinen oder Funksignale sind. Die *New York Times* berichtete: »Analog Devices ist insgesamt Marktführer und für bestimmte Modelle oft die einzige Bezugsquelle.«**

Für Stata besteht der Schlüssel zur Innovation darin, eine Arbeitsumgebung zu schaffen und zu erhalten, die die Begabtesten wie ein Magnet anzieht. »Die meisten Managementverfahren sind für Innovationen eher hinderlich als förderlich.« Daher verwenden Stata und sein Führungsteam zwei Aufgaben außerordentlich viel Aufmerksamkeit – nämlich schon aktive Innovatoren ausfindig zu machen, die sich im Betriebsklima anderer Unternehmen eingeengt fühlen, und die Förderung von Verhaltensweisen wie Mentorenschaft, Kompetenzerweiterung, Ideen-Patenschaften, um latent vorhandene Innovatoren zur Entfaltung zu bringen. (vgl. Kapitel IV.)

Neue Produkte zu entwickeln ist keine ausschließliche Domäne der Unternehmen der Hochtechnologie; als Beispiel nehme man den Perdue Oven Stuffer Roaster (eine Maschine zum automatischen Füllen und Braten von Geflügel), die Drahtbefestigungselemente Ty-Rap von Thomas & Botts oder den Dunkin' Donuts Munchkin Snack.

* »Niche Chips: A Three-Pronged Plan to Boost Productivity«, *Electronic Business,* September 1983, S. 178–182.

** Robert Metz: »Semiconductor Maker's Goals«, *The New York Times* (25. Februar 1982), S. D 8.

Neue »alte« Produkte

Einige der von uns untersuchten erfolgreichen Innovationsunternehmen konzentrieren sich ganz darauf, bestehende Produkte so radikal zu verbessern, daß sie in den Augen der Kunden zu »neuen« Produkten werden. Ein Paradebeispiel ist Key Pharmaceuticals mit seiner neuen Anwendungsmethode für ein altbekanntes Medikament. Key Pharmaceuticals mit Sitz in Miami gehört zu den Unternehmen mit den besten Ergebnissen in der American Business Conference und in ganz Amerika. In dem Fünfjahreszeitraum von 1979 bis 1983 steigerte es Umsatz und Gewinn fast auf das Zehnfache und hielt ununterbrochen eine Eigenkapitalrendite von über 25 Prozent.

Pharmazeutische Erzeugnisse zu verkaufen ist für Neulinge ein hartes Geschäft – tatsächlich so hart, daß Key das einzige größere pharmazeutische Unternehmen ist, das in den Vereinigten Staaten nach dem Zweiten Weltkrieg neu gegründet wurde. Die übliche Erfolgsmethode in diesem Geschäft besteht darin, erhebliche Investitionen in Forschung und Entwicklung zu pumpen, neue Arzneimittel jahrelang zu testen und die Hürden staatlicher Sicherheitsbestimmungen zu nehmen, um diese neuen Arzneimittel dann mit Hilfe einer Armee von »Kundenbesuchern« der Zunft der Mediziner vorzustellen. In dieser hochtechnologischen, durch viele Vorschriften geregelten und forschungsorientierten Branche ist Key auf ganz andere Weise innovativ.

Keys Produkt »Theo-Dur« ist hierfür ein gutes Beispiel. In den Vereinigten Staaten ist es das am häufigsten verschriebene Arzneimittel für die Behandlung von Asthma, es wird aus Theophyllin hergestellt, einem allgemein verbreiteten, seit Jahrzehnten bekannten und verordneten Arzneimittel. Keys Innovation bestand nun darin, eine wirkungsvollere Form der Verabreichung ausfindig zu machen. Key stellte Theo-Dur auf Depotwirkung um, so daß über einen Zeitraum von zwölf Stunden ständig eine bestimmte Dosis in den Blutkreislauf gelangt. FDA, die amerikanische Lebens- und Arzneimittelbehörde, gab Theo-Dur eine selten verliehene Sofortzulassung; sie bestätigte damit im wesentlichen, daß das System der Depotwirkung der Verabreichung durch intravenöse Injektionen gleichwertig ist. Dieses Konzept und Verfahren der Depotwirkung von Key ist so erfolgreich – und potentiell auch für andere medizinische Anwendungsgebiete zu gebrauchen –, daß riesige internationale Arzneimittelkonzerne mit dem Emporkömmling Key Verträge abgeschlossen haben, um gemeinsam entsprechende Varianten für ihre Produkte zu entwickeln.

Nitroglyzerin ist ein weiteres Erfolgsbeispiel. Bereits im 19. Jahrhundert wurde es Patienten mit Angina pectoris verschrieben. Früher steckte ein Patient mit Angina pectoris eine Pille in den Mund, wenn ein Anfall drohte; er konnte dann mit einer kurzfristigen Erleichterung rechnen. Aber Key entwickelte eine Nitroglyzerin-Bandage, die um den Brustkorb des Patienten angelegt werden kann. Das wirkt nicht nur schneller, sondern ermöglicht auch eine ständige Zuführung einer bestimmten Dosis, was einen Anfall länger verhindern kann als eine Pille. Wieder ein altes Mittel – wiederum eine neue Behandlungsmethode.

Michael Jaharis, der *CEO* von Key (Sohn eines Einwanderers von der griechischen Insel Lesbos – weshalb er sich scherzend als »lesbischer Drogenhändler aus Miami« vorstellen kann), fand den Einstieg in die Medizin bei der Armee. An dem Tag, an dem er sich im Einberufungsbüro einfand, wurde jeder, dessen Nachname mit einem Buchstaben aus der ersten Hälfte des Alphabets begann, zum Sanitätsdienst eingeteilt. Nach dem Koreakrieg finanzierte Jaharis sein Jurastudium durch seine Arbeit als Kundenberater für Miles Laboratories. Nach seinem Examen wurde er dann Rechtsbeistand und später Manager in diesem Unternehmen.

1971 war Key in einer schwierigen Situation, nachdem es Verluste von mehr als 600000 Dollar gemacht hatte. Jaharis und sein Partner, ein Arzt namens Phillip Frost, übernahmen die Leitung des Unternehmens und sanierten es.

Keys Innovationsstrategie war ein Akt der Notwendigkeit, keine freie Entscheidung. Wegen der finanziellen Lage des Unternehmens entschloß sich Jaharis zur Innovation. Er mußte sich etwas einfallen lassen, was das Unternehmen ohne Geld machen könnte – vielleicht die Innovationsaufgabe überhaupt. Die amerikanische Lebens- und Arzneimittelbehörde FDA, die die Aufsicht über die pharmazeutische Industrie hat, verlangt, daß neue Arzneimittel sowohl unschädlich als auch wirksam sind. Und diese Unschädlichkeit und Wirksamkeit zu beweisen ist ein schwieriger und kostspieliger Vorgang. Gezwungenermaßen konzentrierte sich Jaharis auf bereits zugelassene Arzneimittel, deren Wirksamkeit bzw. Unschädlichkeit außer Frage standen, und richtete alle seine Bemühungen darauf, deren Anwendungsweise zu verbessern. Bis 1984 war Key Pharmaceuticals zu einem 150-Millionen-Dollar-Unternehmen geworden.

Neue Geschäftsmethoden

Innovationen beschränken sich nicht nur auf neue und bessere Produkte; manchmal lassen sich durch sie auch die Geschäftsmethoden so ändern, daß für die Kunden ein echter Wert entsteht. Nehmen wir den Fall Bergen Brunswig, eine Vertriebsorganisation von Hygieneerzeugnissen, die inzwischen die Obergrenze von einer Milliarde Dollar Umsatz erfolgreich hinter sich gelassen hat.

Der Großhandel gehört in Amerika zu den am härtesten umkämpften Geschäften. Traditionell lieferten sich lokal operierende Großhändler einen intensiven Preiswettbewerb, bei dem ihnen die Treue ihrer Kunden nur so lange sicher war, wie sie die niedrigsten Preise garantieren und zuverlässig liefern konnten. Und innerhalb des Großhandels herrscht die intensivste Konkurrenz im Arzneimittelgeschäft. Dieser Wettbewerb wurde noch intensiver, als sich nach dem Zweiten Weltkrieg Drogerieketten einen immer größeren Anteil am Gesamtmarkt für Drogerieartikel im ganzen Land verschafften.

In früherer Zeit besuchte der Großhandelsvertreter den Drogisten, schrieb Aufträge für Hunderte oder sogar Tausende von Artikeln auf seinen Block und ging damit zum Lager, wo dann die zahllosen Artikel aus den Regalen genommen und in den Laden des Kunden geliefert wurden. Es war ein hartes lokal begrenztes Geschäft, bei dem man von der Hand in den Mund lebte und eigentlich mit keinen besonders dramatischen Erfolgsgeschichten rechnete. Die Einzelhändler tätigten ihre Geschäfte mit zahlreichen Großhändlern, wodurch die Kosten der Großhändler zusätzlich stiegen, und man hatte es schwer, sich im Wettbewerb mit direkt verkaufenden Herstellern zu behaupten.

Als Emil Martini 1956 die Leitung eines Familienbetriebs übernahm, hatte die Firma einen Jahresumsatz von etwa 16 Millionen Dollar. Da die damalige Bergen Drug Company bis über beide Ohren verschuldet war, kamen Emil und sein Führungsteam zu dem Schluß, daß Beweglichkeit und Erfindungsgeist fürs Überleben unerläßlich wären. Sie gehörten zu den ersten, die in größerem Umfang von der Möglichkeit Gebrauch machten, »alles, was nicht niet- und nagelfest war«, wie er sich ausdrückte, zu veräußern und für den eigenen Gebrauch zu leasen, um liquide zu bleiben. Er erkannte auch frühzeitig, daß eine strenge Lagerbestandskontrolle der schnellste Weg war, den Finanzbedarf auf einem erträglichen Niveau zu halten; und so gehörte Bergen zu den ersten Firmen, die für die Lagerbestandskontrolle Lochkartensysteme verwendeten.

Am wichtigsten aber war, daß Martini sich bemühte, sein Geschäft unauflöslich mit dem seiner Kunden zu verknüpfen, um wegzukommen von der ständigen Kundenfluktuation und der Unsicherheit eines Geschäftes, das ausschließlich vom täglichen Preiskampf lebte. Zwar hatte Martini dem Kundendienst von Anfang an höchste Priorität eingeräumt, doch der entscheidende Durchbruch gelang ihm 1974 mit einer Innovation: als das Unternehmen nämlich ein System elektronischer Hand-Scanner entwickelte, mit denen Apotheken ihren Lagerbestand kontrollieren, schnell und richtig Bestellungen tätigen und dabei mit einem Viertel des bisherigen Zeitaufwands auskommen konnten. Da für den Betrieb einer Drogerie oder Apotheke Arbeitskräfte und Lagerhaltung die am meisten zu Buche schlagenden Kosten sind, nahmen Bergen Brunswigs Kunden das neue System mit Begeisterung auf. Die Kunden stützten sich auf Bergen als ihre wichtigste Bezugsquelle, so daß die Firma ihre Leistungs- und Wettbewerbsfähigkeit weiter steigern konnte. Martini startete mit diesem Scanner ein Programm einer »Partnerschaft« mit seinen Einzelhandelskunden, das zur treibenden Kraft auf dem Weg zu einem Jahresumsatz von 1,7 Milliarden Dollar für 1984 wurde.

Bergen Brunswigs Innovationen machten allerdings nicht bei dem ursprünglichen Gerät und seiner Systemunterstützung halt. Das Unternehmen entwickelte Preisschilder, die Bergen Brunswig für seine Kunden druckt und die nicht nur den von jedem Einzelhändler individuell festgesetzten Preis des Produkts zeigen, sondern auch so codiert sind, daß sie genaue Absatzangaben liefern. Das Unternehmen stellt außerdem Regalbeschriftungen mit maschinenlesbaren Codes zur Verfügung, mit deren Hilfe Apotheken und Drogerien für Tausende von Artikeln bestimmte Regalplätze festlegen können. Und Bergen hat fortschrittliche rechnergestützte Systeme entwickelt, die den Drogerien eine weitere Senkung des Lagerbestandes und an sieben Tagen pro Woche und 24 Stunden täglich die Kommunikation mit den lokalen Auslieferungslagern ermöglichen.

Über diese Systeme zur Warenbestellung und Lagerbestandskontrolle hinaus hat Bergen Brunswig auch mit der umfassenden Bereitstellung von Managementkontrolldaten und Verkaufsförderungsprogrammen für seine Kunden neue Wege beschritten. In dem Maße, wie Bergen Brunswig wuchs, entwickelte es die Fähigkeit weiter, seinen Kunden hervorragende Programme zur Angebotsoptimierung zu liefern, die weit über das hinausgingen, was Drogerien selbst schaffen könnten. Folglich nimmt Bergen Brunswig den regionalen und sogar den landesweiten Drogerieketten einen stetig wachsenden Marktanteil weg. Als Bergen Brunswig die Partnerschaft mit seinen Kunden ausbaute, wurde sein eigenes Geschäft gleichzeitig sehr viel berechenbarer. Seine Innovationsfreudigkeit hat dazu beigetragen, die Branche zu revolutionieren, und Bergen Brunswigs Stammaktien haben seit 1975 jährlich einen Kursanstieg um durchschnittlich 44 Prozent erzielt.

Auch das ehemals stabile, monopolartige Geschäft des Fernsprechverkehrs wurde durch einen Innovator verändert: dadurch, daß MCI traditionell Autoritäten in Frage stellte und Denkgewohnheiten umkehrte. MCI begann als Mietleitungsdienst zwischen Chicago und Saint Louis, wobei es mit der Mikrowellentechnologie anstatt mit in der Erde verlegten Kupferkabeln arbeitete; Ende der 60er Jahre geriet das Unternehmen in ernsthafte finanzielle Schwierigkeiten und wandte sich an Bill McGowan, einen Unternehmer und Berater, der sich als Krisenmanager einen Namen gemacht hatte. McGowan sah vier Kräfte am Werk. *Erstens* erkannte er, daß staatliche Vorschriften für den Telefonverkehr als entscheidende Determinante bestimmten, welchen Grad an strategischer Freiheit ein Fernmeldeunternehmen hat. *Zweitens* vermutete er, daß das langjährige Monopol des Bell-Systems zu einiger Ineffizienz geführt hatte. *Drittens* erkannte er, daß Bells eigener technologischer Fortschritt Möglichkeiten für den Wettbewerb bot. *Viertens* wußte er, daß Bell hohe Fernsprechgebühren verlangte, um die Kosten für die Telefongrundgebühr und Ortsgespräche niedrig zu halten – praktisch eine Aufforderung an ein Unternehmen, das nicht nur im Ortsverkehr tätig war, sich die hohen Fernsprechgebühren zunutze zu machen.

McGowan kam zu dem Schluß, daß hier Platz für eine weitere Telefongesellschaft war – ja sogar Bedarf bestand. Nachdem McGowan monatelang im öffentlichen Lesesaal der Federal Communications Commission, der amerikanischen Bundesbehörde für das Fernmeldewesen, Unterlagen geprüft hatte, erkannte er einen Wald, wo andere nur die Bäume gesehen hatten. Lokale Telefonsysteme sind zwar im ganzen Land gesetzliche Monopole, aber die Fernsprechdienste, die die lokalen Monopole verbinden, sind niemals exklusiv an eine Gesellschaft vergeben worden. Zwar nahm fast jeder andere an, daß dem so wäre, aber in den Gesetzen, Berichten der Kongreßausschüsse oder Bestimmungen und Vorschriften der FCC war es nirgendwo festgeschrieben.

McGowan stellte auch fest, daß die FCC auf Anträge für Fernsprechdienste in der Regel innerhalb von sechzig Tagen nach Erhalt Bescheid erteilte. Das hieß, daß ein Antrag (zum Beispiel, einen Mietleitungsdienst etwa zwischen Cheektowaga, New York und Perth Amboy, New Jersey, einzurichten), wenn niemand Widerspruch einlegte, von der FCC routinemäßig bewilligt wurde. Jedes Jahr wurden Tausende derartiger Anträge, in der Regel höchst technischer Natur, durch die Bürokratie der FCC geschleust. McGowan verfolgte einen einfachen Angriffsplan. Er reichte gleichzeitig Hunderte von Anträgen auf eine Betriebslizenz für Mietleitungsdienste zwischen wichtigen Telefonmärkten ein. Und niemand merkte etwas, bis er ein zweites Netz für die Telefonfernverbindungen aufgebaut hatte.

Nach zahlreichen Gerichtsverfahren, Schriftsätzen von Rechtsanwälten, Anhörungen im Kongreß und FCC-Bestimmungen ist heute McGowans Vision vom Wettbewerb in der Telefonbranche geltendes Recht, und MCI wurde zu einem 1,9-Milliarden-Dollar-Unernehmen, dessen Umsatz und Gewinn zwischen 1978 und 1983 jährlich um ganze 100 Prozent wuchsen. Obwohl die Gewinne 1984 einen Rückschlag erlitten (ein Thema, das wir in Kapitel VI behandeln), expandiert MCI weiterhin. Seine Innovation bestand darin, den Wettbewerb in einem Bereich aufzunehmen, der bislang als natürliches und rechtliches Monopol verstanden worden war. Aber McGowan verstand es, nichts und besonders nicht den Status quo als gegeben hinzunehmen.

Innovationen beschränken sich natürlich nicht nur auf Arzneimittelhändler oder Fernsprechgesellschaften. Dunkin' Donuts führte das Konzept des Lizenzgeschäftes für Kaffee und Berliner ein. Levitz erreichte den Massenabsatz von Möbeln. Frank Perdue beschloß, Fernsehwerbung für Hähnchen zu betreiben. Bei den innovativsten Unternehmen läßt sich tatsächlich feststellen, daß *sich der Wettbewerb mit der Zeit von neuen Produkten hin zu neuen Geschäftsmethoden verlagerte.* Wie Abbildung III-5 zeigt, führten 72 Prozent der innovativen Unternehmen unserer Erhebung ihren frühen Erfolg auf Produkt- oder Dienstleistungsinnovationen zurück – aber nur 44 Prozent setzen heute noch ausschließlich darauf, um sich ihre Dynamik zu erhalten. Und während 52 Prozent neuartige Geschäftsmethoden als Grund für ihren Anfangserfolg nannten, geben 72 Prozent an, auf diese Weise heute ihren Erfolg zu behaupten.

Welcher Art Innovationen auch sein mögen, sie lassen sich immer schwerer

Abbildung III-5
Dauerinnovatoren*
Veränderung im Charakter der Innovation

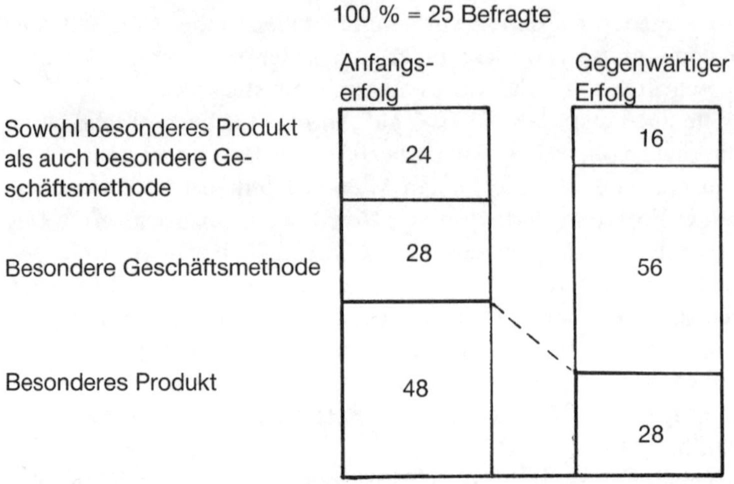

* Als Dauerinnovatoren werden diejenigen Unternehmen definiert, die sowohl ihren Anfangserfolg als auch ihren gegenwärtigen Erfolg auf Innovation zurückführen.

Quelle: Erhebung bei Mitgliedern der American Business Conference

behaupten, je größer und komplexer Unternehmen werden – das sagten uns 59 Prozent der von uns befragten *CEOs*. Die 61 Prozent der von uns Befragten, die Innovationen noch immer als Grundlage ihres Wettbewerbsvorsprungs angeben, stellen gegenüber den 74 Prozent einen erheblichen Rückgang dar, die ihre Anfangserfolge auf Innovationen zurückführten (vgl. Abbildung III-6). In der größeren Zahl weniger erfolgreicher mittlerer Unternehmen, mit denen wir beruflich zu tun hatten, gibt außerdem ein hoher Prozentsatz zu, daß ihre innovative Dynamik geringer geworden sei und daß sie ernsthaft besorgt seien, ihre Mitarbeiter würden sich auf ihren Lorbeeren ausruhen.

Was das heißt, ist klar. Je erfolgreicher ein Unternehmen wird, um so schwerer fällt es ihm, sich seine Innovationskraft zu erhalten, und um so mehr muß es sich darum bemühen – das wissen die Spitzengewinner genau.

Neue Märkte

In vielen Fällen schaffen innovative Unternehmer Märkte, die es vorher noch nicht gab. Dieses Kapitel wird beispielsweise mit einem Füllfederhalter von Cross geschrieben. Zwar gibt es Schreibgerät bereits, seit das Papier erfunden wurde, aber die A. T. Cross Company schuf einen Markt für hochwertige Edel-

Abbildung III-6
Bedeutung einmaliger Faktoren für Anfangserfolg und gegenwärtigen Erfolg laut Umfrage

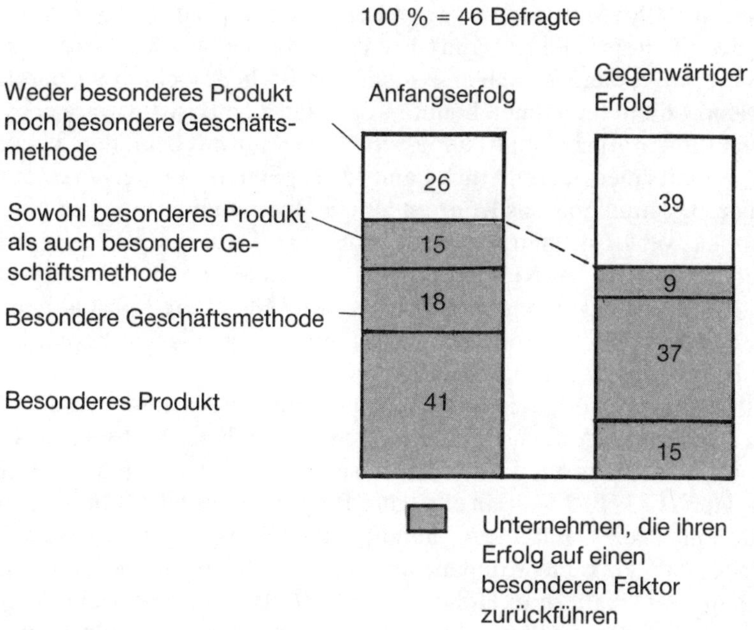

Quelle: Erhebung bei Mitgliedern der American Business Conference

Kugelschreiber. Sobald dieses Manuskript auf einem IBM-Textverarbeitungssystem geschrieben und Korrektur gelesen ist, wird es mit einer Xerox-Maschine fotokopiert und mit Federal Express an unseren Verleger geschickt. Bevor Federal Express 1973 gegründet wurde, gab es keinen breiten Markt für die 24-Stunden-Zustellung von Paketen und Dokumenten. Vom Papier abgesehen, ist jedes Produkt oder jede Dienstleistung, die wir für die Herstellung dieses Manuskriptes verwendeten, ein Beispiel für ein neues oder besseres Erzeugnis.

Auch wo es nicht um Bücherschreiben geht, gibt es neue Märkte. Einen Markt zu schaffen heißt manchmal einfach, neue Kunden für alte Produkte zu finden. Die frühen Widrigkeiten, mit denen John Cullinane – der Gründer und jetzige *CEO* von Cullinet, einem führenden Software-Unternehmen – zu kämpfen hatte, verdeutlichen dies.

Im Frühjahr 1968 kam Cullinane, ein stämmiger Ire aus Boston, zur Überzeugung, daß er im Dienst anderer Leute genug über Computer-Software gelernt habe, und meinte, es sei an der Zeit, das Geschäft einmal ganz anders zu betreiben.

Seine Vorstellung vom neuen Geschäft war klar. *Erstens* glaubte er, daß in einem Geschäft wie Software, das weitreichende Kenntnisse verlangt, die Menschen der entscheidende Faktor seien und daß sein neues Unternehmen alles daransetzen sollte, Menschen zu gewinnen und an sich zu binden, was den entscheidenden Unterschied zur Konkurrenz ausmachen würde. *Zweitens* glaubte er, daß Software, damals noch individuelle Maßarbeit, mehr den Charakter eines Serienprodukts annehmen könnte – daß man eine Basissoftware entwickeln und dann für den Einzelbedarf anpassen könnte, anstatt bei jedem neuen Auftrag wieder mit einem leeren Stück Papier zu beginnen. Cullinets *President,* Bob Goldman, beschrieb uns das Konzept als ein »Instrumentarium, um Unternehmen produktiver zu machen – nicht als endgültige Tatsache«. *Drittens* versuchte Cullinet, von führenden Kunden Softwareprodukte und -entwürfe zu kaufen, die diese für ihren eigenen Bedarf selbst entwickelt hatten, selbst aber nicht im Softwaregeschäft tätig waren. Zwei Wertvorstellungen lagen diesem Konzept zugrunde: »Integrität und Kundendienst.«

Mit diesem Ziel eröffnete John Cullinane sein Unternehmen zusammen mit einigen Landsleuten, die sich daranmachten, die Welt der Software in Amerika neu zu ordnen. Ihr erstes Produkt, das sie intern entwickelten, anstatt es zu kaufen, hieß »CULPRIT« – ein einfaches Programm für die Erstellung von Dokumentationen mit Computern, die auf Cobol-Basis arbeiten. Leider fanden sich für CULPRIT kaum Kunden; und mit 500 Dollar auf der Bank, in zwei Tagen fälligen Gehältern in Höhe von 8500 Dollar und keinerlei erkennbarer Unterstützung nahm Cullinane sein einziges erfolgloses Produkt und positionierte es neu auf dem Markt – wobei CULPRIT den neuen Namen »EDP Auditor« erhielt. Anstatt zu versuchen, es an Programmier- und EDV-Abteilungen zu verkaufen, in denen »nicht von uns« das Todesurteil bedeutete, sah Cullinane einen neuen Markt – nicht die Stabskräfte, die die Computer betrieben, sondern die betriebseigenen (und später externen) Revisoren, die sich jetzt mit Computern, Programmen und Bändern genauso befassen mußten wie mit Buchungsmaschinen, Addiermaschinen und Akten, die ihnen so vertraut waren. Im wesentlichen schuf Cullinane einen neuen Markt – mit einer Spezialausbildung, neuen Leistungsmerkmalen und Revisionsabläufen, eigenen Dienstleistungen – und sogar einer *EDP Auditor-Nutzergruppe,* in der man sich gegenseitig über die veränderten Zeiten sein Leid klagen durfte und zusammen mit Cullinane daran arbeiten konnte, wie man mit Hilfe von Cullinane-Produkten mit diesen modernen Zeiten fertig werden könnte.

Der EDP Auditor – ein altes Produkt für einen neuen Markt – war Cullinanes erster geschäftlicher Erfolg, und es verschaffte dem eben flügge gewordenen Unternehmen eine Basis für den weiteren Aufbau. Im Jahre 1973 erwarb Cullinet von B. F. Goodrich die Rechte am Integrated Database Management System (IDMS), das der Reifenhersteller für den eigenen Gebrauch entwickelt hatte. Nach zahlreichen Weiterentwicklungen, Verbesserungen und Überarbeitungen wurde IDMS zum Grundprodukt für die Datenbank-Management-Systeme von Cullinane. Bis 1975 hatte Cullinane das »Wörterbuchkonzept« für Datenbanken angepaßt – und zwar so, daß sowohl EDV-Fachleute als auch Laien es benutzen konnten, um das umfassende Potential der Computer breit anzuwenden. Das Ergebnis war ein einziger Satz von Softwareprogrammen, die jeder benutzen konnte – was den Kunden den Aufwand ersparte, unterschiedliche Anwender mit eigener Software zu versorgen. Cullinets langjährige Mitarbeiter nennen diese Praxis des Aufbaus auf bestehenden Stärken die »schleichende Integration«.

Nachdem das Unternehmen das Datenbank-Management beherrschte, wandte es sich der neuen Aufgabe zu, funktionale Softwareprodukte zu entwikkeln oder sie zu erwerben und dann zu vertreiben; damit wollte es Kunden helfen, bereits vorhandene Daten aufzufinden und für Problemlösungen in Fertigung, Vertrieb, Personalwesen, Finanzierung usw. einzusetzen. Nachdem Cullinet diese Software-Palette für seine Firmenkunden geschaffen hatte, befaßte es sich mit einem Bereich, den es »Entscheidungshilfe« nannte – Integration der Mikro- und Personalcomputer, die die Führungskräfte eines Kunden an verschiedenen Standorten benutzten, mit dem zentralen Großrechner dessen Datenbasis und verschiedenen Management- und Analysesystemen.

Cullinets große Innovation bestand, kurz gesagt, darin, alles miteinander zu verbinden, so daß Firmenkunden Daten und Analysen allesamt unter einem Dach kaufen können. Dieses Konzept scheint zu funktionieren. Zu seinen augenblicklichen Kunden zählt Cullinet so maßgebliche Auftraggeber wie das Strategische Luftwaffenkommando, die Universität Harvard, Citicorp Lloyd's of London, General Electric, AT & T, ITT und DuPont. Mit etwa 20000 installierten Einheiten kann Cullinet auf 28 aufeinanderfolgende Quartale mit wachsendem Umsatz und Gewinn verweisen – mit Zuwachsraten von 56 bzw. 51 Prozent, als dieses Buch geschrieben wurde.

Marktnischen schaffen und anführen

Mittlere Unternehmen mit hohen Wachstumsraten verschaffen sich Erfolge, indem sie die Bedürfnisse einer bestimmten Art von Kunden, nicht aller Kunden, für bestimmte Arten von Produkten und Dienstleistungen ermitteln und befriedigen. Betriebswirtschaftler nennen das Marktsegmentierung. Unternehmer nennen es gesunden Menschenverstand.

Abbildung III-7
Marktgröße und Geschäftserfolg

Durchschnittliche Kapitalrendite (über vier Jahre)*

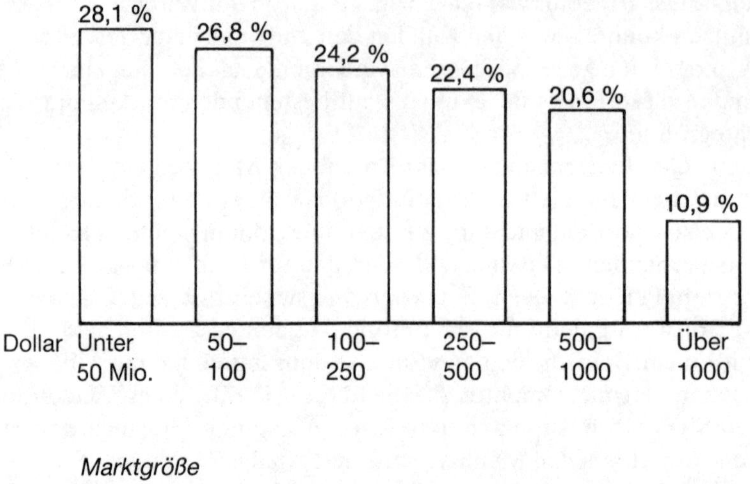

* Vor Zinsaufwendungen und Gemeinkosten; 525 mittelgroße Unternehmen

Quelle: PIMS-Programm

Umfassende Analysen sowie unsere eigenen Befragungen und Erhebungen haben gezeigt, wie wichtig nicht nur die Tätigkeit in Zielsegmenten – Marktnischen – ist, sondern auch die Marktführung in diesen Nischen. Die PIMS-Daten über die Ergebnisse von 525 mittleren Unternehmenseinheiten zeigen deutlich, daß in kleinen Märkten die Gewinnaussichten besser sind als in größeren (vgl. Abbildung III-7) und daß die Kapitalrendite im allgemeinen höher ist, wenn das Unternehmen den größten Marktanteil hat (vgl. Abbildung III-8). In unserer Erhebungsauswahl von Unternehmen der American Business Conference gaben durchschnittlich fast vier von fünf Befragten an, in Marktnischen tätig zu sein, und zwei Drittel berichteten, mehr als die Hälfte ihrer Umsätze in Nischen zu erzielen, in denen sie Marktführer sind.

Abbildung III-8
Marktanteilsrang und Geschäftserfolg

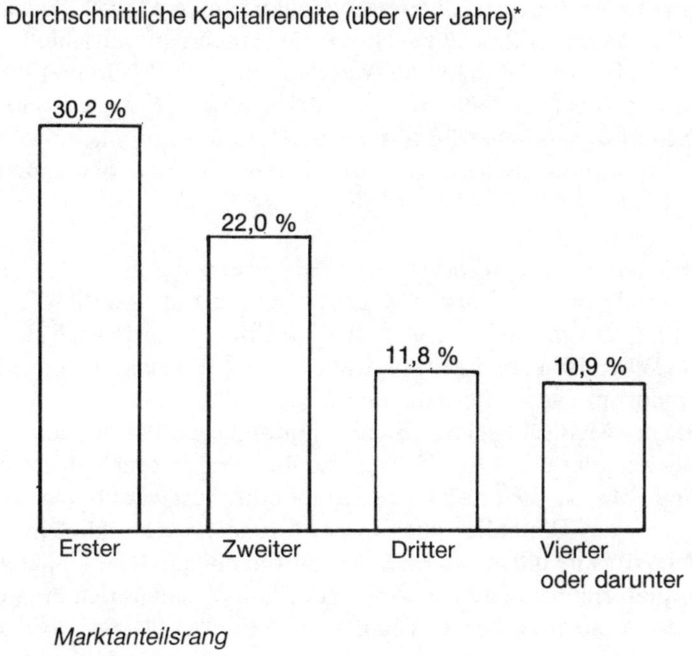

* Vor Zinsaufwendungen und Gemeinkosten; 525 mittelgroße Unternehmen

Quelle: PIMS-Programm

Für das mittlere Unternehmen wird die Nischenstrategie von purer Notwendigkeit diktiert, sie muß aber planmäßig entwickelt werden. Kleine und mittlere Unternehmen haben ganz einfach weder die Mittel noch das Durchhaltevermögen, um in der direkten Auseinandersetzung mit großen, fest etablierten Konkurrenten bestehen zu können. Statt dessen suchen sie sich Nischen, die den größeren potentiellen Konkurrenten anfänglich entweder unbekannt oder zu klein waren, um für sie attraktiv zu sein. Indem mittlere Unternehmen ihre Kunden mit Beharrlichkeit und Hingabe besser als andere Unternehmen bedienen – was für sie heißt, ihre Kunden und deren Bedürfnisse besser als alle anderen zu kennen –, erobern sie sich Marktnischen und behaupten sich selbst gegen die größten und angesehensten Unternehmen.

Die richtige Marktnische finden

Die richtige Marktnische zu finden ist nicht immer Liebe auf den ersten Blick; oft ist es eine Frage des Ausprobierens oder ganz einfach Glück. Hierzu dürfte die Geschichte dreier erfolgreicher »Nischenunternehmen« aufschlußreich sein: Charter Medical Corporation, das in Amerika führende Privatunternehmen für die Versorgung geistig Behinderter und Geisteskranker; ASK Computer Systems, Inc., ein dynamischer Softwarehersteller aus dem Silicon Valley; und Millipore Corporation, ein tonangebendes Unternehmen der Hochtechnologie aus Neuengland.

Vom Immobiliengeschäft zur psychiatrischen Versorgung

Charter Medical Corporation ist in Macon, dem Zentrum von Bibb County mitten in Georgia, der größte Arbeitgeber. Bibb County wurde nach einem Arzt, Dr. William Wyatt Bibb, benannt, so paßt es recht gut, daß Macons bekannteste Firma ein medizinisches Unternehmen ist.

Aber Charter Medical begann als ein Immobiliengeschäft in Familienbesitz. Wie Bill Fickling, der *CEO* von Charter, erzählt, betrieb sein Vater, eine Stütze der Gemeinde Macon, ein erfolgreiches Immobiliengeschäft für Wohn- und Gewerbegebäude, das allmählich auch in das Grundstückserschließungsgeschäft einstieg. Zuerst baute die Firma Einkaufszentren und ähnliches. Später begann sie, Privatsanatorien zu erstellen. Aus dem Bau der Sanatorien ergab sich die Möglichkeit, sie auch zu besitzen und zu leiten. Auf die Sanatorien folgten Krankenhäuser und darauf wiederum Verträge für Krankenhausverwaltungen überall in den Vereinigten Staaten.

Im Verlauf dieser Entwicklung erwarb Charter zwei oder drei psychiatrische Kliniken – nicht eigentlich planmäßig, sondern weil es sich um günstige Gelegenheiten handelte. Ende der 70er Jahre hielt Charters Führungsteam die Zeit für gekommen, in seiner Branche zum Marktführer zu werden. Dieser edle Entschluß wurde jedoch dadurch beeinträchtigt, daß Charter eigentlich nicht genau wußte, welches seine Branche war, sondern lediglich, daß es offensichtlich etwas mit dem breit definierten Bereich »Gesundheitswesen« zu tun hatte. So nahm Charter etwas in Angriff, was es eine »interne Strategierevision« nannte. Zuerst richtete man die Bestandsaufnahme nach innen – auf eine wahre Arche Noah von Gesundheitspflege-Aktivitäten –, um festzustellen, was man am besten und rentabelsten konnte: Die psychiatrischen Kliniken liefen gut.

Dann prüfte Charter sein Umfeld und untersuchte Trends, Bedarf und Konkurrenz im Gesundheitswesen. Es entdeckte eine verlockende Möglichkeit, sich einen vernachlässigten Markt zunutze zu machen.

Die Versorgung geistig Behinderter und Geisteskranker war aus zwei Gründen für Charter die richtige Marktnische. Erstens befand sich die Branche (und es *ist* eine Branche) im Übergangsstadium, und ein Marktteilnehmer, der in der Phase der Neustrukturierung in die Branche eintrat, hatte überdurchschnittliche Erfolgsaussichten. Bis vor gar nicht allzu langer Zeit bestand die psychiatrische Versorgung weitgehend darin, chronisch und unheilbar Kranke solange wie möglich nicht zur Kenntnis zu nehmen, sie dann außer Sichtweite zu bringen und aus dem Bewußtsein zu verdrängen. Patienten, die in psychiatrische Kliniken aufgenommen (oder eingewiesen) wurden, sollten dort meistens für den Rest ihres Lebens »verschwinden«; man sah in ihnen eher Insassen als Patienten.

Die Entwicklung psychiatrischer Arzneimittel, mit denen man emotionale Probleme wirksam behandeln und Geisteskranke in das Arbeitsleben zurückführen konnte, war zwar von anderen vollzogen worden, aber Charter machte sie sich nutzbar. Viele Erkrankungen wurden jetzt nicht mehr durch Daueraufenthalt in abgelegenen Heilstätten behandelt. Die neuen Verfahren ließen statt dessen kürzere Rehabilitationsaufenthalte in gewohnter Umgebung zu – und Charter machte das Beste aus diesem Trend, indem es kleine Spezialkliniken für die kurzfristige Intensivbehandlung in der Nähe des Wohnortes baute und auch die Betriebsführung übernahm. Die zweite Branchenerscheinung, die Charter erkannte und von der es profitierte, war die Stigmatisierung psychiatrischer Behandlung. Nur wenige – ob nun Medizinier oder Geschäftsleute – waren überhaupt daran interessiert. Mit Ausnahme einer anderen Firma, die sich auf kommunale Psychiatrieeinrichtungen spezialisierte, war es ein konkurrenzloser Bereich. Im großen und ganzen ließen die anderen privatwirtschaftlichen Ketten psychiatrische Kliniken außer acht, weil das für sie ein Bereich ohne Reiz, Attraktivität und aktuellem Interesse war. Und nicht weniger wichtig: Charter erkannte, daß die öffentlichen Allgemein-Krankenhäuser ihren kleinen problembehafteten Psychiatrieabteilungen oft nur einen niedrigen Stellenwert einräumten. In den meisten allgemeinen Krankenhäusern rangierte die Psychiatrie in der Hackordnung ganz hinten, zum Teil, weil sie keinen hohen Anteil an einkunftsträchtigen Leistungen (zum Beispiel diagnostischen Untersuchungen wie Röntgenaufnahmen) aufzuweisen hatte, die in Abteilungen wie der Chirurgie anfallen, und zum Teil, weil die psychiatrische Versorgung Problempatienten ins Haus brachte. Folglich genoß die Psychiatrie in den meisten allgemeinen Krankenhäusern nicht den Status, um die von den Patienten benötigte Versorgung zu ermöglichen.

Charters psychiatrische Spezialkliniken änderten das. Der Psychiater und Psychologe rangierte dort an erster Stelle – wie die Chirurgen in den allgemeinen Krankenhäusern. Außerdem sorgten speziell entwickelte Behandlungsprogramme und Therapieeinrichtungen für einen Wettbewerbsvorteil, dem die herkömmlichen psychiatrischen Abteilungen nichts entgegenzusetzen hatten. Schließlich begann Charter, innerhalb seiner Marktnische weitere Nischen zu entwickeln – Sonderprogramme und -einrichtungen für Alkoholismus, Drogenmißbrauch und bestimmte Personengruppen wie Kinder, Jugendliche und Erwachsene.

Indem Charter der psychiatrischen Behandlung das Stigma nahm, wuchs es bis 1984 explosionsartig zu einem Unternehmen mit einer halben Milliarde Dollar Umsatz und 38 psychiatrischen Kliniken im ganzen Land. Es ist auch ein einträgliches Geschäft; Charters Gewinn stieg von einer Million Dollar im Jahre 1974 auf 35,1 Millionen im Jahre 1984; und seine Eigenkapitalrendite fiel seit 1978 nur einmal* unter 25 Prozent.

Von Windeln bis zu Disketten

Endlich ist das Bemühen um mehr Fertigungsproduktivität in den Vereinigten Staaten zum nationalen Anliegen geworden. In einer Branche nach der anderen wird die einst führende Position Amerikas in der rationellen Fertigung in Frage gestellt – und allzuoft macht diese kritische Betrachtung hohe Kosten sichtbar, die sich aus überholten Verfahren und veralteter Logistik ergeben.

Auf der Unternehmensebene kann die rationelle Fertigung eine Überlebensfrage sein. In einem typischen Kleinunternehmen werden die Funktionen Kauf, Konstruktion, Einkauf und Fertigung unabhängig voneinander betrieben; jeder führt ihre eigenen Unterlagen (selbst heute noch) oft von Hand, mit Karteikästen und Aktenordnern.

Solange das Unternehmen klein bleibt, hält sich der Schaden in Grenzen. Aber wenn der kleine Hersteller expandiert, steigt die Zahl der Teile, die für ein sich rasch erweiterndes Produktprogramm gebraucht werden, unter Umständen explosionsartig in die Tausende. Die Bestandsverwaltung – zur richtigen Zeit für die richtige Anzahl der richtigen Teile zu sorgen – wird zur Aufgabe von bedrohlicher Komplexität. Wenn die Anforderungen von Konstruktion und Fertigung nicht koordiniert werden können, schafft man es nicht, Produkte rechtzeitig zu fertigen. Das Unternehmen braucht immer mehr integrierte Systeme und Steuerungsinformationen, denn sonst wachsen die Lagerbestände ins Unermeßliche, Versandtermine werden verpaßt, Kunden springen ab, und der Gewinn schmilzt dahin – im schlimmsten Fall bis zur Existenzbedrohung des Unternehmens.

Das Problem (und daher die Chance) bestand darin, daß niemand für diesen Bedarf etwas anzubieten hatte – eben einen solchen Satz zuverlässiger Systeme, mit denen kleinere Hersteller Lagerbestände, Einkauf, Konstruktion und Fertigung koordinieren und steuern konnten –, mit anderen Worten Systeme, die im Verlauf des Wachstums Fertigungskosten senken, anstatt sie zu steigern, die gewährleisten, daß die Produkte verfügbar sind, wenn die

* Auf 24,7 Prozent (1979).

Kunden sie wollen, und die die Überlebenschancen des Unternehmens erhöhen.

ASK Computer Systems schloß diese Lücke eigentlich zufällig. Jetzt ist es marktführend bei Spezialsoftware für Fertigungsinformationssysteme, aber seine Gründerin hatte eigentlich nie diese Absicht. Anfang der 70er Jahre gab Sandra Kurtzig ihren Arbeitsplatz bei General Electric auf, um sich ihrer Familie zu widmen. Da sie ein zusätzliches Schlafzimmer und ein Computerterminal hatte, schrieb sie für einige kleine Unternehmen Programme zur Rationalisierung von Fertigungsabläufen.

Weil sie ihre Software für einen Hewlett-Packard-Computer schrieb, sah HP in Frau Kurtzigs Produkt eine interessante Möglichkeit, die Nachfrage nach seinen Rechnern zu steigern. So wurde HP Frau Kurtzigs erste Vertriebsorganisation.* Mit kostenloser Rechnerzeit, die sie HP abgeschwatzt hatte, und viel eigenem Können und Energie entwickelte Frau Kurtzig eine Reihe integrierter Softwareprodukte für die Fertigungssteuerung, mit denen das Unternehmen 1984 schließlich die Umsatzmarke von 65 Millionen Dollar überschritt. Das Geschäft lief wie von selbst.

Und so macht Sandra Kurtzig gleichzeitig zwei Karrieren – die einer Mutter und die der Besitzerin einer Mehrheitsbeteiligung an einem der am schnellsten wachsenden mittelgroßen Unternehmen in den Vereinigten Staaten.

»Was ist es, und wie verkaufen wir es?«

Millipores Erfolg in der sogenannten »Trennungstechnologie« ist darauf zurückzuführen, daß es kreativ in mehreren Nischen tätig wurde, häufig in winzigen Segmenten, in denen seine Produkte den Kunden wertvolle und oft einmalige Vorteile verschafften. Millipore begann 1954 mit dem Erwerb einer deutschen Technik zur Herstellung mikroporöser Membranen aus Zellulose. Dieser technologische Streich verschaffte dem eben flügge gewordenen Unternehmen eine Monopolstellung in einem Bereich, den sein Gründer Jack Bush nur halb im Scherz »ein Produkt« nannte, »für das kein Markt bekannt war«.

Mikroporöse Membranen haben ein breites Spektrum nützlicher Eigenschaften. Durch die Abwandlung der Membranstruktur konnte Millipore nach Wunsch mikroskopische Partikel praktisch jeder Größe von jeder Flüssigkeit trennen. Aber am Anfang war das eine Kuriosität fürs Labor – zunächst mußte man sich einfach ausdenken, wie das Zeug verwendet werden könnte.

Anfangs versuchte Millipore, die wirtschaftlichsten und erfolgversprechendsten Anwendungsbereiche eigenständig zu ermitteln. Es entwickelte ein System

* HP hat lediglich die alte Strategie fortgeschrieben, Nachfrage für ein Produkt zu schaffen. Bevor jemand Hardware kauft, muß es etwas geben, das man damit anfangen kann. Vor sechzig Jahren begann RCA, Radioprogramme zu senden, um die Leute zum Kauf von Radios zu veranlassen.

zur Analyse von Schmutzstoffen in der städtischen Wasserversorgung sowie weitere Systeme zur Analyse von Flugzeugtreibstoff und Hydraulikölen für Raketen. Aber Millipore kam zu der Überzeugung, daß diese internen Bemühungen nicht schnell genug neue Anwendungsmöglichkeiten und potentielle Wachstumsmärkte erschließen würden. Sie brauchten einen neuen Ansatz, um neue Marktnischen zu schaffen.

Als Schlüssel zur Erschließung des ganzen Spektrums von Nischenmärkten, die Millipore im folgenden aufbaute, erwies sich letztlich die Idee, zukünftige Kunden aufzufordern, diese Märkte selbst zu definieren. Jack Bush und seine Kollegen aus den 50er und 60er Jahren, Walt Kenyon und D. V. d'Arbeloff, konnten sich einen landesweiten Werbefeldzug, um mit potentiellen Kunden persönlich zu sprechen, nicht leisten. Statt dessen investierten sie erhebliche Mittel in den Großversand von Briefen an Mikrobiologen im ganzen Land und drehten einen Film über die Anwendungsbereiche ihres Wundermaterials.

Am wichtigsten war, daß sie eine Reihe von Seminaren vor Ort für ihre zukünftigen Kunden entwickelten. »Wir gingen auf die Straße und präsentierten unser Produkt jedem, der uns nur zuhörte«, sagte Bush. Dee d'Arbeloff glaubt, daß Millipore überhaupt das erste Industrieunternehmen war, das jemals Seminare für das technische Personal seiner zukünftigen Kunden abhielt, und auch als erstes Unternehmen seine umfangreichen Adreßlisten per Computer verwaltete.

Diese kundenorientierte Strategie funktionierte. Ideen strömten herein. Ein potentieller Kunde schlug vor, die Millipore-Membrane zu verwenden, um die Verschmutzung von Flüssigkeiten zu kontrollieren, die bei der Fertigung empfindlicher elektronischer Halbleiter verwendet werden. Bei der Lösung von Problemen der Wasser- und Ölverschmutzung, in der Lebensmittelverarbeitung und bei der Sterilisierung von Polioimpfstoff entdeckten Millipores Kunden Anwendungsmöglichkeiten für die Membranen.

Für jeden Anwendungsfall entwickelte Millipore kundenspezifische Membranen und Systeme, so daß es Subnischen schuf, in denen das Unternehmen expandierte. Infolgedessen betreut Millipore heute mehr als hundert einzelne Schwerpunktprodukte oder -kunden.

Auf Stärken aufbauen

In Marktnischen führend zu sein bedeutet für mittlere Unternehmen mit hohen Wachstumsraten, ihre Kunden – nicht nur ungefähr, sondern bis ins Innerste – zu kennen. Genauso wichtig ist, daß diese Firmen die schwierige Aufgabe in Angriff nehmen, sich selbst richtig einzuschätzen – ihre Fähigkeiten, ihr Potential und ihre Grenzen. Sie wissen selbst am besten, worin sie gut sind – und besser werden können –, wenn sie neue Produkte einführen, neue, aber verwandte Märkte betreten und sich strategisch weiterentwickeln, um Veränderungen des Marktes im voraus zu erkennen und davon zu profitieren.

Stärken, auf denen es aufbauen kann, hat ein Unternehmen in all den Punkten, die seine Kunden an seinen Produkten und Dienstleistungen besonders schätzen. Zu diesen potentiellen Stärken gehören spezielle Erzeugnisse und Technologien, sein Image und Bekanntheitsgrad der Marke sowie festetablierte Vertriebswege. Unternehmen können auch auf funktionalen Fähigkeiten aufbauen, etwa in Forschung und Entwicklung, Fertigung oder Vertrieb. Organisatorische Stärken dürften eine weitere Grundlage liefern. Der Wettbewerbsvorteil eines Unternehmens kann auf seiner Innovationskraft, seiner Kundenorientierung – zum Beispiel auf seinem Sachverstand (und seiner Fähigkeit) zur Lösung von Kundenproblemen, auf einer kurzen Reaktionszeit und Flexibilität – oder ganz einfach auf Energie und Ausdauer beruhen. Derartige Fähigkeiten lassen sich zwar sehr leicht beschreiben, aber nur sehr schwer entwickeln und dann nur schwer behaupten.

Wo auch immer die Stärken eines Unternehmens liegen – dies erlangt entscheidende Bedeutung, wenn der Wachstumsanspruch es zwingt, über die Grenzen seiner ursprünglichen Marktnischen hinauszugehen. Man kann zwar unmöglich vorhersagen, wann ein mittleres Wachstumsunternehmen feststellt, daß seine ursprüngliche Marktnische keine ausreichenden Wachstumschancen mehr bietet, aber sicher ist, daß die meisten diese Feststellung früher oder später machen. Nur 2 Prozent der Befragten unserer Erhebung beschränken sich noch auf ein einziges Produkt auf einem einzigen Markt.

Erfolgreiche mittlere Unternehmen geben die Vorstellung von Zielnischen keineswegs auf, die ja zu ihrem ursprünglichen Erfolg führte. Vielmehr werden sie sehr häufig in verwandten Bereichen tätig, wo sie weiter auf ihren schon vorhandenen Stärken aufbauen können – in der Marktnische nebenan. Die Unternehmen der American Business Conference mit Spitzenergebnissen liefern den zwingenden Beweis, daß dauerhafte Erfolge wahrscheinlicher sind, wenn ein Unternehmen den Wettbewerb in verwandten Nischen auf der Grundlage seiner Stärken führt, als wenn es in nicht verwandte Bereiche diversifiziert. Drei Viertel der *CEOs*, die sich an unserer ABC-Erhebung beteiligten, gaben an, die Grenzen zu benachbarten Nischen überschritten zu haben. Überraschend viele erzählten uns von Diversifikationsmaßnahmen, die sich als übereilt oder falsch erwiesen. (Die allgemeine Reaktion darauf war, die Diversifikation frühzeitig als Fehler zu erkennen und die Verluste schnell abzuschreiben.) Es versteht sich von selbst, daß sich auch der Erwerb anderer Unternehmen günstiger auswirkt, wenn diese die Stärken des eigenen Unternehmens ergänzen und darauf aufbauen. Zusätzlich zur internen Expansion haben drei Viertel der ABC-Mitgliedsfirmen durch Übernahmen Wachstumsmöglichkeiten wahrgenommen, meist in verwandten Segmenten, nicht in fremden Geschäftsbereichen.

Die Augat-Kreise
Roger Wellington, der *CEO* von Augat – ein Hersteller von Präzisionskomponenten für die Elektronikindustrie mit Sitz in Mansfield, Massachusetts –, erklärt, wie der Eintritt in benachbarte Bereiche und der Ausbau der eigenen Stärken sein Unternehmen prägten. Augat, das mit der Herstellung traditioneller Schmuckteile begonnen hatte, erzielte einen Wachstums- und Ertragsschutz mit der Produktion elektromechanischer und elektronischer Verbindungsstecker, Klemmverbindungen, Steckdosen, Zubehörteile, Panels, Schalter, Bedienungsknöpfe und Leuchten. Im letzten Jahrzehnt stieg dabei der Umsatz von 38 Millionen Dollar im Jahre 1974 auf 257 Millionen im Jahre 1984. Augats Produkte, die elektronische Systeme verknüpfen und integrieren, werden u. a. in Telefonmasten, in Satelliten und in Herzschrittmachern verwendet.

Als wir Wellington das erstemal besuchten, nahm er ein Stück Papier zur Hand und zeichnete konzentrische Kreise. (Später wurde sein graphischer Versuch zum Leitmotiv für den Augat-Jahresbericht für das Jahr 1983 – »die Skizze einer Unternehmensstrategie«.)

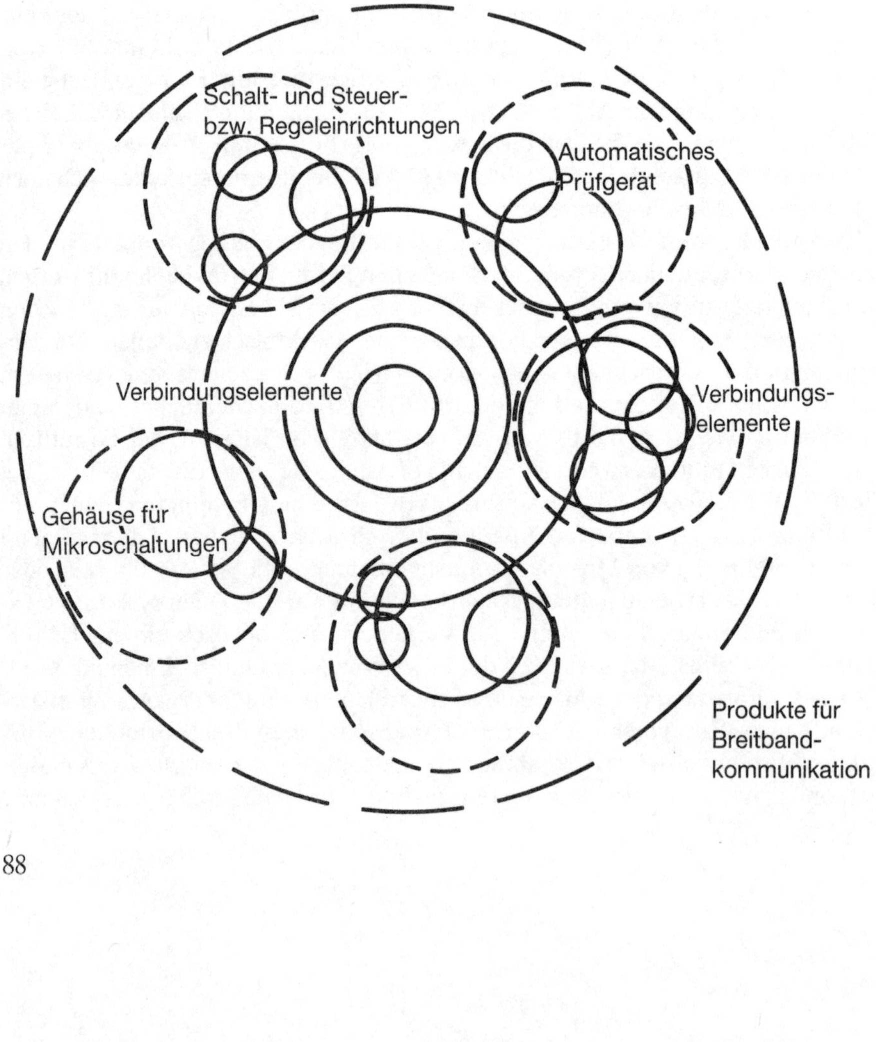

Nachdem Augat sein Schmuckgeschäft 1958 verkauft hatte, begann das Unternehmen im innersten Kreis des Diagramms und stellte Klammern und Klemmen zur Befestigung und Verbindung elektromechanischer Teile her. Dann wurde das Unternehmen in einem verwandten Bereich – dem zweiten Kreis – tätig, indem es Kontakte für Kristalle und Relais erfand und patentieren ließ. Im Jahre 1964 hatte Augat Kontakte für Transistoren entwickelt, später kamen Kontakte für integrierte Schaltkreise hinzu. Diese neuen Anwendungsbereiche beruhten allesamt auf der Hardware-Verbindungs-Technologie – aber da Augat ständig Innovationen einführte und bereit war, seine Produkte den Kundenbedürfnissen anzupassen, wurde das Unternehmen in diesem Bereich weltweit zum Marktführer.

Augat gab sich nicht damit zufrieden, nur der führende Hersteller von IC-Fassungen zu sein, und schuf weitere vier große Kreise, wobei es in jedem Fall auf seinen technischen Stärken und seiner Kundenbasis aufbaute. Sie umfaßten Erzeugnisse für die Breitbandkommunikation, Verbindungssysteme, automatisches Prüfgerät sowie Schalt- und Steuer- bzw. Regeleinrichtungen. Und diese vier Kreise im Unternehmen brachten ihrerseits weitere verwandte Kreise hervor.

Heute stellt Augat etwa 30000 verschiedene Produkte her – die alle miteinander verwandt sind und logisch auf Märkten und Technologien aufbauen, mit denen das Unternehmen bereits befaßt war. Und wie das erste Dia der Präsentation, die Wellington jedes Jahr für alle Mitarbeiter gibt, verkündet, sind *Qualität* und *Innovation* nach wie vor die Grundlagen für Augats Wettbewerbsvorteil.

Auch wenn die winzigen Teile, die Augat herstellt, manchem als von Kosten oder Preisen bestimmte Massenware erscheinen mag, tut Wellington alles in seiner Macht Stehende, damit weder sein Unternehmen noch die Kunden in Augat einen Hersteller von Massenware sehen. Zu Augats Methoden gehört es, die Möglichkeit einer zweiten Bezugsquelle auszuschalten – die Situation zu vermeiden, daß ein Kunde sich einen zweiten Lieferanten sucht, um sich die Ware zu sichern (für den Fall, daß der erste Lieferant Probleme hat), und damit einen Preiswettbewerb auslöst. In solchen Fällen gibt der Kunde der zweiten Bezugsquelle in der Regel Spezifikationen des Produktes (unter Umständen Zeichnungen oder ein Probestück) und bittet um ein Preisangebot. Wellington weist derartige Geschäfte von sich, denn »wenn man sein Geld dafür ausgibt, das Produkt eines anderen zu kopieren, kostet das genauso viel Geld und Zeit, wie wenn man ein neues und besseres Produkt entwirft. Es ist einfach, ein besseres Geschäft, mit den eigenen Produkten Qualität und Leistung zu bieten und es den Konkurrenten zu überlassen, zu Bleistift und Radiergummi zu greifen und zu versuchen es zu kopieren.«

Das soll nicht heißen, daß Augat nicht seine Kosten im Auge behalten würde

– für einige Produktprogramme hat es sogar eigene Maschinen und Fertigungsverfahren patentieren lassen, die sich erheblich kostensenkend auswirken. Aber für Augats Wettbewerbsstrategie sind die wichtigsten Grundlagen Qualität und Innovation: mehr Präzision, größere Zuverlässigkeit und pünktliche Lieferung. Und Liefertreue ist wichtig. Wellington erinnert sich an eine Unterhaltung vor nicht allzu langer Zeit mit einem wichtigen Kunden, der ihm sagte: »Ihr Konkurrent bietet eine ähnliche Komponente um 20 Prozent billiger an, aber er hat manchmal Probleme, zur richtigen Zeit alles zu liefern.« Wellingtons Antwort: »Ich biete Ihnen das auch 20 Prozent billiger an, wenn ich nicht zu liefern brauche.«

Die Analog-Antwort

Analog Devices, geographisch und fachlich ein Nachbar von Augat, beherrscht die Kunst der Grenzüberschreitung ebenfalls.

Der Jahresbericht 1983 von Analog beginnt mit der Mitteilung: »Seit seiner Gründung hat Analog Devices konsequent eine einzige Strategie verfolgt: die Entwicklung, Fertigung und Vermarktung von Erzeugnissen zur Umsetzung von realen Signalen . . .« Und wie wir bereits am Anfang dieses Kapitels gesehen haben, war Analogs Innovationsfreude ein entscheidender Bestandteil des Unternehmenserfolgs. Seinem Namen entsprechend, bot es als erstes Geräte zur Verstärkung und Verarbeitung analoger Signale an. Später gelang es, analoge Signale zu digitalisieren – und umgekehrt. Der Geschäftszweck – Produkte, die reale Signale so verarbeiten, daß Computer sie verstehen und verwenden können – hat Analog in vielen verwandten Technologien und in vielen verschiedenen Marktsegmenten tätig werden lassen: Laborautomatisierung, Fabrikautomatisierung, Gesundheitswesen, Energieeinsparung, Verteidigungswaffensysteme, Luftfahrt sowie Luftfahrtelektronik und Telekommunikation. Aber bei der Diversifikation in andere Märkte hat das Unternehmen niemals seine spezielle Know-how-Basis verlassen – die Umsetzung realer Signale.

Da sich Analog leidenschaftlich um technologische Führung in den für seine Aufgabe zentralen Bereichen bemüht, ist es auch in das Risikokapitalgeschäft eingestiegen – ein scheinbar fremdes Tätigkeitsfeld, in dem viele andere Unternehmen schnell enttäuscht worden sind. Aber für Analog ist Risikokapital mehr ein Mittel, sich den Zugang zu zukünftigem technologischem Know-how zu sichern, als reine Finanzspekulation. Seine erste Erfahrung machte es 1969 mit einer Investition von einer Million Dollar in ein kleines Unternehmen, das integrierte Schaltungen herstellte: Nova Devices. Später kaufte Analog die Mehrheit von Nova. Heute ist diese Sparte zu Analogs ertragreichstem und erfolgreichstem Unternehmensbereich geworden – zu einem 60-Millionen-Dollar-Geschäft.

In größerem Maßstab investierte Analog Devices Enterprises (eine Gruppe, die von Standard Oil of Indiana, einem wichtigen und langjährigen Aktionär von Analog, finanziert wurde) in zwölf neue Hochtechnologieunternehmen, die in Bereichen wie medizinische Abbildungsmethoden (Tomographie) und integrierte Hochgeschwindigkeitsschaltungen tätig sind. Anders als herkömmliche Risikokapitalgeber, denen es – unabhängig vom Sachgebiet – im wesentlichen um ein gutes Geschäft geht, investiert Analog Devices in Unternehmen, deren Technologien sich für die eigenen zukünftigen Innovationen als entscheidend erweisen könnten. Und anstatt von einer zukünftigen Börseneinführung auszugehen, strukturiert Analog Devices viele seiner Investitionen so, daß es eines Tages die Möglichkeit hat, das von ihm finanzierte Unternehmen zu kaufen.

Zusätzlich zur Finanzierung bringt Analog Devices seine Führungserfahrung, technische Unterstützung und Marketingwissen in seine Partnerfirmen ein. Als wir Ray Stata fragten, *warum* Analog seine Geschäftsausweitung auf diese interessante, aber unkonventionelle Art vorgenommen habe, nannte er drei Gründe. *Erstens,* so sagte er, hätte Analog Devices in einigen Fällen das technische Talent und den Unternehmergeist auf andere Weise nicht an sich binden können – selbst bei Analogs wohlverdientem Ruf, technische Beiträge zu würdigen und intern Unternehmertum zu fördern, brauchten einige dieser Unternehmen eine unabhängige Leitung. *Als zweites* nannte er die Fälle, in denen die Technologie heute wirklich noch rein spekulativ ist (aber morgen vielleicht nicht mehr); Stata möchte seine bestehende Organisation nicht damit von Kernprojekten und Arbeiten ablenken, die deren Management und technische Kapazität bereits voll in Anspruch nehmen. *Drittens* weiß Stata, der selbst ein erfolgreicher Unternehmer ist, daß neue Unternehmen ihre eigene Kultur und ihren eigenen Führungsstil entwickeln müssen – was manchmal am besten isoliert von der Muttergesellschaft gelingt.

Ertragreiche Fertigung

Xidex Corporation wurde 1969 von fünf Männern gegründet, die bei dem Magnetband- und Mikrofilmunternehmen Memorex ausgeschieden waren. Xidex hatte sein Startkapital, etwa 6 Millionen Dollar, fast aufgebraucht, und es stand finanziell schlecht um das Unternehmen, als der *Board of Diretors* Anfang 1972 Lester Colbert zu seinem *President* machte.

Colbert war eigentlich kein Technokrat: Er hatte Geschichte und Betriebswirtschaft studiert und kam frisch von Reichhold Chemicals, Inc., wo er in Rechnungswesen und Geschäftsführung Karriere gemacht hatte. Aber Hochtechnologie war nicht das einzige, was Xidex brauchte. Anders als bei den meisten ABC-Unternehmen lag seine eigentliche Stärke in der Fertigung, und Xidex wurde zum kostengünstigsten Hersteller von Duplikat-COM-Filmen und später von Disketten. Colbert sorgte für straffe Führung, die Xidex innerhalb von achtzehn Monaten sanierte und die Grundlage für weiteres sensationelles und höchst ertragreiches Wachstum legte.

Duplizierfilme waren Xidex' erstes Produkt, und Ende 1984 hatte das Unternehmen einen Marktanteil von mehr als 70 Prozent. Bei der Ausweitung seines Terrains baute das Unternehmen zunächst auf seiner Marktführung und seinen Beziehungen zu den Nutzern der COM-Filme auf. 1980 führte es ein Mikrofilmlesegerät ein (und steht auf diesem Markt jetzt an zweiter Stelle), und kurz danach erweiterte es seine Angebotspalette um Silberfilme, Lese- und Rückvergrößerungsgeräte, Trockensilberpapier für die Mikrografie und Rückvergrößerungen sowie den Mikrofilmdruck.

Als der Mikrofilmmarkt sich der Sättigung näherte und das Wachstum sich verlangsamte, überschritt Xidex als nächstes die Grenze zu Computer-Disketten – den Floppy disks. Auf dem Markt herrschte zwar intensiver Wettbewerb, doch Xidex betrat ihn zuversichtlich, weil es die Technologie kannte: die chemische Beschichtung von Polyesterfolie. Als Xidex es mit festetablierten Floppy-Herstellern wie Verbatim und 3M aufnahm, baute es auf seinen Stärken in der Fertigung auf – unter anderem konnte es Polyesterfolie in größerer Breite verarbeiten als die meisten anderen Hersteller (was Xidex bei der Produktionsgeschwindigkeit einen Vorteil von 50 bis 100 Prozent verschaffte) und eine dünnere, aber konsistentere chemische Beschichtung aufbringen, was zu einem weiteren erheblichen Kostenvorsprung führte.

Im Gegensatz zur Floppy-Branche im allgemeinen ging es Xidex bald recht gut. Bis Mitte 1984 hatte es seine Position so weit ausgebaut, daß es Dysan übernahm – das älter und größer war, aber schlecht gerüstet für einen Markt mit zunehmendem Preisverfall und abnehmender Markentreue, 1984 daher mit Verlusten arbeitete.

Aufgrund seiner Stärken in Technologie und Fertigung konnte Xidex einen außerordentlich schnell wachsenden Markt betreten und dort innerhalb von zwei Jahren zum vielleicht maßgeblichsten Marktteilnehmer werden.

Sokrates und die Berliner

Offensichtlich ist es von entscheidender Bedeutung zu wissen, was wirkliche Stärken sind und was nicht; und oft läßt sich diese Frage nur schwer beantworten. Ein gutes Beispiel hierfür ist die Geschichte von Dunkin' Donuts, die das Sokratische Motto »Erkenne dich selbst« verdeutlicht.

Dunkin' Donuts wurde von William Rosenberg gegründet, einem Kind der Weltwirtschaftskrise mit einer nur achtjährigen Schulausbildung. Er begann sein Geschäft mit einem Imbißwagen, den er in Fabriken und Büros schob, um zur Mittagszeit und zu den Kaffeepausen Kaffee, belegte Brote und Snacks zu verkaufen.

William Rosenbergs Imbißgeschäft blühte. Bis 1955 hatte er sechs Läden für Berliner und begann, in ganz Neuengland Konzessionen zu vergeben. Bob Rosenberg, der Sohn des Firmengründers, schloß 1963 sein Studium ab, er hatte an der Hotelfachschule der Cornell University und an der Harvard Business School studiert. Am wichtigsten aber war, daß Bob Rosenberg in das Geschäft »hineingeboren« worden war und bereits mit neun Jahren in der Küche geholfen hatte.

In den ersten fünf Jahren der Herrschaft des jüngeren Rosenberg schien alles gut zu laufen. Dunkin' Donuts expandierte schnell. Es etablierte sich mit seinen erfolgreichen Berliner-Läden an neuen Standorten. Es baute sein Kantinen- und Verkaufsautomatengeschäft aus. Unter dem Namen »Howdy Beefburger« eröffnete Dunkin eine Drive-in-Kette für Hamburger, und es gründete auch Fish-and-chips-Läden. Bob Rosenberg und sein Team glaubten allmählich, daß die eigentliche Stärke des Unternehmens das Management von Ladenketten sei, und sie überlegten sogar, in Ketten für Hutläden und Bildungsprogramme einzusteigen.

Innerhalb von fünf Jahren holte diese Diversifikation in anscheinend verwandte – in Wirklichkeit aber de facto fremde – Bereiche Dunkin' Donut ein. In ihrem Drang nach Wachstum und neuen Geschäften hatten Rosenberg und sein Team die alten vernachlässigt, einige waren »außer Kontrolle« geraten. Die Gewinne gingen zurück, die Konzessionäre begannen, sich zu beklagen. Kurzum, einiges lief falsch. Rosenberg erinnert sich, daß seine geschäftlichen Einbußen gerade zu der Zeit eintraten, als er David Halberstams Buch *The Best and the Brightest* las, das sich unter anderem mit der Hybris der in Harvard ausgebildeten Technokraten auseinandersetzte, die glaubten, einen Krieg führen zu können, über den sie wenig aus erster Hand wußten.

Rosenberg und Tom Schwarz (Dunkins Präsident und Bobs langjähriger Mitarbeiter) erkannten, daß sie zu ihren Ursprüngen zurückfinden mußten – daß sie feststellen mußten, worin sie wirklich gut waren, um sich dann darauf zu konzentrieren. Sie verkauften die Warenautomaten, schlossen unzählige unrentable Läden, gaben das Geschäft mit Hamburgern und Fish and Chips auf und befaßten sich nicht mehr mit artfremden Geschäften. Dunkin' Donuts beschloß, daß es der beste Anbieter von Berlinern sein wollte, und 44 Quartale ununterbrochenen Umsatz- und Gewinnwachstums mit Kaffee und Berlinern lassen vermuten, daß diese Entscheidung klug war. Der Weltumsatz 1984 betrug 532 Millionen Dollar in etwa 1350 Restaurants überall in den Vereinigten Staaten und in dreizehn weiteren Ländern.

Auf die eigene Stärke zu setzen bedeutet für Dunkin' Donuts, das eigene Basisgeschäft kreativ, mit Hingabe und gesundem Menschenverstand zu verfolgen. Nehmen wir Kaffee – einen Standardposten auf der Speisekarte der Berliner-Restaurants. In den fünf Jahren von 1979 bis 1983 sank der Kaffeeverbrauch in den Vereinigten Staaten um 10 Prozent. Aber in den gleichen fünf Jahren verkaufte das typische Dunkin'-Donuts-Restaurant 20 Prozent mehr Tassen Kaffee.

Dunkin' Donuts bemüht sich wirklich um die Qualität seines Kaffees. »Den besten Kaffee der Welt zu servieren« ist sein Ziel, und wenn Sie einmal etwas mit Bob Rosenberg zu tun haben, wird er Ihnen den Grund nennen. Dunkin' Donuts hat eine 23 Seiten lange Spezifikation darüber, welche Anforderungen es an eine Kaffeebohne stellt. Aber der Kauf hochwertiger Kaffeebohnen einer Sondermischung ist nur ein Aspekt. Die Konzessionsinhaber von Dunkin' Donuts müssen auch dafür sorgen, daß ihr Kaffee frisch ist. Die Bohnen müssen innerhalb von zehn Tagen nach der Lieferung verbraucht werden, andernfalls werden sie mit dem nächsten Lieferwagen von Dunkin' Donuts zurückgenommen. Wenn der Kaffee aufgebrüht ist, darf er nur in den nächsten achtzehn Minuten serviert werden; danach muß er weggeschüttet werden. Und der Kaffee muß genau zwischen 91 und 93 Grad Celsius aufgebrüht werden. Dunkin' gehört zu den wenigen Ketten, die noch echte Sahne servieren – nicht halb und halb, keine Milch, kein gezuckertes Milchpulver. Kein Wunder, daß das Unternehmen 1984 350 Millionen Tassen Kaffee verkaufte.

Die Wächter über Goldmedaillen

Auf der anderen Seite des amerikanischen Kontinents ist *California Plant Protection** ein weiteres gutes Beispiel für ein bislang erfolgreiches Unternehmen, das in Schwierigkeiten geriet, als es seine Grenzen in eine Richtung überschritt, die nur scheinbar seiner eigentlichen Stärke entsprach.

Tom Wathen kaufte CPP, das jetzt ein 215-Millionen-Dollar-Wachdienst ist, im Jahre 1964 als winziges Unternehmen. Von Anfang an hatte Wathen die Vorstellung, daß CPP im Bereich der Sicherheitsdienste zum Marktführer werden sollte. Seine Organisation verwandte zunächst alle Zeit darauf, die Schutz- und Sicherheitsbedürfnisse seiner gewerblichen Kunden kennenzulernen.

Aufgrund dieser Forschungen ließ sich CPP in seinen frühen Tagen dazu verleiten, eine Reihe neuer Unternehmungen in sicherheitsverwandten Bereichen zu starten: Feuerlöscher, zentrale Alarmstationen, Detektivdienste, Schutz von Führungskräften (sprich: Leibwächter) und mobile Patrouillen (Wachen, die ganz so, wie das vor vielen Jahren die alten Nachtwächter taten, von einem Laden oder Kundengrundstück zum nächsten fahren). Ein paar Jahre des Wachstums ohne Gewinne bewiesen Wathen und seinem Führungsteam, daß sich diese anderen angeblich verwandten Tätigkeitsbereiche vom Kerngeschäft erheblich unterschieden. Feuerlöscher zu verkaufen bedeutete, sich mit Herstellern zu befassen und ein Lager zu unterhalten. Für zentral gesteuerte Alarmsysteme sind erhebliche Kapitalinvestitionen für sichere Zentralbüros und Kommunikationsgeräte erforderlich. Detektive und Leibwächter waren, das erwies

* California Plant Protection erwägt, den Firmennamen in »CPP Security Service« zu ändern – unter dem es bereits in hundert Niederlassungen außerhalb Kaliforniens bekannt ist.

sich bald, ein ganz anderer Menschenschlag als die stationären Wachleute aus CPPs Kerngeschäft. Jeder neue Geschäftsbereich verlangt ganz andere Managementfähigkeiten.

Wathen reagierte schnell und verkaufte alles außer dem alten vertrauten Geschäft der Werksbewachung. Heute setzt CPP seine ganze Energie daran, diesen Bereich auszubauen und zu stärken durch bessere Rekrutierung und Ausbildung von Wachpersonal, enge Beziehungen zu den wichtigsten Kunden und sorgfältig gezielte geographische Ausdehnung von Stadt zu Stadt und von Bundesstaat zu Bundesstaat. Indem CPP auf den Stärken seines sehr disziplinierten Bewachungsmanagements aufbaute, schuf es sich einen für die Branche überdurchschnittlich stabilen Stamm von Kunden und Wachpersonal.

Die beste Gelegenheit, seine organisatorischen Stärken unter Beweis zu stellen, bot sich CPP 1984 bei den Olympischen Sommerspielen in Los Angeles, bei denen es im Sicherheitsbereich den Löwenanteil stellte. Für diesen Auftrag überprüfte CPP die Bewerbungen von 11000 neuen Wachleuten, stellte dann mehr als 7000 ein und steuerte ihren Einsatz. Daß die Olympischen Spiele so beeindruckend geordnet abliefen, zeigt, wie effektiv dieser Spitzengewinner sein Unternehmen auf eine sehr spezialisierte Fähigkeit aufgebaut hat.

Der Wert, nicht der Preis entscheidet

Jeder weiß doch, wie man im Geschäftsleben hohe Gewinne erzielt. Kaufe billig, verkaufe teuer. Aber viele der erfolgreichsten Wachstumsunternehmen kaufen teuer ein und verkaufen noch teurer. Fast immer führen die Spitzengewinner den Wettbewerb so, daß sie Produkte und Dienstleistungen liefern, die dem Kunden eher einen Höchstwert bieten, anstatt nur weniger zu kosten. Tatsächlich gaben 97 Prozent der Befragten unserer Erhebungsauswahl an, daß der Wert anstelle des reinen Preiswettbewerbs Grundlage ihres Erfolgs sei.

Loctites anaerobe Klebstoffe – die pro Unze mehr kosten als dieselbe Menge Château-Lafite-Rothschild oder Chanel No. 5 – halten Metallteile fester zusammen als Schrauben und Muttern.

Die Folge ist, daß Instandhaltungsaufwand und Reparaturkosten für ein Werk drastisch sinken. Die Kunden zahlen Loctites hohe Preise, weil der Klebstoff hält – und oft zu Ersparnissen führt, die den Preis bei weitem wettmachen.

Cray Research produziert und vertreibt die teuersten Computer der Welt, oft aber an gemeinnützige Abnehmer wie staatliche Stellen, Universitäten und Forschungslabors – die allesamt für ihre Preisempfindlichkeit bekannt sind. Sie kaufen bei Cray, weil niemand bessere Computer macht. Eigentlich ist Cray zum Maßstab geworden, an dem Supercomputer gemessen werden. Eine staatliche Stelle gibt ihren Rechnerbedarf sogar in »Cray-Einheiten« an.

Thomas & Betts, das Unternehmen für elektrisches und elektronisches Zubehör, hat sein Geschäft damit aufgebaut, daß es seinen Kunden in zweierlei Hinsicht Zeit und Geld sparte. Erstens liefert T & B Produkte, die mehr als die bisherigen Konkurrenzprodukte leisten. Einige davon führen zu Arbeitsersparnis, die weit über dem Preis des Produktes liegt. Zweitens sorgt T & B mit Ersatzteillagern in der Nähe der Produktionsstätten seiner Kunden dafür, daß deren Produktion niemals wegen eines fehlenden Teils länger unterbrochen werden muß.

Eine weitere bedeutsame, wertorientierte Nische ist das Drucken von Finanzunterlagen, eine stark spezialisierte Dienstleistung für Aktiengesellschaften und Emissionshäuser der Wall Street, die einen Jahresumsatz von 600 bis 700 Millionen Dollar einbringt. Wie wir an früherer Stelle gesehen haben, ist Pandick, Inc., in diesem Spezialbereich Marktführer; sein Marktanteil wird auf knapp 25 Prozent geschätzt, womit Pandick 1983 einen vorher größeren Konkurrenten entthront hat. Pandicks Erfolg beruhte ausschließlich auf dem außergewöhnlichen Wert, den es seinen Kunden bot.

Wann immer neue Wertpapiere angeboten werden, müssen sie bei der amerikanischen Börsenaufsichtsbehörde in Form eines hundertprozentig fehlerfreien Börsenprospektes registriert werden. In einer Welt der Unternehmensaufkäufe, Akquisitionen, Börseneinführungen und neuartigen Wertpapierformen ist die Zahl derartiger Börsenprospekte riesig. Aber was noch wichtiger ist – da sich die Marktverhältnisse über Nacht verändern können und da Verschiebungen nur um ein Hundertstel Prozent kolossal viel ausmachen, wenn es um hundert Millionen von Dollars geht, sind Genauigkeit und Schnelligkeit hier sehr viel wert. Aber Genauigkeit und Schnelligkeit lassen sich nicht so leicht erreichen. Über die meisten Abschlüsse wird bis »kurz vor zwölf« verhandelt, oft in Sitzungen, die die ganze Nacht dauern und an denen Rechtsanwälte, Wirtschaftsprüfer, Finanzgenies und die Geschäftsführung beteiligt sind. Unter Umständen werden die Börsenprospekte und Unterlagen mehrere Male neu geschrieben und bis zur letzten Minute geändert – diese unglaublich zeitempfindliche Nachfrage befriedigen zu können ist daher der entscheidende Punkt für Pandicks Erfolg.

Dabei ist das Drucken selbst das einfachste, wie Pandick sagt. Eigentlich entscheidend ist das Setzen – bis zur allerletzten Minute Änderungen einbringen, makellose Offsetdruckplatten herstellen und diese Platten innerhalb von Stunden, oft von Minuten drucken zu können, wo immer im Land das erforderlich wird. Um in seiner Branche Spitzenleistungen zu erreichen, hat Pandick als erster den gesamten Setzvorgang auf Computer umgestellt, und zwar Anfang der 70er Jahre, als Computer den meisten Geschäftsleuten noch suspekt waren. Damit gewann es gegenüber allen seinen Konkurrenten einen Vorsprung von einem halben Jahrzehnt.

Pandicks Dienstleistung für seine Kunden geht über das Setzen und Drucken selbst weit hinaus. Das Unternehmen stellt allein in New York achtzehn vollständig und großzügig ausgestattete Konferenzräume bereit, in denen seine Kunden die Einzelheiten eines Geschäfts durchdiskutieren, letzte Änderungen vornehmen und im 24-Stunden-Turnus direkt mit Pandicks Kundenbetreuern zusammenarbeiten können – und oft dauern diese Sitzungen die ganze Nacht. Und die ersten Exemplare des Prospektes müssen am nächsten Tag im Büro der Börsenaufsichtsbehörde zur Genehmigung vorliegen.

Dank des Wertes, den Pandick für seine Kunden schafft, wuchs sein Ertrag von 1978 bis 1983 jährlich um durchschnittlich 35 Prozent bei einer Eigenkapitalrendite von durchschnittlich 23 Prozent im gleichen Fünfjahreszeitraum. In einem Bereich, der für den Kunden unglaublich wichtig ist, betreibt Pandick rund um die Uhr ein wertorientiertes Dienstleistungsunternehmen, und der Lohn für die bemerkenswerte Leistung, diesen Kundenbedürfnissen stets gerecht zu werden, kann sich sehen lassen.

Selbst Lieferanten der amerikanischen Regierung (durch allgemeine Ausschreibungen Inbegriff des Preiswettbewerbs) sind der Meinung, daß der Wert wichtiger als der Preis sein kann – wenn Dienstleistungen oder Produkte nachweisbar besser sind als die der Konkurrenten. Die Software und Datenverwaltungssysteme von Cullinet kosten im allgemeinen zunächst mehr als bei anderen – selbst mehr als bei IBM. Aber zu Cullinets Kunden gehören unter anderen das amerikanische Finanzministerium und das Justizministerium. Um zu zeigen, worauf es ankommt, erzählt John Cullinane gern die Geschichte seines ersten Besuchs beim Strategischen Luftwaffenkommando in Omaha, wo er Cullinane-Instrumente zur Verwaltung des Bomber-, Raketen- und Radararsenals der USA zu verkaufen versuchte. Als Cullinane einen Raum voller hochdekorierter Generäle und Obersten betrat, um sein Angebot zu machen, verkündete einer von ihnen: »Wenn Ihre Software nicht funktioniert, ist jetzt genau der richtige Zeitpunkt, hier sofort wieder zu verschwinden.« Für das Strategische Luftwaffenkommando ist absolute und ausnahmslose Zuverlässigkeit der entscheidende Wert – der Preis kommt erst an zweiter Stelle.

BDM International – einer der wachstumsstärksten Anbieter technischer Dienstleistungen in Amerika – konzentriert sich darauf, das amerikanische Verteidigungsministerium bei der Lösung technischer, politischer und strategischer Fragen zu unterstützen – seinen Namen leitet es aus den Anfangsbuchstaben von Fordham-Physikern her, die sich Anfang der 60er Jahre gemeinsam selbständig machten. In dem Jahrzehnt von 1974 bis 1983 wuchsen BDMs Umsatz und Gewinn um mehr als das Zehnfache: Jetzt ist es ein 191-Millionen-Dollar-Unternehmen, das 1984 beinahe 700 Aufträge bearbeitete.

Wie man das von einem technisch orientierten Unternehmen, das sich besonders rühmt, schwierige und wichtige Probleme zu lösen, erwarten darf, hat

BDM die Schlüsselfaktoren seines Erfolgs in eine Formel zusammengefaßt: EQ^2ZK^2 – Zufriedenheit der Kunden durch *erforderliche Qualität* und *Quantität* zur erforderlichen *Zeit* und mit der erforderlichen *Kontrolle der Kosten.* Auf dem wettbewerbsintensiven Markt professioneller Dienstleistungen für den Staat erhält BDM für etwa 50 Prozent der von ihm vorgelegten Angebote den Zuschlag.

BDM stellt bestens ausgebildete und motivierte Fachleute ein – Ingenieure, Systemanalytiker, Sozialwissenschaftler –, die sich für Fragen der nationalen Sicherheit und andere komplexe Probleme engagieren. Aber neben den Spitzenteams gehört zur BDM-Unternehmenskultur ein hoher Arbeitseinsatz, der die Komponenten »Quantität« und »Rechtzeitigkeit« in der Unternehmensleistung erst möglich macht. Zum Beispiel an dem Freitagabend, an dem wir Earle Williams besuchten – den *CEO*, den die ursprünglichen Gründer von BDM 1972 beriefen, um sich ganz ihren technischen Fachgebieten widmen zu können –, stellten wir fest, daß der Parkplatz von BDM um sieben Uhr abends noch halb voll war (ganz im Gegenteil zum kaum besetzten Parkplatz des Unternehmens nebenan, das zwei Tage später Rekordverluste bekanntgeben sollte).

Harte Arbeit und lange Arbeitszeiten sind für BDM-Mitarbeiter selbstverständlich; das Unternehmen hält seine Fachleute auch an, sich durch Veröffentlichungen und Forschungsarbeiten als Experten auszuweisen. Ein Beispiel aus jüngster Zeit war ein Artikel von Philip Karber – einem der 54 Vizepräsidenten bei BDM – über die europäische Vorwärtsverteidigung, der zuerst im *Armed Forces Journal* erschien. Von dem Artikel wurden mehr als 10000 Nachdrucke angefordert, und der Verteidigungsminister der Bundesrepublik schrieb an BDM, daß »dies bei weitem das Beste ist, was ich seit langem über die Verteidigungssituation in Europa gelesen habe«.*

Wegen ihrer Komplexität und Bedeutung steht bei den BDM-Projekten Qualität an erster Stelle. Zu den Arbeiten gehören die Konstruktion von Lasersystemen und Anwendungen künstlicher Intelligenz, das Testen von Gefechtsstandflugzeugen und Beiträge zur Entwicklung von Aufklärungssystemen. Auch wenn das Unternehmen vor allem im technischen Bereich tätig ist, gehören nicht alle Tätigkeiten zur Hochtechnologie. Zum Beispiel trug das Unternehmen mit neuer Software und Betriebssystemen für Apple-Computer dazu bei, die militärische Zielanalyse zu beschleunigen.

Bei staatlichen Aufträgen sind Kosten zwar immer eine wichtige Randbedeutung, aber BDM verfolgt die Strategie, seine Aufträge aufgrund der Qualität seiner Analyse zu gewinnen und zu erfüllen – deren Gesamtkosten ohnehin verblassen im Vergleich zu den massiven Investitionen und Mitteleinsatz für die Entscheidungen, bei denen es zu Rate gezogen wird. Mit Williams' Worten:

* Brief von Dr. Manfred Wörner, Bundesminister der Verteidigung (10. Juni 1984).

»Unsere Aufgabe ist es, objektive Ratschläge zu Fragen zu geben, bei denen es wirklich auf einen guten Rat ankommt.« Und guter Rat wird definitionsgemäß an seinem Wert gemessen.

Welchen Stellenwert Produktqualität und Kundendienst haben, wird dadurch deutlich, wie der *CEO* die Prioritäten setzt. Von den Befragten unserer ABC-Auswahl gaben 58 Prozent an, daß ihr Unternehmen »erheblich mehr« für Kundendienst (zum Beispiel technische Dienstleistungen, Reparaturnotruf und technische Unterstützung) ausgebe als die Konkurrenten. Vier von fünf sagten, ihre Produkte seien »von besserer Qualität als der Branchendurchschnitt«, und 56 Prozent gaben an, daß ihre Produkte den höchsten verfügbaren Qualitätsstandard verkörperten. Natürlich sind sie voreingenommen, aber die Statistik ist nicht das Entscheidende. Ausschlaggebend ist vielmehr, daß ein Konsens darüber besteht, den Wettbewerb auf der Grundlage von Wert für den Kunden zu führen.

Die 525 mittleren Unternehmen, deren Profil statistisch in der PIMS-Datenbank erfaßt ist, zeigen deutlich, daß zwischen Qualität und Rentabilität ein Zusammenhang besteht. Wie in Abbildung III-9 gezeigt wird, erzielten Unterneh-

Abbildung III-9
Relative Produktqualität und Geschäftserfolg

Durchschnittliche Kapitalrendite (über vier Jahre)*

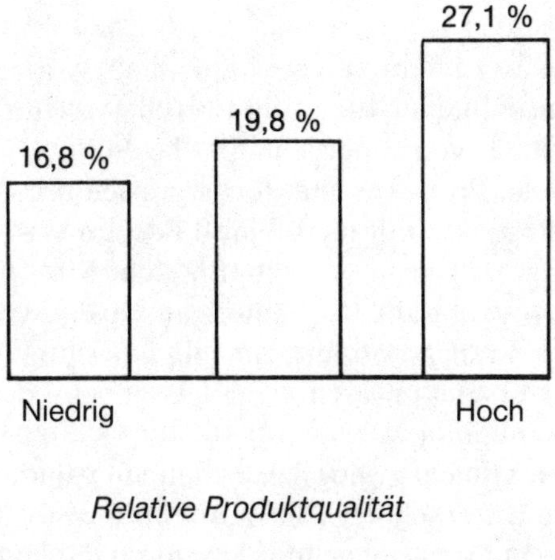

* Vor Zinsaufwendungen und Gemeinkosten; 525 mittelgroße Unternehmen

Quelle: PIMS-Programm

Abbildung III-10
Relativer Preis der Produkte und Geschäftserfolg

Durchschnittliche Kapitalrendite (über vier Jahre)*

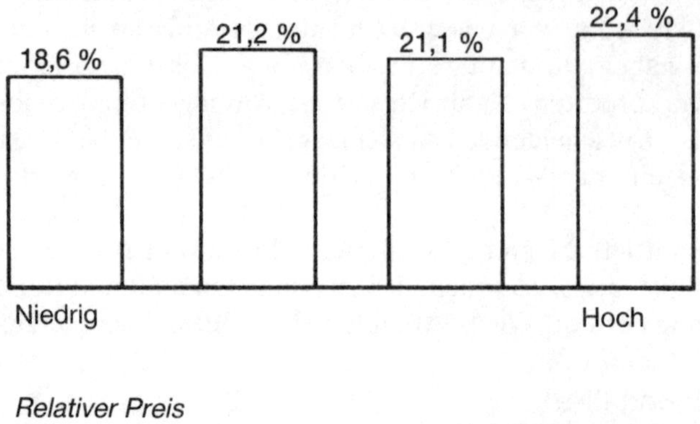

* Vor Zinsaufwendungen und Gemeinkosten; 525 mittelgroße Unternehmen

Quelle: PIMS-Programm

men, deren Konkurrenten sie als Lieferanten qualitativ hochwertiger Produkte einstuften, in vier Jahren gemessen, eine Investitionsrendite, die um 60 Prozent über denen der Hersteller mit der geringsten Qualität lagen.

Das gleiche gilt für den Preis: Produkte mit Höchstpreisen bringen eine höhere Investitionsrendite als Produkte mit niedrigeren Preisen (vgl. Abbildung III-10). Und diese Beziehung gilt sogar für preisempfindliche Märkte. Nur einer der Befragten aus unserer Auswahl aus der American Business Conference meinte, daß der Preis in seiner Branche verhältnismäßig unwichtig sei, aber unsere ABC-Ergebnisse stimmen mit unseren Ergebnissen aus der größeren PIMS-Erhebung vollkommen überein.

Aber ein hoher Wert bedeutet nicht zwangsläufig hohe Fertigungskosten; in Wirklichkeit sind erfolgreiche Unternehmen, die den Wettbewerb auf der Basis des Wertes anstatt des Preises führen, manchmal trotzdem die kostengünstigsten Hersteller (27 Prozent unserer Erhebungsauswahl). In der Tat gaben mehrere der von uns befragten *CEOs* an, daß ihr Unternehmen sowohl das hochwertigste Produkt als auch die niedrigsten Fertigungskosten habe.

Abbildung III-11
Anzahl strategischer Merkmale
Geschäftserfolg

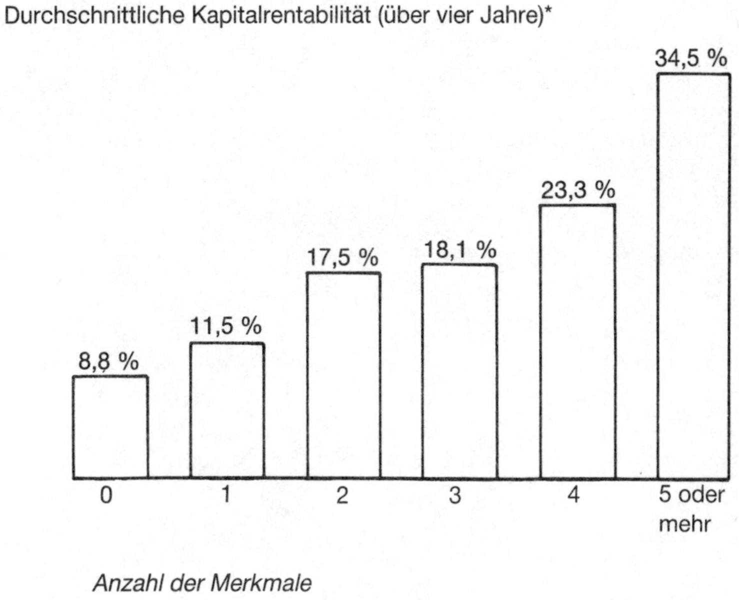

* Vor Zinsaufwendungen und Gemeinkosten; 525 mittelgroße Unternehmen

Anmerkung: Als Indikatoren für strategische Merkmale eines Unternehmens wurden sechs Variablen verwendet; zum Beispiel ein Marktanteilsrang von 1 oder 2 als Indikator für Marktführerschaft.

Quelle: PIMS-Programm

Der Erfolg der Spitzengewinner beruht auf einer Kombination der in diesem Kapitel erörterten strategischen Merkmale – Innovation als Unternehmensstil, Marktführung in Nischen, Wachstum durch Grenzüberschreitung und wertorientierter Wettbewerb.

Wie Abbildung III-11 auf der Basis der PIMS-Daten über 525 Firmen zeigt, sind Unternehmen, die alle diese strategischen Verhaltensweisen anwenden, *viermal* so rentabel wie diejenigen, die keine davon praktizieren. Nur einige dieser Merkmale zu haben reicht nicht aus. Wenn ein Unternehmen alle diese Verhaltensweisen einsetzt, ist es in der Lage, seine Zukunft zu gestalten.

So wie kein einzelnes Strategieelement allein Erfolg garantieren kann, reicht es auch nicht, lediglich die richtige Strategie zu verfolgen. Mit Hilfe einer wirksamen Organisation muß diese Strategie angepaßt, ausgeführt und erneuert werden. Das ist Thema des nächsten Kapitels.

Kapitel IV
Spitzenorganisation: Der ewige Konflikt

Organisation heißt Zusammenarbeit von Personen, die ein Ziel haben. *Gute* Organisation heißt konstruktive Zusammenarbeit *kompetenter* Personen. Das ist ein gewaltiger Unterschied.

Wie Bob Waterman ausführt,* bedeutet Organisation nicht nur Struktur. Wenn wir in diesem Buch von Organisation sprechen, meinen wir damit auch die wesentlichen Bestandteile der Unternehmenskultur – Führungsstil und gemeinsame Wertvorstellungen, Managementsysteme, und zwar sowohl die formellen als auch die informellen, und, was am wichtigsten ist, Menschen und die speziellen Fähigkeiten der Institution, die sich von diesen Menschen, ihrem Können und ihren Prioritäten herleiten.

Gutgeführte kleine Unternehmen haben oft die beste Organisation, die man nur finden kann, weil sie mit wenig Struktur und Formalismus auskommen. Nur zwei Dinge sind von Belang: die Qualifikation und Motivation der Menschen und die Glaubwürdigkeit und Überzeugungskraft ihres gemeinsamen Ziels. Die Kommunikation ist klar und einfach; sie kann sich im Flur oder am Konferenztisch abspielen, und sie funktioniert. Jeder weiß, was zu tun ist, wer es tun soll und wie. Und was vielleicht am wichtigsten ist, die Mitarbeiter kennen sich, verstehen einander und unterstützen sich gegenseitig.

Die treibende Kraft, die das Wachstum eines jeden kleinen Unternehmens ermöglicht, ist der Unternehmer, in der Regel der Firmengründer. Sein Informationssystem ist sein persönliches Engagement im Geschäft, das vollkommene Aufgehen in seinem Unternehmen. Mit seinen Technologien, Produkten, Fertigungsverfahren, Distributionskanälen und – immer präsent – seinen Kunden und Mitarbeitern ist er vertraut. Ihm ist klar (und sei es nur intuitiv), daß sein Unternehmen scheitert, wenn er sich nicht voll engagiert und ständig informiert

* Robert H. Waterman jr.: *Structure is not Organization,* A McKinsey Staft Paper, Juni 1979

ist. Wenn ein Betrieb ein hervorragendes Produkt anzubieten hat oder der Markt allgemein schnell wächst, mag es eine Weile dauern, bis das Unternehmen scheitert; aber es wird unvermeidlich scheitern, wenn er (oder sie) nicht alles voll unter Kontrolle hat, denn der Unternehmer ist Kopf, Herz und Seele eines jeden kleinen Unternehmens.

Bei großen, komplexen Unternehmen ist das anders. Dort sind Macht und Wissen normalerweise in der ganzen Organisation verteilt, anstatt auf einen einzelnen konzentriert zu sein. Fälle, in denen eine einzelne Persönlichkeit eine große Organisation beherrscht und sie durch ihre Ausstrahlung zum Erfolg treibt – wie zum Beispiel Lee Iacocca bei Chrysler –, sind Ausnahmen, die die Regel bestätigen.

Bei großen Unternehmen besteht die Kunst darin, eine oft weit verstreute Gruppe verschiedenartiger Persönlichkeiten zur produktiven Zusammenarbeit zu veranlassen, so daß sie erfolgreich die sehr unterschiedlichen Tätigkeiten erfüllen, die den Unternehmenserfolg ausmachen. Formalisierung und Spezialisierung sind ein notwendiges Übel großer Unternehmen – und zwar in den Bereichen Struktur, Kommunikationssystem, Entwicklung und Anwendung spezifischer Führungsfähigkeiten und Unterstützungsfunktionen. Damit ein großes Unternehmen funktioniert, braucht man einfach Budgets, Stellenbeschreibungen, zentrale Steuerungssysteme und Sitzungen, um das wieder zusammenzubringen, was durch Spezialisierung auseinandergerissen ist. Formalitäten sind zwar notwendig, aber trotzdem von Übel: Sie führen zwangsläufig zu politischem Taktieren, interner Konkurrenz und Bürokratismus. Das sind Begleiterscheinungen, die unter Kontrolle zu halten zu den zentralen Herausforderungen jedes Unternehmens gehört. Es ist eine Kunst, die zu beherrschen für mittlere Unternehmen an der Schwelle zum Großunternehmen unabdingbar ist.

Mittlere Unternehmen mit hohen Wachstumsraten haben die gewaltige Aufgabe zu lösen, die intuitiven Fähigkeiten des Unternehmensgründers in eine große, sich wandelnde Organisation zu übertragen. Der Schlüssel zur Lösung dieses Problems besteht darin, die *Disziplin,* die für das Tagesgeschäft erforderlich ist, mit der *Freiheit zu kombinieren,* sich einer sich wandelnden Welt anzupassen und rasche Innovationen durchzuführen, indem man mit neuen Produkten und neuartigen Methoden auf den Markt geht. Die Spitzengewinner wissen, wie wesentlich diese Qualitäten sind und daß sie sich in ihrem Wesen widersprechen. Wie sie mit diesem Konflikt leben und ihn zu ihrem Vorteil nutzen, birgt für jeden, der eine erfolgreiche Organisation aufzubauen oder in ihr zu leben versucht, wichtige Lehren.

Der wesensbedingte Konflikt zwischen diesen unumgänglichen Sachzwängen – militärische Disziplin und kreative Freiheit – ist ein Konflikt, den zu lösen kein Unternehmen leisten kann. Dieses Dilemma lernen Spitzengewinner zu verstehen, und sie lernen, mit ihm zu leben. Im Idealfall ist das Ergebnis ein kontrolliertes Patt, das einerseits zu Zuverlässigkeit, Qualität und Effizienz und andererseits zu beachtlichen Erfindungen, Wendigkeit und Kreativität führt.

Um dieses Paradoxon unter Kontrolle zu haben, muß ein Unternehmen irgendwie:

1. besonders kompetente und integre Mitarbeiter gewinnen und motivieren, deren Fähigkeiten den Bedürfnissen des Unternehmens entsprechen und deren Persönlichkeit zur Unternehmenskultur paßt, so daß eine fruchtbare Zusammenarbeit entstehen kann,
2. über wachsende geographische, persönlichkeitsbedingte und funktionale Gräben hinweg konsequent einheitliche Unternehmenswerte, Unternehmensziele und Geschäftsmethoden vermitteln,
3. bei seinen Mitarbeitern Ehrgeiz und Entschlossenheit zu überragenden Leistungen wecken – und zwar auch dann, wenn der Zusammenhang zwischen individuellen Aufgaben und übergeordnetem Unternehmenszweck immer schwerer zu durchschauen ist – und
4. Veränderungen – auch großen Ausmaßes – zum Dauerzustand machen, um sich mit externen Entwicklungen und internen Ideen vorausschauend oder reagierend auseinanderzusetzen.

Spitzengewinner reagieren auf diese Herausforderungen, indem sie im wesentlichen rückhaltlos den Satz beherzigen: »Wenn man sich um etwas nicht kümmert, geht es kaputt.« Ihre organisatorischen Siege erringen sie, indem sie sich unerbittlich und rastlos selbst um die winzigsten Einzelheiten kümmern.

Oberflächlich gesehen ist das eine altbekannte, oft geäußerte Einstellung. Heutzutage haben so viele Unternehmen gelernt, die passenden Worte zu wählen, Richtiges zu verkünden. Das Problem ist aber, daß die meisten das routinemäßig nur verbal tun. Die Spitzengewinner dagegen sprechen eben nicht nur darüber wie über das Wetter, sondern tun wirklich etwas. Ihr Handeln wird von mindestens fünf verschiedenen Faktoren bestimmt.

Der Wellenfaktor
Erstens konzentriert sich der Spitzengewinner rückhaltlos wirklich auf jedes Element der Organisation und auf die Frage, wie die einzelnen Elemente zusammenwirken. Spitzengewinner wissen, daß sich möglicherweise auch die Strategie ändert – und daß, wenn sich die Struktur ändern muß, auch alles andere der Änderung bedarf, von den Management-Informationssystemen und Steuerprozessen bis hin zu der Art, in der Sitzungen abgehalten werden. Für die neue Struktur und die neue Systemunterstützung bedarf es andersartiger Fähigkeiten, für die durch internes Training oder Neueinstellungen zu sorgen ist. Der gesamte Prozeß der Strukturveränderungen – und natürlich die Struk-

turveränderungen selbst – muß ausdrücklich und deutlich zu den Zielen und Grundwerten des Unternehmens sowie zu dessen Führungsstil und Kultur in Beziehung gesetzt werden.

Der Faktor Konfliktbejahung
Bewußt oder intuitiv halten die besten Unternehmen zwischen all den scheinbar widersprüchlichen, einander vordergründig unvereinbaren organisationsbedingten Zwängen, denen sie begegnen, ein für unwahrscheinlich geltendes Gleichgewicht. Sie sorgen sowohl für eine sorgfältige, methodische Ausführung als auch für Innovationen. Sie können mit Zahlen umgehen und trotzdem zulassen, daß Mitarbeiter sich über Regeln hinwegsetzen, Neues ausprobieren, sogar Mißerfolge vorweisen. Sie wissen, wie wichtig Kontinuität besonders bei den Grundwerten und der Mission des Unternehmens ist, und bringen das in Einklang mit dem Zwang zur Veränderung. Sie setzen kompromißlos Wertmaßstäbe und lassen gleichzeitig dem einzelnen seine Freiheit, einschließlich der Freiheit, Fehler zu machen. Führungskräfte mit fortgesetzt schlechten Leistungen wechseln sie zwar aus, aber sie bemühen sich außerordentlich, ihren Mitarbeitern zum Erfolg zu verhelfen. Viele – wahrscheinlich die meisten – Unternehmen haben Mühe, das schwer definierbare Gleichgewicht zwischen gegensätzlichen Einstellungen und Verhaltensmustern zu verstehen. Noch schwerer fällt es ihnen, es herzustellen. Aber genau das ist die Kernaufgabe beim Aufbau einer Organisation, die einem Unternehmen mittlerer Größe über die Wachstumsschmerzen hinweghelfen kann.

Der »Wir«-Faktor
Die Wachstumsunternehmen wissen auch genau, daß die Quelle anhaltenden Erfolgs ihre Mitarbeiter sind. Produkte können diesen Erfolg nicht sichern, die Technologie auch nicht, ebensowenig Ansehen und Finanzkraft. Auch Marktverlagerungen und Schwächen der Konkurrenten führen nicht zum Durchbruch. Sie bieten Möglichkeiten, die manchmal zu kurzfristigen Gewinnen führen können – aber Erfolg ist etwas Langfristiges, Dauerhaftes. Im Umgang mit den Mitarbeitern heben Spitzengewinner deren Stärken, nicht deren Schwächen hervor. Sie berücksichtigen menschliche Bedürfnisse und Wünsche, und sie sorgen auf allen Ebenen für Interesse, Engagement und ein Gefühl persönlicher Verpflichtung. Sie lassen nie das Gefühl entstehen, es gebe »uns«, die einzelnen Menschen, und »sie«, die Supermacht Unternehmen. Es gibt nur »uns«. Das hier ist »unser« Unternehmen.

Der Faktor Sendungsbewußtsein
Spitzengewinner verleihen den Menschen das Gefühl von Bedeutung. Sie schaffen übergeordnete Werte, die ihren Produkten und Dienstleistungen anhaften

und die sie ihren Kunden, Mitarbeitern und allen anderen Geschäftspartnern vermitteln. Sie wissen, wie wichtig es für Menschen ist, daß ihr Leben einen Sinn hat, daß sie spüren, es kommt auf sie an, da die Mitarbeiter ja nun mal den größten Teil ihres Lebens, jedenfalls des wachen Zustands, bei der Arbeit verbringen. Viele Eigenschaften, die über Tausende von Jahren die Bedeutung der etablierten Religionen ausgemacht machen, finden Parallelen in den Spitzenunternehmen.

Der Faktor Kommunikation

Spitzenunternehmen wissen, daß es so etwas wie zuviel Kommunikation einfach nicht gibt. Die Kommunikation sollte exponentiell zunehmen, wenn auch Größe und Komplexität eines Unternehmens zunehmen, aber eigentlich geschieht das fast nie. Die Spitzengewinner sind der Meinung, daß Taten eine deutlichere Sprache sprechen als Worte – aber sie sind auch der Meinung, daß Worte unter Umständen endlos wiederholt werden müssen. Sie wissen und respektieren, wie wirksam Berechenbarkeit und Sicherheit sind, und sie fürchten die Verwerfungen, die durch Fehlinformation und Überraschungseffekte entstehen. So befassen sie sich ohne Unterlaß mit der Kommunikationsverbesserung. Die Unternehmensführung verwendet ungeheuer viel Zeit darauf, zu schreiben, zu reden, die Außenstellen zu besuchen, alles Erforderliche zu tun, um wesentliche Informationen an den Richtigen weiterzugeben.

Die Dynamik des Wandels

Allein daraus, welches Ausmaß organisatorische Veränderungen in schnell wachsenden Unternehmen haben, mit welcher Könnerschaft sie in den besten Fällen durchgeführt werden und welche Folgen Unfähigkeit hat, lassen sich überzeugende Lehren ziehen.

Wie man aus Dreck Gold macht

Das Produkt, das zu Safety-Kleen wurde, wurde in einer Kiesgrube in Wisconsin erfunden und diente ehemals dazu, verdreckte Radlager von LKWs zu reinigen. Es war – und ist im Grunde noch immer – ein Metallspülbecken über einem gewöhnlichen Metallfaß mit einer Tauchpumpe, die durch einen schwanenhalsförmigen Zapfhahn Lösungsmittel aus dem Faß in das Becken pumpt. Der Benutzer legt verschmutzte Maschinenteile oder Werkzeuge unter den Hahn, und Fett und Schmutz werden abgespült. Als Teil des Kundendienstes wird das verschmutzte Lösungsmittel in regelmäßigen Abständen durch einen Vertreter von Safety-Kleen gegen ein sauberes Faß ausgetauscht und zur Weiterverarbeitung in eine unternehmenseigene Recyclinganlage gebracht. Seinem späteren Namen entsprechend ist das Verfahren einfach anzuwenden und sowohl zuverlässig als auch für die Umwelt schonend. So entstehen Industrien.

Chicago Rawhide kaufte Safety-Kleen im Oktober 1968 für die keineswegs riesige Summe von 25 000 Dollar, aber damals war das für einige ein zu hoher Preis. Allerdings war die Verbindung weniger weit hergeholt, als es zunächst aussah. Seit den Tagen der Pferdekutschen hatte Chicago Rawhide für die Verkehrswirtschaft gearbeitet. Als die rastlose Welt einen weiteren Fortschritt machte und zur Kutsche ohne Pferde überging, gab Chicago Rawhide die Herstellung von Kutscherpeitschen auf und wurde zum weltweit größten Hersteller von Öldichtungsringen für alle Arten von Motorfahrzeugen. Deshalb hatte Chicago Rawhide einen Außendienst für den Autoreparaturmarkt. Und so war es ganz natürlich, daß Safety-Kleen, damals ein verschlafenes kleines Unternehmen in der Gegend von Milwaukee, für Chicago Rawhide interessant war, als es in einer Reparaturwerkstatt in Wisconsin auf das Produkt stieß.

Als Chicago Rawhide aber schließlich erkannte, wie sehr sich das neue Unternehmen doch von seinem bisherigen unterschied, verwandelte es Safety-Kleen 1974 in eine Publikumsgesellschaft. Zehn Jahre später näherte sich der Safety-Kleen-Umsatz den 200 Millionen Dollar, und die Eigenkapitalrendite war nie unter 24 Prozent gesunken (im Gegensatz dazu erwirtschafteten die »Top Ten« der *Fortune*-Liste 1983 durchschnittlich weniger als 15 Prozent Eigenkapitalrendite).

Im Herbst 1968 bestand die Safety-Kleen-Organisation aus Don Brinckman, dem jetzigen *President* und *CEO,* und W. Gordon Wood, dem jetzigen *Vice-President* für Marketing.

Kurz danach verabschiedete das Unternehmen einen Geschäftsplan, in dem 130 Routen festgelegt wurden, auf denen 130 Vertreter in regelmäßigen Abständen annähernd 400 Autoreparaturwerkstätten besuchen sollten.

Später nannte Brinckman diesen Plan den entscheidenden organisatorischen Beitrag zu Safety-Kleens frühem Erfolg; denn wenn Chicago Rawhide in den Anfangsjahren viele Überraschungen erlebt hätte, hätte es verständlicherweise jede Unterstützung eingestellt, nachdem es bereits bis zu drei Millionen Dollar investiert hatte, ohne dafür Gewinne vorweisen zu können. Mit einem disziplinierten, realistischen, erreichbaren Geschäftsplan konnte Brinckman Chicago Rawhide klar darlegen, was er mit dem neuen Unternehmen vorhatte, was diese Pläne kosten würden und wie Cash-flow und Gewinnzahlen während der mehrjährigen landesweiten Kampagne zur Verbreitung des Produkts aussehen würden.

Im November 1968 dann startete ein Team aus Brinckman, Wood, sieben Gebietsvertriebsleitern und zwei Vertriebsleuten einen umfassenden Blitzangriff und stellte im Gebiet Minneapolis-Saint Paul in 500 Reparaturwerkstätten 500 Maschinen auf. Die Strategie sah vor, in jeder Werkstatt für den Besitzer kostenlos eine Maschine aufzustellen; sie lieferten zur Probe einen Vorrat an Lösungsmittel und versprachen, das verbrauchte wieder abzuholen und auf Wunsch des Werkstattbesitzers für einen bestimmten Zeitraum gegen Gebühr einen neuen Vorrat an Lösungsmitteln zu liefern.

In einem Monat erreichte diese Elfergruppe nicht nur ihr Ziel, die Maschinen in den 500 Reparaturwerkstätten zu installieren, sondern auch mehr als 90 Prozent der anfangs kostenlosen Dienstleistung wurden durch Nachbestellungen bestätigt – was ihre kühnsten Erwartungen bei weitem übertraf. Sie stellten fest, daß die Werkstätten diese Dienstleistung nicht nur deswegen schätzten, weil sie eine einfache Methode zur Reinigung verschmutzter Werkzeuge bot, sondern auch, weil sie sich nicht mehr den Kopf zu zerbrechen brauchten, wie sie schmutzige Lösungsmittel beiseite schaffen sollten – und das in einer Zeit, als Umweltschutz für die Nation noch kein wichtiges Thema war.

Die sieben Gebietsvertriebsleiter schwärmten sofort aus und wendeten das Rezept im ganzen Land an. Wegen des großen Erfolges mußte man schnell vorgehen, da sich das Verfahren nicht patentrechtlich schützen ließ. Safety-Kleen mußte seine Position sichern, bevor jemand anders feststellen würde: »Hey, das kann ich doch auch.« Sie sicherten ihr Betätigungsfeld dadurch, daß sie eine Reihe strategisch günstig gelegener Recyclinganlagen bauten, die 90 Prozent des Lösungsmittels wiedergewannen und Safety-Kleen damit Kostenersparnisse einbrachten, bei denen kein Konkurrent mithalten konnte.

Safety-Kleens Erfolg ist weitgehend darauf zurückzuführen, daß Brinckman in dem von ihm aufgebauten Organisationssystem ein beneidenswertes Gleichgewicht zwischen strenger Disziplin und persönlicher Freiheit herzustellen verstand. Innerhalb von fünf Tagen verfügt das Unternehmen über detaillierte Informationen zu jedem Vier-Wochen-Zyklus. In der »Einsatzzentrale« im Hauptquartier in Elgin, Illinois, sind beeindruckend viele und genaue Daten über Märkte, Marktanteile, Umsatz und Gewinn im Vergleich zu Zielen, Ausgaben und Bestandskontrolle verfügbar. Quoten und Budgets gibt es für den erwarteten Zugang an Neukunden als auch für Service-Niveau-Erhaltung bestehender Kundenbeziehungen. Rechnungen werden zentral erstellt und versandt. Auch die Ausgaben werden weltweit von der Zentrale kontrolliert.

Dem Augenschein nach kann man sich kaum ein straffer reglementiertes System vorstellen. Aber in Wirklichkeit kommt bei Safety-Kleen kaum ein Gefühl der Reglementierung auf. Als Gegengewicht zu der straffen Leistungskontrolle und Konzentration auf Ergebnisse wirken drei organisatorische Merkmale, die im ganzen Unternehmen bis hinunter zum Vertreter auf Verkaufstournee enorm viel Motivation und Energien freisetzen:

1. *Der Filialleiter empfindet sich als Eigentümer*. Safety-Kleens Filialen sind wie Konzessionsbetriebe organisiert, wodurch sich der Filialleiter gefühlsmäßig

mehr wie ein Eigentümer als wie ein Angestellter verhält. Er bezieht eine normale Provision, erhält aber zusätzliche finanzielle Anreize für pünktliches Fakturieren, für optimale Lagerhaltung von Lösungsmitteln und andere wichtige Faktoren, die das Ergebnis verbessern. Die lokalen Vertreter beziehen ihr Gehalt so, als ob sie für den Filialleiter arbeiten würden, und der Filialleiter hat ein Anrecht auf eine Sonderprovision für die Ergebnisse der Vertreter – ein wichtiger Anreiz, um die lokalen Verkaufsrepräsentanten zu fördern.

2. *Klare Wertvorstellungen.* Safety-Kleen gibt der Arbeit seiner Angestellten eine klare Ausrichtung und ein Gefühl des Stolzes, denn die Geschäftsleitung vermittelt ihnen nicht nur das Empfinden, daß sie ihr eigenes Unternehmen mit aufbauen, sondern auch, daß sie damit als Mitglieder einer hervorragenden Firma einen Beitrag zur Erhaltung der Wirtschaftskraft Amerikas leisten. Der Auftrag, den die Unternehmensleitung an ihre Mitarbeiter hat, wurde auf dem Deckblatt des Jahresberichts von 1983 treffend zusammengefaßt: »Verpflichtung zu Spitzenleistungen – Marketing-Konzepten – Dienst am Kunden – Organisation – Recycling-Technologie – Umweltschutz – Innovation.« Safety-Kleen stellt diese Gebote immer wieder in den Mittelpunkt.
3. *Die Allgegenwart des CEO.* Don Brinckman reist viel, trifft sich mit den Mitgliedern seines Unternehmens auf allen Organisationsebenen in kleinen Gruppen. Die Kluft zwischen einer straffen Disziplin und der sanfteren, menschlicheren Seite der Unternehmensführung überbrückt er persönlich. Gordon Wood meint: »Don hat die Zahlen besser als irgend jemand sonst in seinem Unternehmen im Kopf. Er geht selbst in unsere Computerzentrale, und nichts entgeht seiner Aufmerksamkeit.« Mike DeAngelis, ein Filialleiter im Gebiet von Chicago, sieht Don Brinckman von einer anderen Seite: »Wenn Don hier hereinkommt, kennt er alle meine Leute mit Namen und weiß, wie sie sich bewähren.« Brinckman feuert die Mitarbeiter von Safety-Kleen auch ständig an und verkauft seinen Wahlspruch vom Unternehmen der »unbegrenzten Möglichkeiten« an jedes Firmenmitglied. Mit den leistungsstärksten Mitarbeitern trifft er sich in einem beratenden Ausschuß. Er ruft regelmäßige Absatzförderungsprogramme für Vertreter und Filialleiter ins Leben, bei denen zur Belohnung Preise wie Ehrenplaketten, Fernsehgeräte und Reisen in exotische Länder ausgesetzt werden.

Weil Ausgewogenheit in der Organisation einen so großen Stellenwert hat, ist aus einem Unternehmen, das ein alltäglich reglementiertes und funktional organisiertes Geschäft hätte sein können, eine phantastische Partnerschaft von Geschäftsleuten geworden, die sich in fünfzehn Jahren einen Namen als Spitzengewinner gemacht und ihren Aktionären mehr als 400 Millionen Dollar Marktwert eingebracht haben.

Eine Familie von Unternehmern
Vor dem Ersten Weltkrieg war Kollmorgen ein winziges Unternehmen, das der amerikanischen Marine Periskope lieferte. Bis 1984 ist es zu einem höchst erfolgreichen Konzern technologieorientierter Unternehmen mit bisher beeindruckenden Wachstumsraten und 326 Millionen Dollar Umsatz geworden. Die Umwandlung zum Großunternehmen begann nach dem Zweiten Weltkrieg, als Kollmorgen beschloß, die stark schwankenden Umsatz- und Beschäftigungszahlen in den Griff zu bekommen, unter denen es als Ein-Produkt-Unternehmen mit nur einem einzigen Kunden litt. Das Unternehmen Kollmorgen von heute gleicht dem von 1914 nur noch in zwei Punkten: Es stellt nach wie vor Periskope her, und es wird nach wie vor von Anteilseignern geleitet – jetzt von einer großen Anzahl.

Im Laufe der Jahre ist Kollmorgen in bezug auf Führungs- und Organisationsfragen genauso geschickt und innovativ geworden, wie es das im Bereich Technologie und Marketing ist. Das Ergebnis ist eine eigenständige Unternehmenskultur, die bei der Belegschaft ungewöhnliches Engagement hervorzurufen vermag. Kurzum, Kollmorgen hat gelernt, vier »Grundvoraussetzungen« gezielt einzusetzen:

1. *Es hat vielfältige, außergewöhnlich breit gefächerte Produkte und Märkte.* Kollmorgen ist in etwa sechzig Produkt- und Marktnischen der Hochtechnologie tätig – mit gemeinsamer Basis in Elektrotechnik und Elektronik –, gegliedert in die Bereiche elektronische Verbindungen, Motoren und Steuerungen und elektrooptische Geräte. Die Märkte reichen von amerikanischen und ausländischen staatlichen Stellen und größeren Rüstungsbetrieben zu Herstellern von Computern, Werkzeugmaschinen, Robotern, Prüfgeräten, Prozeßsteuerungen und Kraftfahrzeugelektronik bis hin zu Herstellern von Papier, Textilien, Kunststoffen und Elektrogeräten – um nur einige zu nennen. Als wir unsere Untersuchungen durchführten, suchte Kollmorgen nach wie vor nach neuen Wachstumsmöglichkeiten. Es prüfte gerade mehrere neue Unternehmungen, wozu zum Beispiel ein französisches Gemeinschaftsunternehmen für magnetische Peilungen, Kristallzüchtung und Hochenergielaser gehört.
2. *Die Märkte, auf denen es tätig ist, sind raschen Schwankungen unterworfen.* Es weiß, daß einige seiner Märkte unerwartet unrentabel werden können – wie das Anfang der 80er Jahre bei einigen Computer-Peripheriegeräten und numerisch gesteuerten Werkzeugmaschinen geschah – und daß andere praktisch über Nacht verschwinden können, wie bei den Videospielen, für die Kollmorgen einst die überwiegende Mehrheit gedruckter Schaltungen lieferte. Folglich muß Kollmorgen ununterbrochen aggressiv neue Produkte einführen und Geschäftsbereiche aufbauen und alte auslaufen lassen.

3. *Das Wettbewerbsumfeld, in dem es tätig ist, ist stark umkämpft.* Kollmorgen versucht immer, seinen Konkurrenten zuvorzukommen, weil es weiß, daß andere Unternehmen selbst auf seinen stärksten Märkten neue Produkte einführen und mit niedrigeren Preisen um Marktanteile kämpfen werden, so daß technologische Führerschaft und wettbewerbsfähige Kosten außerordentlich wichtig sind.
4. *Kollmorgen selbst hat nach wie vor Wachstumshunger.* Nachdem Kollmorgen in dem Jahrzehnt von 1974 bis 1984 seinen Umsatz vervierfacht und seinen Gewinn verdreifacht sowie eine Eigenkapitalrendite von etwa 18 Prozent erreicht hat, strebt es sogar noch weitere Leistungssteigerungen an. (Das Unternehmen wurde 1982 und 1983 von Gewinnrückgängen getroffen, wie das vielen Unternehmen in konjunkturanfälligen Branchen ging, erholte sich 1984 aber mit Gewinnen, die um 21 Prozent über denen von 1983 lagen.)

Um in der Welt, für die es sich entschieden hat, wettbewerbsfähig zu bleiben, braucht Kollmorgen eine außergewöhnlich reaktionsschnelle, einfallsreiche und leistungsfähige Organisation, die sechzig Stützpunkte gleichzeitig abdecken kann – und das noch auf eine Art und Weise, bei der es keinerlei Verwirrung, Qualitätsprobleme und Kundendienstpannen gibt, die ja als Begleiterscheinungen hoch komplexer Unternehmen aufzutreten drohen. Die Methode, für die sich Kollmorgen entschieden hat, besteht darin, für jedes kleine Teil jemanden verantwortlich zu machen, ihn nach bestem Vermögen zu Leistung zu ermuntern und sowenig wie nur möglich in seine Tätigkeit einzugreifen. Kurzum, Kollmorgen ist eine Familie von Unternehmern mit festen Vorstellungen über organisatorische Erfolgsvoraussetzungen:

Sie halten die einzelnen Sparten klein. Seit 1980 hat Kollmorgen seine Sparte Photoschaltkreise (Leiterplatten und verwandte Produkte) in fünf getrennte Einheiten aufgeteilt, Inland Motor (Elektromotoren) in drei Einheiten und McBeth (elektrooptische Erzeugnisse) in zwei Einheiten. Im allgemeinen bestimmt das Unternehmen in jeder Sparte, deren Jahresumsatz über 30 Millionen Dollar liegt, einen Mitarbeiter für eine Einteilung – weil Kollmorgen fest überzeugt ist, daß kleine Unternehmen leistungsfähiger sein können als große.

Sie gliedern Sparten in Profit Centers, Bereiche mit selbständiger Ergebnisverantwortung. Gemäß seinem Grundsatz, »den Leuten Verantwortung zu übertragen und sie ihr Geschäft eigenverantwortlich ausführen zu lassen«, weist Kollmorgen kleine Teams unter der Leitung eines Produkt- oder Marktmanagers jedem der Geschäftsbereiche zu, die seine Sparten bilden – sie übernehmen Geschäftstätigkeiten, die von der Käuferzielgruppe, dem Produktprogramm oder dem Marktsegment bestimmt werden. Jedes Team ist sowohl für die Gewinne als auch für die Bilanz verantwortlich – und für alles, was zu Spitzengewinnen führt: Kundenkontakt und Kundendienst, Produktinnovation und Produktgestaltung, Auftragsbearbeitung und Fertigung (wobei in der Regel gemeinsame Betriebseinrichtungn genutzt werden) sowie Lagerbestände. Kollmorgen nennt diesen *Profit-Center-Ansatz* »Produktorientierung« des Geschäftes.

Sie steuern klare finanzielle Ziele an. Kollmorgen ist davon überzeugt, daß Mitarbeiter ihre Verantwortung für ein Unternehmen wahrnehmen, wenn sie klare Ziele vor Augen haben. So sagt Bob Swiggett, der ehemalige *CEO** und Architekt von Kollmorgens Organisation: »Die Menschen spielen gern mit hohem Einsatz und wetten auf das Ergebnis. Wer weiß, welche Punkte man braucht, um zu gewinnen, wird immer besser sein als die, die das nicht wissen.« Kollmorgens Führungsteam trifft sich in regelmäßigen Abständen, um das Wachstumsziel des Unternehmens von neuem zu bestätigen – nämlich alle vier Jahre den Umsatz und Gewinn zu verdoppeln sowie eine Eigenkapitalrendite von 20 Prozent zu erreichen.

Sie zahlen für den Unternehmenserfolg. Die Vergütung für Arbeitsteams und Sparten richtet sich nach Ertragswachstum und Nettovermögensrendite vor Steuern (im wesentlichen das Vorratsvermögen, Forderungen und Nettoanlagevermögen abzüglich der Verbindlichkeiten). Wenn die Sparte ihre finanziellen Ziele erfüllt, werden die Gewinne vor Abzug von Prämien in jeder Sparte in drei gleiche Teile geteilt: ein Drittel für die Angestellten, ein Drittel für den Staat und ein Drittel für die Aktionäre. In einem guten Jahr können Mitarbeiter selbst der untersten Ebene stattliche Prämien kassieren und Führungskräfte der höheren Ebenen im Laufe der Zeit durch Prämien, die zum Teil bar und zum Teil in Kollmorgen-Aktien ausgezahlt werden, zu gewichtigen Aktionären werden. Die Zielvorgabe für die Vermögensrechte vor Steuern ist für alle Geschäftsbereiche gleich: 30 Prozent. Genauso wie wir hat Kollmorgen festgestellt, daß die besten unter den Konkurrenten, die wendig und innovativ genug sind, in jeder Branche diese Renditen erzielen können.

Sie fördern Wertvorstellungen, die Innovation und individuelle Freiräume begünstigen. Ein Unternehmen mit sechzig unabhängigen Geschäftsführern muß einfach an seine Leute glauben – und in diesem Punkt geht Kollmorgen sehr viel weiter als die meisten dezentralisierten Konzerne. Der Einblick, den die oberste Geschäftsführung monatlich in die Geschäftsbereiche nimmt, besteht aus einer Gewinn-und-Verlust-Rechnung von einer Seite für jeden Bereich und einigen Bilanzzahlen – ergänzt durch ein Telefongespräch. Kollmorgen sieht in seinen Führungskräften eine Gruppe von Partnern, die sowohl zur gegenseitigen Hilfe verpflichtet als auch für Kollmorgens Ergebnisse verantwortlich sind.

Bob Swiggett und andere Topmanager der Zentrale verbringen viel Zeit in den Niederlassungen und predigen dort Achtung vor der individuellen und per-

* Ende Dezember 1984 verkündete Kollmorgen die Ernennung von James Swiggett, dem jüngeren Bruder von Bob, zum *President* und *CEO*. Bob Swiggett bleibt *Chairman*.

sönlichen Ergebnisverantwortung. Vor einigen Jahren faßten Swiggett und sein Führungsteam die Unternehmensphilosophie in einem Papier zusammen, das nach Meinung der Kollmorgen-Belegschaft wirklich wiedergibt, wie in dieser Organisation gearbeitet wird. Bereits das Deckblatt ist charakteristisch: »Freiheit und Achtung des Individuums motivieren Menschen am besten, besonders wenn die Ziele Innovation und Wachstum heißen.« Diese Wertvorstellungen fördern ein weiteres Ziel von Kollmorgen, das zwar nicht quantifizierbar ist, aber sehr wichtig genommen wird: sich durch technologische Führung in jedem seiner Marktsegmente das Recht auf den ersten Platz zu verdienen.

Sie lassen die Zentrale eine unterstützende, aber begrenzte Rolle spielen. Kollmorgens Konzernleitung besteht aus weniger als zehn Leuten, die in einem einzigen Stockwerk in einem kleinen Gebäude in Stamford, Connecticut, arbeiten, sowie fünfzehn in einem Büro in Hartford. Dieses Team ist der Ansicht, daß, wenn es größer wäre, man dem Drang, sich in die Angelegenheiten der Sparten einzumischen, vielleicht nicht widerstehen könnte – was dem Grundprinzip des Unternehmens zuwiderlaufen würde, die Leute ihr eigenes Geschäft betreiben zu lassen. Aber wie Bob Swiggett erläutert, hat diese Zentrale drei konzernweite Führungsaufgaben sowie eine Unterstützungsfunktion für die Sparten:

1. Die Zentrale sorgt dafür, daß jede Sparte eine klare Vorstellung hat, welche Position sie im Markt beziehen will und wie sie die Konkurrenz schlagen wird.
2. Die Zentrale trägt dazu bei, eine *Struktur* zu schaffen, die Geschäftserfolg, Innovation und Wachstum fördert. »Wir suchen nach den strukturellen Ursachen der Probleme und dann nach geeigneten Lösungen. Manchmal bedeutet das, ein Produktprogramm oder sogar eine neue Sparte auszugliedern; in seltenen Fällen kann es auch die Auswechslung von Leuten in Schlüsselpositionen bedeuten«, sagt Bob Swiggett.
3. Und die Zentrale hat die Aufgabe, Kollmorgens *Unternehmenskultur* zu erhalten. Die Geschäftsleitung verwendet einen erheblichen Teil ihrer Zeit auf die Vermittlung grundlegender Wertvorstellungen – Achtung vor den Menschen und Engagement für die Unternehmensziele. »Weil wir den einzelnen achten, haben wir hier nichts zu verheimlichen«, sagt Bob Swiggett. »Wir sprechen miteinander über unsere Probleme. Jeder weiß, daß man Probleme haben darf, daß man sogar versagen darf – und so können wir uns offen gegenseitig um Hilfe bitten. Die Unternehmenskultur zu erhalten heißt auch, dafür zu sorgen, daß die Vergütung auf Leistung und Kompetenz, nicht auf Machtpositionen beruht.«

Zur Unterstützung der Sparten nimmt die Kollmorgen-Zentrale auch reine Stabsaufgaben wahr: »Wir fungieren als Bank für die Sparten. Genauso wie eine externe Bank stellen wir ihnen Kapital zur Verfügung, wenn sie uns ihre Ideen verkaufen können. Wir helfen den Sparten, für höhere Posten hervorragende Mitarbeiter zu rekrutieren. Und wir geben Ratschläge und leisten Rechtsbeistand – bei uns ist guter Rat nicht teuer.«

Zu den einzigartigen Merkmalen der Unternehmensstruktur bei Kollmorgen gehört es, daß es weder einen *COO (Chief Operating Officer)* noch *President* des Gesamtkonzerns gibt; alle Sparten sind direkt den *Divisional-Boards* unterstellt, deren Beziehung zu den Sparten vergleichbar ist mit der zwischen einem *Board of Directors* und einem unabhängigen Unternehmen. Jeder *Divisional-Board* besteht aus zwei *Presidents* anderer Kollmorgen-Sparten und zwei oder drei Vertretern der Konzernzentrale, von denen einer den Vorsitz führt. Der *Divisional-Board* ist bei allen wichtigen Fragen zur Strategie und zu Investitionen Gesprächspartner des *Devision-President*; bei wichtigen Kundenvereinbarungen ist er meist auch an der Entscheidung beteiligt. Er beurteilt auch den *President* der Sparte und befindet darüber, ob er seiner Aufgabe gerecht wird. Kollmorgen sieht einen großen Vorteil darin, den Gruppenkonsens an die Stelle eines einzelnen mit Vetorecht ausgestatteten Konzernchefs zu setzen. Im allgemeinen aber ist es die Aufgabe des *Divisional-Boards*, Anregungen und Ideen zu liefern, Fragen zu stellen, aber keine Befehle zu erteilen – wobei auch hier Kollmorgens tiefe Überzeugung zum Ausdruck kommt, daß niemand ein Geschäft so gut kennen kann wie das Führungsteam, dessen Aufgabe es ist, es zum Erfolg zu führen.

Sie arbeiten mit einfachen Systemen. In Übereinstimmung mit Kollmorgens allgemeiner Unternehmensphilosophie gibt es auf der Konzernebene kaum Systeme. Kollmorgen gehört zu den wenigen Unternehmen, bei denen wir beobachtet haben, daß die Jahresbudgets nicht von der Zentrale genehmigt werden, sondern die Konzernleitung statt dessen in kurzen Abständen von den Sparten Absatz- und Gewinnprognosen erhält. Die Sparten können Mittel nach ihrem Gutdünken verwenden, und die Gesamtunternehmensführung erhält einfach von jedem Profit Center im Monat das eine Stück Papier, das über den Geschäftsverlauf berichtet. Jede Sparte erstellt einen Rahmenplan für fünf Jahre, der mindestens zweimal im Jahr, manchmal auch häufiger aktualisiert wird. Und über den monatlichen Telefonbericht hinaus gibt es natürlich eine Menge persönlicher Kommunikation und Interaktion. Der entscheidende Steuerungsmechanismus bei Kollmorgen sind die klar definierten finanziellen Zielvorgaben und die Unternehmensphilosophie. Für Nachdruck ist dadurch gesorgt, daß eine Sparte, die trotz aller Hilfe durch ihren *Board* und die Konzernleitung zu lange mit ihren Leistungen hinter den Erwartungen zurückbleibt, mit größter Wahrscheinlichkeit verkauft wird oder ein neues Management erhält. Besonders beeindruckend ist, wie selten derartige Maßnahmen bisher ergriffen werden mußten.

Auf den ersten Blick ist vielleicht nur schwer ersichtlich, welcher Unterschied zwischen den üblichen dezentralisierten Unternehmen und Kollmorgens Organisation und Führungspraxis besteht. Nach unserer Meinung ist der Unterschied eine Frage der Prioritäten, der Intensität und insbesondere des echten Engagements für den Erfolg einer großen Familie unabhängiger Unternehmer, die allesamt so motiviert sind und arbeiten können, als wenn sie ihre eigene kleine Firma betreiben würden.

Dieser Kollmorgen-Ansatz hat tatsächlich seinen Ursprung in einem kleinen Unternehmen – nämlich in den Problemen, mit denen sich Bob Swiggett und seine Bruder Jim in ihrem eigenen Unternehmen vor dessen Übernahme durch Kollmorgen im Jahr 1970 auseinandersetzen mußten. Die Brüder Swiggett waren Autodidakten des Unternehmenserfolgs: Sie hatten bei ihrer Photocircuits Company ein explosionsartiges Wachstum erlebt. Dort hatte man stark auf neue Technologien gesetzt (die Ausgaben für Forschung und Entwicklung lagen über 10 Prozent), wodurch das Unternehmen viele neue Produktlinien entwickeln konnte und immer komplexer wurde. Im Endeffekt stand Photocircuits Ende der 60er Jahre mit fünfhundert Beschäftigten da, die versuchten, in einer einzigen Fabrik gleichzeitig tausend Aufträge zu bewältigen. Es kam, wie es kommen mußte: Produktprobleme, sinkende Produktionsraten, Ertragsverfall und Frustration.

Zunächst versuchten die Swiggetts, dieser Wachstumsprobleme durch rationale Unternehmensführung Herr zu werden – sie installierten formale rechnergestützte Systeme für Fertigungsplanung und -steuerung. Aber die Lage verschlechterte sich weiter, bis sie dann das Konzept der »Teamt-Fertigung« einführten – ein Vorläufer ihres späteren Konzepts wirklich unabhängiger Unternehmer. Nachdem sie das Konzept in dem 15-Millionen-Dollar-Unternehmen Photocircuits erfolgreich erprobt hatten – die Produktion pro Mitarbeiter verdoppelte sich, und in wenigen Monaten wurden die Lieferverzögerungen um 75 Prozent gesenkt –, konnte Bob Swiggett das Konzept dann später auf die anderen Geschäftsbereiche von Kollmorgen übertragen, als dieses Unternehmen Anfang der 70er Jahre in Schwierigkeiten geriet.

Nach Ansicht von Bob Swiggett wird Kollmorgens Organisationskonzept mindestens noch so lange funktionieren, bis das Unternehmen auf die doppelte Größe gewachsen ist und einen Jahresumsatz von 600 Millionen Dollar erreicht hat. Welche Modifikationen dann vorzunehmen sein werden, muß noch festgestellt werden: Vielleicht muß Kollmorgen dann selbst die »Produktorientierung« vollziehen und sich in zwei unabhängige Gesellschaften aufteilen.

Unter ferner liefen

Aber die meisten Unternehmen sind weder wie Safety-Kleen noch wie Kollmorgen. Daß ein Unternehmen sich mit Erfolg eine leistungsfähige Organisation aufbaut, wenn es mittlere Größe erreicht hat, ist die Ausnahme, nicht die Regel. Sehen wir uns einige typische Probleme an, mit denen ein mittelgroßes Unternehmen konfrontiert wird.

Unfähigkeit, etwas anderen zu überlassen. Der *CEO* eines mittelgroßen Unternehmens für Kraftfahrzeugausrüstung, dessen Organisation uns bekannt war, kam eines Abends zu dem Schluß, daß es Zeit sei für eine Umstrukturierung des Unternehmens. Er beförderte seinen langjährigen Spartenleiter zum *President* und machte ihn auch zum *COO* (Chief Operating Officer) mit besonderer Verantwortung für alle inländischen Aktivitäten, wodurch der *CEO* seine ganze Aufmerksamkeit auf das internationale Geschäft und Finanzen konzentrieren konnte. Wir bezweifelten, daß der *CEO* es fertigbringen würde, sich nicht in das alltägliche Geschäft im Inland einzumischen, konnten ihn aber von seinem Plan nicht abbringen. Als der *CEO* die Veränderungen am nächsten Morgen verkündete, reagierte jeder mit Begeisterung.

In den Zeiten wirtschaftlicher Prosperität hatte die neue Struktur Bestand. Aber deren Grundlagen – die Systemunterstützung, die Selbstdisziplin des *CEO*, den Geschäftsbetrieb zwar zu steuern, aber nicht selbst zu führen, und das Reservoir kompetenter, flexibler Mitarbeiter – waren nicht geeignet, einem starken Konjunkturabschwung und der charakterbedingten Neigung des *CEO* standzuhalten, auch dann die Kontrolle nicht aufzugeben, wenn er eingesehen hatte, daß das Unternehmen zu groß geworden war, um alles selbst im Griff zu haben. Wie zu erwarten, ergriff der *CEO* bei den allerersten Anzeichen eines Konjunkturabschwungs wieder die Zügel im täglichen Geschäft, und der *President* wechselte zu einem anderen Unternehmen.

Fehlendes Augenmaß. Ein kleiner Hersteller von Haushaltwaren erlebte einen kometenhaften Aufstieg: Fünfzehn Jahre nach der Gründung des Unternehmens lag der Umsatz über 300 Millionen Dollar. Je größer sein Erfolg war, je mehr es sich mit den wachsenden Umsätzen befaßte und auf seine eigenen Fähigkeiten vertraute, um so weniger war das Unternehmen fähig, die grundlegenden buchhalterischen und operationalen Grundlagen zu entwickeln, die für Produktrentabilität und die Kontrolle des *Cash-flow* erforderlich sind. Alle Entscheidungen blieben der Intuition des Eigentümers überlassen, der zusammen mit seinem *COO* im In- und Ausland bedeutende langfristige Verträge abschloß, ohne sich auch Gedanken darüber zu machen, wie sich der Wettbewerb und ein Konjunkturabschwung auf den Markt auswirken würden. Ohne praktikable Organisationsmethoden und Disziplin mußte das Unternehmen das Konkursverfahren eröffnen, noch bevor es sein zweites Jahrzehnt vollendet hatte.

Fernsteuerung. Der *CEO* eines bekannten mittleren Konsumgüterunternehmens beschloß, nicht dort zu wohnen, wo sich der Firmensitz befand, sondern in einem anderen Teil des Landes. Hinzu kam, daß ihm nach wie vor die Entscheidungsgewalt oblag. Er vertraute dem Urteil seiner eigenen Leute kaum, er beschränkte die Kommunikation mit seinen Mitarbeitern auf Telefongespräche. Schließlich verlor er ständig Marktanteile und mußte das Unternehmen verkaufen.

Das Pollyanna-Syndrom oder der grenzenlose Optimismus. Ein in der Computerbranche führendes Dienstleistungsunternehmen gab ein größeres Projekt in Auftrag, um festzustellen, wie es sich organisieren müßte, um seinen Umsatz zu verdoppeln. Als sich unternehmensfremde Berater zum erstenmal mit der Sachlage befaßten, stellten sie fest, daß dramatische technologische Veränderungen das Hauptgeschäft des Unternehmens schnell veralten lassen würden.

In dem Glauben, Spitzenleistungen zu bieten, hatte das Unternehmen die Preise inzwischen weit über die der Konkurrenten angehoben, obwohl die wichtigsten Kunden von der Qualität nicht mehr überzeugt waren. Außerdem hatte das Unternehmen keinerlei Kenntnis, ob seine Außendienstleute die wichtigsten Kunden und Interessenten regelmäßig betreuten; es gab ganz einfach keine Kontrollen. Massive strategische und organisatorische Schwerpunktverlagerungen zusammen mit wichtigen personellen Veränderungen könnten die Lage des Unternehmens verbessern, obwohl die Berater sich noch nicht klar sind, ob das Unternehmen sich die organisatorische Disziplin und die Motivation aneignen wird, die ihm noch immer fehlen.

Falsche Disziplin. Ein Hersteller von Betriebsausrüstung im Süden der USA war lange technologisch führend gewesen. Aber als das Unternehmen mittlere Größe erreichte, startete es den irrigen Versuch, die Entwicklung neuer Produkte durch ein derart umständliches Überprüfungs- und Bewertungsverfahren zu steuern, daß eineinhalb Jahre lang überhaupt keine Innovationen zustande kamen. Gleichzeitig verfügte das Unternehmen über keinerlei Systeme, mit deren Hilfe es die Rentabilität einzelner Produkte hätte messen können (und es machte sich darüber auch keinerlei Gedanken). Wie sich herausstellte, verkaufte das Unternehmen viele seiner Produkte mit Verlust und wußte das nicht einmal – obwohl Preissteigerungen unter Wettbewerbsgesichtspunkten oft zu rechtfertigen gewesen wären. Inzwischen stieg der Absatz wenig rentabler oder sogar unrentabler Produkte, weil der Außendienst Preisnachlässe gewähren und die Vertragsbedingungen ändern durfte (wodurch Kunden zum Beispiel einen Zahlungsaufschub von bis zu sechs Monaten erhielten) – und weil die Provisionen der Vertreter auf der Basis ihres Umsatzes, nicht ihrer Gewinne berechnet wurden. Das Unternehmenswachstum verlangsamte sich, die Gewinne sanken, und seine Marktposition verschlechterte sich gegenüber zwei besser geführten Konkurrenten.

Unternehmensneurosen. Ein anderer Maschinenhersteller ließ die Gewinnspannen bei seiner wichtigsten Produktpalette aus Furcht vor der Konkurrenz um die Hälfte schrumpfen – obwohl nirgends auf dem Markt ein konkurrenzfähiges Produkt angeboten wurde und obwohl seine Hauptkunden etwa das Fünfzigfache des Preises für die Maschinen hätten zahlen müssen, um ihre Betriebe für eine andere Technik neu auszurüsten. Gleichzeitig gab die Unternehmensführung so hoch angesetzte Wachstums- und Gewinnvorgaben, daß sie einige der besten, kreativsten Führungskräfte aus dem Unternehmen vertrieb.

Verlierer haben, kurz gesagt, allgemein die Tendenz, Disziplin entweder zu übertreiben oder sie ganz außer acht zu lassen, ihre Mitarbeiter entweder zu sehr zu kontrollieren oder sie ganz sich selbst zu überlassen, sich selbst etwas vorzumachen und sich ohne ausreichende Information über Konkurrenten, Märkte und Technologien für stärker zu halten, als sie sind, eine funktionierende Kommunikation mit ihren Mitarbeitern zu vernachlässigen und sich widersprüchlich zu verhalten. In diesen Unternehmen bestehen die Führungsfehler darin, daß die Unternehmensführung nicht fähig oder willens ist, eine Organisation schaffen, die für ein ausgewogenes Verhältnis zwischen Freiheit und Disziplin sorgt – ihnen fehlt die Energie und das emotionale Engagement, das die Spitzengewinner kennzeichnet.

Wie es Spitzengewinner machen

Als wir untersuchten, auf welche Weise Unternehmen der *American Business Conference* sich organisieren, wurde offensichtlich, daß sich Firmen mit hohen Wachstumsraten tatsächlich gezielt darum bemühen, ihre Mitarbeiter mit neuer Energie und ihre Geschäfte mit neuem Leben zu erfüllen. Methodisch konzentrieren sie sich mehr auf die Frage, welche Unternehmenskultur sie schaffen, als welche Strukturen sie errichten und welche Systeme sie einführen sollten.

Als wir erforschten, welche Verhaltensmuster ABC-Unternehmen beim Übergang von kleiner zu mittlerer Unternehmensgröße an den Tag legen, machten wir immer wieder eine Feststellung: *daß die Eigenschaften institutionalisiert werden müssen, die, als das Unternehmen noch klein war, intuitiv und informell vorhanden waren – nämlich diejenigen, die ihren Anfangserfolg herbeiführten.*

Um das zu erreichen, weisen ABC-Unternehmen in ihrem Organisationsverhalten sechs verschiedene Merkmale auf:

1. Sie vermitteln ein ausgeprägtes Selbstverständnis aus ihrem Sendungsbewußtsein und dem Gefühl gemeinsamer Werte – und arbeiten ständig daran, ihre Glaubenssätze zu verfestigen.

2. Sie kümmern sich akribisch und kompromißlos um die Details ihres Geschäftes.
3. Sie behandeln jede Form von Bürokratismus wie ihren Erzfeind.
4. Sie fördern Experimente.
5. Sie denken wie ihre Kunden und erfüllen deren Wünsche.
6. Sie setzen auf ihre Mitarbeiter, deren Förderung und Motivation steht auf der Prioritätenliste ganz oben.

Erfolgreiche Unternehmen weisen alle sechs Merkmale gleichzeitig auf und sind stets bemüht, sie beizubehalten. Wir beobachteten das selbst und stellten fest, daß sich auch die *CEOs* der Unternehmen mit Spitzenergebnissen dessen wohl bewußt sind: Mehr als 90 Prozent der Befragten aus unserer Erhebung von ABC-Unternehmen meinen, daß diese Merkmale für ihren Erfolg wichtig sind. Dagegen erfüllen »Senkrechtstarter« – Unternehmen mit kometenhaften, aber nur momentanen Erfolgen – die Forderungen fast immer nur mangelhaft.

Genauso, wie das für die an früherer Stelle (Kapitel III) postulierten Strategiemerkmale gilt, wenden die Unternehmen diese Organisationsmethoden nicht isoliert an, sondern bauen sie vielmehr aufeinander auf. Das gemeinsame Element sind *Menschen* – ob es sich nun um Kunden oder um Mitarbeiter handelt, die im Unternehmen arbeiten.

So bestimmen gemeinsame Wertvorstellungen die Ziele, die Erwartungen und die Orientierung der Menschen, die das Geschäft in Gang halten. Größte Sorgfalt im Detail ist die Richtschnur für die wichtigsten Handlungen im Unternehmen – seien es intellektuelle oder physische Leistungen. Wenn ein Unternehmen einerseits den Bürokratismus in Schranken hält und andererseits Experimente fördert, so setzt es damit die Phantasie, Kreativität und Energie von allen frei. Wenn es wie seine Kunden denkt und sie zu Innovationspartnern macht, muß es wissen, was diese Menschen wollen und brauchen. Und wenn die Förderung und Motivation der Mitarbeiter auf der Prioritätenliste ganz oben steht, spricht das für sich selbst.

Auch ist klar, daß die besten Unternehmen bewußt daran arbeiten, sich diese sechs Merkmale dauerhaft zu erhalten, und zwar trotz (oder wegen) der ungeheuren Veränderungen der internen und externen Verhältnisse, die sich auf ihre Geschäftstätigkeit auswirken. In den besten Unternehmen gibt es offensichtlich so etwas wie ein besonderes Element der Erneuerung, das wir *dynamische Anpassungsfähigkeit* nennen – eine in der gesamten Organisation allgegenwärtige Triebkraft, die keinen Zweifel daran läßt, daß es ein Ausruhen nicht geben kann, daß kein Produkt, keine Dienstleistung oder keine Funktion jemals gut genug ist, daß die Suche nach mehr, nach Besserem und Neuerem immer weitergehen muß.

Zwar ist die Struktur der Organisation wahrscheinlich weniger wichtig als deren kulturelle Elemente, aber sie wirkt sich auf die Motivation und die zwischenmenschlichen Beziehungen sichtbar aus und steht bei Unternehmen mit hohen Wachstumsraten im Mittelpunkt ausgiebiger Experimente. Von den ABC-Unternehmen reorganisierten sich 36 Prozent in den zehn Jahren bis zum Zeitpunkt unserer Erhebung mindestens dreimal; 80 Prozent hatten sich in den letzten fünf Jahren mindestens einmal neu organisiert. Was wir daraus lernen, ist, daß ein Unternehmen fast jede Organisationsstruktur funktionsfähig machen kann, wenn es die sechs Merkmale organisatorischer Leistungsfähigkeit für mittlere Unternehmensgrößen aufweist.

Wertbestimmtes Selbstverständnis

Spitzengewinner leben fast universell mit einem ausgeprägten Selbstverständnis, und sie handeln nach festen Wertvorstellungen. Sie haben eine ungewöhnlich klare Vorstellung von der Tragweite ihrer Aufgaben und (was genauso wichtig ist) von deren Grenzen – ebenso von den Märkten, auf denen sie tätig (oder nicht tätig) werden, von den Produkten und Dienstleistungen, die sie anbieten (oder nicht anbieten), von dem Qualitätsniveau, das sie erwarten. Mit anderen Worten: Sie haben einen geschärften Sinn dafür, worauf ihre Wettbewerbsvorteile beruhen. In gleicher Weise bemühen sie sich intensiv um ein gemeinsames Unternehmens-Wertesystem, das unmißverständlich das Engagement des Unternehmens für seine Kunden und Verhaltensnormen für den Umgang miteinander wiedergibt.

Diese klar definierte Mission des Unternehmens bedeutet mehr, als nur eine einheitliche Qualitätsorientierung und ein gemeinsames Arbeitsziel zu gewährleisten, obwohl sie auch dadurch bereits unverzichtbar wäre. Sie vermittelt das Gefühl, daß »dieses Unternehmen etwas Besonderes ist, das von mir mehr als nur Routinearbeit verdient«. Für die Spitzengewinner ist typisch, daß ihr Selbstverständnis und die Mechanismen, die es stützen, fast religiöse Geltung haben und daß sie ein Engagement hervorrufen, das im Unternehmen vom Vorstand bis zum eben eingetretenen Mitarbeiter spürbar ist. In den erfolgreichsten Unternehmen hat das Selbstverständnis mehrere Funktionen:

Es enthält das Glaubensbekenntnis
Eine wirksame »Mission« ist praktisch per definitionem dauerhaft und anpassungsfähig. Wie die meisten Dinge von echtem Wert überdauert sie Modeerscheinungen, erkennt aber grundlegende Veränderungen frühzeitig (kommt ihnen eigentlich oft zuvor) und paßt sich ihnen leicht an. Zu den beeindruckenden Leistungen der Spitzengewinner gehört es, daß sie ihr Selbstverständnis und die gemeinsamen Wertvorstellungen lange Zeit aufrechterhalten können. Das ge-

schieht mit Hilfe einer Vielzahl von Kommunikationsmedien – fast immer durch Osmose, aber in der Regel ebenso durch die ausdrückliche Artikulierung. 25 Prozent der ABC-Unternehmen verfügen über schriftlich festgelegte »Kredos« mit Glaubensgrundsätzen, und mehr als drei Viertel führen bestimmte formale Programme durch, die jene Werte vermitteln sollen.

Von den von uns untersuchten ABC-Unternehmen mit hohen Wachstumsraten gaben 84 Prozent an, ihre gesamte Belegschaft habe »gemeinsame Wertvorstellungen, die ihnen als wesentliche Richtschnur und Orientierungshilfe dienen.« 86 Prozent meinten, daß die Führungskräfte bis zur dritten Ebene unterhalb der Spitze in bezug auf die drei wichtigsten Stärken und die drei wichtigsten Aufgaben der Organisation »im wesentlichen einer Meinung« seien. Unsere Interviews und sonstigen Erfahrungen bei der Arbeit mit Spitzengewinnern bestätigten den Eindruck, daß in diesen Organisationen Grundwerte typischerweise tief verwurzelt sind.

Es vermittelt langfristige Perspektiven

Kaum ein Geschäft ist so von kurzfristigen Ergebnissen abhängig wie ADP, das Unternehmen für Computer-Informationen, das Tausenden von Kunden täglich Berichte und wöchentlich Gehaltslisten liefert. Aber in seiner Unternehmensphilosophie pflegt ADP eine ausgesprochen langfristige Sichtweise, wobei dauerhafte Kundenbeziehungen und eine lebenslange Weiterentwicklung seiner Mitarbeiter in den Mittelpunkt gestellt werden.

Bei Chilton Corporation, das über zig Millionen Amerikaner Kreditinformationen bereithält, konzentrieren sich die Unternehmenswerte eindeutig auf langfristige Leistung. Das Unternehmen besteht seit Ende des 19. Jahrhunderts, und Kontinuität hat höchsten Stellenwert. Seine Unternehmensphilosophie, die seinen Aktionären häufig ausdrücklich dargelegt wird, sieht vor, auf kurzfristige Gewinne zugunsten langfristiger Erträge zu verzichten, die Mitarbeiter zu Experimenten mit neuen Ideen zu ermuntern und beim Kundendienst niemals die Sorgfalt zu vernachlässigen oder es an Kulanz fehlen zu lassen.

Es bringt den Verirrten auf den geraden Weg zurück

In der Chilton Corporation gibt es eine ungewöhnliche, aber wichtige Redensart: »Das Gras ist woanders nicht grüner.« Das bedeutet, daß Chiltons Mitarbeiter von Zeit zu Zeit in Versuchung geraten, das Unternehmen zu verlassen und nach fetteren Weiden zu suchen, daß sie dann in der Regel aber feststellen, daß die Bedingungen bei Chilton eigentlich viel besser waren. Die Redewendung ist so etwas wie ein Kürzel für zwei weitere verwandte Wertvorstellungen: Chilton bemüht sich um eine Unternehmenskultur, die für hervorragende Mitarbeiter attraktiv ist und sie motiviert, und wenn gute Leute zu Chilton zurückkommen wollen, nachdem sie sich nach angeblich fetteren Weiden umgesehen haben, sind sie willkommen. In sechs Fällen haben leitende Angestellte von Chilton in den letzten Jahren die Firma verlassen, sind dann zurückgekehrt und haben sich wieder erfolgreich etabliert – eine strenge Probe für das Wertsystem von Chilton.

Einige erfolgreiche Unternehmen erinnern sich auch an Zeiten, als ihre Werte und ihr Selbstverständnis an Klarheit verloren hatten und neu verankert werden mußten. Mehrere ABC-Mitgliedsfirmen diversifizierten in den wirtschaftlich günstigen 60er Jahren exzessiv und machten dann Zeiten verminderter Leistung durch, bis sie sich wieder zurechtgefunden hatten. Andere berichteten uns, daß gelegentlich die Botschaft in den unteren Ebenen verfälscht ankam und sie gegensteuern mußten. In einem Fall stellte ein *CEO* bei einem Betriebsbesuch fest, daß ein neues Produkt trotz minderwertiger Qualität und Leistung verschickt wurde. Als er nach dem Grund fragte, sagte man ihm, es gäbe Anweisungen, daß der Vierteljahresplan auf jeden Fall eingehalten werden müßte. Der *CEO* nahm sofort ein Programm in Angriff, das klarstellte, daß Qualität und Wert für den Kunden nicht zugunsten finanzieller Ziele geopfert werden dürften. Er erklärte, daß das Unternehmen zwar beides erwarte – daß aber, wenn eines der beiden Ziele eine Zeitlang zurückstehen müsse, das eben der Gewinn sein solle. Die sinkende Leistung vieler mittlerer Unternehmen läßt erkennen, daß die Orientierung an diesen Grundwerten vielfach verlorengegangen ist.

Es sorgt für den Primat der Mitarbeiter

Eine gute Darstellung des Selbstverständnisses hebt auch die Bedeutung der Mitarbeiter unmittelbar hervor. Jahrelang hat die Materials Research Corporation, ein allgemein als innovativ bekanntes Unternehmen für noch reine Wirkstoffe und Dünnfilmbeschichtungen, die Politik verfolgt, keine Mitarbeiter zu entlassen. Solange sie gute Arbeit leisten, sind ihre Arbeitsplätze sicher, auch wenn die Zeiten schlecht sind. Diese Politik trägt wesentlich dazu bei, sagt *CEO* Shelley Weinig, hochtalentiertes Personal und einfallsreiche Mitarbeiter für den langfristigen Erfolg des Unternehmens zu motivieren. Sie dient auch als Anreiz, nur Toptalente einzustellen, die die langfristigen Erwartungen des Unternehmens erfüllen. So hat das Unternehmen in Zeiten des Wohlstandes keine Leute eingestellt, die in Rezessionszeiten überflüssig würden. In der Rezession von 1982 bis 1983 waren die Zeiten für Materials Research zwar wirklich hart, aber es hielt an seinen Wertvorstellungen fest, selbst wenn es das etwas rote Tinte kostete. Heute, da sich ein starker Aufschwung abzeichnet, ist das Führungssystem des Unternehmens nach wie vor intakt und außerordentlich motiviert.

Wenn ein Unternehmen seine Mitarbeiter wirklich schätzt, zeigt es das auf unzählige Weisen. Automatic Data Processing hat mehrere Jahre nacheinander Umsatz- und Ertragssteigerungen erzielt, denen kein anderes börsennotiertes

Unternehmen in den Vereinigten Staaten Gleichwertiges entgegenzusetzen hat. ADP besitzt auch keinen getrennten Speiseraum für die Führungskräfte, seine leitenden Angestellten müssen sich in der Kantine wie alle anderen einen Platz suchen. Es gibt auch keine Reservierungen für Parkplätze: Die einzige Methode, nahe am Eingang zu parken, ist, früh zum Dienst zu kommen. Und dadurch, daß ADP seinen Angestellten Aktien unter Kurswert anbietet, sind zwei Drittel der Belegschaft inzwischen Anteilseigner.

Es zeigt, wie man Goliath besiegen kann
Daß sie größere, anscheinend stärkere Konkurrenten schlagen konnten, führen viele der Spitzengewinner unserer ABC-Auswahl darauf zurück, daß der Kundendienst bei ihnen eine wichtige, besonders beachtete Rolle spielt. Jim Macaleer, *CEO* bei SMS (Shared Medical Systems), das den amerikanischen Krankenhäusern rechnergestützte Informationssysteme liefert, meint, daß sein Unternehmen bedingungslos den Kunden gebe, was diese brauchten, und dadurch Riesenunternehmen mit mehreren Milliarden Dollar Umsatz habe schlagen können, die sich ebenfalls auf dem Markt der Klinikinformationssysteme zu betätigen versuchten. »Für die Großen ist der Krankenhausmarkt nur ein kleiner Teil des Geschäfts. Für Außen- und Kundendienst stellen sie nur unzureichend Mittel bereit, und die Konzernführung ist enttäuscht, wenn das Geschäft mit den Kliniken, das sie als Nebengeschäft betreiben, nicht läuft. Sie versetzen Leute in die Sparte für Klinikinformationssysteme, die das Wort ›Klinik‹ kaum richtig schreiben können, geschweige denn etwas von diesem Geschäft verstehen.«

»Für uns ist es das wichtigste, daß unsere Kundenwünsche erfüllt werden. Dies ist unser einziges Geschäft. Etwas anderes können wir nicht machen. Wir *müssen* uns einfach mehr um unsere Kunden kümmern als andere. Und das tun wir auch.«

Das bedingungslose Engagement von SMS und Macaleer für den Markt von Krankenhaus-Informationssystemen wird von einem Arbeitsethos getragen, das das Unternehmen von unten bis oben durchdringt. SMS-Mitarbeiter gehen davon aus, daß sie manchmal rund um die Uhr arbeiten müssen, um Terminvorgaben der Kunden einhalten zu können. Und das zeigt sich auch in kleinen Dingen. Als wir Jim Carter, den *Vice President* des operativen Bereichs, im August zu einem Gespräch trafen, war eine seiner ersten Bemerkungen: »Gehen wir doch über die Treppe zu meinem Büro – der Fahrstuhl ist zu langsam!«

Es inspiriert die Gläubigen
Das Wertsystem der Spitzengewinner fördert in der Regel persönliche Initiative und Handlungsfreiheit, damit die Mitarbeiter Kunden besser bedienen können. Wie bereits beschrieben, genießt für Kollmorgen Corporation die techno-

logische Führung höchste Priorität, damit der Unternehmer als erster mit dem Besten auf dem Markt sein kann. Aber der Weg zur technologischen Führung geht über die Mitarbeiter. Als *CEO* Bob Swiggett eine offizielle Darstellung der Unternehmensphilosophie für Kollmorgen ausarbeitete, nahm er folgenden bezeichnenden Punkt auf:

> Managementsysteme und Mitarbeitermotivation können für den Erfolg eines Unternehmens genauso entscheidend sein wie neue Technologien oder schnell wachsende Märkte; Innovationen in diesem »Software«-Bereich sind genauso wichtig wie Innovationen in der Produkt-Hardware. Diese Dinge sind gravierend, wenn es darum geht, gute Leute für das Unternehmen zu gewinnen und sie zu halten. Diese sorgen ja dafür, daß in einem wachsenden Unternehmen etwas geschieht.

Das hundert Jahre alte Unternehmen Harvey Hubbell mit Sitz in Connecticut, das elektrotechnische Erzeugnisse herstellt, ist eine von nur zwei Aktiengesellschaften der *American Business Conference*, die ihre Erträge mehr als zwanzig Jahre lang jährlich ununterbrochen gesteigert haben (Automatic Data Processing ist die andere). Bob Dixon, bis 1983 *CEO* von Hubbell, führt diesen Erfolg darauf zurück, daß ein fundamentaler Wert im ganzen Unternehmen beachtet wurde: »Wir halten unsere Versprechen, unsere Produkte leisten das, was wir von ihnen behaupten, und wir liefern sie pünktlich – wir gebrauchen niemals Ausreden oder Entschuldigungen.«

Es besteht ein Zusammenhang zwischen dieser Geisteshaltung (»keine Ausreden«) und einer anderen Einstellung, die Hubbells Leuten von Anfang an vermittelt wurde: »Glaube nie, es geschafft zu haben. Wenn wir nicht weiterhin Neues und Besseres finden, wird uns irgend jemand einholen.« Diese zwei institutionellen Werte zusammen bilden die Kraft, die Hubbells beneidenswerte Erfolgsgeschichte trägt: Das Unternehmen verspricht in einem fort, besser zu werden als vorher, und es hält in einem fort, was es verspricht.

Es macht CEOs zu »Predigern in der Wüste«

Wie in praktisch allen Bereichen spielt der *CEO* auch bei der Aufgabe eine wichtige Rolle, die »Mission« des Unternehmens auf allen Ebenen zu verbreiten. Bert Snider, *President* von Bourns, das elektrotechnische und elektronische Teile herstellt, sagt: »Meine Aufgabe ist es, zu vermitteln, wer wir sind, wie unsere Hoffnungen aussehen und warum die Rechnung für uns aufgehen wird.« Von höchster Wichtigkeit ist für ihn die Zeit, die er seinen Mitarbeitern widmet, wenn er jeden einzelnen der weltweit 7000 Angestellten des Unternehmens mindestens zweimal im Jahr besucht und mit ihnen spricht. Jack Bowers aus dem Vorstand von Sanders Associates, ein führender Lieferant elektronischer Systeme für die amerikanische Regierung, und Roger Wellington, *Chairman* und *CEO* von Augat, tun das in ihren Unternehmen ebenfalls.

Es verleiht Mut in der Ungewißheit
Weil zwischen der Unternehmensführung und der breiten Mitarbeiterschaft Vertrauen bestand, konnten manche Unternehmen traumatische Organisationsveränderungen durchführen und sogar Fehler rückgängig machen.

Bei Chilton werden Fehler nicht nur akzeptiert, sondern noch gefördert – wenn es sich um »kluge« Fehler handelt. Das Unternehmen möchte, daß seine Mitarbeiter innovativ sind und die Initiative ergreifen, und ist bereit, für die Fehlschläge einen angemessenen Preis zu zahlen, um die Vorteile von Erfolgen nutzen zu können. Bei Chilton gibt es die »Sechzig-Tage-Regel« – das heißt, daß jede Führungskraft ganz allgemein bei der Erprobung einer neuen Idee bis zu 60 Tage den Gewinn ihres Geschäftsbereichs riskieren darf, ohne daß das negative Folgen hätte (obwohl Chilton dabei durchaus auch gesunden Menschenverstand erwartet).

Filterhersteller Millipore liefert ein weiteres Beispiel. In den 70er Jahren experimentierte das Unternehmen mit einer Matrixorganisation, nach der viele Führungskräfte formal mehreren anderen unterstanden – was von der herkömmlichen »Ein-Chef«-Struktur erheblich abwich. Das schien eine vernünftige Maßnahme zu sein, da Millipore aufgrund seine Wachstums damals etwa hundert verschiedene Produkt-Kunden-Zentren unterhielt, die alle auf gemeinsame Hilfsfunktionen in Bereichen wie Technik, Fertigung, Marketing zurückgreifen mußten. Aber trotz größter Bemühungen funktionierte das formale Matrixsystem einfach nicht. »Jedes Unternehmen der Hochtechnologie hat eine informelle Matrixstruktur«, erklärte *Chairman* Dee d'Arbeloff. »Schwierigkeiten entstehen erst durch dessen Formalisierung. Die Menschen wissen nicht, wie sie gleichzeitig mehreren »Herren« dienen sollen und trotzdem nicht in Kompetenzstreitereien geraten, die jede Entscheidung und Maßnahme verlangsamen.« Da diese Mehrfachbeziehungen Verwirrung stifteten, wurde es schwierig, sogar unmöglich, Prioritäten zu setzen, was manchmal zu internen Spannungen führte. Ein Unternehmen ohne das Wertesystem von Millipore, mit weniger Engagement für die Lösung von Kundenproblemen, hätte für die Rückkehr zur Spartenorganisation wahrscheinlich einen hohen Preis zahlen müssen. Millipore dagegen überstand diese Entwicklungen in entgegengesetzter Richtung mit geringem Schaden, worauf wir in Kapitel VI noch näher eingehen werden.

Perfektion im Detail

Erfolgreiche mittelgroße Wachstumsunternehmen heben zwar Initiative, Dienst am Kunden und Freiheit hervor, sie widmen aber auch den Details eines Geschäftsablaufs bedingungslose Aufmerksamkeit. Mit Hilfe straffer formaler als auch informeller Systeme überwachen und steuern sie ihr finanzielles Ergebnis, das operative Tagesgeschäft und ihre Wettbewerbspositionen als wichtigste Quellen ihres Wettbewerbsvorteils.

Detail Nr. 1 – Finanzielle Ergebnisse
John Castle, *President* der Investmentbank Donaldson, Lufkin & Jenrette, erzählte uns: »Ich fing im Risikokapitalgeschäft an, aber eins der wichtigsten Dinge, die ich erreicht habe, ist die Entwicklung einer aussagefähigen Gewinn-und-Verlust-Rechnung, die Grundlage der monatlichen Sitzung der Spartenleiter. In diesen Aufstellungen sind alle Zahlen enthalten, die für unser Geschäft wichtig sind. Jeder nimmt an diesen Sitzungen teil, selbst wenn er dafür aus dem Urlaub zurückfliegen muß.«

Mitte der 70er Jahre schuf W. L. Lyons (Lee) Brown, *Chairman* und *CEO* von Brown-Forman Corporation, zusammen mit Mitgliedern seines Führungsteams ein neues Finanzplanungssystem, das vom Ertragswachstum als alleinigem Ziel abging und statt dessen die Marge zwischen Kapitalrendite und Kapitalkosten zur höchsten Priorität erklärte – inzwischen allgemein als bester Maßstab für die Qualität einer Vermögenslage anerkannt. (Brown-Forman gehörte so zu den ersten Unternehmen des Landes, die diese Maßzahl einführten.) Lee Brown stellte auch mehr die langfristigen als die kurzfristigen finanziellen Ergebnisse in den Vordergrund und bemerkte, daß »man im Spirituosengeschäft Jahre warten muß, bis das Produkt marktreif wird. Uns bleibt nichts anderes übrig, als langfristig zu denken, und das schärft unser Gefühl für die Finanzierungskosten.« Brown gelingt es, diese Konzentration auf das finanzielle Ergebnis zu verbinden mit persönlicher Initiative und neuen Ideen sowie ausgiebiger Delegation, um persönliche Autonomie, Freiheit und Unternehmertum zu schaffen und am Leben zu erhalten.

Straffes Finanzmanagement war Bob Elliots wichtigster früher Beitrag für Levitz Furniture, als er dort 1974 *CEO* wurde. Levitz, ein in höchstem Maß innovatives Handelsunternehmen, geriet in Schwierigkeiten, als es einen sich abzeichnenden Wachstumsrückgang nicht rechtzeitig erkannte. Das Unternehmen besaß ein zu großes Lager und zuviel überschüssiges Personal. Elliot reagierte schnell und errichtete eine zentralisierte Einkaufsorganisation mit wenigen Mitarbeitern, während er gleichzeitig die Marketingorganisation dezentralisierte, um lokal Reaktionsfähigkeit und Unternehmensgeist zu stärken. Jetzt hat das Unternehmen ein Informationssystem installiert, das über Umsatz und

Lagerbestand für jeden Produktartikel in jedem Laden im ganzen Land genaue Angaben bereithält, und es hat ein System straffer Finanzkontrolle. Weitgehend als Folge dieser Maßnahmen, wenngleich unterstützt durch den kräftigen wirtschaftlichen Aufschwung, hat sich Levitz in beeindruckendem Umfang aus den Tiefen der Rezession befreit und 1984 Rekordgewinne erzielt.

Mit wenigen Ausnahmen sind die Systeme der Spitzengewinner weder kompliziert noch besonders »ausgefeilt« – sie sind einfach, und sie funktionieren. Die straffe finanzielle Disziplin der Wachstumsunternehmen mittlerer Größe soll nicht nur die Bemühungen der Führungsmannschaft kanalisieren und verstärken, sondern auch Gewinne einbringen, die sich für die Entwicklung neuer Produkte, den Unternehmensausbau und den Aufbau einer starken Organisation verwenden lassen. Die sich daraus ergebenden höheren Gewinnspannen, die für schnell wachsende Unternehmen von entscheidender Bedeutung sind, gehören zu den besonderen Merkmalen der Spitzengewinner. Unsere Analyse zeigt in der Tat, daß die mittelgroßen Unternehmen durchweg Gewinnspannen vor Steuern erzielen, die fast um 7 Prozent vom Umsatz über den Gewinnspannen der durchschnittlichen mittelgroßen Unternehmen liegen.

Detail Nr. 2 – Operatives Tagesgeschäft

Die anhaltend erfolgreichen mittelgroßen Wachstumsunternehmen wissen, daß sie *jedes* Element des Geschäftssystems im Griff haben müssen – nicht nur Produktentwicklung oder Verkauf, sondern auch Beschaffung, Produktgestaltung und Konstruktion, Fertigungsproduktivität und Kostenkontrolle, Vertrieb, Marketing und Kundendienst. Sie wollen die Besten sein, und das verlangt in allen Aspekten des Geschäfts Disziplin.

Andererseits wissen die Spitzengewinner auch, daß es praktisch in jedem Geschäft bestimmte kritische Funktionen gibt – zum Beispiel die Forschung in Branchen der Hochtechnologie, die Werbung bei Konsumgütern – die im Laufe der Zeit besonders gepflegt werden müssen, wenn das Unternehmen Erfolg haben will. Weil ihre größeren Konkurrenten wahrscheinlich in bezug auf die kritischen Funktionen eine bessere Basis haben (oder sie sich leicht schaffen können), müssen die Spitzengewinner sich um diese intensiver bemühen und mehr dafür tun. Und tatsächlich sind sie, zum größten Teil, in diesen Fertigkeiten führend. Sie widmen ihnen mehr Aufmerksamkeit, sie setzen ihre besten Leute dafür ein, und sie geben dafür mehr Geld aus als die Konkurrenz.

Ebendieses Streben nach einem Wettbewerbsvorsprung bei den kritischen Funktionen veranlaßte Chilton Corporation, Millionen in Computerunterstützung zu investieren – und zwar nicht nur einmal, sondern zweimal –, so daß das Unternehmen bei der Erfassung, Auswertung und Wiedergabe von Kreditinformationen führend blieb. Der gleiche Wille, besser zu sein, veranlaßte Xidex Corporation, die beste Fertigungsanlage für Duplizierfilme und Floppy disks zu entwickeln, wodurch es sich in zwei wettbewerbsintensiven Wachstumsmärkten eine günstige Kostenposition verschaffte.

Spitzengewinner haben meistens strenge operative Kontrollsysteme, die nicht nur Produktionsleistung und Kostenverlauf überwachen, sondern auch so außenorientierte Aktivitäten wie Kundendienst und Liefertreue. Bei Beschaffung und Einkauf sind sie harte Verhandlungspartner, und viele von ihnen – im Gegensatz zu einer überraschend großen Zahl weniger erfolgreicher Konkurrenten – bestehen darauf, Aufträge auszuschreiben und doppelte Bezugsquellen zu suchen.

Bob Marbut, *CEO* von Harte-Hanks Communications, dem Verlags- und Rundfunkunternehmen aus Texas, sagte uns: »Als ich Anfang der 70er Jahre antrat, wuchsen wir so schnell und hatten so hochfliegende Pläne, daß die alten, informellen Methoden zu versagen drohten. So bestand der erste, wichtigste Schritt darin, uns zu organisieren. Wir entwarfen einen Kontenplan, führten Jahrespläne und -budgets ein und begannen, die Ergebnisse anhand der Pläne zu überprüfen. Dabei mußten wir ständig darauf bedacht sein, daß unsere Mitarbeiter nicht ihre stark innovativen Wertvorstellungen verlieren sollten, die sie bereits entwickelt hatten. Mit Hilfe des Planungsprozesses erreichten wir unsere Umstellung vom Zeitungsverlag zum Informationsanbieter – was uns sehr viel mehr Marktnischen erschloß.« Jim Macaleer von SMS sagte: »Wir müssen bessere operative Systeme als unsere Riesenkonkurrenten haben. Wir können es uns nicht so wie sie leisten, nicht genau zu wissen, wie hoch unsere Kosten sind, wohin jeder Dollar verschwindet und wie schnell sich unsere Produktivität verbessert.

Detail Nr. 3 – Außenorientierung

Eine immer intensivere Selbstbeobachtung ist ein Risiko des Erfolgs. Wenn ein Unternehmen wächst, kostet es zwangsläufig immer mehr Zeit, Budgets und Berichte zu erstellen und die immer schwieriger werdende Aufgabe zu lösen, die Mitarbeiter zu informieren, Funktionen zu integrieren und Konsens herbeizuführen. Aber Spitzengewinner bemühen sich sehr darum, daß diese internen Aktivitäten ihnen nicht den Blick für die Außenwelt verstellen oder ihre Konzentration darauf schwächen.

Diese Unternehmen behalten die externen Entwicklungen genau im Auge, um Kosten, Preise und Leistungsmerkmale der Konkurrenten im Vergleich zu den eigenen zu kennen. Sie führen regelmäßig formelle Wettbewerbsanalysen durch, wobei sie die Produkte, Kundendienststand und Marketingprogramme der Konkurrenz auswerten. Dabei stützen sie sich sowohl auf regelmäßige und vorstrukturierte Feedbacks ihrer Außendienstleute als auch auf Sonderprojekte. Manche gehen sogar so weit, die Konkurrenzprodukte einem »Reserve Engineering« zu unterziehen; sie kaufen die Maschine eines Konkurrenzunternehmens und bauen sie auseinander, um Rückschlüsse auf Fertigungskosten, Betriebsmerkmale und Wartungsbedarf zu ziehen.

Bei Pandick, Inc., der Spezialdruckerei für Finanzprospekte, sind *CEO* G. Green und seine leitenden Angestellten bis ins einzelne informiert, inwieweit jeder Konkurrent die Kundenbedürfnisse befriedigen kann. Der Umstand, daß die Betriebe eines Konkurrenten ihren Standort in einem Nachbarstaat anstatt in der selben Stadt wie Pandick hatten, veranlaßte den *CEO* zu folgender Äußerung: »Wir wissen, daß er zwölf Minuten länger braucht, um an einem Dokument eines Kunden eine Korrektur auszuführen – und da es für unser Geschäft wichtig ist, in kurzer Zeit Daten auf den neuesten Stand zu bringen und Korrekturabzüge neu zu verteilen, ist das für uns ein wesentlicher Wettbewerbsvorteil.« Pall Corporation, Millipore, Automatic Data Processing und SMS und andere bewerten ihre Wettbewerbsposition und Ergebnisse mit Hilfe formaler Kundenerhebungen und -seminare, und bei manchen gibt es einen Zusammenhang zwischen den Ergebnissen dieser Kundenerhebungen und den jährlichen Gehaltsprämien.

In den besten Unternehmen, die wir kennen, ist die erste Frage des *CEO* zu irgendeinem Vorschlag meistens: »Um wieviel würde das unseren Vorteil gegenüber dem Konkurrenten X vergrößern?« Darin zeigt sich eine nach außen orientierte Disziplin – sie garantiert, daß die eigenen Produkte und Dienstleistungen gegenüber denen der Konkurrenz Kosten- oder Wertvorteile bieten.

Spitzengewinner behalten auch Veränderungen der Umwelt, in der Gesetzgebung und behördlichen Auflagen genau im Auge (und versuchen, sie zu beeinflussen) – wodurch das Unternehmen in die Lage versetzt wird, politische Veränderungen im voraus zu erkennen und schnell Nutzen daraus zu ziehen. Diese ständige Beobachtung der Außenwelt nehmen sie nicht nur in der eigenen Branche vor, sondern auch in den Branchen ihrer Kunden – denn der eigentliche langfristige Wettbewerbsvorteil der Spitzengewinner ist ihre Fähigkeit, auch ihren Kunden einen Wettbewerbsvorteil zu verschaffen.

Wie wichtig die beinahe sklavische Beachtung aller Geschäftsdetails ist, wird dadurch dramatisch verdeutlicht, daß einstmals erfolgreiche Unternehmen, die sie außer acht ließen, scheiterten. Die Kostenrechnung eines 100-Millionen-Dollar-Herstellers von Ausrüstung für Fertigungsstraßen machte die sehr unterschiedliche Rentabilität seiner wichtigsten Produkte nicht sichtbar, was schließlich zu fehlerhafter Preisfestsetzung führte, die die Gewinne ruinierte. Schließlich förderte eine eingehende strategische Überprüfung das Kernproblem zutage, so daß das Unternehmen diesen Fehler abstellen und wieder gewinnbringend arbeiten konnte.

Ein noch größeres Dienstleistungsunternehmen ließ seine Marketinginformation veralten; folglich besuchten seine Außendienstmitarbeiter höchst potente

Kunden nur sporadisch und manchmal überhaupt nicht. Was noch schlimmer war, es vernachlässigte auch die Marktforschung. Das Unternehmen maß weder sein eigenes Service-Niveau genau, noch verglich es dies mit dem Stand der Konkurrenten. Darum erkannte es auch nicht rechtzeitig, daß sein Produkt den ersten Platz eingebüßt hatte; da die Firma für ein mittlerweile minderwertiges Produkt Höchstpreise verlangte, verlor sie unvermeidlich Marktanteile und mußte diesen Verlust teuer bezahlen. Auch in diesem Fall wurde das Problem schließlich erkannt und korrigiert, aber die zwischenzeitlich verlorengegangenen Gewinne und Marktposition kosteten zig Millionen Dollar.

Der Erzfeind Bürokratie

Spitzengewinner wissen, daß wachsende Unternehmensgröße und Komplexität ein womöglich tödliches Risiko bergen: bürokratisches Verhalten. Die Angestellten kleiner Unternehmen haben einen breiten Überblick über das ganze Geschäft. Oft sind sie Generalisten, die informell arbeiten und denen es leichtfällt, sowohl mit dem Unternehmenseigentümer bzw. -gründer als auch mit dem Endabnehmer in engem Kontakt zu bleiben. Wenn aber Unternehmensgröße und Komplexität zunehmen, ist die Entwicklung zu stärkerer Spezialisierung und stärkerer Formalisierung von Unternehmensstruktur und -führung unvermeidlich – wodurch der alltägliche Kontakt zwischen Unternehmensführung einerseits und Führungskräften und anderen Angestellten andererseits sich verändert und geringer wird. Die Verhaltensmuster konzentrieren sich immer stärker auf unmittelbare funktionale oder geographische Verantwortungsbereiche. Die Forderung nach kurzfristigen Ergebnissen nimmt zu, und die mittleren Führungskräfte befassen sich nicht mehr so wie früher mit Fragen des Gesamtunternehmens. Manchmal verlieren sie sie sogar aus den Augen. Wenn dies geschieht, besteht nicht nur das Risiko, sondern nahezu die Wahrscheinlichkeit, daß die Mitarbeiter wie Angestellte denken und sich wie Bürokraten, nicht wie Geschäftsleute oder Eigentümer verhalten.

Im Geschäftsleben ist die Bürokratie ein ebenso heimtückisches und hartnäckiges Gewächs wie Unkraut. Wo sie erst einmal Wurzeln geschlagen hat, läßt sie sich nur ganz mühsam wieder ausmerzen. Im fortgeschrittenen Stadium bewirkt der Bürokratismus, daß die einzelnen Mitarbeiter nur noch nach Vorschrift arbeiten, Risiken vermeiden, sich vor neuen Ideen fürchten, ihre persönliche Position und Privilegien über den Erfolg des Gesamtunternehmens stellen, Teamarbeit ablehnen und wichtige Maßnahmen verzögern. Jedes dieser Phänomene kostet für sich allein schon Geld, weshalb sie nicht erwünscht sein können. Wenn sie zusammen auftreten, können sie tödlich sein.

Wenn es allerdings in einem Unternehmen keinen Bürokratismus gibt, ist das noch keine ausreichende Garantie dafür, daß Innovationen Früchte tragen. Wo es ihn aber gibt, reicht das, sie zu ersticken. Für Innovationen braucht man »Champions«, die sich dafür einsetzen, unkonventionell denken und bereit sind, Mißerfolge zu riskieren. Bürokraten sind in ihrem Element, wenn sie lange Memoranden schreiben können, die niemand liest, alles Material penibel überprüfen, Sitzungen vorbereiten können, die eine lange Tagesordnung, aber so gut wie keinen Inhalt haben, und – vor allem – Entscheidungen und Risiken aus dem Weg gehen können. Wenn die vielen Formulare, die auszufüllen sind, und die zahlreichen Ebenen in der Organisation, die überzeugt werden müssen, eine neue Idee noch nicht abgewürgt haben, dann geschieht das aus Furcht vor Kritik oder Entlassung im Fall eines Mißerfolgs. Es gibt zahllose Geschichten von Unternehmen, die ausgeklügelte Verfahren für die Entwicklung, Prüfung und Beurteilung neuer Produkte eingeführt haben und auf deren Einhaltung bestehen – Verfahren, die derart zeitraubend und frustrierend sind, daß der Strom neuer Produkte dort vollkommen versiegt.

Die erfolgreichen mittelgroßen Wachstumsunternehmen umgehen diese Gefahr offensichtlich, indem sie den Bürokratismus aggressiv in allen Fronten bekämpfen – ihn vermeiden, wo sie das können, ihn angreifen, wenn er sich nach ihrer Meinung doch eingeschlichen hat. Die Spitzengewinner arbeiten besessen daran, ihre Systeme und Strukturen einfach und unkompliziert zu belassen. Sie haben festgestellt, daß das bei weitem einfacher und fruchtbarer ist, als sich mit umständlichen Unterstellungsverhältnissen und hierarchischen Ebenen abzumühen.

In ihrer Struktur bemühen sie sich, ihre Organisationseinheiten klein zu halten. Für kurzfristige Ziele bilden sie zeitlich begrenzte Arbeitsgruppen und *Task-Forces.* Sie vermeiden Organigramme, besonders wenn diese Unterschiede in der Hackordnung herausstellen. Sie legen Wert auf die Delegation von Entscheidungsverantwortung. Sie ermuntern ihre Führungskräfte ganz konkret, ihren Schreibtisch zu verlassen, sich gleichermaßen unter Angestellte und Kunden mischen. An Arbeitsplatzbeschreibungen und Verantwortungsabgrenzungen wird ununterbrochen gefeilt.

Unternehmen wie Marketing Corporation of America und Kollmorgen strukturieren sich mit voller Absicht so, daß kleine Einheiten entstehen, wodurch leitende Angestellte und Belegschaft verstärkt zu unternehmerischem Denken veranlaßt werden. Und wenn Donaldson, Lufkin & Jenrette eine neue Finanzdienstleistung anbieten, dann wird sie grundsätzlich um eine einzelne Unternehmerpersönlichkeit herum organisiert, die sie als kleine, unabhängige Einheit betreiben soll.

MCI, jetzt ein Fernmeldeunternehmen mit 1,9 Milliarden Dollar Jahresumsatz, gliederte sein Inlandsgeschäft vor kurzem in sieben operative Gesellschaften. Die Gründe waren, die Geschäftsbereiche kleiner und überschaubarer zu machen, für Geschäftsentscheidungen mehr Kundennähe zu erreichen und bei den Führungskräften neue Generationen von Generalisten heranzuziehen. Nur die Beziehungen zu den Aufsichtsbehörden, die Planung und Auslegung von Systemen und Netzen und die Finanzen sind nach wie vor Aufgabe der Zentrale. Anstatt jeder Einheit eine standardisierte Aufbauorganisation zu verordnen, wurde selbst diese Entscheidung dem Leiter der einzelnen Gesellschaft überlassen. Brian Thompson, jetzt *President* einer der neuen regionalen Gesellschaften, erklärte: »Schon unser Erfolg bewirkte, daß der Abstand zu unseren Kunden und zu den eigenen Mitarbeitern immer größer wurde. Die Aufgliederung trägt dazu bei, dieses Problem zu lösen.«

Spitzengewinner halten auch die zentralen Stäbe absichtlich klein. Fast alle Unternehmen der *American Business Conference* haben kleine Stäbe, und die meisten haben nicht einmal eigene Abteilungen für die Beziehungen zu Behörden und zum Anlagepublikum sowie für Public-Relations, die in größeren Unternehmen grundsätzlich zu finden sind (vgl. Abbildung IV-1). Diese Funktionen übernehmen Linienkräfte, oder sie gehören zusätzlich zu den Aufgaben der Stabsleute.

Abbildung IV-1
Größe der Stabsabteilungen in ABC-Unternehmen

	Größe der Abteilung			
	Hat keine	Klein	Mittel	Groß
Beziehungen zu staatlichen Behörden	80 %	18 %	2 %	0 %
Interne Kommunikation	64	24	9	3
Public Relations	58	38	4	0
Beziehungen zum Anlagepublikum	55	45	0	0
Unternehmensplanung	40	51	9	0
Rechtsfragen	33	42	22	3
Personal	7	31	53	9

Quellen: Erhebung bei Mitgliedern der American Business Conference; McKinsey-Analyse

Um den innovationshemmenden, bürokratiefördernden Auswirkungen *formaler Systeme* entgegenzuwirken – Budgets, längerfristige Planungen, Verfahren für die Bereitstellung von Investitionsmitteln, formelle Prämiensysteme,

Kontrollberichte über Leistungsabweichungen und ähnliches *ad infinitum* –, setzen Spitzengewinner so bürokratiefeindliche Methoden wie Sonderprämien für gute Zusammenarbeit, Delegation und Innovation ein. Ihre Planungsprozesse passen sie maßgerecht den besonderen Bedürfnissen eines jeden Geschäftsbereichs und jeder Funktion an, statt von den Unternehmenseinheiten zu verlangen, sich mit einem einzigen, für das gesamte Unternehmen gültigen Prozeß abzufinden oder sich den Bedürfnissen eines Planungsstabes anzupassen. Sie bestehen auf Einfachheit. Stuart D. Buchalter, *Chairman* von Standard Brands Paints Company in Torrance, Californien, einer Ladenkette für Spezialfarben und Dekorationsbedarf, deren Umsätze sich in den zehn Jahren von 1974 bis 1983 verdreifachten, hat Procter & Gambles berühmtes einseitiges Memorandum noch übertroffen: Eine Unterhaltung beim Mittagessen reicht oft aus, um seine Zustimmung zu einem Projekt zu erhalten. »Man braucht gar nicht immer einen schriftlichen Antrag, um etwas in Gang zu bringen«, sagt er. Spitzengewinner akzeptieren Risiken und sogar Fehlschläge bei Experimenten oder Innovationen, sie ermuntern die Mitarbeiter, »es einfach einmal zu probieren«.

Bei den Spitzengewinnern ist es eine Frage des *Stils,* zu glauben, daß, wann immer es mehrere Optionen gibt, ein Ziel zu erreichen, die einfachste so lange die beste ist, bis überzeugende Beweise des Gegenteils vorliegen. Das scheint auch ihre Einstellung zur Kommunikation zu sein. Ihre Parolen sind *klar, einfach* und *direkt.* Gehe wegen einer Frage nicht zum Pförtner – frage einfach denjenigen, der die Antwort weiß. Wenn das bedeutet, sich über organisatorische Grenzen hinwegzusetzen (wie das bei jeder weiterreichenden geschäftlichen Frage in der Regel der Fall ist), so ist das bei ihnen in Ordnung.

Da aufgrund des Wachstums und der größeren Komplexität neue Spezialkenntnisse gebraucht werden, verlangt das eine spezialisierte funktionale Ausbildung; oft bedeutet das auch, daß unternehmensfremde Fachleute und Generalisten konsultiert werden müssen. In der Regel macht das Wachstum auch die geographische Verteilung von Mitarbeitern erforderlich, die zwar noch ein gemeinsames Ziel verfolgen, aber jetzt über größere Entfernungen zusammenarbeiten müssen, und so treten formelle Kommunikationen zwangsläufig an die Stelle des informellen Gebens und Nehmens. Die Spitzengewinner gleichen diese Zwänge aus durch Mechanismen wie häufige Job-Rotation, die oft über die Grenzen der Funktionsbereiche und Sparten hinweg vorgenommen wird, sowie den Einsatz multifunktionaler Projektteams und durch häufige – gesellige und dienstliche – Treffen innerhalb und zwischen den verschiedenen Funktionsbereichen.

Sie wissen, wie wichtig einfache menschliche Interaktion hat, damit jeder in die gleiche Richtung marschiert. Bei Pall Corporation, dem führenden Filterunternehmen, sind Memoranden des *CEO* selten und kurz. Wie eine Führungskraft es darstellte: »Ich bekomme eigentlich selten ein Memorandum von Abe

Krasnoff, unserem Vorstandsvorsitzenden, zu Gesicht. Manchmal schickt er mir einen handschriftlichen Vermerk, aber seine Vermerke sind immer schwer zu lesen. Im Grunde glaube ich, daß Abe nicht gern schreibt, weil er meint, persönlich präsent sein zu müssen.« Vor allem durch ständige persönliche Treffen, Telefongespräche und Gruppendiskussionen mit Mitarbeitern hält Krasnoff das hohe Kommunikationsniveau innerhalb des Unternehmens aufrecht. Er ist bekannt dafür, unangemeldet aufzutauchen. Seine Fragen und seine optimistische Art wirken so wenig einschüchternd, daß die Leute bei Pall anscheinend sowohl ihre neuen Ideen als auch ihre Fehler offen zu diskutieren wagen – was die schlimmsten negativen Auswirkungen des Bürokratismus ja schon weitgehend verhindert.

Die meisten Unternehmen der *American Business Conference* führen regelmäßige Treffen geographisch verstreuter Führungskräfte mit den gleichen Funktionen durch, um ganz einfach einen Ideenaustausch zu ermöglichen und Arbeitsfreude zu wecken. Die Spesen für diese Treffen sind oft hoch – aber auch ihr Nutzen, das ist die übereinstimmende Meinung bei Spitzengewinnern, da sie neue Ideen zutage fördern, das Engagement jedes einzelnen für die »Unternehmensmission« erneuern, persönliche Beziehungen wiederbeleben und begeistertes Interesse für das Unternehmen hervorrufen.

Wenn *gemeinsame Wertvorstellungen* formal festgehalten werden, können sie einen gemeinsamen Bezugspunkt schaffen. Vom ersten Augenblick an, in dem man im Empfangsgebäude der Firmenzentrale von ASK Computer Systems in Los Altos ankommt, kann man spüren, welche Energie das Unternehmen durch seine offene Atmosphäre entstehen läßt. Manche Mitarbeiter kommen in Turnschuhen; eine Führungskraft bringt ihr Fahrrad mit ins Büro. Die Atmosphäre strahlt Arbeitsfreude aus; Mitarbeiter und Empfangsdame tauschen Witze aus und lachen. Dann erfährt man, daß einige dieser Leute die Nacht durchgearbeitet haben – aber sie sind schon wieder anwesend und genießen jede Minute, weil sie sich gemeinsam dafür engagieren, die beste Fertigungs-Software der Welt zu machen.

In den erfolgreichsten Unternehmen sind die gemeinsamen Wertvorstellungen auf allen Ebenen zu finden. Ein Kurier von BDM, der dem Militär professionelle technische Dienstleistungen liefert, kam einmal mit einem Angebot zu einer staatlichen Beschaffungsstelle, um dann gesagt zu bekommen, daß er den Abgabetermin um eine Minute überschritten habe. Der Kurier wußte, daß er rechtzeitig gekommen war, und er wußte, wie wichtig der Vertrag für sein Unternehmen ist, so daß er die Ablehnung nicht akzeptierte. Er erreichte, daß der sture Beamte die Zeitansage anrief – und setzte sich durch.

Leider können Wertvorstellungen, wenn sie nicht stimmen, genau das Gegenteil erreichen – Engstirnigkeit (oder Mangel an Offenheit und Phantasie) und 8-Stunden-Tag-Mentalität, die in Zeiten des Wandels eine enorme Belastung sind. Um das zu vermeiden, fügen die Spitzengewinner in ihre Vorstellung vom Unternehmen fast immer absichtlich eine Reihe von Ideen oder Konzepten ein, die fast zu einfach zu sein scheinen (wie so vieles, was sie tun). Aber während heutzutage jeder schöne Worte gebrauchen kann, verhalten sich die Spitzengewinner tatsächlich auch richtig, das ist der große Unterschied – sie nehmen zum Beispiel selbst das Telefon ab, weil das Unternehmen Zugänglichkeit für wichtig hält; um Informationen zu bekommen, sprechen sie Mitarbeiter direkt an, anstatt eine schriftliche Anfrage zu schicken, weil sie Effizienz schätzen und Papierkrieg verabscheuen; sie reden sich im ganzen Unternehmen von der untersten bis zur obersten Ebene mit dem Vornamen an, weil Hierarchien Schranken aufrichten und Kreativität ersticken; sie belohnen Initiative und spielen aus gutem Willen entstandene Fehler herunter, weil ein risikofreudiges Unternehmen keine Gelegenheit zum Feiern ausläßt; sie überprüfen Selbstverständnis und Wertvorstellungen des Unternehmens alle paar Jahre daraufhin, »ob wir das noch brauchen oder nicht«, um zu sehen, ob sie noch in das wirtschaftliche Umfeld passen.

Experimente fördern

Wenn die Geschäfte nicht stagnieren sollen, müssen Unternehmen ständig Neues erproben. Erfolgreiche mittelgroße Wachstumsunternehmen wissen, daß sie – eigentlich per definitionem – nur durch Initiative, Ideen und Innovationen ständig weiterwachsen können. Sie beherrschen die Kunst, aus der Erfindung des einen eine Notwendigkeit für den anderen zu machen. Daher fördern sie aktiv Experimente und sorgen für ein Klima, das die Mitarbeiter ermuntert, ständig neue Ideen für Produkte und Märkte zu verfolgen.

Standard Brands Paints, wo ein Tischgespräch beim Mittagessen bereits reichen kann, um ein neues Projekt in Angriff zu nehmen, fördert Erfindungsgeist und Experimentierfreude viel mehr als nur den Verzicht auf lästigen Papierkram. Stuart Buchalter ermuntert seine Geschäftsführer immer, sich einen gewissen Raum für Experimente mit neuen Produkten und Präsentationsmethoden zu reservieren. In einem Fall stellte ihm jemand eine Frage über »den neuen Tapetenladen«, den einer seiner Manager in einem bereits bestehenden Laden eröffnet hatte, um dort alte, beschädigte oder aus der Mode gekommene Waren zu verkaufen, anstatt sie ins Lager zurückzuschicken. Er hatte davon noch nicht einmal gehört, aber er war zufrieden; seine Mitarbeiter führten die Tradition des Experimentierens fort und hatten sich nicht verpflichtet gefühlt, Ausschüsse einzuberufen oder Flußdiagramme für die Einführung neuer Produkte in Umlauf zu setzen, bevor sie die Idee erprobt hätten.

Eine wichtige Methode, mit der Spitzengewinner Experimentierfreude und

Innovationsgeist fördern, besteht darin, ständig zu betonen, daß Fehlschläge nicht bestraft werden – solange sich Experimente im vernünftigen Rahmen halten. Die größere Sünde ist es, überhaupt nichts zu versuchen.

Jim McManus ist Gründer und *CEO* von Marketing Corporation of America (MCA), dem schnell wachsenden Anbieter von Marketing-Dienstleistungen wie Werbung, Absatzförderung, Gutscheinwerbung und Marktforschung. McManus widmet einen großen Teil seiner Zeit der Aufgabe, die Entwicklung neuer Ideen und Geschäftsbereiche zu fördern. MCA erkennt Erfolge durch finanzielle Belohnungen an, aber genauso wichtig ist, daß es Fehlschläge ganz offensichtlich nicht bestraft. McManus sagte uns: »Die meisten großen Unternehmen feuern oder degradieren Mitarbeiter, die ein Risiko eingegangen und damit gescheitert sind. Das hat zur Folge, daß das Unternehmen aus Fehlschlägen nicht mehr zu lernen und keine besseren neuen Ideen hervorzubringen vermag. Seit MCA gegründet wurde, haben wir zwanzig neue Geschäfte aufgenommen. Zehn davon waren Erfolge und zehn Fehlschläge – und niemand wurde wegen der Fehlschläge gefeuert oder degradiert.«

Mit dem gleichen Tenor sagte uns Roger Wellington, *Chairman* und *CEO* von Augat: »Menschen, die Ideen haben, lassen wir gewähren und sie erproben, das hat zu einer Menge riesiger Erfolge und auch zu einer ganzen Reihe von Fehlschlägen geführt. Mitarbeiter, denen die erfolgreichen Ideen eingefallen sind, werden oft mit Prämien und Aktien belohnt. Mitarbeiter, deren Ideen nicht funktionieren, werden ermutigt, weitere Ideen auszuprobieren.«

Unternehmen wie Augat fördern die Vorstellung, daß jeder Mitarbeiter für den Unternehmenserfolg mitverantwortlich ist und nach guten neuen Ideen Ausschau halten sollte.

SMS führt manchmal landesweit Experimente durch. In der Vergangenheit zum Beispiel war der Außendienst in erster Linie dafür verantwortlich, neue Kunden ausfindig zu machen und erste Vereinbarungen mit ihnen zu treffen. Als der Markt wuchs und komplexer wurde, gewann die Pflege bestehender Kundenbeziehungen und der Ausbau ihrer Systeme immer größere Bedeutung; damit der Außendienst für den Verkauf frei blieb, wurden diese Aufgaben von den Außendienstmitarbeitern auf die Montageleiter übertragen. Nach einer gewissen Zeit war diese Regelung nicht mehr befriedigend, und es wurde eine neue Gruppe gebildet, nämlich Berater für Krankenhaussysteme, die sich mit der Vertragserneuerung und dem Ausbau der Systeme befaßte. Danach ging die Verantwortung wieder an den Außendienst zurück, um der immer stärker werdenden Konkurrenz ein Maximum an Verkaufskraft entgegenzusetzen. Jeder Schritt, jede Veränderung, war in der Tat ein landesweit durchgeführtes Experiment – das sich kurzfristig ohne allzu große Brüche und mit verhältnismäßig geringem Kostenaufwand abändern ließ.

Sich in den Kunden hineinversetzen

Die größte Adreßkartei, die wir je gesehen haben, gehört weder einer Künstleragentur noch einem Lobbyisten oder ranghohen Regierungsbeamten in Washington. Sie thront auf dem Schreibtisch vor dem Büro von Bob Goldman, *President* und *COO* von Cullinet Software. Sie ist voll Namen, Adressen und Telefonnummern von Cullinets Kunden – und sie ist sehr abgegriffen, weil Goldman 50 Prozent seiner Zeit darauf verwendet, Kunden anzurufen und zu treffen.

»Anwenderorientiert« zu sein ist bei Cullinet eine Frage des Lebensstils. An dem Tag, an dem wir die Firmenzentrale in Westwood, Massachusetts, besuchten, entnahmen wir aus den Willkommenstafeln in der Empfangshalle, daß zwei Kundentreffen im Haus stattfanden. Zwei Wochen vorher hatte das Unternehmen eine »Anwenderwoche« durchgeführt, bei der sich 2200 Kunden mit Cullinets Führungskräften, Technikern und Marketingfachleuten trafen und ihre Bedürfnisse, Probleme und Ideen mit ihnen besprachen. In einem Geschäft, in dem Unternehmen Verträge über Produkte unterzeichnen, die noch nicht existieren, versteht Cullinet seine bestehenden Kunden und Auftraggeber als seinen wirksamsten Außendienst. Auf jeden Fall war »kundenorientiert zu produzieren« die Forderung, die wir am häufigsten zu hören bekamen, als wir nach den wichtigsten Zielen des Unternehmens fragten.

Allen Mebane, der *CEO* von Unifi, das texturiertes Polyestergarn herstellt, sagte: »Schließlich kenne ich das Geschäft und die Probleme meiner Kunden genauso gut wie meine eigenen. Wenn ich ihnen nicht zeigen kann, wie sehr ich ihnen behilflich zu sein vermag, dürfte ich sie nicht mehr sehr lange als Geschäftspartner haben.« Mebane typisiert hier ein wichtiges Ergebnis unserer Forschungsarbeit bei der American Business Conference: wie wichtig es ist, daß sich eine Organisation sowohl in den Kunden hineinzuversetzen versucht als auch daß der Vorstand sich mit diesem Anliegen persönlich identifiziert. Führungskräfte aus diesen Organisationen wissen, daß sie für ihr Unternehmen Gewinne machen, indem sie für ihre Kunden Geld verdienen.

Pall Corporation muß sich in sehr viele Kunden hineinversetzen. Als Pall seine Umsätze versechsfachte und seine Gewinne fast um das Fünfzehnfache steigerte (1974 bis 1984), erweiterte es sein Produktionprogramm von Filtern und verwandten Apparaten zur Klärung von Flüssigkeiten um eine Menge Marktnischen – von der Entfernung mikroskopischer Partikel bei der Herstellung von Wein, elektronischen Teilen und Impfstoffen über die Rückgewinnung teurer Katalysatoren, Verhinderung von Verschmutzungen in der Hydraulik und im Schmiersystem von Flugzeugen, Raketen und Produktionsmaschinen bis hin zur Filterung des Blutes bei der Herzchirurgie, um nur einige zu nennen.

Pall kennt den Bedarf seiner Kunden ganz genau und bemüht sich, ihn besser als irgend jemand sonst zu verstehen – besser als die Konkurrenten und sogar besser als die Kunden selbst. Oft steht die Unternehmensführung direkt mit den Kunden in Kontakt, und zwar persönlich oder telefonisch, und ist immer zu erreichen, wenn ein Kunde Fragen oder Probleme hat. Über dieses substantielle und symbolische Engagement der Unternehmensführung hinaus hat Pall eine Struktur, die den Kunden in fünf verschiedenen Punkten entgegenkommt:

- *Lokale Händler.* Wie das Unternehmen es darstellt: »Wir sind der Meinung, daß bedeutende lokale Unternehmer mit langjährigen Beziehungen in ihrer Gemeinde unserem Kundenkontakt eine Qualität und Häufigkeit verleihen, wie ihn ein Unternehmen unserer Größe mit den eigenen Angestellten niemals erreichen könnte. Auch versuchen wir dafür zu sorgen, daß unser Geschäft im Gesamtvolumen des Händlers mindestens 25 Prozent ausmacht, so daß er ein starkes Eigeninteresse daran hat, der Verkaufsförderung für unsere Produkte hohe Aufmerksamkeit zu widmen.«
- *Außendienst.* Diese Gruppe engagiert sich während der vollen Arbeitszeit für die Verkäufer der Händler, unterstützt sie beim Verkauf und zeigt ihnen, wie man besser verkaufen kann, besonders bei den neueren und weniger bekannten Filteranwendungen.
- *Anwendungstechniker.* Diese Fachleute setzen ihre umfassende Kenntnis komplexer Anwendungstechnik ein, um den lokalen Händlern und einzelnen Kunden zu helfen, Filtriersysteme zu entwerfen und Anwendungsprobleme zu lösen.
- *Branchenorientierte Marktbetreuer.* Diese Manager haben die Aufgabe, dem Außendienst neue Anwendungsideen nahezubringen, indem sie die Erfahrungen aus einem geographischen Gebiet in andere übertragen und kreative neue Ideen entwickeln und verbreiten.
- *Eine Abteilung für Problemlösungen, Scientific and Laboratory Services.* Diese Gruppe ist am Markt orientiert, hilft bei der Vermarktung neuer Systeme und Anwendungsmethoden, die sich aus der Forschung über bereits bestehende und neue Produkte ergeben, und stellt den Kunden, die bestimmte Probleme lösen müssen oder neue Filtrierungsideen ausprobieren möchten, Versuchsgerät zur Verfügung.

CEO Abe Krasnoff erklärt Palls Standpunkt auf folgende Weise: »Diese facettenreiche Organisation ist teuer, aber sie ist ihren Preis wert. Dadurch können wir Kundenprobleme aus jedem nur denkbaren Winkel angehen. Ich habe die Absicht, besseren Kundendienst als jeder andere in der Welt zu leisten und diese Organisation ermöglicht uns das.« Das Akronym um Pall ist »EESES«; es faßt Palls Engagement für seine Kunden zusammen: *Ease of use* (leichte Bedienung), *Economy of use* (wirtschaftliche Anwendung), *Safety* (Sicherheit), *Efficiency* (Leistungsfähigkeit) und *Service* (Kundendienst).

Loctites Verkäufer verstehen sich als Problemlöser für ihre Kunden, *CEO* Bob Krieble sagt: »Von Anfang an hatten wir einen Verkäuferstab, der mit missionarischem Eifer arbeitet. Sie haben einfach Spaß daran, ihren Kunden zu helfen, bessere Maschinen zu bauen und deren Instandhaltungskosten zu senken. Wir sind in diesem Markt einsame Marktführer, aber wir haben erst zehn Prozent unseres Potentials verwirklicht. So verbringen unsere Verkäufer ihre Arbeitszeit meistens in den Firmen unserer Kunden und suchen nach neuen Anwendungsmöglichkeiten, die dem Kunden Geld sparen oder seine Leistung steigern.« Wenn neue Anwendungsmöglichkeiten für Loctites anaerobe Klebstoffe entdeckt werden, werden sie intern sofort publiziert, teilweise, um dem Verkäufer für seinen Einfall Applaus zu spenden, teilweise, um seine Kollegen zum gleichen phantasievollen, kundenorientierten Denken anzuspornen, und teilweise, um der Organisation die neuentdeckte Möglichkeit bekannt zu machen.

Kundenseminare oder -befragungen sind die besten Methoden, zu erfahren, was im Kunden vorgeht; sie sind bei vielen Unternehmen der American Business Conference üblich. Einige bauen die Ergebnisse der Kundenbefragungen sogar in ihr Leistungsprämiensystem für den Verkaufsaußendienst und Kundendienst ein.

Mitglieder der Unternehmensführung mittelgroßer Wachstumsfirmen widmen ihren Kunden wesentlich mehr Zeit als ihre Konkurrenten in den Großkonzernen. Unsere ABC-Befragung ergab, daß die *CEOs* mittlerer Unternehmen durchschnittlich der direkten Arbeit mit Kunden 10 Prozent ihrer Zeit widmen; einer von neun verbringt ein Drittel seiner Zeit mit den Kunden. Andere leitende Angestellte der ABC-Unternehmen widmen durchschnittlich 20 Prozent ihrer Arbeitszeit Kundenbesuchen und -gesprächen.

So bleiben Spitzengewinner in Tuchfühlung mit den Bedürfnissen ihrer Kunden und erkennen, welche Veränderungen auf ihren Märkten und innerhalb der einzelnen Kundenorganisationen stattfinden. Dieser grundsätzlich marktorientierte Ansatz ist der Eckpfeiler, auf dem ihre Fähigkeit beruht, neue Marktnischen und Produktmöglichkeiten zu erkennen und dann diese Bedürfnisse zu befriedigen; er versetzt sie in die Lage, neue Probleme und Möglichkeiten schneller, wirksamer und erfolgreicher als ihre weniger kompetenten Konkurrenten frühzeitig in Angriff zu nehmen und sich anzupassen.

Dagegen befassen sich die meisten Unternehmen aller Größen zu sehr mit den eigenen internen Problemen und Prioritäten, wodurch der Kunde an die letzte anstatt an die erste Stelle gerät. Läden sind dann geöffnet, wann es den Angestellten angenehm ist, anstatt wann die Kunden am liebsten einkaufen. Viele Unternehmen stellen die Produkte so her, wie sie am besten in ihre eigene Firma passen, anstatt zu erkennen, was dem Kunden Geld einbringt oder was er wünscht. Jahrelang richteten Paketauslieferungsdienste und Güterspediteure ihre Dienste nach den Frachttabellen der Eisenbahnen und Fluglinien aus, und sie verloren Marktanteile, als Federal Express, ein brandneues Unternehmen, das jetzt einen Umsatz von 1,5 Milliarden Dollar erreicht hat, eine schnellere und günstigere Auslieferung anbot. Traditionelle Restaurantketten mit hohen Fixkosten verloren ihre Marktpositionen – und Riesenchancen –, als stärker kundenorientierte Unternehmen das Fast-food-Geschäft entwickelten. Und das gleiche geschah, als die Discounter-Ketten in den Markt der traditionellen Warenhäuser einbrachen und als Elektronikrechner die mechanischen Addiermaschinen ersetzten. Immer wieder haben nach innen orientierte Unternehmen draußen auf den Märkten, die sie als ihren Besitz betrachteten, Einbußen erlitten, weil ein Konkurrent die Produkt- oder Service-Bedürfnisse eines Kunden besser erkannte und bereit war, sie zu erfüllen.

Auf die Mitarbeiter setzen

Wenn wir bei Spitzengewinnern ein einziges übergeordnetes Charakteristikum herausgreifen müßten, wäre das ihre Bereitschaft, auf die Mitarbeiter zu setzen, um ihr Unternehmen zum Erfolg zu führen. Da sie sich im Stadium des Unternehmenswachstums befinden, in dem weder der *CEO* noch die leitenden Angestellten allein den Erfolg des Unternehmens sichern können, teilen sie ihrer Organisation auf verschiedene Weise folgendes mit: »Nur ihr könnt dieses Unternehmen zum Erfolg führen – wir können das allein einfach nicht. Wir haben gemeinsame Ziele, gemeinsame Wertvorstellungen, und wir haben über unsere strategische Vorgehensweise und unsere Zielposition auf dem Markt Übereinstimmung erzielt. Jetzt ist es eure Aufgabe, daß es funktioniert – und wir wissen, daß ihr das könnt.«

Diese oft unausgesprochene Einstellung gegenüber den Mitarbeitern entspringt offensichtlich einem tiefverwurzelten Glauben, daß gute Mitarbeiter – die Spitzengewinner gerne in ihrem Unternehmen sehen – sich jeder Situation gewachsen zeigen, daß sie Verantwortung begrüßen und produktiv sind; daß sie anderen überlegen sein wollen und auf der Suche nach Wegen zum Erfolg Einfallsreichtum entwickeln. Kurzum, die Spitzengewinner erwarten die Art von Verhalten, die uns Chilton Corporation mit folgendem Beispiel erläutert hat:

Bei der Kreditauskunftei Chilton fiel das Computer-Kommunikationssystem, das alle Zweigstellen mit der Zentrale in Dallas verband, eines Tages aus. Der Leiter der Datenverarbeitungsabteilung war entschlossen, diese Unterbrechung der Tätigkeiten des Unternehmens nicht zuzulassen. Doch er konnte nirgends im Unternehmen einen Fehler finden – und das konnte nur heißen, daß das Problem in den Telefonleitungen außerhalb des Unternehmens zu suchen war.

Aber die Telefongesellschaft konnte die Störungsquelle nicht ausfindig machen. So sprang der Chef der Datenverarbeitung in sein Auto und kämmte Dallas durch, bis *er* das Problem der Telefongesellschaft in einer nahe gelegenen Baustelle ausfindig machte, wo aus Unachtsamkeit ein Kabel durchgeschnitten worden war.

Welcher Unternehmensphilosophie Spitzengewinner auch immer anhängen, sie vertreten einheitlich den Glauben, daß sie der Aufgabe, den Menschen sich selbst und ihre Fähigkeiten entwickeln zu helfen, viel Aufmerksamkeit zu widmen haben. Und sie glauben, für finanzielle Motivation sorgen zu müssen, die Mitarbeiter veranlaßt, sich wie Eigentümer und Unternehmer statt wie Angestellte oder Bürokraten zu verhalten.

Auf die Mitarbeiter zu setzen – und ihren Beitrag anzuerkennen und zu feiern – ist bei Herman Miller ein Merkmal der Führungspraxis. In den letzten dreißig Jahren hat dieser Designer und Hersteller von Möbeln für Büro und Arbeitsplatz erreicht, daß sich die partizipative Führung durch einen von Scanlon entwickelten Produktivitätsplan auszahlte.* Die Prämien lagen 1984 durchschnittlich 13,7 Prozent über dem Gehalt. Jeder Mitarbeiter ist auch Aktionär. Aber noch beeindruckender ist, wie sehr Miller einzelne Mitarbeiter in den Vordergrund stellt. Der Jahresbericht des Unternehmens von 1983 enthielt zum Beispiel fünfzig Interviews mit Mitarbeitern von Herman Miller, unter anderem mit einem Arbeitsvorbereiter, einem Vorarbeiter im innerbetrieblichen Materialtransport und einem Fließbandarbeiter – sowie mit Mitgliedern der höheren Führungsebenen.

Analog Devices – der Hersteller von Geräten, durch die Computer mit uns und untereinander kommunizieren können – ist, wie wir in Kapitel III gesehen haben, nicht irgendein Elektronikunternehmen unter vielen. In den letzten fünf Jahren lag sein Umsatzwachstum doppelt so hoch wie der Branchendurchschnitt; der Gewinn pro Aktie wuchs um 31 Prozent, während er in der Branche gleichzeitig sank.** Der Umsatz wuchs sprunghaft von 31 Millionen Dollar 1974 auf 313 Millionen Dollar 1984 – wobei der Gewinn von 1,6 Millionen Dollar auf 37,4 Millionen Dollar in die Höhe schnellte.

Wodurch Analog in unseren Augen Beachtung verdient, ist nicht so sehr sein Geschäftserfolg, sondern welchen Stellenwert das Unternehmen seinen Mitarbeitern als Grundlage seiner Strategien und Operationen beimißt. Analog stellt Produkte her, deren Funktionsweise die meisten nicht verstehen – Modularverstärker, Analog-Digital-Umsetzer und monolithisch integrierte Schaltungen, um nur wenige zu nennen –, die, in den Worten des Gründers und Vorstandsmitglieds Ray Stata, »es Computern ermöglichen, Informationen der ›realen Welt‹

* Als eines der ersten amerikanischen Unternehmen führte Herman Miller ein von Joseph Scanlon entwickeltes System ein, nach dem Arbeiter an Produktivitätsgewinnen beteiligt wurden.

** *Forbes*, 37th Annual Report on American Industry, 14. Januar 1985, S. 140f.

zu verstehen und zu verwenden«. Diese Geräte finden sich schließlich in Präzisionsinstrumenten wieder, etwa in solchen, die Rundfunkübertragungen steuern; in digitalen Röntgengeräten, mit deren Hilfe Ärzte Diagnosen auf dem Bildschirm erstellen, und in Schweißrobotern in automatisierten Fertigungsanlagen.

Analogs Unternehmenserfolg beruht auf einer Strategie, die auf Innovation aufbaut – einer Strategie, die es dem Unternehmen ermöglicht, für seine Komponenten und Systeme Höchstpreise durchzusetzen. Der außergewöhnliche Innovationsstand des Unternehmens führt zu wertorientierter Geschäftspraxis, wobei Analog eine starke Position in den sich am schnellsten verändernden Technologien hat und sie noch schneller als seine Konkurrenten verändert.

Um diese Strategie konsequent verfolgen und auch Erfolg damit haben zu können, mußte sich Analog darauf verlassen können, daß seine Mitarbeiter fortwährend überragende Leistungen erbrachten. Der Stellenwert der Mitarbeiter und ihrer Entwicklung und Motivation ist für das Unternehmen nicht nur wichtig, sondern von grundlegender Bedeutung. Nach Meinung von Stata beruht Analog Devices' Wettbewerbsvorteil auf »Taten des Verstandes« – auf Innovationen, die dem Geist seiner Technologen entspringen. Selbstverständlich sind die Köpfe der Technologen – ob es sich dabei nun um Ingenieure, Marketingexperten oder Mitarbeiter aus der Fertigung handelt – die wichtigsten Aktiva des Unternehmens.

Es ist selbstverständlich, daß Führungskräfte in erfolgreichen Unternehmen von der Bedeutung der Mitarbeiter sprechen – Analog tat das auch häufig in der Öffentlichkeit. Grundlage ist sein strategischer Plan. Wie die meisten guten Strategien analysiert er Geschäftsprobleme und das strategische Umfeld – Trends, Herausforderungen und Möglichkeiten in bezug auf Technologie, Märkte, Fertigungsverfahren, wirtschaftlichen und sozialen Wandel, Wettbewerb usw. Aber was Analog von den anderen wirklich unterscheidet, ist, welche Bedeutung es dem internen Umfeld oder der Unternehmenskultur und den erfolgsentscheidenden Faktoren in Zusammenhang mit den menschlichen Ressourcen beimißt. Seine Glaubenssätze über Mitarbeiter und Organisation umreißt es als zentrale strategische Stärke – es beschreibt nicht nur, wie das technische Potential der Ingenieure freizusetzen ist, sondern auch, wie Mitarbeiter überall in der Organisation ermuntert werden sollten, ihr Bestes zu leisten. Analogs Strategiedokument enthält beispielsweise folgende Glaubenssätze:

- Innovation gedeiht in Organisationen, die Risikofreude fördern und die der Intuition genausoviel Bedeutung beimessen wie der Analyse.
- Entscheidungen fallen besser aus, wenn Macht mehr auf Wissen und Kompetenz als auf der Stellung in der Organisationshierarchie beruht.
- Mitarbeiter wollen für ihre Aufgabe und Ergebnisse voll verantwortlich sein.

Etwa ein Fünftel von Analogs Strategieplan befaßt sich mit der Frage, wie die Mitarbeiter, die für bahnbrechende Innovationen erforderlich sind, gewonnen, motiviert, belohnt und gefördert werden können. Fragen der Mitarbeiterfluktuation, Produktivität, des Mangels an Begabten und deren Ursachen – sowie die Position, die Analog in diesen Bereichen im Vergleich zur Konkurrenz hat – werden mit dem gleichen Stellenwert behandelt wie technologische Aufgaben. Der Plan artikuliert Strategien, wie das Unternehmen Beziehungen zu Institutionen höherer Bildung aufnehmen, alternative Karrieren entwickeln und Frauen und Minderheiten gewinnen und dem Unternehmen erhalten kann. Er stellt Aus- und Fortbildungsprogramme dar sowie Methoden zur Verbesserung des Betreuungsprozesses und die unterschiedlichen Bedürfnisse und Möglichkeiten von Anfängern und von erfahrenen Fachleuten.

Gute Leute gewinnen und sie fördern
Wenn es um ihre Mitarbeiter geht, haben Spitzengewinner hohe Ansprüche und wollen nur die besten Fachleute; sie versuchen, möglichst langjährige Mitarbeiter zu halten, aber wenn es notwendig ist, sehen sie sich nach neuen Kräften um; und sie sorgen dafür, daß die Konzentration auf die Personalentwicklung fest in der Unternehmenskultur verankert ist, indem sie ihre *CEOs* und leitenden Angestellten zu den obersten »Personalchefs« des Unternehmens machen.

- *Hohe Ansprüche: Nur der Beste bekommt den Job.* In allen mittleren Unternehmen mit hohen Wachstumsraten stießen wir auf die Aussage, daß »um Erfolg zu haben, auch die Mitarbeiter erfolgreich sein müssen«. In diesen Unternehmen versuchen die Führungskräfte, Leute einzustellen, die besser sein können, als sie selbst, die Energie und neue Ideen sowohl in die Kultur des Unternehmens als auch in dessen Ökonomie einbringen. Technische Kreativität und Innovationsvermögen sind bei Pall Corporation das wichtigste. *President* Abe Krasnoff will die hervorragendsten Chemiker und Wissenschaftler des Landes; in Werbeanzeigen schreibt er »offene Briefe«, in denen er die Begabtesten auffordert, in das außergewöhnliche Arbeitsumfeld bei Pall einzutreten, und sie dringend bittet, sich mit ihm direkt und persönlich in Verbindung zu setzen. Es ist allgemein bekannt, daß Abe Krasnoff diese Personalanzeigen nicht nur selbst schreibt, sondern sich auch mit der Auswahl befaßt – wobei er überall im Unternehmen immer wieder Palls Willen betont, die Allerbesten für sich zu gewinnen.
- *Langjährige Mitarbeiter halten.* Wenn ein Unternehmen die Besten will, ist die logische Folge, sie auch halten zu wollen. Bei den Unternehmen unserer ABC-Erhebungsauswahl war eine überwiegende Mehrheit der höheren Führungskräfte aus den unteren Ebenen desselben Unternehmens in ihre Führungspositionen aufgestiegen, und unsere Untersuchung ergab, daß 80 Pro-

zent von ihnen mehr als fünfzig Jahre bei dem Unternehmen gearbeitet hatten. Auch wenn es Ausnahmen gibt, ist Kontinuität auf der höheren Führungsebene die Regel. Alle außer einer der heutigen höheren Führungskräfte um den *CEO* Dermot Dunphy bei Sealed Air waren bereits in der Firma, als er 1971 in das Unternehmen eintrat. Teradyne, der High-Tech-Hersteller von automatischem Prüfgerät für die Elektronikindustrie, zeigt ein Engagement, seine Leute zu halten, das an Fanatismus grenzt. Die Meinung von *CEO* Alex d'Arbeloff (dem Bruder von Millipores *Chairman* Dee d'Arbeloff) ist: »Reichlich über 50 Prozent aller Hochschulabsolventen, die Teradyne seit 1965 eingestellt hat, sind noch im Unternehmen – ein erstaunlicher Rekord in dieser Branche. Jeder hier weiß, daß man es in der Firma zu nichts bringt, wenn man gute Leute verliert – wer daher einen potentiellen Verlust kommen sieht, schaltet mich so schnell wie möglich ein. Ich denke, wenn ein guter Mann aussteigt, ist das die Folge schlechter Führung.«

Außer persönlicher Beachtung, Kommunikation, Karriereplanung und finanziellen Anreizen sollte man akzeptieren, daß die Einrichtung von »Parallel-Karriereleitern« ein wichtiges Mittel ist, gute Leute zu halten. In den meisten Unternehmen der American Business Conference wird diese Parallelhierarchie zwar wahrscheinlich nicht praktiziert, aber eine im Vergleich zu unserer sonstigen Erfahrung überraschend hohe Zahl der Unternehmen sieht in ihrer organisatorischen Praxis vor, sowohl einzelne Fachspezialisten als auch Manager zu fördern. Beispielsweise sorgt Analog Devices mit großem Zeitaufwand dafür, daß Spezialisten die Beachtung, Anerkennung und Belohnung erhalten, die sie verdienen. Während in den meisten amerikanischen Unternehmen die höchste Anerkennung und finanzielle Belohnung dem Linien- und Stabsmanagement zuteil wird, hat Analog Devices bewußt eine parallele Karriereleiter aufgebaut, die es »Fachspezialisten höchster Kompetenz« ermöglichen – ja sie sogar ermuntern – soll, »ihre Karriere fortzusetzen, ohne Linienmanagement-Aufgaben übernehmen zu müssen«. Analogs Karriereleiter für Fachspezialisten (in ihren Grundzügen in Schaubild 1 verdeutlicht) enthält eine Folge von Positionen und Titeln, die vom *Senior Product Engineer* zum *Staff* und *Senior Staff Engineer*, zum *Division Fellow* und schließlich zum *Corporate Fellow* reichen. Diese Positionen haben in der Führungshierarchie den gleichen Rang wie *Engineering Supervisor, Functional Manager, Product Line Manager, Director* und *Vice President*.

Ganz an der Spitze des Gesamtunternehmens hat Analog zwei Typen von Führungskräften: die, die führen (indem sie andere leiten und neue Ideen entwickeln), und die, die als Fürsprecher und Strategen tätig sind (indem sie unternehmenspolitische und für das Gesamtunternehmen wichtige Entscheidungen treffen). Folglich können Analogs *Fellows* – die Handvoll hochkarätiger Fachspezialisten – gleiche oder höhere Aufwendungen erhalten als ihre

Schaubild 1
Parallelhierarchie: »Karriereleitern« bei Analog Devices

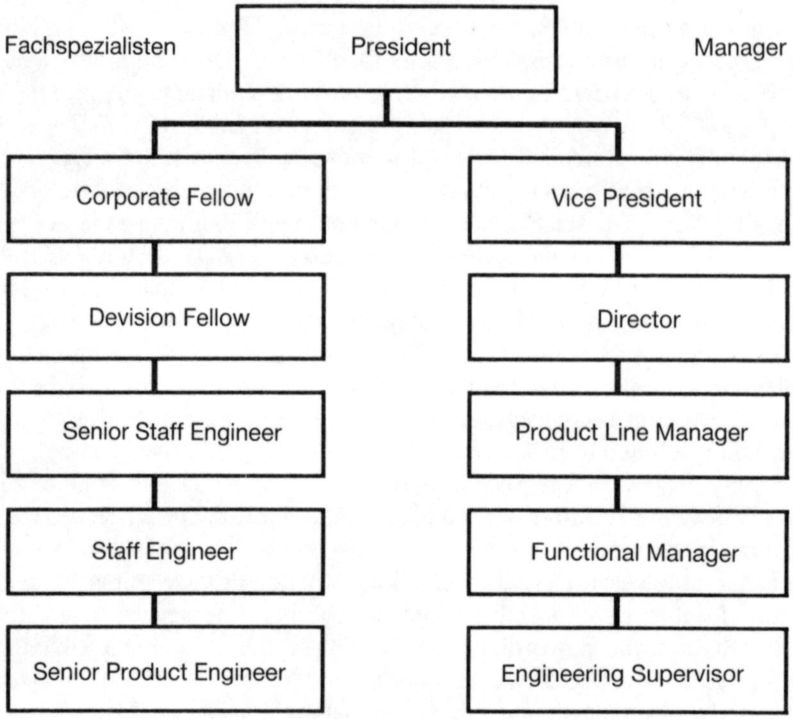

Kollegen in der allgemeinen Unternehmensführung, und in einigen Fällen geschieht das auch. Das Unternehmen hat auch einen »Technology Council« unter der Leitung des Unternehmensleiters, dem sowohl *Fellows* als auch technische Linienmanager angehören. Und die besten Fachspezialisten werden aufgefordert, sich an den allerhöchsten Beratungsgremien aus Stabs- und Führungskräften zu beteiligen.

- *Im Bedarfsfall extern Personal beschaffen, aber Wert auf Akkulturation legen.* Unternehmen, die schnell wachsen, wissen, daß die unternehmensinterne Beförderung und Weiterentwicklung von Führungskräften nicht immer möglich ist. Zu irgendeinem Zeitpunkt mußten die meisten einmal Positionen der mittleren und sogar der höheren Führungsebene von außen besetzen. In bestimmten Fachgebieten, wie im Finanzbereich, ist es sogar eher die Regel als die Ausnahme, leitende Angestellte von außen zu rekrutieren – im allgemeinen aus größeren oder spezialisierten Unternehmen (Banken sind beispielsweise oft ein Reservoir von Finanzchefs für schnell wachsende Unternehmen der gewerblichen Industrie).

Wenn mittelgroße Wachstumsunternehmen von außen Mitarbeiter rekrutieren müssen, bemühen sie sich intensiv um Assimilierung. Der Vorstellungsprozeß ist langwierig, oft schließt er echte Sachgespräche (die nicht nur Höflichkeitsgesten sind) mit potentiellen Untergebenen sowie Mitarbeitern und Vorgesetzten ein. Bezeichnenderweise ermöglichen es Spitzengewinner neu eingestellten Führungskräften in höheren Positionen, herumzureisen und sich mit dem Unternehmen und seinen Mitarbeitern vertraut zu machen – nur um den Akkulturationsprozeß zu beschleunigen.

Das gleiche gilt für die Führungsmannschaft eines Unternehmens, das ein Spitzengewinner übernommen hat. Hier geht es darum, sicherzustellen, daß neue Führungskräfte mit der alten Garde zusammenpassen und umgekehrt. In einem Unternehmen, das sowohl von der fachlichen Kompetenz eines einzelnen als auch von Teamarbeit abhängig ist, ist hier der Preis eines Mißerfolgs zu hoch, das wissen Spitzengewinner sehr wohl.

Ein klassischer Fehler, den Unternehmen mit hohen Wachstumsraten offensichtlich vermeiden, ist, von außen jemanden als zweiten Mann zu rekrutieren. Aus der Geschichte der Schwellenunternehmen in den Vereinigten Staaten der letzten zwanzig Jahre geht eindeutig hervor, daß die Position eines *Chief Operating Officer (COO)*, der unter einem starken *CEO* – besonders einem Firmengründer –, der selbst noch im Geschäft tätig ist, von außen ins Unternehmen gekommen ist, zu den schwierigsten Arbeitsplätzen gehört. In dieser Lage hat der Neuling oft kaum eine Chance, die Unternehmenskultur zu verstehen und sich in sie zu integrieren, bevor er Kritik hervorruft. Der *CEO*, der ihn ausgewählt hat, ist nur schwer zufriedenzustellen (sonst hätte er einen Mitarbeiter aus dem Unternehmen befördert) und sucht vielleicht jemanden, der seiner Idealvorstellung genau entspricht – ein Anspruch, der nur schwer zu erfüllen ist. Und selbst wenn der *CEO* zufrieden sein sollte, wird seine »Unternehmensfamilie« – all die anderen, die jahrelang eng mit ihm zusammengearbeitet haben und jetzt durch einen Außenseiter von ihrer »Vaterfigur« getrennt wurden – bewußt oder unbewußt versuchen, den »Fremdkörper«, der da auf der Bühne erschienen ist, in Mißkredit zu bringen.

Auch wenn es hier einige bemerkenswerte Ausnahmen gibt, sind wir auf eine ganze Reihe derartiger Beispiele gestoßen, und die Erfahrung lehrt, daß der typische *COO*, der unter diesen Bedingungen von außen zum Unternehmen gestoßen ist, innerhalb von fünfzehn Monaten wieder geht. Damit ein Neuling sich mit großer Wahrscheinlichkeit integriert, übertragen viele Unternehmen dem Außenseiter zuerst eine leitende funktionale Position (zum

Beispiel die des *Chief Financial Officers*) oder die eines Spartenleiters, wo er sich bei seinesgleichen Anerkennung verdienen und die Unternehmenskultur seines neuen Arbeitgebers kennenlernen kann, bevor er in höchste Positionen aufsteigt. Wieder andere schlagen einen anderen Weg ein und übernehmen ihn gleich als *CEO*, wodurch seine übergeordnete Befugnis von Anfang an deutlich ist. Beide Methoden führen mit größerer Sicherheit zum Erfolg, als wenn der *COO* von außen in ein ihm unbekanntes Unternehmen kommt; das hat sich erwiesen.

- *Der CEO als Personalchef.* Die meisten Führungskräfte der ABC-Unternehmen sehen in der Einstellung und Entwicklung von Mitarbeitern eine Linienaufgabe und verstehen sich selbst als Personalchefs ihres Unternehmens. 50 Prozent gaben an, daß eine personalpolitische Entscheidung zu den drei wichtigsten Entscheidungen gehöre, die sie im Lauf ihrer Karriere getroffen hätten.

Jim McManus, der Gründer und *CEO* von Marketing Corporation of America, widmet der Weiterentwicklung seiner Mitarbeiter mehr Zeit als jeder anderen Aktivität. In MCAs frühen Tagen erkannte er, daß er den Schwerpunkt der eigenen Arbeit verlagern mußte – von der persönlichen Betreuung der Kunden zur Entwicklung der Talente seiner Mitarbeiter –, eine unabdingbare Voraussetzung, damit MCA sowohl weiter wachsen als auch nach wie vor dem hohen Standard der Kundenbetreuung gerecht werden konnte. Mehrere andere *CEOs* der American Business Conference äußerten sinngemäß: »Mitarbeiter zu fördern ist die wichtigste Aufgabe, mit der ich mich zu befassen habe. Da wir das Ziel verfolgen, die Besten zu sein, müssen wir hervorragende Mitarbeiter haben; und wir wissen, daß unsere Konkurrenten ständig versuchen werden, sie uns abzuwerben. Da unsere Mitarbeiter über die ganze Welt verteilt sind, muß ich einfach mehr reisen, als ich eigentlich möchte, um in Kontakt mit ihnen bleiben zu können; das gleiche gilt für die anderen leitenden Angestellten. Aber es ist einfach wichtig, die Mannschaft zusammenzuhalten, und so tun wir's.«

Zusätzlich zu seiner Aufgabe als Chef von Augat ist Roger Wellington Vorsitzender des Massachusetts High Technology Council und hat eine Menge anderer öffentlicher, unternehmenspolitischer und kommunalpolitischer Aufgaben. Jedes Jahr nimmt er sich Zeit, sämtliche 4000 Mitarbeiter von Augat, die in 31 Betriebsstätten rund um die Welt eingesetzt sind, zu besuchen. Wellingtons Besuche beginnen mit einer Darstellung der Lage des Unternehmens – mit derselben Darstellung, die er Finanzanalytikern zu geben pflegt (was durchaus angemessen ist, da 50 Prozent der Angestellten des Unternehmens Anteilseigner sind). Ergänzend folgen dann Angaben über Entwicklungen in anderen Bereichen des Unternehmens, neue Produkte und strategische Vorstöße. Auch nimmt sich Wellington in jedem Werk die

Zeit, mit jedem Mitarbeiter, der ihn zu sprechen wünscht, einzeln zusammenzutreffen. Im letzten Jahr geschah das fast zweihundertmal. In manchen Fällen handelte es sich um Beschwerden, in anderen um die Darlegung von Ideen. Aber die Geschichte, die wir in Zusammenhang mit dem guten Klima bei Augat am schönsten fanden, betrifft einen neu eingestellten Mitarbeiter in New Jersey mit Namen Josef, der vor kurzem aus Polen ausgewandert war. In holprigem Englisch erklärte er, warum er an einem Zusammentreffen mit Wellington interessiert sei: Er wollte sehen, ob es in Amerika wirklich wahr wäre, daß der allerneueste Mitarbeiter eines Unternehmens den *Chairman of the Board* treffen könnte, so daß er seinen Freunden und Verwandten zu Hause in Polen berichten könnte, wie gut der amerikanische Traum funktioniere.

Stuart Buchalter von Standard Brands Paints gehört ebenfalls zu den Leuten, die die Beteiligung des *CEOs* an der Personalentwicklung für wichtig halten. Häufig bittet er Führungskräfte, die mehrere Ebenen unter ihm angesiedelt sind, ihn auf Reisen zu begleiten, um zum Erwerb anstehende Betriebe zu begutachten oder die Leistung einzelner Läden zu überprüfen. Diese Methode bietet zwei Vorteile. Wenn sich Mitarbeiter mit dem *CEO* über Fragen der Unternehmensführung unterhalten, erweitert das ihren Horizont und läßt sie wie Angestellte des Gesamtunternehmens anstatt wie Fachspezialisten mit engem Horizent denken. Und Buchalter gewinnt genauere Kenntnisse der Tätigkeiten auf den unteren Ebenen und der Probleme, mit denen die Leute sich dort herumschlagen müssen.

Als California Plant Protection der Vertrag für den Wachdienst bei den Olympischen Sommerspielen 1984 in Los Angeles zugesprochen wurde, stand das Unternehmen vor der schwierigen Aufgabe, innerhalb von wenigen Monaten mehr als 7000 zuverlässige Wachleute einzustellen. Die Verantwortung für diese Tätigkeit trug der Vorsitzende (und Eigentümer) Tom Wathen.

Und so äußert sich *CEO* Alex d'Arbeloff bei Teradyne dazu: »Ich habe der Personaleinstellung immer viel Zeit gewidmet. In unserem Geschäft ist man ohne die besten Mitarbeiter verloren – und bereits vor langer Zeit habe ich erkannt, daß man gute Leute am besten bekommt, wenn man sich selbst darum kümmert und das nicht der Personalabteilung überläßt.«

Das heißt nicht, daß Spitzengewinner keine Personalabteilungen hätten; 93 Prozent haben eine. Aber deren Aufgaben sind unterstützender Art, nicht von grundsätzlicher Bedeutung: Personalakten führen, Chancengleichheit beachten, Gehaltsabrechnungen, Unterlagen verwalten und ähnliches. Die Personalabteilung kann die Unternehmensleitung beraten, die Verantwortung für die Personalentwicklung – die wichtigste aller Führungsaufgaben – aber liegt bei denen, die das Unternehmen leiten.

Mitarbeiter motivieren
Mittelgroße Unternehmen bemühen sich auch intensiv um die Motivation ihrer Mitarbeiter, wobei sie mit Hilfe sowohl finanzieller als auch nichtfinanzieller Anreize dafür sorgen, daß sich die Interessen der Führungskräfte mit denen des Unternehmens decken. Eine weitgehende Beteiligung der Mitarbeiter am Aktienbesitz zu fördern – ja eigentlich zu gewährleisten – und die Kopplung der Prämien an die Geschäftsergebnisse sind die vielleicht auffallendsten Methoden, mit denen Spitzengewinner dieses Ziel erreichen.

Die beste Methode, die dazu führt, daß Angestellte sich wie Eigentümer verhalten, ist, sie selbst zu Eigentümern zu machen. Die Auswertung unserer Erhebung zeigt, daß in den Unternehmen von Spitzengewinnern die Mitarbeiter einen hohen Prozentsatz des Aktienkapitals besitzen, dieses Aktienkapital breit gestreut ist und oft eine Mehrheit der Belegschaft Anteilseigner sind. Durchschnittlich besitzen sie 31 Prozent – im Gegensatz zu weniger als 4 Prozent bei den Riesenkonzernen der *Forbes-100*-Liste. Selbst wenn man bei den Spitzengewinnern die Unternehmen in Privatbesitz und ohne Börsennotierung aus-

Abbildung IV-2
Aktienbesitz der Mitarbeiter in ABC-Unternehmen

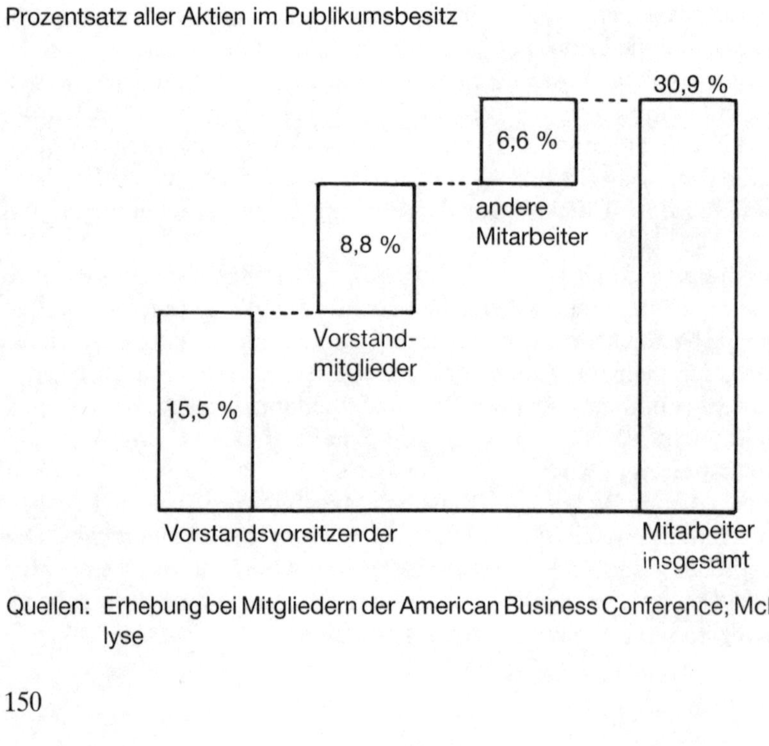

Quellen: Erhebung bei Mitgliedern der American Business Conference; McKinsey-Analyse

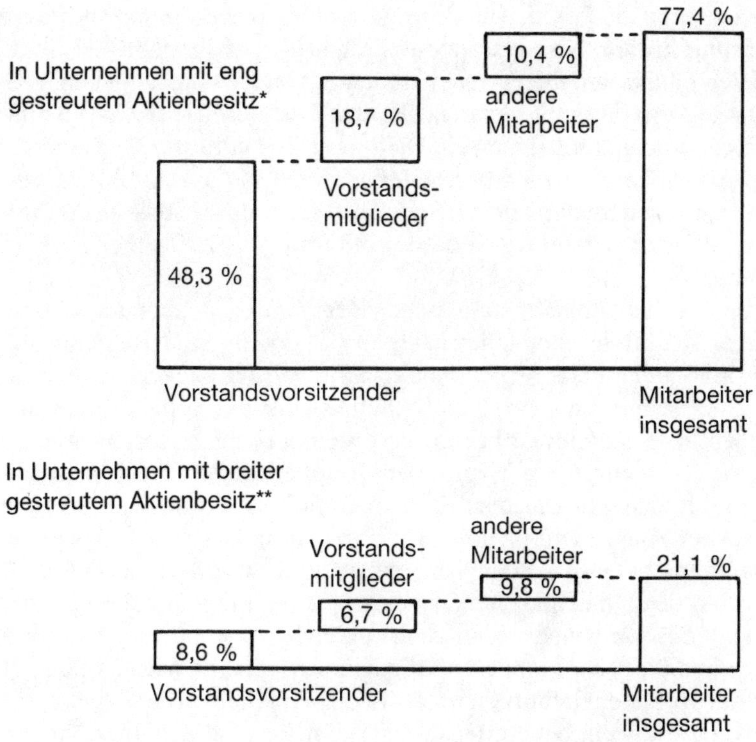

* Über 50 % im Besitz der Mitarbeiter; sieben Unternehmen vertreten

** Unter 50 % im Besitz der Mitarbeiter; 33 Unternehmen vertreten

Quellen: Erhebung bei ABC-Mitgliedern; McKinsey-Analyse

schließt, befinden sich mehr als 21 Prozent des Aktienkapitals im Besitz der Angestellten. Und während der *CEO* fast immer erhebliche Anteile hält, sind in 93 Prozent der Unternehmen die anderen Mitglieder der Unternehmensleitung ebenfalls wichtige Anteilseigner und halten im Durchschnitt beinahe 9 Prozent aller Aktien. In 85 Prozent der Unternehmen unserer Erhebungsauswahl besaßen Mitarbeiter unterhalb der oberen Führungsebene durchschnittlich fast 7 Prozent des Aktienkapitals (vgl. Abbildung IV-2).

Außerdem sind bei Spitzengewinnern erhebliche, an die Unternehmensergebnisse gekoppelte Prämien durchaus üblich. Unsere ABC-Erhebung ergab, daß der durchschnittliche *CEO* 40 Prozent seiner Gesamtvergütung in Form von Prämien erhält – und in mehr als einem Drittel der Fälle wurde die Hälfte der *CEO-Bezüge* in Form von Prämien gezahlt. Bei den anderen oberen Führungskräften machten die Prämien 36 Prozent der Gesamtbezüge aus; bei den mittleren Führungskräften betrugen sie durchschnittlich 25 Prozent.

In vielen Fällen sind die Prämien eindeutig von Gewinnen abhängig. Sowohl Marketing Corperation of America als auch (wie bereits erwähnt) Kollmorgen haben Regelungen, nach denen ein Drittel bis die Hälfte der Gewinne vor Steuern der Profit Center an die Mitarbeiter geht, wobei die Hälfte des übrigen Gewinns in Form von Steuern an den Staat fällt, die andere Hälfte an die Aktionäre (um im Unternehmen reinvestiert oder in Form von Dividenden ausgeschüttet zu werden).

Zwar gibt es hierfür keine statistischen Berechnungen, aber unsere Befragung und Arbeit in mittelgroßen Unternehmen läßt erkennen, daß Prämien in wachsendem Maß mehr an längerfristige als an kurzfristige Ziele gebunden sind. Als Xidex ins Geschäft mit Computer-Disketten einstieg, wollte es bei den für das neue Geschäft Verantwortlichen unternehmerische Energie wecken und machte sie zu Eigentümern. Es gründete Xidex Magnetics als eigenständige Gesellschaft, die sich schließlich zu 77 Prozent im Besitz von Xidex, zu 13 Prozent im Besitz der Spartenleitung und zu 10 Prozent im Besitz des allgemeinen Anlagepublikums befand. Anfänglich verkaufte es diese letzten Anteile für 4 ¼ Cent pro Aktie an die Spartenmanager und teilte ihnen mit, das Unternehmen werde an die Börse gehen, wenn sie erfolgreich arbeiteten. Nach einem höchst erfolgreichen Start der Floppies wurde Xidex Magnetics nach zweieinhalb Jahren an der Börse eingeführt, jene 4 ¼-Cent-Anteile wurden jeweils für 12,50 Dollar verkauft – ein beeindruckender Lohn für eine außergewöhnliche Leistung.

Trotz des potentiellen finanziellen Gewinns, den Aktienbesitz und Prämiensysteme darstellen, halten viele der von uns befragten *CEOs* Anreize nichtfinanzieller Art für noch wesentlicher. Wiederholt hörten wir, daß sie über das Thema sprachen: »Finanzielle Entschädigung ist wichtig, aber sie reicht nicht aus.« Wie ein *CEO* sagte: »Ich glaube, meine Mannschaft ist einfach phantastisch. Jeder von ihnen hätte mehr verdienen können, wenn er irgendwo anders gearbeitet hätte. Der Grund, weshalb sie bleiben und nach wie vor motiviert sind, ist, daß sie gern zur Siegermannschaft gehören, und ich muß dafür sorgen, daß wir weiter gewinnen, das ist meine wichtigste Aufgabe.« Der bloße Erfolg der mittelgroßen Wachstumsunternehmen ist eine wirksame nichtmaterielle Motivation, aber auch ein Zeichen dafür, daß diese Unternehmen sich intensiv bemühen, die innere Beteiligung ihrer Mitarbeiter zu erhalten und ihnen ein Gefühl für die Bedeutung ihrer Arbeit zu vermitteln. Spitzengewinnern gelingt es, ihren Mitarbeitern das Gefühl von Dynamik, Fortschrittlichkeit und Aufstiegschancen zu erhalten.

John Cullinane, Gründer und jetzt *Chairman* von Cullinet, wahrscheinlich dem am schnellsten wachsenden amerikanischen Software-Unternehmen, erzählt gern die Geschichte, weshalb er sich selbständig machte. Bei einem seiner früheren Arbeitgeber, so Cullinane, wurde er zum »Angestellten des Jahres« gewählt. Man sagte ihm, daß der *President* ihn persönlich besuchen und eine finanzielle Belohnung überreichen würde. Die Spannung stieg, als Cullinane und seine Familie zu spekulieren begannen, wieviel wohl ein »Angestellter des Jahres« wert sein würde – 10 000 Dollar, 15 000 Dollar? Oder vielleicht realistischer 5000 Dollar? Seine feierliche Belohnung fand schließlich statt, und der »Angestellte des Jahres« stellte fest, daß die Belohnung schließlich 500 Dollar betrug, die über drei Jahre verteilt ausgezahlt wurden.

Genau in diesem Augenblick, erinnert sich Cullinane, beschloß er, ein Unternehmen zu gründen, das seine Mitarbeiter für ihre Leistung »wirklich belohnen« würde. Und Cullinet tut das. Sein Aktienbezugsrechtsplan für Angestellte definiert *jeden* Mitarbeiter als »Schlüssel-Angestellten«. Sein Umsatzbewußtsein-Programm macht Wachstum und Fortschritt jedem gleichermaßen bewußt. Jedes Quartal wird ein Teil des Umsatzerlöses in einen gemeinsamen Fonds gezahlt, der zu gleichen Teilen an alle Mitarbeiter verteilt wird. Wie Cullinane es beschreibt: »Wir glauben daran, daß es unerläßlich ist, jeden zu beteiligen – und Geld ist eine Methode, ihm zu sagen: ›Du bist wichtig!‹«

Spitzengewinner sehen auch in der Motivation durch Vorbilder einen wichtigen Anreiz; einer drückte das so aus: »Wenn der Chef nicht selbst hart arbeitet und auf bester Qualität besteht, warum sollte jemand anderes es dann tun?« Mindestens alle eineinhalb Jahre befragt Harte-Hanks, das erfolgreiche Medienunternehmen in Texas, das kürzlich vom eigenen Management aufgekauft und so zur Kapitalgesellschaft wurde, jeden Mitarbeiter des Unternehmens – es bittet die Mitarbeiter um Vorschläge für betriebliche Verbesserungen und Möglichkeiten zur Bereicherung der Berufserfahrung. Daß hier nützliche Ideen entstehen und die Leute um ihre Meinung gefragt werden, läßt deutlich erkennen, daß sich das Unternehmen um seine Mitarbeiter Gedanken macht, und das motiviert.

Auch die Sicherheit des Arbeitsplatzes ist eine wichtige Motivation. Genau deswegen verfolgt Materials Research die Politik, selbst in schlechten Zeiten keine Leute zu entlassen. In einem anderen ABC-Unternehmen (das nicht genannt werden wollte) erhalten Mitarbeiter nach einem Jahrzehnt der Firmenzugehörigkeit eine Art »Beamtenstatus«. Sie können nur mit der ausdrücklichen Zustimmung des *President* und nur aus schwerwiegenden Gründen entlassen werden.

Im Bemühen um ihre organisatorische Leistungsfähigkeit investieren Spitzengewinner außerordentlich viel. Durch die zunehmende Komplexität und den ständigen Wandel dürfen sie ihre Bemühungen um Verbesserungen nicht einstellen – das wissen die Besten unter ihnen genau. Was erfolgreiche Unternehmen von denen »unter ferner liefen« unterscheidet, ist, daß die ersteren nicht nur *erkennen*, wie wichtig ein ausgewogenes Verhältnis zwischen Disziplin und Freiheit, Zahlen und Intuition, Kontinuität und Wandel ist; sie sind nicht nur der Meinung, übergeordnete Wertvorstellungen zu brauchen, die das Engagement ihrer Mitarbeiter stützen, sondern sie tun etwas dafür.

Die besten von ihnen weisen all die Merkmale auf, die wir an unserer Auswahl von Spitzengewinnern festgestellt haben; und sie behalten diese Eigenschaften, da sie dafür sorgen, daß sich ihre Geschäftsmethoden weiterentwickeln, immer dann, wenn sich das Unternehmen und sein Umfeld verändern. Sind alle den Blick versperrenden Tatsachen weggeräumt, besteht eine Organisation nur aus Menschen, das wissen Spitzengewinner genau, und diese Menschen sind die einzige dauerhafte Quelle für den langfristigen Unternehmenserfolg.

Kapitel V
Der *CEO*: Die treibende Kraft einer Siegermannschaft

Dermot Dunphy erinnert sich sehr lebhaft daran, wie er das erstemal die Faszination spürte, die von der Möglichkeit zur Führung ausgeht. Gerade dreizehn Jahre alt war Dunphy, der als Hooker der Rugby-Mannschaft seiner Schule Belvedere in Irland die Aufgabe hatte, den Ball mit dem Fuß aus dem Gedränge um ihn herum herauszustoßen. Er war auch Mannschaftskapitän und hatte die Spiele im Lärm des Getümmels auszurufen – aber im Rugby drängen sich die Spieler nicht um den Kapitän. Er erinnert sich, schon in seiner Jugend Freude am Befehlen empfunden zu haben – und das blieb sein ganzes Leben lang so.

Noch heute hat Dunphy, der mittlerweile amerikanischer Bürger ist und *CEO* von Sealed Air Corporation, dem im letzten Jahrzehnt erfolgreichsten amerikanischen Hersteller von Verpackungsmaterial, große Entscheidungsgewalt. Er hat Sealed Air zu einem Unternehmen mit 166 Millionen Dollar Jahresumsatz aufgebaut (1984). Noch der gleiche Kampfgeist und Führungswille, der dem Jungen zu eigen war, kennzeichnet den erwachsenen Mann.

Sandy Kurtzig erinnert sich, wie intensiv ihr Vater an drei Arbeitsstellen arbeitete, und erzählt, wie er das Haus der Familie mit eigener Hand baute. Ganz klar beflügelte sein Vorbild Sandys Sinn für Unabhängigkeit und Leistung, der sie auch als Erwachsene immer beseelte. Ihren Magister machte sie mit einundzwanzig Jahren und zahlte ihrem Vater in wenigen Jahren die 20000 Dollar zurück, die er ihr für das Studium geliehen hatte.

Als sie 1974 bei General Electric ausschied, um eine Familie zu gründen, begann sie zu Hause Computer-Software zu schreiben; so wurde (vielleicht zwangsläufig) aus einer Teilzeitarbeit, einem Zeitvertreib in einem nicht benutzten Schlafzimmer, die Firma ASK Computer Systems, eines der am schnellsten wachsenden Software-Unternehmen der Vereinigten Staaten. Jetzt spricht man in Kalifornien bereits davon, wann Frau Kurtzig – erst achtunddreißig Jahre alt – für den amerikanischen Kongreß kandidieren wird.

Jim Macaleer hätte ohne den Koreakrieg wahrscheinlich Shared Medical Systems nie gegründet. Wie schon sein Vater war Jim Chemieingenieur, der kurz nach seinem Examen für einen großen Konzern zu arbeiten begann. Als er als Steuermann zum Marinedienst eingezogen wurde, sah er darin eine vierjährige Unterbrechung seiner beruflichen Laufbahn. Aber nach seiner Rückkehr ließen ihn zwei Ereignisse zu dem Schluß kommen, daß die Arbeit in einem großen Konzern nichts für ihn wäre.

Bald nachdem er an seinen zivilen Arbeitsplatz zurückgekehrt war, herrschte in seiner Abteilung ungeheure Aufregung wegen der Beförderung eines Kollegen. Es handelte sich nur um eine geringfügige Beförderung, der Mitarbeiter hatte bereits fünfzehn Jahre dieselbe Position innegehabt. Das war keineswegs die Art von schnellem Aufstieg, wie Jim sie sich vorstellte. Nicht viel später forderte die Personalabteilung Jim auf, zwei Wochen Urlaub zu machen. Jim wies darauf hin, daß er erst vor kurzem an seinen Arbeitsplatz zurückgekehrt sei; aber die Personalabteilung entschied, da ihm seine Arbeit vor seiner Marinetätigkeit angerechnet würde, falle er unter eine Regelung, nach der Angestellte mit einer mehr als vierjährigen Betriebszugehörigkeit jedes Jahr Urlaub machen müßten. Jim gebrauchte diese zwei Wochen Pflichturlaub, um sich nach einer neuen Stelle umzusehen.

Zusammen mit zwei Partnern nutzte Jim die Hochkonjunktur für Risikokapital von 1968, schloß mit einem der eher fortschrittlich denkenden Krankenhäuser in New Jersey einen Vertrag über ein computergestütztes Informationssystem und startete SMS. Noch immer unter der Führung von Macaleer, ist SMS seither jährlich um durchschnittlich 25 Prozent gewachsen und gehört zu den nur neunzehn Unternehmen der American Business Conference, deren Gewinne in den letzten fünfzehn Jahren nicht einmal rückläufig waren.

George Hatsopoulos brach mit der Familientradition, als er im Jahre 1956 Thermo Electron gründete. In Griechenland, in einer angesehenen Familie von Professoren, Politikern und Rechtsanwälten geboren, schmiedete Hatsopoulos bereits in der höheren Schule einen Plan für sein Leben, demzufolge er in die Vereinigten Staaten auswandern, Ingenieur und Professor werden und dann ein Unternehmen gründen wollte. Er setzte diesen Plan in die Tat um, nachdem er den Zweiten Weltkrieg in einem Vorort von Athen überlebt hatte; am MIT machte er seinen Doktor in Thermodynamik, lehrte auch an dieser Hochschule und startete dann Thermo Electron auf der Basis der Erkenntnisse seiner Doktorarbeit.

Jim McManus wuchs bei seinen Großeltern auf einer Farm in Wisconsin auf, wo er viel über Aussaat und Wachstum von Pflanzen lernte. Er machte an der Northwestern University seinen M. B. A., arbeitete sieben Jahre bei Procter & Gamble (wo er einer der jüngsten Produktmanager in der Firmengeschichte wurde) und gründete nach weiteren sieben Jahren, während er bei einer Marketing-Beratungsfirma arbeitete, 1971 die Marketing Corporation of America. Er sät noch immer: 15 Prozent des Bruttogewinns verwendet er jedes Jahr für Forschung und Entwicklung. Er war bei der Gründung von zwanzig neuen Geschäftsbereichen federführend. Noch immer hat er es gern, Dinge sich entwikkeln zu sehen: Der Umsatz von Marketing Corporation of America erreichte 1984 den Wert von 200 Millionen Dollar, wobei die Wachstumsrate fünf Jahre lang durchschnittlich über 50 Prozent gelegen hatte.

Die *CEOs* von Hochleistungsunternehmen haben einen sehr unterschiedlichen Werdegang, und nicht immer gibt es bereits früh Anzeichen für den späteren Erfolg. Jede Laufbahn ist anders – die Lebensgeschichte von Dermot Dunphy, Sandra Kurtzig, Jim Macaleer, George Hatsopoulos und Jim McManus entspricht sicherlich nicht den üblichen Vorstellungen über die Entwicklung von »Karrieren«. Ihr Stil und ihre Persönlichkeiten sind genauso unterschiedlich. Aber was diese und viele andere ähnliche Karriereanalysen erfolgreicher *CEOs* zeigen, ist, so meinen wir, daß sie mit unentwegtem Eifer Verantwortung übernommen haben, unerschütterlichen Erfolgswillen bewiesen und diese Entschlossenheit mit außergewöhnlicher Energie in die Praxis umsetzten. Jene Eigenschaften brauchen sie, um ihr Unternehmen erfolgreich durch alle Stadien zu führen.

Sie arbeiten hart

Die *CEOs* erfolgreicher Unternehmen müssen ihre Arbeit lieben, denn sie stellt eigentlich unzumutbare Anforderungen. Es ist außerordentlich schwer, ein Unternehmen aus seinem anfänglich informellen Stadium, in dem es als eine Ein-Mann- oder Ein-Frau-Schau funktioniert, herauszuführen und ein großes, komplexes, oft internationales Unternehmen aus ihm zu machen. Erfolg setzt nichts Geringeres voraus, als das der *CEO* sich persönlich vom Macher zum Manager und zur Führungspersönlichkeit entwickelt. Und wenn das Unternehmen dann wächst und der Abstand zwischen dem *CEO* und dem ursprünglichen Betätigungsfeld größer wird, kann das Bedürfnis, das Leben leichter zu nehmen, die Früchte des Wohlstands zu genießen und der Verlockung zu glauben: »Na! Nun kann ich endlich andere arbeiten lassen!«, zu einer unmerklichen Versuchung werden. Man beachte den Unterschied zwischen zwei Unternehmen, die an der Schwelle zum Großunternehmen beide höchst erfolgreich waren: Eines hat seinen Leistungsstand gehalten, das andere war nicht dazu in der Lage.

Als ältester von sieben Brüdern und einer Schwester weiß Jim Macaleer von SMS, was es heißt, der Älteste einer Gruppe zu sein, deren Mitglieder aufeinander angewiesen sind. Als Gründer und *CEO* eines flügge gewordenen Unternehmens erkannte er, daß er bei jeder Einzelheit des Geschäfts seine Hand im

Spiel haben müßte, oder es würde schnell zugrunde gehen. Zwei Vorfälle verdeutlichen, wie sehr sich Macaleer für sein Unternehmen engagierte und wie sehr sein Erfolgswille die Firma in den schwierigen ersten Jahren zusammenhielt.

Einer der ersten Verträge von SMS für Krankenhaus-Informationsdienste wurde mit American Medicorp abgeschlossen, eine private Kette, die im Gebiet um Philadelphia drei Krankenhäuser betrieb. Innerhalb von wenigen Monaten erwarb American Medicorp weitere Krankenhäuser in Florida, Kalifornien und Texas und danach auch in anderen Staaten. Jim und sein Partner Harvey Wilson mußten ihr Unternehmen beinahe über Nacht in eine landesweit operierende Firma verwandeln, nur um mit Medicorp Schritt halten zu können. »Da gab es keine Frage«, sagt Jim. »Wir mußten unseren wichtigsten Kunden folgen und alle ihre Bedürfnisse befriedigen.«

Ein so rasches Wachstum zu finanzieren hieß, auf einem Seil zu tanzen. Der Ausflug, den SMS 1968 auf den Risikokapitalmarkt unternahm, hatte 2 Millionen Dollar gebracht – viermal soviel, wie die Gründer angestrebt hatten. Aber noch vor Ende 1969 mußte SMS wieder an den Risikokapitalmarkt gehen, wo das Unternehmen noch einmal 3 Millionen Dollar aufnahm. Weitgehend wegen dieser atemberaubend schnellen Expansion schloß SMS erst zwei Jahre später zum erstenmal ein Quartal mit Gewinn ab. Bis dahin hatte das Unternehmen mehr als 90 Prozent des ihm zur Verfügung stehenden Kapitals in die laufenden Geschäfte gepumpt. »Wenn es nur noch ein paar Wochen länger gedauert hätte, bis wir Gewinn machten, hätten wir gezwungenermaßen auch 1972, in einem der schlimmsten Jahre in der Geschichte der Risikokapitalmärkte, wieder Geld aufnehmen müssen – und wir hätten damit praktisch die Kontrolle über das Unternehmen aus der Hand gegeben. Uns war bewußt, daß unsere Geschäfte gewinnbringend verlaufen mußten, und so senkten wir mit aller Gewalt die Kosten und rangen um mehr Produktivität. Und wir haben es geschafft.« Was eine Geschichte mit unbestimmtem Ausgang zu sein schien, war in Wirklichkeit typisch für die kühle, disziplinierte und in höchstem Maße rationale Führung, die Macaleer und Wilson an den Tag legten.

Im Juni 1970 setzte SMS zum erstenmal neue Programme ein, mit denen die Daten nicht mehr für jedes einzelne Krankenhaus getrennt, sondern regional zusammengefaßt verarbeitet werden sollten. Aber es zeigte sich, daß das neue Programm einen Haken hatte; anstatt die erforderliche Rechnerzeit zu verkürzen, wie SMS das erwartet hatte, brauchte es *sechsmal* soviel Zeit. Damit verfügte SMS nicht mehr über ausreichende Rechnerkapazitäten. Da die Krankenhäuser als Kunden des Unternehmens für ihre alltägliche Tätigkeit von den Informationen abhängig waren, die durch SMS-Systeme zugänglich wurden, befand sich SMS in einer möglicherweise tödlichen Krise.

Wie reagierte SMS? Die gesamte Führungsspitze ging ins Rechenzentrum und blieb dort ununterbrochen 72 Stunden, um das Problem zu lösen – allen voran Jim Macaleer. Wann immer irgendwann in der SMS-Geschichte ein Problem auftauchte, taten seine Mitarbeiter einfach alles, um es aus der Welt zu schaffen – und zwar schnell. Jim Macaleer sieht in diesem persönlichen Engagement für das Unternehmen nichts Heroisches: »Wenn wir unsere Kunden nicht nach besten Kräften bedienen, wird es jemand anderes tun. Wenn für die Lösung ein 24-Stunden-Tag erforderlich ist, dann arbeiten wir eben 24 Stunden.«

Was Jims Kollegen in diesem engagierten Führungsteam erzählen, verdeutlicht die Disziplin und Entschlossenheit dieses Unternehmers aufs neue:

- »Jim ist zäh und erwartet viel von seinen Leuten, aber er ist *immer* fair. Er ist absolut ergebnisorientiert und akzeptiert als Antwort kein Nein. Er geht davon aus, daß sich ein Ziel immer erreichen läßt, wenn man nur intensiv genug daran arbeitet.«
- »Von Anfang an sollten wir uns als Unternehmer fühlen – und wir waren es. Wir arbeiteten viel, weil wir auch Eigentümer waren. Jim und Harvey gaben an Hunderte von Angestellten Aktien aus, und darum sind vermutlich fünfundzwanzig von uns jetzt Millionäre.«
- »Ein paar Tage nach Ablauf eines jeden Monats legen wir Jim Macaleer einen Monatsbericht vor. In der Regel kommt er noch am gleichen Tag mit einer Reihe von Fragen zu uns zurück. Noch immer kennt er dieses Geschäft besser als jeder andere, und er möchte uns wissen lassen, daß ihm Einzelheiten nicht gleichgültig sind.«
- »Für einen so budgetbewußten und disziplinierten Mann wie Jim ist es beachtlich, wieviel Geld er in Produktverbesserungen und Entwicklung gesteckt hat. 300 Leute arbeiten bei uns an der Verbesserung des Produktprogramms.«
- »Obwohl Jim ein wohlhabender Mann geworden ist, hat sich sein Lebensstil nicht nennenswert geändert. Er fährt seinen Chevrolet fünf oder sechs Jahre, bevor er ihn in Zahlung gibt, und er lebt seit zehn Jahren in dem gleichen Haus in einem Vorstadtviertel.«

Nehmen wir den Chef eines anderen mittleren Unternehmens, das in einer überregionalen Dienstleistungsbranche tätig ist, auch wenn es nicht zu den Unternehmen gehört, die wir für dieses Buch untersucht haben. Wir nennen ihn Tom Walters und sein Unternehmen XYZ, Inc.

Als XYZ Ende der 60er Jahre gegründet wurde, war es schnell in seinem Bereich führend. Seine Marktnische erlaubte es ihm, im Vergleich zu den Konkurrenten höhere Preise durchzusetzen und erhebliche Gewinne zu machen. Bis 1981 hatte XYZ zehn Jahre lang ein beneidenswertes, beeindruckendes Rekordwachstum seiner Umsätze (die in jenem Jahr die Grenze von 200 Millionen

Dollar überschritten), seiner Erträge und seiner Kapitalrendite zu verbuchen. Dieses anhaltende Wachstum war unvermeidlich, so sah es Tom Walters, und so widmete er seine Aufmerksamkeit (und die des Unternehmens) der Aufgabe, die er für die zentrale Herausforderung hielt: nämlich der Frage, wie XYZ zu strukturieren sei, um als Gesellschaft mit einer halben Milliarde Dollar Jahresumsatz zu funktionieren.

Aber Toms Besessenheit verfolgte ein falsches Ziel. In Wirklichkeit hatte XYZ Probleme ganz anderer Art. XYZ verlangte für seine Hauptdienstleistungen noch immer Höchstpreise, doch Ende der 70er Jahre waren zwei größere Konkurrenten aufgetaucht, die sein Unternehmen übertrafen. Was noch folgenschwerer war, einer der Konkurrenten hatte in Märkten, die die Hälfte des Geschäfts von XYZ ausmachten, eine deutlich überlegene Dienstleistung eingeführt; auch wenn sich dessen Einfluß noch nicht bemerkbar machte, war es anderen – allerdings Tom nicht – klar, daß langfristig der Fortbestand des Unternehmens auf dem Spiel stand.

Und obwohl die Dynamik einer Hochkonjunktur XYZ Umsatzzuwächse verschaffte, verlor es daher rasch Marktanteile. Gleichzeitig verschlechterte sich aber die Qualität der Dienstleistung weiter, als das Linienmanagement die Ausgaben immer wieder kürzte, um – wenn auch nur für kurze Zeit – die Gewinnsteigerungen zu erreichen, auf die Tom Walters so stolz war.

Das eigentliche Hindernis stellte Tom Walters selbst dar. Er war ein energiegeladener, attraktiver, alerter junger Mann, der Nachfolger des Eigentümers geworden war. Er glaubte an die Macht positiven Denkens und an die Macht von Umsatz und Werbung. Er mochte es nicht, wenn ihn schlechte Nachrichten erreichten. Wer auf die möglichen Wettbewerbsprobleme hinwies – fast in jeder Organisation gibt es Leute, die derartiges früh bemerken, und bei XYZ gab es sie auch –, fand bei Tom kein offenes Ohr. »Wer negativ dachte«, brachte es zu nichts oder wurde gefeuert, wodurch sich in den unteren Rängen Furcht oder einfach Resignation verbreitete.

Außerdem war Tom in einem sehr kleinen Unternehmen aufgewachsen und hatte daher nie die grundlegenden Verfahren zu schätzen gelernt, die man brauchte, um Marktkräfte, die Leistung von XYZ im Vergleich zur Konkurrenz, Produkt- und Technologieentwicklungen der Konkurrenten, die die gegenwärtigen Dienstleistungen von XYZ wirkungslos werden lassen könnten, oder selbst Mechanismen zur Planung, Budgetbetreuung und Kostenkontrolle, die eine rationale Beurteilung von Aufwand und Nutzen ermöglicht hätten, richtig einzuschätzen. Er hatte die Einstellung, er habe das Unternehmen bislang strikt nach Intuition mit Erfolg geführt, und seine Intuition sagte ihm, daß man »hinausgehen und verkaufen« und nicht auf Neinsager hören sollte.

Und – nicht zuletzt – war Tom der Überzeugung, auf seine Freizeitvergnügen nicht verzichten zu können. Er glaubte, daß es in einer erfolgreichen und gutgestellten Firma wie XYZ für eine starke Führungspersönlichkeit reichte, von neun bis fünf Uhr zu arbeiten, manchmal auch von zehn Uhr dreißig bis fünfzehn Uhr dreißig. Genau zu dem Zeitpunkt, als für den Fortbestand des Unternehmens die Kraft eines Herkules erforderlich gewesen wäre, um das Produktprogramm zu ändern und die Produktivität wenigstens wieder konkurrenzfähig zu machen, plauderte Tom über die Vorteile des Golfspielens, des Segelns und ähnlicher Möglichkeiten des Zeitvertreibs für Führungskräfte. Und er praktizierte, was er anpries. In seinem *Board of Directors* saßen nur langjährige Freunde, die Tom nicht gerne unangenehme Fragen stellten, und so blieb er in dem Glauben, sich richtig zu verhalten.

1981 geriet das Unternehmen dann in große Schwierigkeiten. Nur der Mut einer Gruppe aus der Unternehmensleitung, die bereit war, ihren Kopf hinzuhalten, rettete XYZ vor dem Abgrund. Da sie sich sowohl für XYZ verantwortlich fühlten als auch von Toms Nachlässigkeit alarmiert waren, schilderten sie ihm die Dringlichkeit der Lage und forderten unverzüglich Verbesserungen. Daraufhin begann XYZ, Inc., sich an den eigenen Haaren aus dem Sumpf zu ziehen, auch wenn es noch zu früh ist, um zu sagen, ob das Unternehmen seine frühere führende Position oder sein Ansehen wiedergewinnen wird.

Tom Walters Misere zeigt deutlich, welch unzumutbare Aufgabe der *CEO* eines Schwellenunternehmens zu erfüllen hat. Er braucht unbedingt ein Frühwarnsystem – Einsicht und organisatorische Unterstützung, um die Kräfte der Marktveränderung zu erkennen und zu verstehen. Er braucht aber auch eigene Urteilskraft und Kreativität, um rechtzeitig und strategisch richtig auf diese Kräfte zu reagieren, und Einsicht und Mut, um Produkte und Dienstleistungen grundlegend, manchmal auch riskant zu verändern. Ständig muß er seine Organisationsmethoden weiterentwickeln und pflegen, um allen Veränderungen gewachsen zu sein.

Der *CEO* eines Schwellenunternehmens muß ein disziplinierter Arbeiter sein, ein praktikables System aufbauen, außerdem ein kluger Vater, Priester und Clan-Vorsteher für die internen Belange des Unternehmens sein. Nach außen muß er einen Propheten, eine geachtete Persönlichkeit mit außerordentlichen Fähigkeiten und hoher Integrität sowie einen brillanten Repräsentanten seines Unternehmens darstellen.

Was noch wichtiger als diese beiden Auflistungen schon fast übermenschlicher Anforderungen ist: Er muß seine eigene Rolle verändern können und wissen, wann der richtige Zeitpunkt dafür ist; er muß das, was er am liebsten tut, aufgeben, und zwar beruflich und privat; er muß ein Philosophenkönig sein, der seinen Leuten Wertvorstellungen und Bedeutung vermittelt.

Die Anforderungen *sind* ungeheuer. Aber es *gibt* Männer und Frauen, die es irgendwie bewerkstelligen, die meisten Anforderungen zu erfüllen – und die wissen, welche sie anderen Leuten überlassen können. Und gerade die Schwierigkeit dieser Aufgabe zeigt die Leistung und große persönliche Befriedigung der wenigen, die ihr gewachsen sind – die der erfolgreichen *CEOs*.

Wie sie es schaffen

Stil, Arbeitsgewohnheiten und die Besonderheiten erfolgreicher *CEOs* sind so unterschiedlich wie das gesamte Spektrum menschlichen Lebens. Teilweise schlägt sich in dieser erstaunlichen Vielfalt die Breite der Geschäftstätigkeiten und des beruflichen Werdegangs nieder, die sie repräsentieren.

Menschen mindestens drei unterschiedlicher Karrieretypen erreichten als *CEOs* Spitzenleistungen. Die erste Gruppe besteht aus erfolgreichen Firmengründern: Menschen wie Sandra Kurtzig, deren Energie, Einfallsreichtum und nicht benutztes Zimmer die Firma ASK Computer Systems entstehen ließ; John Cullinane, der Cullinet Software geschaffen hat, eines der größten und erfolgreichsten Unternehmen in dem aufblühenden Softwaregeschäft; Ray Stata von Analog Devices und Jim McManus von Marketing Corporation of America mit seiner ungewöhnlichen Kombination von Marketing-Dienstleistungen – um nur einige wenige zu nennen.

Dann gibt es die Nachfolger – *CEOs*, die in ihren Unternehmen groß geworden und nach jahrelanger Erfahrung mit der Kultur und Verfahren des Unternehmens in die Unternehmensleitung aufgestiegen sind. Von ihnen sind manche Kinder der Firmengründer, wie Lee Brown von Brown-Forman, dessen erstklassige Getränke sich großer Beliebtheit erfreuen; Bob Chilton von Chilton Corporation, dem stark expandierenden Unternehmen für Verbraucherkreditauskünfte in Dallas; Brad Boss von A. T. Cross Co., dem Hoflieferanten von Füllfederhaltern und Kugelschreibern für die amerikanischen Yuppies; und David Dibner von der Burndy Corporation, dem Hersteller elektrischer und elektronischer Verbindungsteile. Andere Nachfolger-*CEOs* traten in ihr Unternehmen ein, als es noch unbedeutend war, als Produktprogramme und Unternehmenskultur noch in den ersten Entwicklungsjahren steckten – Leute wie Abe Krasnoff von Pall Corporation, dem führenden Filterunternehmen, und David Parkinson von Thomas & Betts, das Verbindungsteile, Terminals, Anschlußstücke, Befestigungselemente und anderes Elektro- und Elektronikzubehör für den Bau- und Instandhaltungsmarkt und Büroverkabelung herstellt.

Und es gibt die *CEOs,* die in der Regel aus viel größeren, stärker strukturierten Unternehmen kommen und in ihrem neuen Unternehmen gleich Spitzenpositionen übernehmen.

Andererseits haben diese erfolgreichen Führungspersönlichkeiten viel gemeinsam. Alle kennen sie ihr Geschäft von Grund auf; andernfalls würden sie die Achtung ihrer Mitarbeiter verlieren oder fatale Fehler machen. Was am wichtigsten ist, sie haben alle enormes Interesse an ihrem Unternehmen – an seinem Erfolg, seinem Ansehen, seinem langfristigen Wohlergehen. Aber über diese fundamentalen Eigenschaften hinaus gibt es vier besondere, vielleicht ungewöhnliche Merkmale, die im allgemeinen alle erfolgreichen *CEOs* aufweisen. Diese Merkmale treten zwar in unterschiedlicher Intensität und Zusammensetzung auf, aber sie sind alle:

- bis zur Besessenheit engagiert und beharrlich,
- Baumeister, keine Bankiers ihres Unternehmens,
- gleichermaßen Mannschaftsspieler und Einzelkämpfer,
- bereit, kalkulierte Risiken einzugehen.

Engagement und Beharrlichkeit

Die *CEOs* der Spitzengewinner sind ein Beispiel für totales Engagement. Ob sie das nun zugeben oder nicht, für die Mehrheit ist ihr Unternehmen, sein Erfolg und Ansehen das Wichtigste im Leben. Als wir Mitglieder der American Business Conference sowie anderer erfolgreicher Unternehmen untersuchten, bestätigten sich das Engagement und die Beharrlichkeit ihrer *CEOs* auf drastische Weise. Diese Menschen setzen sich nicht nur voll und ganz ein, sie tun das auch gern.

Bob Elliot von Levitz Furniture ist ein gutes Beispiel dafür. Als wir mit ihm sprachen, hatte Levitz nahezu hundert Einzelhandelsgeschäfte in etwa der Hälfte aller Bundesstaaten; von jedem einzelnen kannte Bob den Lagerbestand, die finanzielle Lage und die Lohn- und Gehaltskosten, sogar Schaufensterauslagen und Präsentationsmethoden des Geschäftes. Das ist kein Wunder: »Ich installiere die Systeme, um sicher zu sein, daß ich diese kritischen Faktoren unter Kontrolle behalte.«

Don Brinckman von Safety-Kleen verbringt viele Stunden damit, sich über Nachfragetrends und Kundenfluktuation sowie mit den Ergebnissen der einzelnen Regionen, Bezirke und Außendienstler auf dem laufenden zu halten. Wenn er dabei auf Details achtet, hat das sowohl pragmatischen als auch symbolischen Wert. Sein Gespür für den allgemeinen Verlauf der Geschäfte – seine Stärken und Schwächen, seine Hochs und Tiefs – ist die Grundlage für Entscheidungen über Sonderprämiensysteme, Absatzfeldzüge und Personalbeurteilung. Symbolisch kommt sein Engagement darin zum Tragen, daß man im ganzen Unternehmen einhellig der Meinung ist, Don sorge sich nicht nur um das Unternehmen, sondern seine hohen Leistungsanforderungen verdienten auch erfüllt zu werden. Sein Bestreben, die Finger am Puls des Unternehmens zu halten, hat erhebliche Auswirkungen auf die Motivation seiner Kundendienst-, Außendienst- und Marketingteams – was umgekehrt der Grund für Safety-Kleens anhaltenden Erfolg ist.

Bis vor kurzem entwarf Josh Weston von Automatic Data Processing, Inc., selbst die Anreizsysteme, die in diesem außerordentlich erfolgreichen Unternehmen so leistungsmotivierend wirkten. ADPs Mitarbeiter wissen, daß Weston sie mit fundierten Fragen anruft, wenn irgend etwas in der Firma nicht ganz funktioniert; und sie wissen auch, daß er langjährige Angestellte zum Abendessen einlädt, um ein besonderes persönliches Ereignis oder eine außergewöhnliche Leistung zu feiern. Das Wissen, daß »man von Josh hören wird« und daß er den Sachverhalt kennt, ist eine wichtige Kraft, die die jetzt sehr große Führungsmannschaft von ADP veranlaßt, mit aller Kraft am gleichen Strang zu ziehen.

Bei unserem ersten Zusammentreffen mit Dee d'Arbeloff, dem *CEO* von Millipore, erläuterte er uns vier Stunden lang die Vorgehensweise des Unternehmens – Markt für Markt, Produkt für Produkt, Strategie für Strategie. Er bewies Vertrautheit mit der Organisation, eine gründliche Kenntnis des Geschäfts und Verständnis für die Optionen, die dem Unternehmen in Zukunft offenstehen könnten, wie es in diesem Ausmaß für ein mittelgroßes Unternehmen ungewöhnlich und für einen Riesenkonzern unmöglich ist.

Bei Donaldson, Lufkin & Jenrette brütet *CEO* John Castle ganze Wochenenden über detaillierten Berichten aus dem Unternehmen. Und bei den letzten Olympischen Sommerspielen in Los Angeles sahen Besucher, die Tom Wathen nicht kannten, mit Erstaunen, wie der *President* und Eigentümer von California Plant Protection zusammen mit anderen Wachleuten an neuralgischen Sicherheitspunkten Routinekontrollen durchführte. Das ist typisch für *CEOs* erfolgreicher Unternehmen – sie befassen sich eingehend mit den Details und haben einfach Freude daran.

Intensives Engagement zeigte sich eindeutig in den Ergebnissen unserer Erhebung bei *CEOs* der American Business Conference. Trotz des Erfolgs ihrer Unternehmen und ihrer eigenen finanziellen Unabhängigkeit reisen die *CEOs* nach wie vor intensiv und arbeiten hart, um mit Angestellten, Kunden und dem Geschäftsumfeld in engem Kontakt zu bleiben. Bis Robert Burnett, *President* und *CEO* der Meredith Corporation – des diversifizierten Medienunternehmens –, vor nicht allzu langer Zeit die Verantwortung seinen *Group Presidents* übergab, traf er sich bei jährlichen Betriebsversammlungen in jedem der weit verstreuten Standorte des Unternehmens mit den Mitarbeitern. Traditionell gehörte es zu seinen Besuchen, daß er zu allen Tages- und Nachtzeiten in den Werken des Unternehmens erschien, um auf jeden Fall mit jedem zusammenzutreffen – einschließlich der zweiten und dritten Schicht. Was er dabei erfuhr und wie es sich auf die Organisation auswirkte, daß der Boß persönlich im Betrieb erschien, ist von unschätzbarem Wert.

Selbst *CEOs*, die weniger arbeiten als die durchschnittlichen 64 Stunden der ABC-Chefs, sind stark engagiert und genau informiert. Dermot Dunphy von Sealed Air behauptet, weniger als fünfzig Stunden in der Woche mit seiner eigentlichen Arbeit zu verbringen, doch den größten Teil dieser Zeit widmet er der Aufgabe, kritische Leistungsindikatoren zu überprüfen und das Engagement seiner Führungsmannschaft zu vertiefen. Auch zählt er nicht die Stunden, die er als Aufsichtsratsmitglied anderer Unternehmen und als Vorsitzender sozialer Organisationen verbringt, obwohl andere *CEOs* ihm dort häufig für Sealed Air nützliche Ideen vermittelt haben. In den letzten Jahren hat Bob Chilton von Chilton Corporation die Last der Unternehmensleitung rund um die Uhr weitgehend auf die Führungskräfte übertragen, die er genau auf dieses Ziel vorbereitet hat. Aber sie alle wissen, daß Bob durch seine häufigen Sitzungen und Reisen mit den Einzelheiten nach wie vor vertraut bleibt; sie wissen auch, daß sie ein Erbe angetreten haben, das totales Engagement für das Geschäft, das Chilton in den letzten zwei Jahrzehnten zum Erfolg geführt hat, bedeutet.

Wir stellten Spekulationen an, woher die enorme Energie und das Pflichtgefühl dieser Leute wohl kommen könnten, fanden aber keine eindeutige Ursache. 99 Prozent sind College-Absolventen und beinahe die Hälfte hat einen Hochschulabschluß – doch das war keine ausreichende Erklärung. Aber dann machten wir eine andere Entdeckung, die das Phänomen erklären könnte: Diese *CEOs* sind zum größten Teil »armer Leute Kinder«, die sich selbst nach oben gearbeitet haben.

Von den Befragten unserer Erhebung gaben 40 Prozent an, daß ihr Familieneinkommen, als sie Kinder waren, unter dem Durchschnitt lag (16 Prozent nannten sich regelrecht arm). Nur 17 Prozent stuften ihre Jugend als wirtschaftlich überdurchschnittlich gesichert ein, und 43 Prozent schätzten, ein mittleres Einkommen gehabt zu haben – diese Ergebnisse sind insofern besonders aufschlußreich, als etwa 70 Prozent der Amerikaner sich als Angehörige der Mittelschicht oder darüber einstufen, wenn sie allgemein zu ihrer sozioökonomischen Herkunft befragt werden.

Fast zwei Drittel der Befragten unserer Erhebung hatten im Alter von sechzehn und darunter eine bezahlte Arbeit von mindestens zehn Stunden die Woche zusätzlich zur Schule; und drei Viertel arbeiteten auch in ihrer Collegezeit. Ein Drittel von ihnen gaben an, mindestens einmal in ihrem Leben »pleite« oder »beinahe pleite« gewesen zu sein.

Diese Daten und unsere eigene Erfahrung bei der Arbeit mit *CEOs* beweisen uns hinreichend, daß eine Kombination von angeborener Intelligenz und Energie, starker Familienzusammenhalt, der Glaube an den Wert der Bildung und ganz normaler Ehrgeiz sowie Konkurrenzstreben die wichtigsten Antriebskräfte ausmachen, die die erfolgreichen *CEOs* zu Spitzenleistungen treiben –

was bei vielen beinahe zur Besessenheit wird. Wie ein Mitglied der American Business Conference sagte: »Ich glaube, die meisten von uns wußten, was es heißt, arm zu sein, und wir waren früh gewillt, der Armut zu entrinnen.«

Baumeister, keine Bankiers

Aber wenn sie es geschafft haben, wird Geld für erfolgreiche *CEOs* beinahe zur Nebensache. Kaum ein Unternehmer aus der American Business Conference könnte sich nicht von heute auf morgen mit einem persönlichen Vermögen in Millionenhöhe zur Ruhe setzen. Die meisten könnten ihre Unternehmensanteile für 10 oder sogar 100 Millionen verkaufen. Aber diese Unternehmer brauchen nicht nur Geld. Was sie brauchen, wonach sie streben, ist ein Erbe zu hinterlassen – darin finden sie eine innere Befriedigung, die für sie charakteristisch ist.

Der Vision verpflichtet

Die überwiegende Mehrheit der *CEOs,* die wir bei unserer Arbeit für ABC-Unternehmen und für dieses Buch befragten, teilte das Gefühl, das einer von ihnen ausdrückte: »Meine finanziellen Ziele habe ich vor langer Zeit erreicht. Im Wachstum meines persönlichen Gehaltes sehe ich einen Maßstab dafür, wie gut meine Leistung ist, aber am wichtigsten ist mir die Bedeutung meines Unternehmens und welches Image es in der Geschäftswelt hat.« Natürlich gibt es Ausnahmen. Ein *CEO,* dessen Unternehmen bereits gut über 10 Millionen Dollar wert ist, nannte uns einen Nettowert von 100 Millionen Dollar als sein persönliches Ziel.

Die überwiegende Mehrheit der *CEOs* der American Business Conference setzt ihren Unternehmen klare und anspruchsvolle finanzielle Leistungsvorgaben. Aber in Gesprächen mit ihnen wird deutlich, daß die erfolgreichen *CEOs* ihr größtes persönliches Anliegen darin sehen, im Wettbewerb die Führung zu übernehmen und eine starke Organisation aufzubauen, wobei dann Gewinne fast als Nebenprodukt abfallen.

Bob Swiggett von Kollmorgen hat dem Unternehmen vor langer Zeit zwei herausfordernde finanzielle Ziele gesetzt: die Erträge alle vier Jahre zu verdoppeln und für die Aktionäre eine Eigenkapitalrendite von 20 Prozent zu erreichen. Aber diese Zielvorgaben ergeben sich aus Kollmorgens dreigeteilter Vision: in jedem Marktsegment, in dem das Unternehmen tätig ist, Marktführer zu werden; bei der Einführung neuer Technologien und neuer Produkte Pionier zu sein; eine auf Zusammenarbeit gegründete Organisation und Unternehmenskultur zu haben, wo fähige Mitarbeiter quasi wie ein Mitglied einer Familie füreinander einstehen. Die Unternehmensleitung widmet der Zusammenarbeit mit den fünfzehn Sparten (und mit dem internen *Board of Directors* jeder Sparte) sehr viel mehr Zeit, als daß sie sich Gedanken darüber macht, ob die Zielvorgaben für Erträge und Eigenkapitalrendite erfüllt werden. Bob Swiggett ist der Ansicht, daß sich finanzielle Ergebnisse von selbst einstellen, wenn die organisatorischen und geschäftlichen Entscheidungen richtig getroffen werden.

Ihr Engagement für den Aufbau von Institutionen, die sie selbst überleben werden, läßt diese *CEOs* langfristig denken und planen. So sagt George Hatsopoulos von Thermo Electron: »Als wir Umsätze von 3 Millionen Dollar hatten, stellte ich mir bereits vor, wie das Unternehmen mit einem Umsatz von 100 Millionen Dollar geführt werden müßte. Als wir bei 30 Millionen Dollar angelangt waren, begann ich, bewußt darüber nachzudenken, was wir bei einer Milliarde tun müßten.« Bob Burnett von Meredith Corporation meint: »Letzten Endes geschieht Wichtiges nur, wenn innerhalb des Rahmens formaler Unternehmensplanung und Entscheidungsfindung eine unternehmerische Haltung gefördert wird. Die einzige Rechtfertigung für formale Planung ist, gute Ideen hervorzubringen. Und manchmal setzt das die Bereitschaft voraus, die gegenwärtigen Gewinne den zukünftigen Erträgen zu opfern.«

Dee d'Arbeloff, Millipores *Chairman,* hatte die Vision von einem Unternehmen, das für hochentwickelte Filtriersysteme marktführend sein würde – und zwar nicht nur im Bereich der traditionellen mikroporösen Membrane von Millipore, sondern auch in anderen verwandten Bereichen wie der Flüssigkeitschromatographie und hochentwickelter Wasserreinigung. Diese Vision zu verwirklichen bedeutete Expansion durch Akquisitionen: Bereits 1970 kaufte Millipore 20 Prozent von Water Associates, dem führenden Unternehmen der Hochdruck-Flüssigkeitschromatographie. 1980 erwarb Millipore Waters dann ganz, und trotz der früheren Verbindung zwischen den beiden Unternehmen wußte jeder, daß eine gewisse Zeit der Anpassung unvermeidlich sein würde, da Waters eine neue Unternehmenskultur, neue Technologien und einige neue Marktnischen einbrachte. D'Arbeloff übernahm die mühsame Aufgabe, die beiden Unternehmen zu verbinden. Das dauerte mehrere Jahre (wie wir in Kapitel VI erörtern werden), aber die Investitionen in Innovation und Leistung haben sich ausgezahlt – 1984 wurden Rekordumsätze und -erträge erzielt.

Wir sind überzeugt, daß das in hohem Maße innovative Anpassungsverhalten der Spitzengewinner das Produkt ewiger Unzufriedenheit mit dem Status quo ist. Darin spiegelt sich auch eine ausgeprägte Markt- und Kundenorientierung auf seiten des *CEO,* der nicht immer wieder fragt: »Wie können wir mehr Geld verdienen?«, sondern: »Wie können wir unseren Kunden besser bedienen?« Wer sich in mittelgroßen Unternehmen hochgearbeitet hat oder sich entschloß, in sie einzutreten, ist in der Regel von Natur aus Stratege und verfolgt eine Vision. Er denkt sich gerne Ideen und neue Geschäftszweige aus.

Eine Institution aufbauen
Die erfolgreichen *CEOs* widmen der Entwicklung von Mitarbeitern, deren Fertigkeiten und Managementsystemen viel Aufmerksamkeit. Sandy Kurtzig, die sich bequem zur Ruhe setzen und ihren neun und zwölf Jahre alten Kindern mehr Zeit widmen könnte, entschied sich statt dessen dafür, 80 Prozent ihrer Zeit auf Reisen zu verbringen, um für ASK Computer Systems Verkaufsförderung zu betreiben. Bob Rosenberg von Dunkin' Donuts sagt: »Meine allererste Aufgabe ist, ein Umfeld zu schaffen, in dem gute Leute arbeiten können.«

Wieder andere berichteten uns von speziellen Methoden, mit denen sie ihre Organisation aufbauen und ihre Mitarbeiter fördern und motivieren – unter anderem durch Kommunikationsprogramme zur Verfestigung des Unternehmens-Wertsystems, Managementsysteme zur Beobachtung des externen Umfeldes, neue Technologien und Konkurrenten sowie durch Belohnungen für große und kleine Erfolge. D'Arbeloff von Millipore setzt jeden Monat Videoaufzeichnungen ein, in denen Fragen der Mitarbeiter beantwortet und beachtenswerte Beiträge anerkennend genannt werden. Bob Rosenberg von Dunkin' Donuts verzehrt in möglichst vielen seiner Restaurants selbst Kaffee und Berliner, um mit den Leuten an der Front zusammenzutreffen und in Tuchfühlung mit ihnen zu erfahren, was sie bewegt. Um das Motto von California Plant Protection, »Wir sind stolz auf unsere Arbeit«, zu unterstreichen und die Überzeugung zu bekräftigen, daß Sicherheitsbeamter zu sein die wichtigste Arbeit der Welt ist, zieht sich deren *CEO* und Eigentümer Tom Wathen regelmäßig selbst die Uniform an und versieht seinen Dienst. Da die *CEOs* hierbei Erkenntnisse aus erster Hand gewinnen und ihrer Organisation deutliche Signale senden, ist das den Zeitaufwand wirklich wert.

Mannschaftsspieler und Einzelkämpfer

Eine der ausgeprägtesten Eigenschaften erfolgreicher *CEOs*, aus der sich allgemeine Schlüsse ziehen lassen – und die mit der Konzentration auf den Organisationsaufbau zusammenhängt –, ist einerseits die Kombination von ausgeprägtem Individualismus und der Tendenz, sich mit einem oder ein paar Partnern zusammenzutun, und andererseits der Glaube, nur im Team stark sein zu können. Offensichtlich erkennen sie – durch Intuition oder rationale Analyse –, daß die Komplexität ihrer wachsenden Unternehmen an der Spitze eine Vielzahl von Fähigkeiten erforderlich macht, denen sie allein nicht mehr gerecht werden können. In der Regel bildet ein *CEO,* dessen größte Stärke der Außenkontakt zum Markt ist, mit anderen Mitarbeitern ein Team, deren Stärke interne operative Aufgaben sind. Wenn ein *CEO* im direkten Kontakt mit den Menschen besondere Fähigkeiten hat, fühlt er sich wahrscheinlich zu einem

Partner hingezogen, der strukturierter, disziplinierter ist, der ein Gegengewicht zu ihm bilden kann. Daher gibt es unter den erfolgreichen *CEOs* zwar wahrscheinlich sehr vielseitige Führungspersönlichkeiten, aber die meisten schaffen sich irgendein Element des Ausgleichs zwischen Freiheit und Disziplin, indem sie ganz an der Spitze Partnerschaften eingehen.

Einer der ersten, die den Wert eines starken Teams hervorhoben, war der älteste, den wir im Lauf unserer Arbeit befragten – Nestor MacDonald, Jahrgang 1896, ehemals *CEO* von Thomas & Betts, dessen Rat seine Nachfolger, David Parkinson und Kevin Dunnigan, nach wie vor schätzen. In seinem Büro bei T & B erzählte uns MacDonald, daß jeder seiner Nachfolger im Vorsitz als zweiten einen starken komplementären Partner hatte und daß diese Beziehung von einem außergewöhnlichen Maß gegenseitiger Kooperation zwischen zwei sehr unterschiedlichen Persönlichkeiten geprägt war.

Bereits als das Unternehmen 1898 gegründet wurde, verließ sich der Firmengründer und erste *CEO,* R. M. Thomas, auf seinen Kommilitonen aus Princeton, Hobart Betts. Thomas war der »Mr. Inside«, der sich betriebsintern um Fragen der Technik und Fertigung kümmerte – während Betts der »Mr. Outside«, der Verkaufsleiter war. Von 1929 an, als G. C. Thomas, der Neffe des Firmengründers, *CEO* wurde, bis zu seiner Pensionierung 1960 war Mac MacDonald sein Hauptstellvertreter. G. C. war streng und auf Disziplin bedacht, er setzte eindeutige Leitwerte, zu denen absolute Integrität und hohe Produktqualität gehörten; Mac war der charismatische Verkäufer, Marketingmann und Botschafter, der die enge Beziehung zwischen T & B und seinen Großhandelsorganisationen für Elektrogeräte aufbaute. Nachdem G. C. Thomas sich zur Ruhe gesetzt hatte, erhielt MacDonald Bob Thomas als Partner, Sohn des Firmengründers, ebenfalls ein verhältnismäßig ruhiger, aber fähiger, auf die internen Belange des Unternehmens spezialisierter Manager. Seit Dave Parkinson, der in der nach außen orientierten Welt des Vertriebs und Marketings groß wurde, 1974 zum *CEO* wurde, arbeitete er mit *President* Kevin Dunnigan Hand in Hand zusammen, der sich mit internen Prozessen wie Fertigung und Rationalisierung von Arbeitsabläufen beschäftigte.

Mac MacDonald beschreibt das so: »Die Geschichte unseres Unternehmens – das in hundert Jahren nur sechs *CEOs* hatte – ist ohne Unterbrechung die Saga zwei unvollkommener Männer, deren persönliche Eigenschaften so waren, daß ein Mittelding zwischen beiden den idealen Spitzenmanager ergeben hätte.«

Ein weiteres beeindruckendes Team, das mehr als dreißig Jahre gut zusammengearbeitet hat, sind bei der Pall Corporation Abraham Krasnoff, der *CEO*, und Dr. David Pall, der Firmengründer. Krasnoff war als selbständiger Wirtschaftsprüfer für das Unternehmen tätig gewesen, aber Dr. Pall überredete ihn 1951, in das noch junge Unternehmen einzutreten. In der kommenden Zeit blieb Dr. Pall der Erfinder innovativer Produkte, und Krasnoff wurde zum Baumeister der Organisation.

Palls ungewöhnlicher Erfolg in dem harten Geschäft mit Filtern beruht zu einem großen Teil auf der gegenseitigen Achtung, die sich diese beiden Männer erweisen. Anders als viele andere Firmengründer hat Dr. Pall Krasnoff das Unternehmen immer »leiten« lassen – was einige organisatorische und strategische Fehler sowie auch beachtliche Erfolge mit sich brachte. Und Krasnoff hat seinerseits immer seine Hochachtung vor den einfallsreichen Apparaten bezeugt, die Pall zur Lösung der Filtrierprobleme ihrer Kunden entwickelte. *Financial World* berichtete: »Was *President* Abraham Krasnoff betrifft, ist er für Pall selbst der Ideenlieferant: ›Zur Theorie, Wissenschaft und Kunst des Filterns hat er weltweit die wichtigsten Beiträge geliefert.‹«*

Nach Beendigung unserer Arbeit mit ABC-Mitgliedern beeindruckte uns immer noch, wie viele Spitzengewinner ein ähnliches Muster effektiver Teamarbeit aufweisen:

- Bei *Millipore* bildeten Firmengründer Jack Bush und *CEO* Dee d'Arbeloff in der frühen Wachstumsphase des Unternehmens jahrelang ein leistungsfähiges Team. In jüngster Zeit waren d'Arbeloff und *President* Jack Mulvany die Zentralfiguren, wobei d'Arbeloff der Hauptstratege und Sprecher nach außen war und Mulvany als strenger »Innenminister« fungierte – beide aber an allen wichtigen Entscheidungen des Unternehmens beteiligt waren.
- Bei *Donaldson, Lufkin & Jenrette* sorgte Firmengründer Dick Jenrette für die Präsenz in der Öffentlichkeit, *President* (und seit kurzem auch der *CEO*) John Castle war die treibende Kraft im internen Betrieb.
- Bei *Automatic Data Processing* waren Henry Taub und Frank Lautenberg die Unternehmensführer der Anfangszeit; dann wurden es Lautenberg und Josh Weston, bevor Lautenberg 1982 in den amerikanischen Senat gewählt wurde.
- Bei *MCI* teilen sich *CEO* Bill McGowan und *President* Orville Wright die Verantwortung – McGowan, der glänzende, extrovertierte Unternehmer, Wright, der disziplinierte Organisator und Geschäftsführer.
- Bei *SMS* sind die Rollen vertauscht: *Chairman* und Firmengründer Jim Macaleer sorgt für interne Disziplin, sein Stellvertreter Harvey Wilson ist der kreative Marketingleiter und charismatische Repräsentant des Unternehmens.
- Bei *Cray Research* bilden der Firmengründer Seymour Cray mit seinem technischen Können und der *Chairman* und *CEO* John Rollwagen mit seinen organisatorischen Führungsfähigkeiten ein Team, um das weltweit führende Unternehmen für Großrechner zu leiten.

*»Pall Corp. – The Secret Weapon Behind Its Growth«, *Financial World,* 15. August 1979, S. 45

- Bei *Dunkin' Donuts* ergänzen sich Bob Rosenberg mit seinem Marketingwissen und seinen strategischen Fähigkeiten und Tom Schwarz mit seinem Finanz- und Administrationstalent. Sie passen zusammen, eben »wie Kaffee und Berliner«.

Als wir uns über den Begriff der Teamführung Gedanken machten, fiel uns auf, daß nur wenige Unternehmen unserer Untersuchung formale Managementteams haben – beispielsweise ein *»Office of the President«* oder *»Office of the Chairman«*. Doch in vielen der besten Unternehmen steht an der Spitze eindeutig ein Team, und zwar sowohl bei der internen Arbeit als auch bei öffentlichen Aufgaben. (Interessant und aufschlußreich ist es, daß viele ABC-Mitgliedsunternehmen in ihren Jahresberichten Fotos von Gruppen, nicht von Einzelpersonen, veröffentlichen.)

Doch hier handelt es sich um ein Phänomen mit Variationen. Xidex Corporation hat formal ein *»Office of the President«* für den *President,* das aus *CEO* Lester Colbert und den *Executive Vice Presidents* Gary Filler und Bert Zaccaria besteht. Jeder von ihnen hat die Vollmacht, Entscheidungen für das Unternehmen zu treffen. Colbert drückt das in seiner typischen bildhaften Sprache so aus: »Wenn zwei von uns auf der Autobahn nach San Francisco verunglücken würden, hätte Xidex noch immer eine aktionsfähige Unternehmensleitung.« Bei Kollmorgen mit seinen fünfzehn Sparten und fünfzehn *Divisional Boards* bestand die Kerngruppe der Unternehmensleitung bis 1984 aus vier Männern: aus dem *CEO* Bob Swiggett, dem *Vice Chairman* Alan Doyle, dem *Vice Chairman* (und Bruder) Jim Swiggett und dem *Executive Vice President* George Stephan.

Zwar haben mehrere hervorragende Mitgliedsunternehmen der American Business Conference kein so eindeutig erkennbares Führungsteam wie diese Beispiele, aber eine ausreichend große Zahl mittelmäßig erfolgreicher Unternehmen, die wie Sternschnuppen auftauchten und verschwanden, sind so teamfeindlich, daß wir einen Zusammenhang herstellen können. Diese nicht sehr erfolgreichen Unternehmen werden in der Regel von *CEOs* geführt, die sich geographisch und durch ihren persönlichen Stil von ihren Mitarbeitern isolieren. Sie führen ihr Unternehmen wie ein absolutistischer Herrscher; für sie machen finanzieller Besitz und die Macht des Ernennungsrechtes, nicht aber Teamarbeit und gegenseitige Wertschätzung das Wesen des Führens aus.

Vielleicht ist es *Vertrauen,* was einen erfolgreichen *CEO* wirklich von den anderen unterscheidet – ein Phänomen, das sich häufig in Teamarbeit verkörpert, sich aber manchmal auch auf andere, weniger sichtbare Weise äußert, nämlich im Sinn für Zusammenarbeit und gegenseitiges Verständnis, der, formell und kaum erkennbar, nur einen oder zwei Vertraute oder eine ganze Führungsgruppe umfaßt. Wie im Mannschaftssport oder am Broadway kann ein Superstar manchmal den Ausschlag zwischen Erfolg oder Mißerfolg geben, kann es aber niemals ganz allein schaffen. Nur das ganze Team und das gesamte Ensemble erreichen auf dem Spielfeld wie auf der Bühne – und in den erfolgreichen Unternehmen – den Erfolg.

Kalkulierte Risiken eingehen

Mut ist wichtig. Zu wissen, wann kalkulierte Risiken einzugehen sind – darin sind sich die *CEOs* erfolgreicher Unternehmen einig –, gehört zur Grundvoraussetzung. Von den Befragten unserer Erhebung gaben mehr als 90 Prozent an, daß Risikofreude in ihren Augen ein unumgängliches Merkmal eines jeden Unternehmens mit hohen Wachstumsraten ist, und 74 Prozent sagten, das sei für den Erfolg in ihrem eigenen Geschäft »sehr wichtig« gewesen.

Risiken eingehen . . .
Häufig initiieren die *CEOs* erfolgreicher Unternehmen kühne Veränderungen und Investitionen, bei denen beinahe das ganze Unternehmen auf dem Spiel steht. Einige dieser riskanten Maßnahmen erfolgen in der Gründungsphase, nämlich dann, wenn das Unternehmen sich gerade fest zu etablieren versucht. Das gilt etwa für Don Brinckmans Entscheidung, Safety-Kleen landesweite Dimensionen zu geben, wobei er innerhalb von achtzehn Monaten mehr als hundert Vertriebswege quer durch das ganze Land einrichtete, um anderen auf dem amerikanischen Markt zuvorzukommen. Ähnlich wie er war Jim Macaleer zu erheblichen Investitionen in Computersysteme bereit und verbrauchte in den ersten zwei Jahren des Unternehmens SMS bereits 90 Prozent seines Kapitals, damit er die Beziehung zu den wichtigsten Kunden verfestigen konnte und neue Kapazitäten errichten kann, um auch andere zufriedenstellend bedienen zu können.

Einige Unternehmen gehen Risiken ein, um an einem Scheideweg in ihrer Entwicklung eine Richtungsänderung mit Nachdruck verfolgen zu können. Daß Dee d'Arbeloff Waters Associates erwarb, um Millipores Stellung als erstes Unternehmen für Filtrierverfahren zu etablieren, ist ein Beispiel hierfür. Und sowohl Meredith Corporation als auch Unifi haben erstaunliche Summen in kostspielige, höchst rationelle Fertigungskapazitäten investiert, als ihre Konkurrenten nicht bereit waren, das zu tun.

Ein weiteres gutes Beispiel, das sich langfristig rentiert hat, ist Bob Chiltons Entscheidung – die bereits erörtert wurde –, zwischen 1965 und 1969 8,5 Millionen Dollar in die computermäßige Erfassung der Kreditakten von Chilton Corporation zu investieren – als sich dessen Jahresumsatz erst auf einen Bruchteil dieses Betrages belief. Bob ging das Risiko ein, weil er wußte, daß die Investition Chilton mit Kapazitäten ausstatten würde, mit denen kein Konkurrent gleichziehen konnte. Sein Einsatz machte sich bezahlt, die Kunden schätzten die einzigartigen Speicher- und Abfragekapazitäten des Unternehmens, und bis 1974 waren seine Einkünfte auf 20 Millionen Dollar hochgeschnellt. Anfang der 80er Jahre investierte Chilton wieder massiv in seine Systeme, wobei es diesmal 4,5 Millionen Dollar für neue Programme ausgab, um den Kunden einen besseren Zugang zu den Informationen und deren Manipulierung zu ermöglichen. Über ein Drittel aller Verbraucher in den Vereinigten Staaten hat Chilton jetzt Kreditakten auf dem neuesten Stand, und 1984 lagen seine Einkünfte über 85 Millionen Dollar.

Personalentscheidungen gehören zu den wichtigsten »Wetteinsätzen«, die die ABC-Mitglieder bei unserer Untersuchung sowie die Spitzengewinner, die wir seit Jahren gut kennen, nannten. Erstklassige *CEOs* verfügen offensichtlich über das Urteilsvermögen und Vertrauen, Mitarbeitern herausfordernde Aufgaben zu übertragen, bevor sie sich des Erfolgs absolut sicher sein können. Jim McManus von der Marketing Corporation of America erlitt zehn Mißerfolge, als er das Risiko einging und seinen Mitarbeitern erlaubte, neue Geschäftszweige zu eröffnen. Er hatte aber weiterhin Vertrauen – und der Erfolg stellte sich ein. Und Bob Swiggett von Kollmorgen schuf den organisatorischen Rahmen für sechzig Leiter von Profit Centers – sechzig kritische Einsätze, die schließlich Kollmorgens hervorragenden Ruf und überragende Ergebnisse bewirkten.

Die Chancen kennen . . .

Risiken zu kalkulieren ist für erfolgreiche *CEOs* genauso wichtig wie die Bereitschaft, sie einzugehen. Wann immer sie etwas riskierten, hatten die meisten *CEOs,* das zeigte unsere Erhebung, die Verlustmöglichkeiten im voraus berechnet, und ihr Urteil beruhte auf genauester Kenntnis sowohl des Marktes als auch wahrscheinlicher Wettbewerbsreaktionen und auf einer gründlichen Kenntnis anderer äußerer Einflüsse. Was noch wichtiger ist, diese *CEOs* hatten genaue Vorstellungen – einen Krisenplan –, um mit der Möglichkeit des Mißerfolgs fertig zu werden und ihn sogar zu einem Vorteil zu machen.

Pall Corporation bietet hier wieder ein gutes Beispiel. In den Jahren von Palls frühem Wachstum mußte Abe Krasnoff, sein *President* und *CEO,* mindestens dreimal größere Akquisitionen oder neue Geschäftszweige rückgängig machen. In jedem Fall gelang ihm das ohne Verluste – er verkaufte zum Beispiel ein unrentables Geschäft mit Wärmeaustauschern »stückweise«, um »ungeschoren davonzukommen«. Manchmal konnte er sogar einen Gewinn machen, als er etwa ein Glasfaserwerk verkaufte, das Palls Zielvorgaben nie erfüllte, oder einen Pumpenhersteller veräußerte, den Pall zwar erworben hatte, aber nicht in die Gewinnzone steuern konnte.

. . .und ein bißchen Glück

Die Risikobereitschaft erfolgreicher *CEOs* beruht vermutlich zum Teil in ihrem Glauben, das Glück auf ihrer Seite zu haben. Während nur 21 Prozent der von uns befragten *CEOs* mutmaßen, allgemein »mehr Glück« zu haben als die Konkurrenz, geben 68 Prozent zu, daß das Glück oder »glückliche Zufälle« für ihren Erfolg eine gewisse oder sogar eine sehr wichtige Rolle spielten.

Wir sind überzeugt, daß alle Unternehmen in Wirklichkeit gleichermaßen Glück haben. Ob sie das intuitive Gespür haben, einen günstigen Zufall zu erkennen, und die Kraft besitzen, ihn zu nutzen, macht den Unterschied aus.

Die sich verändernde Rolle des CEOs

Vielen Führungskräften mittelgroßer Unternehmen fällt es schwer, mit den sich entwickelnden Bedürfnissen ihres Unternehmens und ihrer Position auch ihre Rolle und ihr Verhaltensmuster zu ändern. Wir sagten bereits, wie entscheidend es ist, daß *CEOs* mittelgroßer Wachstumsunternehmen sich anpassen. Die Frage liegt nahe, warum die Anpassung so wichtig ist und welche Veränderungen der unternehmerischen und psychologischen Merkmale dieser Führungskräfte erforderlich sind. Haben die notwendigen Veränderungen Gemeinsamkeiten irgendwelcher Art? Und nach welchen Mustern – mit welchen Methoden – vollzieht sich die Veränderung?

Der wesentlichste Grund, weshalb sich die Rolle des *CEOs* ständig den Gegebenheiten anpassen muß, ist, daß er *die explosionsartig zunehmende Komplexität zu bewältigen hat,* mit der sich jedes mittlere Unternehmen konfrontiert sieht. Diese Komplexität äußert sich in der Produktvielfalt, in Volumen, Technologie und Systembeziehungen, in der Anzahl, Art und geographischen Ausdehnung der Vertriebswege und der Kunden, in dem wachsenden Maß externer Einflüsse – von Staat, Gewerkschaften, Konkurrenten, Weltwirtschaft und Gesellschaft ganz allgemein.

Welcher Art die Komplexität in einem Unternehmen ist und wie sie zunimmt, bestimmt, welche Fähigkeiten für die Führung des Unternehmens erforderlich sind, was wiederum die Rollen festlegt, die der *CEO* spielen kann (und muß). Ein Unternehmen, das – wie Kollmorgen – aus stark miteinander verflochtenen Unternehmenseinheiten besteht, braucht in jeder *Sparte* Generalisten, die gleichzeitig in ihren eigenen Geschäftsbereichen strategisch richtig denken und das operative Tagesgeschäft eigenverantwortlich führen, aber auch immer die Interessen des Gesamtunternehmens wahrnehmen. Um in einem solchen Unternehmen Erfolg zu haben, darf der *CEO* selbst kein »operativer Macher« sein. Wenn er es ist, dürfte der demotivierende Einfluß seines Verhaltens die besten Spartenleiter aus dem Unternehmen vertreiben.

In einer stärker zentralisierten Organisation – wie ASK Computer Systems –, die ein in sich geschlosseneres Produktprogramm hat, in der die Mitarbeiter auch in hohem Maß beruflichen und technologischen Stolz entwickeln, muß der *CEO* auch die allgemeine strategische Richtung angeben, dabei aber ebenso für ein Klima der Freiheit und Innovation sorgen, in dem sich Spezialisten entfalten können. Die individualistische Unternehmenskultur in Silicon Valley in Kalifornien, wo man in Hemdsärmeln arbeitet und das für seine phänomenale Arbeitsintensität und seinen täglich erneuerten Innovationsdrang bekannt ist, ist ein gutes Modell für einen solchen Organisationsrahmen. Daß ASK dort seinen Standort hat und in seiner Unternehmenskultur dieses Merkmal aufweist, ist kein Zufall.

In beiden Fällen und in jeder anderen Art von Organisation und Unternehmensklima müssen *CEOs* über die Kenntnis verfügen, entweder selbst Strukturen und Systeme zu schaffen, die den Managementbedürfnissen entsprechen, oder andere einzustellen, die das besser können, um ihnen das richtige Maß an Vollmacht zu delegieren. Erfolgreiche *CEOs* haben offensichtlich ein Gespür für diese unterschiedlichen Bestimmungsgrößen des Erfolgs, weil sie so sehr für das Geschäft engagiert sind, daß sie genau erkennen, was es am Laufen hält und wie sich die treibenden Kräfte verändern.

Stadien der Unternehmensführung

In Kapitel II nannten wir kurz die vier Stadien, die der typische *CEO* durchläuft – und die offensichtlich ungeachtet der spezifischen Entwicklungsmuster einzelner Unternehmen zu beobachten sind. In jedem Stadium sind die charakteristischen Merkmale und Führungsstile der *CEOs* meistens recht unterschiedlich, was auch für ihre Rolle im Unternehmen gilt.

Erstens ist der *CEO* in der Gründungsphase des Unternehmens zwangsläufig ein praktisch arbeitender Unternehmer – wir wollen ihn *Firmengründer–CEO* nennen. Fast *per definitionem* verlangt dieser Mensch nach Unabhängigkeit, und gleichzeitig fordert er totale Kontrolle über sein Unternehmen. In einer Zeit, in der sich jeder um einen sicheren Arbeitsplatz bemüht, liegt dem Firmengründer nichts daran, Angestellter zu sein. Manchmal ist er auch als Angestellter ungeeignet – er paßt einfach in keine Organisation –, weil er sich lieber eigene Regeln schafft und nach ihnen lebt. Manche Firmengründer haben vorher in einer Organisation gearbeitet, die große Disziplin erwartete, und was sie dort an Nachteiligem erlebten, lieferte oft entscheidende Gründe, ein eigenes Unternehmen zu starten. Wieder andere haben keine Vorstellung von Organisation; die haben einfach eine Idee und versuchen, sie in die Tat umzusetzen.

Wenn der *Firmengründer-CEO* zu einer Gründungsmannschaft gehört, konzentriert er sich unter Umständen auf eine oder mehrere Funktionen – auf die Forschung oder Produktentwicklung vielleicht, auf Marketing, die Fertigung oder den operativen Bereich.

Tatsache aber bleibt, daß der Unternehmer in jeder Minute des Tages den Finger am Puls des Unternehmens hat. Er kennt alle Einzelheiten ganz genau, trifft häufig jede Entscheidung selbst, stellt Mitarbeiter ein und feuert sie, unterzeichnet jeden Scheck persönlich – kurzum, er hält alles durch seinen Einsatz in Gang.

Im allgemeinen entscheiden *CEOs* in diesem Stadium, ob sie ihr Unternehmen selbst zu großem Wachstum führen wollen. Wenn nicht, müssen sie sich fragen, ob sie ein Unternehmen leiten wollen, das klein bleibt, oder die Kontrolle jemandem überlassen wollen, der den Ehrgeiz hat, es zu einem Unternehmen mit hohen Wachstumsraten zu machen.

Wenn das Geschäft komplexer wird, muß der *CEO* sehr viel Zeit darauf verwenden, Mitarbeiter auszusuchen, die wichtige Aufgaben übernehmen, und er wird zu dem, was wir den *Vordenker* nennen wollen. Seine Aufgabe ist es, neue Produkte zu konzipieren und in Märkte vorzustoßen sowie Mitarbeiter einzustellen, die seine Vision vom raschen Wachstum ausführen. Im wesentlichen machen diese *CEOs* alles selbst. Häufig sind sie so kreativ und bringen oft schneller neue Ideen hervor, als sie oder ihre Mannschaft sie ausführen können. Aber sie sind nicht besonders ausdauernd, mit blitzartiger Geschwindigkeit wenden sie sich von einer Idee zur nächsten, ändern häufig ihre Meinung und schlagen entgegengesetzte Richtungen ein. Wer mit dem Vordenker arbeiten will, muß gegenüber Veränderungen, Widersprüchlichkeiten und Frustrationen eine hohe Toleranz haben und die Stimmungs- und Richtungsänderungen des Chefs zu deuten wissen. Untergebene müssen wissen, daß der Chef sein Ego verwirklicht; selten kann ein anderer starker Wille neben ihm bestehen. Wegen seiner Neigung zu persönlicher Kontrolle und intuitivem Handeln dürfte der Vordenker außerdem nicht an einem hohen Maß an Kommunikation interessiert sein, und häufig führt das zu Mißverständnissen. Die *CEOs* dieses Stadiums sind oft nicht die Firmengründer.

Wenn die Komplexität den Punkt erreicht, an dem eine gut durchstrukturierte Organisation erforderlich wird, braucht das Unternehmen allmählich einen *CEO,* den sogenannten *Integrator.* In einem Unternehmen mit vielen Geschäftsbereichen und zahlreichen Märkten kann dieses Stadium erreicht sein, wenn der Umsatz nur ein paar Millionen Dollar beträgt, während es in einem größeren Ein-Produkt-Unternehmen erst eintritt, wenn die Umsätze 100 Millionen Dollar übersteigen. Entscheidend aber ist, daß zwangsläufig der Zeitpunkt kommt, an dem jemand Ordnung in das Chaos bringen und Strukturen, Kontrollen, Organisationssysteme und Kommunikationswege sowie Entscheidungsstrukturen schaffen muß, die für eine vernünftige Kontrolle und Geradlinigkeit der unternehmerischen Stoßrichtung sorgen, ohne die das Unternehmen ganz einfach nicht überleben kann.

In vielerlei Hinsicht ist dies die kritischste Phase. Der *CEO* muß die Zügel immer mehr aus der Hand geben, aber gleichzeitig das Geschäft und die Unternehmenskultur immer noch nachhaltig prägen. Er muß in der wachsenden Organisation auf Disziplin achten, aber gleichzeitig den unternehmerischen Funken am Glühen halten, den ihr Gründer entfachte. Dies ist das Stadium, in dem er wirklich ein Klima schafft, das seine Leute motiviert, ihr Bestes zu leisten.

Wenn das Unternehmen hoch komplex geworden ist, muß der *Unternehmensführer* auf den Plan treten. Im Gegensatz zum Integrator ist seine vorrangigste Aufgabe, Mitarbeiter zu gewinnen, zu motivieren und zu führen, die selbst das Zeug zum Integrator und Unternehmensführer haben. Auch wenn er nach wie vor mit den wichtigsten Aktivitäten des Unternehmens vertraut ist, operiert er hauptsächlich auf der Ebene allgemeiner Richtlinien, Werte und der Unternehmensphilosophie. Er läßt andere die Organisationsmethoden entwerfen und anwenden, die den Erfolg in den einzelnen Teilen des Unternehmens gewährleisten. In wachsendem Maß beanspruchen auch externe Aktivitäten mehr Zeit – der *CEO* muß mit Finanzleuten und Wall-Street-Bankern, mit staatlichen Stellen der Bundes- und der Landesebene, verschiedenen Ausschüssen, kommunalpolitischen Interessen- und Wirtschaftsverbänden verhandeln, die unter Umständen zu bedeutsam für das Image und das Wohlergehen des wachsenden Unternehmens sind, als daß man sie außer acht lassen dürfte.

Diese vier Stadien sind in Abbildung V-1 in ihren Grundzügen dargestellt. Selbst in dieser vereinfachten Form ist klar zu erkennen, wie drastisch sich Zeiteinteilung, Fähigkeiten und Einstellungen des *CEO* mit zunehmender Komplexität verändern müssen.

Typisch für Schwellenunternehmen in der Übergangsphase ist – Mitgliedsunternehmen der American Business Conference zeigen es –, daß sie in jedem der drei letzten Stadien der *CEO*-Entwicklung vertreten sind – und jedes ist sich sehr wohl bewußt, daß sich die Rolle des *CEO* immer verändern, entwickeln muß. In einer stattlichen Anzahl sind die Firmengründer oder diejenigen, die an der Gründung beteiligt waren, noch an ihren ursprünglichen Arbeitsplätzen und mit dem laufenden Tagesgeschäft nach wie vor intensiv befaßt – *CEOs* wie Don Brinckman von Safety-Kleen, Lester Colbert von Xidex und Jim Macaleer von SMS.

Andere mittelgroße Wachstumsunternehmen verkörpern das andere Extrem, das haben wir ebenfalls festgestellt – diese Unternehmen sind so groß und komplex geworden, daß die einzelnen *CEOs* wirklich zu Leitern von Führungskräften werden. Unter anderem zählen wir zu dieser Gruppe Bill McGowan von MCI, Bob Swiggett von Kollmorgen und Jim McManus von Marketing Corporation of America.

Abbildung V-1
Die sich verändernde Rolle des CEOs

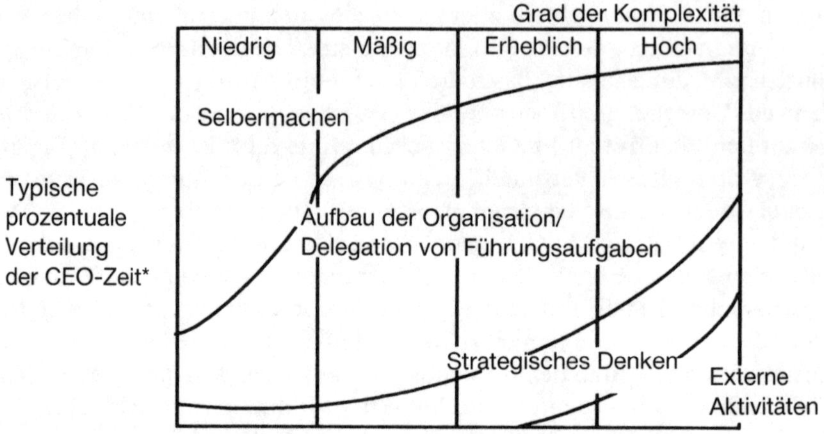

* Die Zeiteinteilung ist allgemein repräsentativ, weist aber je nach Branchenzusammensetzung, wirtschaftlichen Bedingungen und Stil des CEO_s erhebliche Unterschiede auf.

Aber in welchem Stadium sie sich auch befinden, jeder mußte oder muß sich jetzt damit auseinandersetzen, seine persönliche Handhabung der Management- und Führungsaufgabe zu ändern.

Die schwierigsten Elemente der Veränderung

Die Veränderungen sind in ihrem Ausmaß und in ihrer Art zwar so unterschiedlich wie die Geschäftstätigkeiten der Spitzengewinner, die Persönlichkeiten und Fähigkeiten ihrer Führungskräfte, aber wir greifen drei Elemente der Veränderung heraus, die sowohl am wichtigsten als auch am schwierigsten sind:

1. *Die starke Betonung von Teamarbeit.* In der gesamten Phase des Übergangs zum Schwellenunternehmen hat der *CEO* keine wichtigere Aufgabe, als ein zuversichtliches, engagiertes Team aufzubauen und an dieses Team gleichzeitig viele Dinge zu delegieren, die er immer noch gerne selbst tut.

Für langjährige Mitarbeiter, die im Unternehmen mit ihm groß geworden sind, muß er in wachsendem Maß die beste aller Entwicklungsmöglichkeiten bereitstellen: Er muß ihnen genug Freiraum lassen, Neues zu versuchen, zu scheitern und es aufs neue zu versuchen. Statt Entscheidungen selbst zu treffen, muß er den anderen Standards setzen, möglichst nicht Unmögliches verlangen und ausreichende Unterstützung geben, wenn er viel verlangt.

Für diejenigen, die er von außerhalb in das Unternehmen aufnehmen muß, sind Entwicklungsmöglichkeiten genauso wichtig – er muß ihnen die Chance geben, sich im Unternehmen zu assimilieren, die Mitarbeiter kennenzulernen und sich durch einen persönlichen Beitrag befriedigt zu fühlen.

Sowohl für Interne als auch für Externe muß der *CEO* viel Zeit aufwenden, um Ausgewogenheit und Prioritäten in seinem Führungsteam zu durchdenken, Aufgabengebiete selektiv zu verändern, und er muß zu alten und neuen Problemen gleichermaßen gute Gedanken haben.

Eine letzte Pflicht des *CEO,* die mit zunehmender Unternehmensgröße immer wichtiger und schwieriger wird, ist die Behandlung von Personalproblemen. Mangelhafte Leistungen lassen sich im kleinen Unternehmen leicht in den Griff bekommen, weil der *CEO* ja eigentlich alle Entscheidungen selber trifft. In einem von einem Team geführten Unternehmen ist das anders: Viele Unternehmensleiter sagten uns, Personalprobleme zu bewältigen sei eine der schwierigsten Aufgaben gewesen, und sie hätten viel lernen müssen.

2. *Bessere Kommunikationsfähigkeit.* Im kleinen Unternehmen ist Kommunikation etwas Einfaches, sie erfolgt direkt zwischen dem *Firmengründer-CEO* und den Leuten, die er um sich hat. Der *CEO* darf emotional, widersprüchlich und sogar »unmöglich« sein, weil die Gruppe klein ist und ihn gut genug kennt, um mit solchen Widersprüchlichkeiten fertig zu werden.

In einem mittelgroßen Wachstumsunternehmen dagegen werden widersprüchliche Verhaltensweisen häufig mißverstanden, und Zielkonflikte können die Organisation lähmen. Der *CEO* ist im eigentlichen Sinn derjenige, der Anweisungen gibt, und seine Signale müssen der komplexen Organisation klar und wiederspruchsfrei den Weg weisen. Dagegen sagte uns in einem in Schwierigkeiten geratenen mittleren Unternehmen ein Topmanager, der soeben aus dem Unternehmen ausgeschieden war: »Die widersprüchlichen Äußerungen des *CEO* schufen unglaubliche Verwirrung. Auf meiner Ebene verbrachten die Leute doppelt soviel Zeit damit, sich zu überlegen, was man wohl wirklich von ihnen erwarte und wie sie ihren Aufgabenbereich schützen könnten, als ihre Aufgaben tatsächlich zu erfüllen.«

Im erfolgreichen Unternehmen muß der *CEO* sicher sein, daß die formalen Kontrollen und Informationen wichtige Probleme und Möglichkeiten ausreichend ermitteln, aber nicht so ausgefeilt und komplex sind, um zum Selbstzweck zu werden oder in der Entwicklung oder Anwendung zu zeitraubend zu sein. Er muß für ein vernünftiges Feedback in seinem Team sorgen und sich vergewissern, daß die Kommunikation in der Organisation bis zur untersten Ebene in beiden Richtungen reibungslos verläuft. Die richtige Ausgewogenheit der Kommunikation zu erreichen ist eine harte, schwierige und zeitaufwendige Aufgabe. Was vielleicht am wichtigsten ist, der erfolgreiche *CEO* muß sicher sein, daß seine Signale unmißverständlich, folgerichtig und klar sind – er kann sich die risikoreichen Versuche und gelegentlich abstrusen Ideen der frühen Jahre jetzt einfach nicht mehr leisten.

3. *Ein größeres Maß persönlicher Disziplin.* Delegieren können heißt nicht, daß der *CEO* jetzt weniger arbeiten müßte. Er muß nach neuen Wegen suchen, um auf dem laufenden zu bleiben, was oft ausgiebige Reisen und hohen Zeitaufwand für Kunden und die eigenen Mitarbeiter in weit verstreuten Orten verlangt – Dinge, die sich früher im Verlauf der täglichen Geschäftstätigkeit meistens von alleine erledigten und die jetzt der sorgfältigen Planung bedürfen.

   Für viele *CEOs* gehört es zum schwierigsten Teil der Selbstdisziplin, sich in operative Aufgaben und Entscheidungen, die sie delegiert haben, nicht einzumischen. Wenn sie sich den Luxus erlauben, eine Entscheidung zu treffen oder eine Aufgabe auszuführen, die jemand anderem in der Organisation übertragen wurde, das wissen erfolgreiche *CEOs,* werden andere Führungskräfte nicht nur demotiviert, sondern sie wissen nun auch nicht mehr, was eigentlich ihre Aufgabe ist – man hat ihnen etwas gesagt, und doch ist etwas anderes eingetreten.

   Erfolgreiche *CEOs* kennen ihre Verpflichtung, fair zu bleiben, folgerichtig zu sein und emotionale Ausbrüche zu vermeiden – sie versagen sich einen Luxus, der ihnen vielleicht einmal zustand und der nach wie vor menschlich ist, aber das Funktionieren einer Hochleistungsorganisation beeinträchtigen würde.

Wenn der *CEO* sich verändern muß und wenn die Veränderung so schwierig ist, wie wir es beschrieben haben, mit welchen Methoden haben es erfolgreiche Unternehmen dann geschafft, diesen schwierigen Prozeß durchzuführen? Im wesentlichen stehen dem *CEO* nur zwei Wege offen: seine individuelle Rolle und sein Verhalten zu ändern, neue Verantwortungsbereiche zu übernehmen und andere an sein Team zu übertragen oder aber einen neuen *CEO* einzusetzen. Im Verlauf ihrer Erfolgsgeschichte mußten viele Unternehmen beides tun; sehen wir uns an, wie sie es schafften.

Muster persönlicher Veränderung

Einfach ausgedrückt gibt es für den einzelnen nur vier Methoden, seine eigene Rolle und sein Verhalten innerhalb eines Unternehmens mit Erfolg zu ändern, und erfolgreiche *CEOs* wenden sie einzeln oder en bloc an.

1. *Strukturveränderung.* Eine neue Sparte schaffen, weitere Verantwortung delegieren, im Vorstand einen *Chief Operating Officer* ernennen, den *Chief Financial Officer* beauftragen, die Beziehungen zu den Banken zu übernehmen, Lohn- und Gehaltszahlungen so zu organisieren, daß der *CEO* nicht mehr alle Schecks unterschreiben muß – alle derartigen Strukturveränderungen erlauben es Mitgliedern der Führungsmannschaft, ihre eigentliche Verantwortung zu übernehmen.
2. *Mitarbeiter austauschen.* Sehr wenige Unternehmen mit hohen Wachstumsraten überstehen den Übergang zum Schwellenunternehmen mit Erfolg, ohne von außen erfahrene Manager in die höheren Ebenen der Organisation aufzunehmen; keines schafft es ohne größere personelle Veränderungen bei den Inhabern von Schlüsselpositionen. Zum Beispiel gibt es kaum einen Buchhalter eines 1-Million-Dollar-Unternehmens, der zu dem qualifizierten Finanzdirektor werden könnte, den ein 100-Millionen-Dollar-Unternehmen braucht. Selbst ein relativ stabiles Wachstumsunternehmen wie Thomas & Betts hielt es für nötig, Schlüsselposten, wie etwa den des *Chief Financial Officer*, von Zeit zu Zeit von außen zu besetzen – obwohl es ansonsten im Rahmen seiner Unternehmenskultur mit Nachdruck die interne Beförderung und Personalentwicklung vertritt. Erfolgreiche *CEOs* holen aber nicht nur einfach qualifizierte Personen ins Unternehmen, sie entwickeln mit ihren neu eingestellten Führungskräften auch sorgfältig ein Programm zur Erreichung persönlicher Ziele und vergewissern sich durch häufige Positionsbestimmung, daß jeder die Verpflichtungen seines »Vertrages« einhält. Wo Kommunikation, gegenseitige Beurteilung, positives Feedback und gegenseitige Unterstützung einen so hohen Stellenwert haben, können sich die Chancen deutlich verbessern, neue Leute leistungsfähig zu machen und den *CEO* in seinen fortgesetzten Bemühungen, die eigene Rolle im Unternehmen zu verändern, zum Erfolg zu führen.
3. *Weiterbildung.* Eine überraschend große Zahl erfolgreicher *CEOs* haben noch einmal die Schulbank gedrückt und an Managementkursen teilgenommen oder sich Gruppen wie der Young Presidents Organization angeschlossen, um ihre Kenntnisse über die Methoden anderer erfolgreicher Unternehmensführer zu erweitern. Ein früherer Unternehmensleiter eines Spitzengewinners, Frank Carney von Pizza Hut, der dann sein Unternehmen für mehr als 300 Millionen Dollar an PepsiCo verkaufte, pflegte sich weiterzubilden,

indem er freiwillig Seminare über Themen wie strategische Planung leitete. Sobald Frank sich dazu verpflichtet hatte, nahm er ein Lernprogramm in Angriff, um sich nicht zu blamieren, wenn er vor einer Klasse von Leuten seines Bildungsgrades stehen würde, die von ihm das Neueste zum Thema zu hören erwarteten.

4. *Umprogrammierung*. Parker Montgomery, *Chairman* von Cooper Vision, dem Unternehmen für Augenbehandlungspräparate in Menlo Park, Kalifornien, richtete sich zu einem bestimmten Zeitpunkt an den entgegengesetzten Punkten des Landes Büros ein. Zwar gab es hierfür praktische geschäftliche Gründe, es bedeutete aber auch, daß jede Gruppe von Führungskräften innerhalb des Unternehmens die Hälfte der Zeit im wesentlichen selbständig handeln mußte. Montgomery konnte sich so nicht nur aus dem Alltagsgeschäft heraushalten, sondern sah darin auch eine nützliche Methode, seine Partner anzuhalten, sich während seiner Abwesenheit wie die Eigentümer des Unternehmens zu verhalten.

   Umprogrammierung kann auch heißen, den Vorsitz in entscheidenden Ausschüssen anderen Führungskräften zu übertragen, bei Besprechungen über operative Ergebnisse auf bestimmten Ebenen, denen der *CEO* bislang beizuwohnen pflegte, nicht mehr dabeizusein, oder auf Abteilungs- oder Funktionsebene externe Veranstaltungen zu fördern, an denen der *CEO* nicht teilnimmt. Und es kann bedeuten, immer mehr externe Verantwortungen zu übernehmen, die den *CEO* häufiger vom alltäglichen Geschäftsbetrieb entfernen, für das Unternehmen jedoch von großem Wert sind – eine deutliche Umverteilung der Aufgabenschwerpunkte des *CEOs*.

Sehen wir uns einige Beispiele für den individuellen Rollenwandel bei Spitzengewinnern an.

Bob Swiggett wurde 1970 Mitglied der Kollmorgen-Gruppe, als diese sein Unternehmen, Photocircuits, aufkaufte – die letzte und größte der elf Akquisitionen, die aus dem früheren Hersteller von Periskopen und Bombenabwurf-Zielgerät eine Holdinggesellschaft machte. Kollmorgen war, sagt Bob, »ein Mischkonzern, der als Betriebsgesellschaft zu arbeiten versuchte«. Die Unternehmensziele blieben unklar, und die Direktiven der Zentrale – *Management by Memorandum* – waren widersprüchlich und scheinbar wenig sinnvoll. Mit der Rezession Anfang der 70er Jahre trat das Grundproblem unklarer Strategie und widersprüchlicher Führung zutage, und manche Geschäftsbereiche wurden verkauft oder aufgegeben, während andere konsolidiert wurden. Als Folge dieser Traumata wurde Bob 1973 zum *President* ernannt und 1975 *Chief Executive Officer*.

Seine erste Herausforderung bestand darin, dem Unternehmen eine klare Vision, Kultur und Struktur zu verschaffen, die einem mittleren Technologieunternehmen mit einer breitgefächerten Produktpalette in verschiedenen Sparten entsprechen. Als erstes schrieb er für Kollmorgen eine Führungsphilosophie nieder und bat seine Spartenleiter um deren Zustimmung. Und er setzte alle verfügbaren Instrumente der Veränderung ein – Struktur, Mitarbeiter, persönliche Fortbildung und eine Neueinteilung der eigenen Zeit gehörten dazu.

Als sich die neu definierte Unternehmenskultur und Struktur allmählich festigten, verlagerte sich Bobs eigene Rolle vom zentralen Verfechter und Baumeister einer Organisation zum Mannschaftsspieler, der die operative Verantwortung nach unten delegierte – wobei er die unabhängigen Spartenleiter mit einem kleinen zentralen Stab unterstützte, ihre Leistung überwachte, sie schulte und Kollmorgens Grundprinzipien gleichzeitig weiterentwickelte. Dieser Wandel verlangte von Bob, sein intensives persönliches Engagement im Tagesgeschäft zugunsten einer übergreifenden, wertorientierten, symbolischen Führung aufzugeben. Das fiel ihm nicht leicht; es widersprach Bobs Naturell, der sich sein Berufsleben lang aktiv mit den alltäglichen Problemen eines einzigen Geschäfts befaßt hatte. Aber er erkannte den unternehmerischen Imperativ und schaffte es, sich selbst zu ändern.

Sandy Kurtzig, Firmengründerin von ASK Computer Systems, erlebte eine noch drastischere Veränderung von der Praktikerin zur Unternehmensleiterin. Als sie ASK 1972 gründete, sagt sie, »schrieb sie Computerprogramme, verkaufte sie an ein paar Kunden und hielt auch das Büro selbst sauber«. Damals konnte sie sich kaum vorstellen, daß sich ihre Rolle jemals ändern würde. Ein bißchen Software zu schreiben war eigentlich nur eine Nebenbeschäftigung für eine Hausfrau und Mutter.

Aber mit der Zufriedenheit der Kunden drängte einer nach dem anderen das eben flügge gewordene Unternehmen, noch mehr und bessere Fertigungs-Software-Systeme zu entwickeln, und schrittweise erweiterte sich Frau Kurtzigs Rolle, so daß sie jetzt Leute einstellte, die nicht nur weitere Software entwickelten, sondern auch die Disziplin und Systeme aufbauen konnten, mit denen sich ein kleines Unternehmen solvent und unter Kontrolle halten läßt. In dieser frühen Phase tat sie trotzdem nach wie vor fast alle wichtigen Dinge selbst, fällte alle Entscheidungen so, wie sie es für richtig hielt.

Heute hat sie die allgemeine strategische Richtung des Unternehmens immer noch fest im Griff; widmet ihren Mitarbeitern viel Zeit, um sie zu ermutigen und zu motivieren. Sie befaßt sich intensiv mit den Kunden, um sich ein Gefühl für den Markt zu erhalten.

Aber in fast jeder Hinsicht hat ihre Rolle seit der Börseneinführung 1979 eine vollständige Metamorphose erfahren. Das Unternehmen beschäftigt jetzt 450 Leute. An vier von fünf Tagen ist Frau Kurtzig auf Reisen, wobei sie die meiste Zeit darauf verwendet, die Interessen des Unternehmens zu vertreten und das Image in der Öffentlichkeit zu verbessern.

Zwangsläufig erkannte sie, daß sie Mitarbeiter mit speziellen Management-

und Entscheidungsqualitäten in das Unternehmen aufnehmen mußte, um die außergewöhnlichen Anforderungen jährlicher Wachstumsraten von 50 bis 100 Prozent zu erfüllen. Anfang 1984 erreichte ihre Rollenveränderung einen Höhepunkt, als sie Ron Braniff, einen langjährigen ASK-Direktor, der das Geschäft gut kennt und bei Tymshare auch Managementerfahrung in Großunternehmen gesammelt hat, überredete, *President* und *COO* zu werden.* Aber daran, daß sie durch ihre harte Arbeit ein Vorbild ist, hat sich nichts geändert.

Manche halten ja die Anforderungen an die persönlichen Veränderungen eines *CEO* beim Übergang zum Schwellenunternehmen für so groß, daß nur ein *neuer CEO* sie erfüllen könnte. »Bevor man nicht drei erfolgreiche *CEOs* hatte, hat man eigentlich noch nicht bewiesen, daß man zu den Spitzengewinnern gehört«, sagte jemand – und das trifft zu.

Die Nachfolge regeln

Sehen wir uns jetzt die andere Methode an. Manchmal kann ein Unternehmen erfolgreich bleiben, wenn der *CEO* sich selbst durch einen anderen ersetzt oder ersetzt wird. Das kann sich mit dem Ende einer Karriere durch die Pensionierung ergeben, aber genausooft, wenn nicht häufiger, ergibt es sich, weil der *CEO* entweder nicht in der Lage oder nicht bereit ist, sich persönlich so drastisch zu verändern, daß das Unternehmen sich stetig weiterentwickeln kann.

Es gibt zahllose Ereignisse und Bedingungen, die den Wechsel eines *CEO* auslösen. Eine Reihe von Firmengründern der ABC-Unternehmen – Seymour Cray, David Pall und Al Fielding von Sealed Air, um nur ein paar zu nennen – stellten fest, daß sie wirklich lieber im Bereich der Wissenschaft und Technologieentwicklung arbeiteten als im allgemeinen Management. In anderen Fällen kann persönliche Erschöpfung und Streß auf seiten des *CEO* auslösendes Moment sein; ihm fällt es vielleicht schwer, die immer höhere Komplexität im Griff zu behalten, oder er schätzt ganz einfach die praktische Führung des Geschäftes, langweilt sich in der Rolle des Integrators oder wird darin frustriert. In einigen Fällen weist ein Mitglied des *Board of Directors* vielleicht auf Probleme hin, die sich im Geschäft oder in der Organisation ergeben und die ein anderer Unternehmensleiter vielleicht besser lösen könnte. Und gelegentlich stellt der *CEO* einfach fest, daß er ein leistungsfähiges Team geschaffen und sich eine oder mehrere Personen herangezogen hat, die bereit sind und nur darauf warten, eigenverantwortlich das Unternehmen zu leiten. (Das Gespür, daß die Zeit gekommen ist, die Zügel einer neuen Generation bereits vor dem Pensionsalter zu überlassen, ist nach unserer Erfahrung jedoch in allen Unternehmen im all-

* Im Juni 1985 wurde er zum *CEO* ernannt. Frau Kurtzig bleibt *Chairman*.

gemeinen selten. Wenn *CEOs* im Interesse des langfristigen Aufbaus organisatorischer Stärke abtreten, ist das ein beeindruckender Beweis ihres Engagements. Sowohl von Dee d'Arbeloff von Millipore als auch von Dave Parkinson von Thomas & Betts waren wir beeindruckt, als sie diesen Schritt im Verlauf unserer Arbeit taten.) In wieder anderen Fällen hat die allgemeine Unzufriedenheit dem *CEO* deutliche Signale gesandt, daß ein Wechsel verlangt wird.

Persönlichkeit und Tatendrang des Firmengründer-*CEO* sind so allgegenwärtig und wichtig, daß der Verlust dieser Person und das Eintreten eines neuen *CEO* mit anderen Eigenschaften weitreichende Folgen haben kann. Auch wenn einige unserer Partner anderer Meinung sind, glauben wir, daß die Nachfolge in stark wachsenden mittleren Unternehmen, wo der *CEO* so intensiven und unmittelbaren Einfluß hat, sehr viel heikler als in größeren Unternehmen ist, wo in der Regel durch ein größeres Spektrum erfahrener Generalisten und durch die Unterstützung von Stabsstellen, entsprechende Systeme vorhanden sind, um die Schwierigkeiten des Wechsels zu neutralisieren. Viele der Befragten unserer Erhebung berichteten, daß die Regelung der *CEO*-Nachfolge – auf die eine oder andere Weise – zu den drei folgenschwersten Entscheidungen gehörte, die sie jemals getroffen hätten.

Der Schlüssel zu einer richtigen Nachfolgeregelung dürfte in den Worten mehrerer erfolgreicher *CEOs* zu finden sein, die etwa wie folgt lauten: »Um eine Organisation aufzubauen, muß man den Schneid und die Klugheit besitzen, Leute ins Unternehmen zu holen, die besser sind als man selbst, und man muß wissen, wann man ihnen die höchste Verantwortung übertragen muß.« Ob die Nachfolger nun besser oder einfach anders sind, ist nicht wichtig. Wichtig ist, eine klare Vorstellung von den Anforderungen an die Position des *CEOs* zu haben und sicherzugehen, daß diese Anforderungen über eine lange Zeitspanne hinweg erfüllt werden.

In der Regel geht eine wirksame Nachfolgeplanung irgendwie auf den Willen und die objektive Entscheidung des *CEO* selbst zurück. Aber oft bedeutet es für den energischen, von seiner Arbeit besessenen, praktisch arbeitenden *CEO* eine erhebliche psychologische Hürde, sich zu zwingen, die eigene Nachfolge zu planen und zu verwirklichen. Offensichtlich haben die erfolgreichen *CEOs,* die sich der Herausforderung der Nachfolgeregelung gestellt haben, ein bestimmtes Denkmuster:

1. Sie wissen, daß sie nicht unsterblich sind, und planen daher bewußt Ersatz für sich. Vielleicht erkennen sie auch, daß neue Fähigkeiten gebraucht werden. Sie denken nicht nur an die Anforderungen für einen normalen Rücktritt, sondern treffen auch Vorkehrungen für den Fall, daß sie »unters Auto kommen«. Diese enthalten Vorschläge, wie sich der *Board of Directors* im Katastrophenfall verhalten sollte.

2. Sie ermitteln, in welchem Ausmaß und in welcher Richtung sich die zukünftigen Anforderungen an Fähigkeiten und die Rolle des *CEO* von denen der Vergangenheit unterscheiden, und artikulieren diese Unterschiede als Orientierungshilfe für den Entwicklungs- und Selektionsprozeß.
3. Sie machen Kandidaten ausfindig, beurteilen ihre Stärken und Schwächen und übertragen ihnen Aufgaben in der Organisation, die sie auf die Chefpositionen vorbereiten sowie das volle Spektrum ihrer Fähigkeiten testen. In den vorausschauendsten Unternehmen findet ein ähnlicher Planungsprozeß für die Kandidaten statt, die später diejenigen ersetzen sollen, die vielleicht *CEO* werden; auch sie sollen auf die höhere Position vorbereitet werden sowie ihre Fähigkeiten einschätzen lernen.
4. Sie entwickeln sorgfältig eine Beziehung zu ihrem Nachfolger und eine gemeinsame Sichtweise, um den Übergang zu erleichtern. Die Erfahrung erfolgreicher Unternehmen lehrt, daß eine ausgiebige Kommunikation zwischen dem Vorgänger und Nachfolger im Amt des *CEOs* die Erfolgschancen erheblich verbessert.
5. Sie stützen sich auf Berater ihres Vertrauens – häufig ein oder mehrere wichtige Mitglieder des *Board of Directors* –, um ihre eigenen Vorstellungen zu überprüfen und weiterzuentwickeln und sich in ihrem Entschluß bestärken zu lassen. Der Rückzug ist schwierig, und mehrere *CEOs* sagten uns, daß es daher für sie wichtig ist, »mit jemandem reden zu können«.

Wenn die Nachfolgepläne funktionieren, bringt jede neue Führung neue Kraft und einen neuen Wachstumsimpuls. Wie wir bereits erläutert haben, entwikkelte sich Automatic Data Processing aus einer kleinen lokalen Lohnbuchhaltungsfirma im Jahre 1949 zu einem 1-Milliarde-Dollar-Unternehmen im Jahre 1984, das in den ganzen Vereinigten Staaten sowie an anderen wichtigen Weltmärkten tätig ist. Die Rolle des *CEOs* durchlief drei unterschiedliche Stadien, und zwar jedesmal unter einem anderen *CEO:*

- Der Firmengründer Henry Taub leitete die praxisorientierte Anfangsphase, die sich über die 50er Jahre erstreckte; er schuf die Grundwerte und operative Disziplin, mit denen sich das Unternehmen als zuverlässiger Lieferant von Lohnbuchhaltungsdiensten etablierte.
- Noch bevor Frank Lautenberg Anfang der 70er Jahre *CEO* wurde, war er zum Spiritus rector des raschen Wachstums geworden, das ADP in den 60er und 70er Jahren durch Übernahmen erreichte. ADP erwarb fast hundert lokale Datenverarbeitungsunternehmen und Computerinformationsfirmen, als es sein Geschäft von Küste zu Küste und international ausdehnte.
- Josh Weston, der augenblickliche *CEO,* ist ein Integrator, er hat eine disziplinierte und systematische Führung bei ADP entwickelt, in der ein größeres

Team operativer Führungskräfte für die zahlreichen Sparten und Gruppen von Geschäftsbereichen verantwortlich ist, aus denen ADP jetzt besteht – und zwar im Rahmen klar definierter Ziele, unternehmenspolitischer Grundsätze und Werte.

Der Übergang verlief jeweils reibungslos und automatisch, als Taub und Lautenberg den Punkt erreicht hatten, an dem sie sahen, welchen Wert eine neue Führung für ADP hatte, und sie selbst neue Führungsbereiche übernehmen wollten – Taub im karitativen Bereich, Lautenberg als US-Senator für New Jersey.

Die Einsicht und Fähigkeit, den Übergang effektiv durchzuführen, gehören vielleicht zu den entscheidenden Prüfsteinen dafür, ob der Spitzengewinner wirklich eine dauerhaft leistungsfähige Organisation erreicht hat.

Der *CEO* des mittelgroßen Wachstumsunternehmens spielt, kurz gesagt, eine einzigartige Rolle. Er ist der Architekt und Baumeister, der die strategischen und organisatorischen Eigenschaften schafft und erhält, die den Erfolg des Unternehmens ausmachen. Seine Fähigkeit, die in diesem Kapitel beschriebenen Eigenschaften zu behalten, während er die erforderliche persönliche Veränderung und Anpassung vollzieht, ist ein entscheidendes Merkmal, das den Unternehmensleitern der Spitzengewinner eigen ist.

Kapitel VI
Auch erfolgreiche Unternehmen haben ihre Schwierigkeiten

Jedes Unternehmen kann in Schwierigkeiten geraten. Unter Umständen ergeben sich Probleme durch äußere Einflüsse – neue Technologien, Glück, Können oder Kreativität der Konkurrenten, ein Konjunkturtief, sogar der Kurs des amerikanischen Dollars, der die Exportmärkte beeinträchtigt und den Wert von Auslandsgewinnen verringert, können nachhaltige Wirkung haben. Häufiger sind Probleme der Unternehmen selbst verschuldet – nachlassende Disziplin, strategische Fehler, organisatorische Verkrustung. An jeden stellt die sich rasch verändernde Welt Anforderungen, aber für Unternehmen, die die Schwelle vom Kleinunternehmen zum Großunternehmen zu überschreiten versuchen, sind sie besonders bedrohlich, und früher oder später werden sie davon eingeholt. Wie die meisten Heranwachsenden geraten sie irgendwann einmal in Schwierigkeiten.

Daher ist es ein Prüfstein für erfolgreiche Unternehmen, wie sie mit widrigen Umständen fertig werden – ob sie gekonnt und flexibel mit umfeldbedingten Traumata und den eigenen Fehlern umgehen und ob sie daraus Lehren ziehen. In diesem Kapitel sollen die Probleme beleuchtet werden, denen sich einige Spitzengewinner stellen mußten – was dort schieflief und wie sie damit fertig wurden.

Wichtig ist, als erstes zu erkennen, daß auch bei den besten Unternehmen Schwierigkeiten auftauchen, keines ist davor geschützt. Selbst unter den 81 börsennotierten Mitgliedsunternehmen der American Business Conference hat, außer ADP, kein Unternehmen zwei Jahrzehnte ununterbrochenen Umsatz- und Gewinnwachstum aufzuweisen. Elf dieser 81 Unternehmen verzeichnen bis 1983 ungebrochene Wachstumsrekorde. Sie wurden aber erst Mitte der 70er Jahre gegründet oder seit diesem Zeitpunkt an der Börse gehandelt, was nicht verschwiegen werden darf. Bei den siebzig ABC-Mitgliedsunternehmen, die bereits länger bestehen und Aktiengesellschaften sind, lassen sich nicht nur gelegentliche Schwierigkeiten nachweisen. In den zwei Jahrzehnten von 1964 bis 1983

- haben 51 mindestens in zwei Jahren Gewinnrückschläge erlitten,
- haben 32 mindestens in zwei *aufeinanderfolgenden* Jahren *und* mindestens auch einmal zu einem anderen Zeitpunkt rückläufige Gewinne hinnehmen müssen,
- hatten 18 in mindestens *fünf* der zwanzig Jahre rückläufige Gewinne,
- hatten 28 mindestens in einem Jahr (sieben in der Rezession von 1981/82) einen tatsächlichen *Verlust* aufzuweisen.

Wenn wir unsere Analyse auf eine größere Auswahl mittelgroßer Unternehmen mit hohen Wachstumsraten ausdehnen – auf die hundert mittleren Unternehmen, die im Zeitabschnitt von 1966 bis 1971 die höchsten Wachstumsraten im Land hatten und die 1981 noch vorhanden waren –, bestätigt sich dieses Muster. In dem früheren Zeitabschnitt steigerten all diese Unternehmen ihren Umsatz um mindestens 35 Prozent im Jahr. Aber in dem vergleichbaren Fünf-Jahres-Abschnitt ein Jahrzehnt später, einer Zeit des stärksten wirtschaftlichen Wachstums der jüngsten Geschichte (und auch hoher Inflation), wiesen 40 Prozent dieser Gruppe Umsatzwachstumsraten unter 10 Prozent auf, bei einigen sank der Umsatz sogar. Nur ein Unternehmen von neun wuchs nach wie vor um 35 Prozent oder mehr.

Daraus lassen sich eindeutige Lehren ziehen. Mit ganz seltenen und statistisch daher unerheblichen Ausnahmen können selbst die besten Unternehmen auf schwere Zeiten zurückblicken – oder sie vor sich haben. Aber die Spitzengewinner können zufrieden sein, weil sie aus den widrigen Umständen gelernt haben und daher in Zukunft Probleme besser bewältigen können.

Auf Schwierigkeiten reagieren

Die beste Reaktion auf widrige Umstände gleicht der eines Golfspielers, der schlecht in Form ist: absolutes Engagement, ein unglaubliches Gefühl der Dringlichkeit, doppelter Aufwand an Zeit und strengste Beachtung der Grundregeln.* Die Grundeinstellung ist bei beiden die gleiche: Ich kann gewinnen. Ich werde nicht nur dieses Problem lösen, sondern danach sogar noch stärker und besser sein.

Wie die Beispiele, die wir in diesem Kapitel untersuchen, zeigen, greifen

* Ein wirklich erstklassiger Golfspieler gibt zum Beispiel weder seinem Caddie die Schuld, noch behauptet er, daß die Regeln ungerecht seien.

diese Unternehmen, um sich von einem Fehlschlag zu erholen, zu unterschiedlichen Maßnahmen, so wie sie in unterschiedlichen Marktnischen tätig sind und unterschiedliche Mitarbeiter beschäftigen. Manchmal verkaufen sie die Sparten, die keinen Gewinn mehr versprechen oder den finanziellen Standard nicht mehr erfüllen. Manchmal investieren sie in die Entwicklung einer neuen Produktpalette oder Technologie. Manchmal reorganisieren sie sich neu, um frühere einfache Strukturen wiederherzustellen. Sie fassen Sparten mit verwandten Produkten oder Märkten zusammen – aber wo das sinnvoll ist, gliedern sie sie auch neu auf, um kleinere, schneller reagierende, stärker unternehmerisch handelnde Unternehmensbereiche zu schaffen. Manche verdoppeln den Forschungs- und Entwicklungsaufwand, um wieder einen Produktvorteil zu gewinnen; andere bekämpfen vorrangig unrationelle Verfahren, die sich in Zeiten hohen Wachstums in ihre Kostenstruktur eingeschlichen haben, trennen sich von unproduktiven Mitarbeitern, kaufen aber auch neue Spezialisten ein, die von entscheidender Bedeutung sein können, um mit den neuen Problemen fertig zu werden.

Wie sich Spitzengewinner in schwierigen Zeiten *nicht* verhalten, ist mindestens genauso aufschlußreich wie das, was sie tun. Sie hüten sich vor unsolidem Geschäftsgebaren, wie minderwertige Produkte auszuliefern, um sich kurzfristig Umsatz zu verschaffen. Sie hüten sich vor unsolidem Finanzgebaren, wie die Lagerbestände überzubewerten, an nicht kreditwürdige Kunden zu verkaufen oder wichtige Reserven aufzubrauchen. Sie lassen keine kurzsichtigen organisatorischen Maßnahmen zu, wie Mitarbeiter zu entlassen, die man später wieder braucht, oder ungleiche Geschäftsbereiche wegen kurzlebiger Einsparungen zusammenzulegen. Sie lassen keine Entwicklungsprogramme fallen, die die Produkte und Geschäftsbereiche von morgen schaffen, und sie nehmen nicht an, zumindest nicht ohne zwingenden Beweis, daß die Probleme sich von selbst lösen werden, wenn das Unternehmen einfach »weiter den gleichen Kurs steuert«. Summa summarum, sie gehorchen dem gesunden Menschenverstand.

Sehen wir uns genau an, welche Erfahrung eine Handvoll von Mitgliedsunternehmen der American Business Conference gemacht hat.

Donaldson, Lufkin & Jenrette

In 25 Jahren wandelte sich Donaldson, Lufkin & Jenrette vom Börsenliebling zum Flop und erreichte dann wieder Spitzenwerte.

Seit DLJ 1959 von drei Absolventen der Harvard Business School, die noch keine dreißig Jahre alt waren, gegründet wurde, war es, als einer der Stars der Wall Street, sehr geschätzt. Wie der *President* von DLJ, John Castle, uns sagte: »Wenn man im Effektenbankgeschäft Erfolg haben will, muß man in der richtigen Nische tätig sein – und DLJ begann genau in der richtigen Nische.« Als Innovationsunternehmen im Risikokapitalgeschäft und anderen Effektengeschäften und in der Vermögensverwaltung zielte es als erstes auf die institutionellen Anleger, die damals gerade begannen, zu einem mächtigen – und einträglichen – Segment zu werden. Institutionelle Verwalter waren bereit, für anspruchsvolle Untersuchungen gut zu bezahlen, und die Berichte, die DLJ lieferte, wurden wegen ihren außerordentlichen Ausführungen berühmt. 1970 dann wurde DLJ auf andere Weise innovativ: Es wurde zum ersten Finanzhaus der Wall Street, das an die Börse ging.

Aber Mitte der 70er Jahre geriet DLJ arg ins Schlittern. In drei der fünf Jahre zwischen 1973 und 1977 sanken die Erträge; 1974 erlitt das Unternehmen erhebliche Verluste.

Nach Castles Meinung war der starke Rückschlag (1973) nur zum Teil eine Auswirkung der schwachen Konjunktur an der Wall Street: »Unser überragender Erfolg in den ersten fünfzehn Jahren ließ uns zu siegesgewiß werden – wir hielten uns für unbezwingbar –, und das erwies sich Mitte der 70er Jahre zum Teil als Trugschluß. Wir waren zu erfolgreich und meinten, es in einem Finanzsupermarkt mit jedem aufnehmen zu können. Dadurch machten wir einen entscheidenden Fehler. Wir beschlossen, uns frontal mit fest etablierten Konkurrenten in reifen Segmenten des Effektenbank-, Renten- und Mengengeschäfts anzulegen. Das führte zu einer wenig sinnvollen Verwendung knapper Ressourcen. Kurzum, wir verloren das, worin wir gut waren, aus den Augen und verliefen uns in gefährliche Irrgärten des Wettbewerbs.«

»Was unser Problem noch erschwerte, als unser Geschäft immer komplexer und risikoanfälliger wurde, hatten wir es versäumt, für die erforderlichen Mechanismen zu sorgen, um die Kreativität, persönliche Freiheit und Originalität unseres großen Stabs von Spezialisten konstruktiv steuern zu können. Die zuletzt genannten Eigenschaften sind für unser Geschäft zwar gut, aber uns fehlten die grundlegenden Systeme, um unsere Ergebnisse zu überwachen und auch in schlechten Zeiten weiterhin gewinnbringend zu arbeiten.«

DLJ reagierte auf diese Probleme, indem es sich zum einen strategisch von neuem auf ein paar Nischen konzentrierte und zum anderen für eine bessere Ausgewogenheit zwischen Disziplin und unternehmerischer Energie sorgte. Es brauchte mehrere Jahre, um das zu schaffen, aber ab 1978 folgte dann eine Reihe erstaunlicher Rekordjahre.

Als erstes nahm DLJ eine neue Einschätzung seiner Stärken vor und prüfte eingehend neu entstehende Trends im Investmentgeschäft, um festzustellen, worauf das Unternehmen seine Anstrengungen am besten konzentrieren sollte, um nach wie vor Marktlücken auszufüllen. DLJ baute auf seiner führenden Position in der Investmentforschung auf und erkannte die Vermögensverwaltung als die Nische, in der es Hervorragendes leisten konnte. Und so kam es. Einige Zeit verwaltete DLJ nahezu die Hälfte aller nicht treuhänderischen betrieblichen Pensionsfonds und ähnlicher Fonds, die an der Wall Street verwaltet wurden. DLJ kehrte auch zu seinen früheren Schwerpunkten im Broker-, Waren- und Effektengeschäft in einer relativ kleinen Zahl eigenständiger Marktnischen zurück, in denen es eine Position als Marktführer behaupten oder erreichen konnte.

Gleichzeitig mit dieser schärferen Abgrenzung des strategischen Schwerpunkts von DLJ machten sich Castle und *Chairman* Dick Jenrette (der einzige der drei ursprünglichen Partner, der nach 1973 in der Firma noch aktiv war) mit ihren Kollegen daran, die Führungssysteme des Unternehmens auszubauen. Sie entwickelten eine bestimmte Art der Gewinnverantwortung und Kontrollen und führten sie dann bei DLJ ein, die seine traditionelle Freiheit und sein Unternehmertum ergänzen, nicht ersetzen sollten. Zu den wichtigsten Maßnahmen zählte die Einführung einer monatlichen Ergebnisrechnung, die in der Branche zu den anspruchsvollsten gehört. Jeden Monat werden peinlich genau aufbereitete Einzelinformationen über jede Sparte und alle Sitzungen zur Ergebniskontrolle erhoben.

Bei diesen Meetings, an denen die Führungskräfte teilnehmen müssen, auch wenn ihnen das ungelegen kommt, analysiert DLJ, welchen Fortschritt jeder seiner Unternehmensbereiche gemacht hat und welche Maßnahmen zu ergreifen sind, um den beim letzten monatlichen Treffen vereinbarten Plan einzuhalten. Die Führungskräfte besprechen auch eine Reihe ausführlicher Gewinn- und Verlustrechnungen.

»Wir brauchen jeden Monat Gewinn- und Verlustrechnungen, die wir Punkt für Punkt durchgehen«, sagt Castle. »Das hört sich nach verdammt viel Kleinarbeit an, und das ist es auch. Aber nur so wissen wir wirklich, was in jedem unserer Geschäftsbereiche vor sich geht.« Dann erklärt er weiter: »Dies ist insofern besonders hilfreich, als wir nach wie vor großes Gewicht auf Kreativität und Unternehmertum bei DLJ legen und daher eine Reihe kleiner, eigenständiger Unternehmenseinheiten haben. Diese monatliche Positionsbestimmung stellt also sicher, daß die Mitarbeiter, die jeweils eine Einheit leiten, wissen, inwieweit die Unternehmensleitung den Überblick über das Geschäft behält. Folglich kontrollieren sie mit weitaus größerer Disziplin die Ausgaben und erfüllen ihre Umsatz- und Gewinnvorgaben genauer, als sie das sonst vielleicht täten.«

Außerdem führte das Unternehmen ein Anreizsystem ein, wonach eine Führungskraft erhebliche Prämien verdienen kann, wenn sie ihren Geschäftsbereich weiterentwickelt und die Kosten niedrig hält. Für Castle stellt dieses Anreizsystem eine Alternative zu Aktienanteilen dar.

»Wir geben auch regelmäßige Ziele der Kostenkontrolle vor, um auf jeden Fall unproduktive Kostenblöcke abzubauen. Zu jedem Zeitpunkt haben wir mehrere Projekte laufen, in denen jeweils einer oder mehrere unserer Unternehmensbereiche und Sparten eingehend überprüft werden – insbesondere

Sparten, die vielleicht hinter ihrem Plan zurückgeblieben oder vor kurzem in Schwierigkeiten geraten sind. Diesen Vorgang haben wir 1979 in Gang gesetzt, und das hat sich ganz schön bezahlt gemacht.«

DLJ führt auch jedes Jahr einen Prozeß intensiver strategischer Planung durch, wozu die Entwicklung von Krisenplänen mit mehreren Szenarien gehört, die den Führungskräften Hinweise geben, wie mit möglichen Rückschlägen in ihrem Geschäftsbereich umzugehen ist. In schwierigen Zeiten genießen diese Pläne besondere Aufmerksamkeit (beispielsweise Anfang 1982, als die Marktaktivität stark abnahm). Castle schreibt es dieser Tatsache zu, daß DLJ sich nach wie vor auf sein Kerngeschäft konzentriert und eine Wiederholung der Probleme vermeiden kann, die sich aus seinen Diversifikationsversuchen ergeben hatten.

Diese Rückbesinnung auf seine Kernbereiche, die eigentlichen Stärken, hat sich bezahlt gemacht. Zwischen 1978 und 1984 stiegen die Erträge von DLJ um mehr als 1000 Prozent.

Thermo Electron

Zu den zahlreichen Erfolgsbeispielen der Hochtechnologie-Unternehmen an Bostons »Route 128« gehört Thermo Electron, eine Gründung des MIT-Professors George Hatsopoulos aus dem Jahre 1956. Thermo Electron ist Marktführer für Spezialprodukte und Dienstleistungen im Bereich der Thermodynamik.

Von 1976 bis 1981 wuchs Thermo Electrons Nettoertrag bei vierfachem Umsatz um das Achtfache, fiel dann zwei Jahre lang fast bis auf Break-even zurück, bevor es sich 1984 deutlich erholte.

»Die meisten Wertpapieranalytiker verstehen Thermo Electron nicht«, sagt der Firmengründer und *CEO* Hatsopoulos. »Sie sehen in uns einen Mischkonzern, der Wärmekopplungsgerät, Meßinstrumente und künstliche Herzen herstellt, und merken nicht, daß wir ganz einfach eine Gruppe von Ingenieuren sind, deren Aufgabe es ist, technologisch führende Produkte zu entwickeln, die auf den Gesetzen der Thermodynamik beruhen: Wir lassen Energie rationeller und wirtschaftlicher arbeiten.«

Bis 1981 hatte sich aus dieser Mission ein Unternehmen mit 231 Millionen Dollar Jahresumsatz und Erträgen von fast 9 Millionen Dollar ergeben. Dies hatte auch eine erhebliche Komplexität (TE hatte dreißig verschiedene Unternehmenseinheiten) und Risikoanfälligkeit (die meisten dieser Einheiten waren in höchst rezensionsanfälligen Bereichen tätig) zur Folge.

Thermo Electron hatte sich ganz einfach verzettelt. Das Unternehmen war in zu vielen Nischen tätig, hatte ein zu breit gefächertes Produktprogramm, und es überwachte und bewertete die Leistung seiner Mitarbeiter nicht richtig. Thermo Electrons Eifer, innovative Produkte herzustellen, hatte bewirkt, daß kein Management es mehr in den Griff bekommen konnte.

Ende 1983 war der Umsatz auf 182 Millionen Dollar gesunken, und Erträge waren so gut wie verschwunden. Doch bereits ein Jahr später hatte Thermo Electron mehr Aufträge denn je und rechnete mit Rekordgewinnen. Die Kurse seiner Aktien stiegen ständig.

Wie nun hatte es Thermo Electron geschafft, aus dem Tief von 1983 herauszukommen und 1984 wieder ganz oben zu sein?

Die bloße Erkenntnis seiner Probleme war der erste wichtige Schritt. Als sie Umsatzvolumen und Gewinn schwinden sahen, setzten sich *CEO* Hatsopoulos und sein Führungsteam 1982 zusammen und entwickelten ein Programm, das aus drei Elementen bestand:

1. »Wir stellten fest, wo die Grenzen unserer Führungsfähigkeiten lagen.« Da sie erkannten, daß sie die Zahl der Unternehmenseinheiten um die Hälfte kürzen mußten, prüfte das Führungsteam jede der dreißig Unternehmenseinheiten von TE und entschied, sie entweder so zu lassen, zu verkaufen, zu schließen oder mit einer anderen Einheit zusammenzulegen. Das war ein schwieriger, aber zur Wiederherstellung des Wachstums notwendiger Prozeß. Jetzt glaubt TE, daß seine gegenwärtige Zahl von Unternehmenseinheiten beherrschbar bleibt, bis das Unternehmen ein Volumen von etwa 500 Millionen Dollar erreicht hat.
2. »Wir überprüften und reduzierten unsere Belegschaft. Mehrere hundert Mitarbeiter mußten gehen.« Das war von allem der schwierigste Schritt, der harte Entscheidungen verlangte. TEs Unternehmensleitung glaubt, daß die verbleibende kleinere, aber leistungsfähige Organisation bei weitem besser gerüstet ist, um die Stärken des Unternehmens in den nächsten Jahren weiterzuentwickeln.
3. »Wir bauten unsere Forschung und Entwicklung aus.« Als allgemeines Ziel strebte TE an, seine Innovationen erheblich zu beschleunigen, und um dieses Ziel zu erreichen, verdoppelte es 1984 nahezu seinen Etat für Forschung und Entwicklung. Aufgrund einer Analyse und Interaktion zwischen Technikern und Marketingfachleuten konzentrierte sich das Unternehmen auf einige Bereiche, die nach ihrer Meinung Priorität verdienten, etwa Galvanotechnik, ein kleines Wärmekopplungsmodul und Bereiche der Biomedizin, einschließlich der künstlichen Herzen.

Gleichzeitig spaltete Thermo Electron eine kleine Gruppe von seinem FuE-Zentrum als eigenes Unternehmen ab – das es Thermedics nannte und das biomedizinische Produkte entwickelt. Laut Hatsopoulos hat Thermedics jetzt einen Marktwert von etwa 100 Millionen Dollar.

TEs Reaktion auf die widrigen Umstände bestand, kurz gesagt, darin anzugreifen: die Unternehmensstruktur zu vereinfachen und zu stärken; die durchschnittliche Leistungsfähigkeit ihrer Mitarbeiter zu erhöhen, während die Betriebskosten gesenkt wurden; und Produkte und Technologien zu verbessern. Während der Niederschrift dieses Buches wies Thermo Electrons aggressives Programm offensichtlich Erfolge auf. Im Jahre 1984 nahm der Umsatz um 29 Prozent auf 235 Millionen Dollar zu, und der Nettoertrag stieg auf 6 Millionen Dollar.

Sanders Associates
Gerade jenseits der Grenze von Massachusetts nach New Hampshire liegt inmitten einer reizvollen Hügellandschaft die Firmenzentrale von Sanders Associates. Als größter industrieller Arbeitgeber in New Hampshire ist Sanders heute in Forschung, Entwicklung und Produktion von hochentwickelten elektronischen Verteidigungssystemen und Computergraphik für den kommerziellen Markt führend.

Jack Bowers, *Chairman* von Sanders Associates, ist ein Mann des Understatement, der seine Aufgabe als *CEO* mit den Worten »Förderung technischer Erfindungsgabe und Verhütung von Katastrophen« beschreibt. Und in den sechs Jahren von 1979 bis 1984 hatten Bowers und sein Führungsteam beeindruckende Erfolge. In dieser Zeit ist Sanders' Umsatz mit Hochtechnologieprodukten und -dienstleistungen von 164 Millionen Dollar auf 746 Millionen Dollar gestiegen, wobei sich der Jahresgewinn auf 70 Millionen Dollar verdreifachte.

Technische Erfindungsgabe ist in der elektronischen Kampfführung und Überwachung eine Erfolgsvoraussetzung, und Sanders fördert das technische Personal beispielsweise durch ein Programm hoher Prämien für hervorragende technische Leistungen und durch die Ernennung beratender Ingenieure (*Engineering Fellows*, die an technischen Fragen mitarbeiten und als Mentoren wirken). Zusätzlich zu vielen der Geheimhaltung unterliegenden technischen Innovationen in der Verteidigungstechnik halten Sanders' Wissenschaftler die technischen Patente für beliebte Computerspiele (was dem Unternehmen im Lauf der Jahre mehr als 20 Millionen Dollar Lizenzgebühren einbrachte); und die Zeichenstift-Plotter des Unternehmens (die 75 Zentimeter in der Sekunde auf 1/2000 Zentimeter genau zeichnen können) wurden von der Zeitschrift *Electronics Products* als eines der technologisch wichtigsten Produkte des Jahres 1983 genannt.

Sanders lernt nicht nur aus seinen Erfolgen, sondern auch aus seinem Mißgeschick – wozu ein erfolgloser Ausflug in den Bereich der kommerziellen Computerterminals Anfang der 70er Jahre gehört.

Das Debakel mit den kommerziellen Computerterminals war eine jener geschäftlichen Unternehmungen, die attraktiv klingen und die nicht wegen mangelnder Mittel oder mangelnden Engagements scheitern. Ende der 60er Jahre beschloß Sanders, kommerzielle Terminals herzustellen, die schließlich in Anwendungsbereichen wie dem Reservierungs- und Fakturiersystem von Avis Wizard eingesetzt werden sollten. Dieses neue Geschäft unterschied sich grundlegend von Sanders' früheren Erfolgen bei der Konstruktion und Entwicklung von Radargeräten, elektronischen Bauteilen und U-Boot-Bekämpfungssystemen. Es verwickelte das damals vergleichsweise winzige Unternehmen in direkte Konkurrenz mit Riesenunternehmen wie IBM. Den Kunden in diesem Bereich war Benutzerfreundlichkeit wichtiger als Präzision nach dem neusten Stand der Technik – obwohl das Sanders' Stärke bei seinen anspruchsvollen Kunden aus dem Verteidigungsbereich war. Wie es uns ein langjähriger Mitarbeiter erklärte: »Wir hatten ein verdammt gutes Terminal, aber es war kein Erfolg. Wir hatten einfach nicht das Marketing- und Kundendienstwissen. Unsere Konstruktion war wirklich toll, wurde aber kopiert und von den Laienanwendern nicht akzeptiert.«

Nach Jahren des Versuchens (und Jahren voller Verluste) verkaufte Sanders den Geschäftsbereich an Harris Corporation und bereinigte seine Differenzen mit IBM – für das es jetzt rechnergestützte Konstruktions- und Fertigungs-Terminals (CAD/CAM) entwickelt und herstellt. Dieses zum Scheitern verurteilte Geschäft forderte nicht nur Verluste, es beanspruchte auch die Aufmerksamkeit der Unternehmensführung, die sich besser auf Sanders' Kerngeschäft hätte konzentrieren sollen. Wie Bowers uns erklärte: »Wir merkten, daß wir in das falsche Geschäft eingestiegen waren – aber wir waren noch immer daran interessiert, neue Wachstumsbereiche zu finden.«

Sanders konzentrierte seine Anstrengungen dann von neuem auf militärische Bereiche und nutzte sein Know-how der elektronischen Kampfführung in verwandten Sparten wie Führungssysteme, Meeresüberwachung und computergestütztes Prüfgerät. Und es führte eine zweijährige strategische Studie durch, die ein neues, kommerziell nutzbares Produktprogramm ermittelte – interaktive graphische Datenverarbeitung. Anders als der frühere gescheiterte Versuch mit den kommerziellen Terminals baute die interaktive graphische Datenverarbeitung auf Sanders augenblicklichen technischen Stärken auf. Zum Beispiel hatte das Unternehmen für das Saturnprogramm der NASA Anzeigevorrichtungen entwickelt und gebaut, und damals machte Computergraphik etwa 14 Prozent von Sanders' Geschäft aus. Was wichtiger ist: Diesmal positionierte sich Sanders in dem anspruchsvollsten Segment des Geschäfts – ins Hochtechnologiesegment anstatt im verbraucherorientierten Bereich, in dem technisch orientierte Kunden den Wert beurteilen können. Um sein Know-how zu stärken, erwarb Sanders zwei Unternehmen: Cal Comp, das bei Plottern bereits führend war (wenn auch zur Zeit seiner Übernahme knapp an Geld), und Talos Systems, das im Bereich der Digitalisiergeräte tätig war.

Im Jahre 1984 hatte sich die strategische Neuausrichtung dann ausgezahlt. Graphic Products and Systems brachte 255 Millionen Dollar Umsatz und 25 Millionen Dollar Gewinn. Und Sanders' Umsatz mit elektronischen Verteidigungssystemen und -produkten war beinahe bis auf 500 Millionen Dollar gestiegen.

Millipore

Von 1960 bis einschließlich 1979 war Millipore, das Unternehmen für Filtriersysteme, zwanzig Jahre lang einer der leuchtendsten Sterne am Himmel der Hochtechnologie. Die Finanzwelt verließ sich allmählich auf Millipores vorauskalkulierbaren zwanzigprozentigen Ertragszuwachs. Von kaum mehr als einer Million Dollar Umsatz steigerte es seinen Umsatz bis 1979 auf 195 Millionen Dollar und seinen Betriebsgewinn auf 19,6 Millionen Dollar. Das Unternehmen war auf diese außergewöhnliche Leistung berechtigterweise stolz, und dieser Stolz äußerte sich in einem außergewöhnlichen Arbeitstempo, das bei Millipore herrschte.

Dann kam 1980 ein leichter Rückgang des Betriebsgewinns, dem 1981 ein steiler Abfall von 43 Prozent folgte. Im Jahre 1982 erholte sich der Betriebsgewinn wesentlich, blieb aber noch um 17 Prozent hinter dem Höchststand von 1979 zurück. Erst 1983 konnte das Unternehmen seine eigenen Wachstumsrekorde wieder brechen, und 1984 schnellte der Gewinn um 48 Prozent in die Höhe, wobei der Umsatz um 14 Prozent wuchs.

Wie Millipore sich mit dem Problem auseinandersetzte und es fertigbrachte, dann gestärkt daraus hervorzugehen, ist eine Geschichte, die für andere Unternehmen lehrreich sein dürfte.

Zum Teil waren Millipores Schwierigkeiten die Folge einer starken Rezession in seinen Schlüsselmärkten und der Erstarkung des Dollars, die zu einer Zeit erfolgte, als sich sein internationales Geschäft rasch ausdehnte. Aber im nachhinein scheint es klar, daß eher vier unternehmensinterne Kräfte dafür verantwortlich zu machen sind:

1. *Strategische Expansion durch die Übernahme neuer Unternehmensbereiche und unterschiedlicher Unternehmenskulturen.* In seinen frühen Tagen hatte Millipore eine einzige Produktlinie – mikroporöse Membranen, um Verschmutzungen aus Flüssigkeiten wie Raketentreibstoff, Wein und Blut herauszufiltern. Mitte und Ende der 70er Jahre begann Millipore, andere Unternehmen zu erwerben, um seine Basis in der Filtrierungstechnik zu erweitern – wodurch das Unternehmen in einem sehr viel breiteren Spektrum sowohl von Technologien als auch von Märkten tätig wurde. 1975 erwarb Millipore Worthington Biomedical Corporation, ein Schritt zur Kopplung seiner frühen Membrantechnologie mit organisch aktiven Stoffen, wodurch bestimmte Anwendungsbereiche verbessert werden sollten. In den Worten von *Chairman* d'Arbeloff »erwies sich die Übernahme als ein Fall von Synergie, die niemals stattgefunden hat«.

Entscheidend war, Anfang 1980 erwarb Millipore Waters Associates, das Unternehmen, das in der Flüssigkeitschromatographie, einer ganz anderen Technologie zur Analyse und Trennung von Stoffen, eine führende Position einnahm. Noch mehr als durch die Übernahme anderer Unternehmen bedeutete der Erwerb von Waters die Bürde, sich mit neuen Technologien vertraut zu machen – Waters war nicht nur in der Chromatographie, sondern auch in der Ausrüstung mit elektronischen Meßgeräten tätig, worin Millipore keine Erfahrung hatte. Außerdem mußte Millipore eine neue, fremde Unternehmenskultur assimilieren. Waters hatte eine andere Führungsphilosophie, die sich an der langfristigen Entwicklung einer relativ kleinen Zahl potentieller Kunden durch ausgiebige wissenschaftliche Diskussionen und Versuche orientierte. Diese vergleichsweise zurückhaltende, technologieorientierte Ausrichtung stand in deutlichem Gegensatz zu Millipores praktikablem Direkt-Marketing-Ansatz und aggressiven Nachfaßaktionen bei einer sehr viel breiteren Basis vieler kleiner Kunden. Waters' Unternehmenskultur war so andersartig und die Assimilierung seiner Organisation in Millipores Lebensstil so schwierig, daß Waters innerhalb von drei Jahren nach seiner Übernahme durch Millipore dreimal den *President* wechselte – was die Zeit und Aufmerksamkeit der Unternehmensleitung von Millipore beanspruchte und in den Übergangszeiten zwangsläufig Waters' Wachstum und Rentabilität beeinträchtigte.

2. *Geschäftliche und organisatorische Komplexität.* Millipore wies die Charakteristika von Unternehmen mit hohen Wachstumsraten im Übergangsstadium auf, die wir in diesem Buch bereits erläutert haben – in den zwanzig Jahren bis 1980 hatte es sich von einem Unternehmen mit einem relativ begrenzten Produktprogramm zu einer komplexen Organisation entwickelt, die über mehrfache Verkaufsaußendienste diverse Technologien an Kunden in mehr als hundert Marktnischen rund um die Welt vermarktete. Die oberste Unternehmensleitung konnte sich ganz einfach nicht mehr auf alle diese Märkte und auf die Mitarbeiter konzentrieren, die für die Entwicklung der Rentabilität verantwortlich waren.

Millipores Organisation bestand 1967 aus einem halben Dutzend Schlüsselkräften, die sich regelmäßig in Bedford, Massachusetts, am Konferenztisch trafen. Die Tätigkeit des ganzen Unternehmens spielte sich in einem Werk ab, und die Kommunikation verlief unmißverständlich und praktisch ohne Umwege.

Mitte der 70er Jahre beschloß Millipore, sich in Sparten aufzugliedern – und wie *CEO* d'Arbeloff es ausdrückte, »eine Reihe kleiner Unternehmenseinheiten zu schaffen, von denen jede die Vitalität und Aktionsfähigkeit haben sollte, über die das Gesamtunternehmen verfügte, als es Ende der 60er und Anfang der 70er Jahre noch klein war«. Millipore experimentierte mit einer Matrixorganisation, indem es für jeden Mitarbeiter eine formale Verantwortlichkeit gegenüber mehreren Vorgesetzten festlegte – eine Struktur, die selbst in einem stabilen Umfeld komplex und schwierig ist, in einer sich rasch entwickelnden Organisation wie Millipore aber praktisch unmöglich zu handhaben ist. Das Unternehmen unterteilte selbst die Millipore Products Division, sein Kerngeschäft mit mikroporösen Membranen, in eigenständige Profit Center, was zu einer Verdoppelung der Stabsfunktionen und damit zu höheren Kosten führte. Die Dezentralisierung und Divisionalisierung schwächte auch die historisch starke Marketingkraft des Unternehmens, weil mehrere Außendienste die gleichen Kunden kontaktieren, von denen keiner groß genug war, alle Bedürfnisse eines Kunden gleichzeitig zu bedienen.

Nachdem sich das Unternehmen derart fragmentiert hatte, waren auch seine Ziele nicht mehr so klar wie früher. Fragen, wie welches Gewicht der technischen Entwicklung und der Produktentwicklung gegenüber dem Marketing beizumessen ist, wurden der eigenständigen Entscheidung der Unternehmenseinheiten überlassen. Nicht zuletzt führten die durch die neue organisatorische Komplexität verursachten Ungewißheiten zum Bürokratismus und den immer damit verbundenen Schwächen: mangelnde Experimentier- und Risikofreude, zu hohe Ausgaben zur Vermeidung von Fehlern und die Schwerfälligkeit, die sich einstellt, wenn wichtige Entscheidungen durch mehrere Kanäle laufen müssen.

3. *Werte: die vierteljährliche Besessenheit.* Seit seiner Gründung hatte Millipore der Qualität seiner Produkte und einem anhaltend hohen Innovationsniveau, die die Leistung der Kunden steigern würden, erheblichen Stellenwert beigemessen. Aber ein zweiter Wert beanspruchte die Aufmerksamkeit des unteren Managements immer stärker – das außergewöhnliche Umsatz- und Gewinnwachstum des Unternehmens um mehr als 20 Prozent von Vierteljahr zu Vierteljahr. Nach zwanzig Jahren ständig höherer Gewinne wurde die Beibehaltung dieses Musters zum Zweck an sich. Auf der Sparten- und Werksebene sah das Management in der Erfüllung des Vierteljahres-Budgets allmählich ein wichtigeres Ziel als in Investition zur Entwicklung innovativer hochwertiger Produkte, die sich erst einige Jahre später bezahlt machen würden.

Daher, sagt d'Arbeloff, »ließen wir unsere Probleme allmählich in den Bilanzen erscheinen. Als neue Produkte ins Programm kamen, übersahen wir irgendwie die veralteten Bestände und haben sie nicht so schnell abgeschrieben, wie wir das hätten tun sollen.«

Kurzum, da die Aufmerksamkeit der obersten Unternehmensleitung durch die komplexe Aufgabe, neue Unternehmenskulturen zu assimilieren, abgelenkt war, entwickelte sich eine Kluft zwischen Millipores langfristigen

Werten und dem kurzfristigen Druck, wie ihn das Linienmanagement wahrnahm.

4. *Unzureichende Kontrollen und Finanzinformationen.* Zwar verfügte Millipore über ein starkes Finanzplanungssystem, aber seine externen Überwachungssysteme hielten mit der immer größer werdenden Komplexität des Geschäfts nicht Schritt. Zum Beispiel erhob das Unternehmen keine Umsatz- und Gewinndaten, weder nach Produktlinien noch nach Endverbrauchermärkten. Daher war es zumindest sehr schwierig, in einem wettbewerbsintensiven, sich rasch verändernden Geschäft Marktumschwünge oder das Eindringen von Konkurrenten zu ermitteln. Außerdem führte der Mangel an ausreichenden Finanzinformationen zu Überraschungen; Probleme wie steigende Ausgaben und höheren Personalstand bemerkte man erst, als sie bereits akut waren. Wie d'Arbeloff es ausdrückte, »achteten wir nicht auf unsere Bilanzen – wir hielten mit unserem ungeheuren Wachstum einfach nicht Schritt und reagierten nicht ausreichend auf die zunehmende Konkurrenz«.

   Das Problem unzureichender Daten erstreckte sich auch auf langfristige Planungen. Aus der bloßen Komplexität erwuchs schließlich immer größere Unklarheit, welche Prioritäten das Unternehmen angesichts des Spektrums geschäftlicher Möglichkeiten setzen sollte.

In einem Unternehmen mit weniger Können und geringerer Entschlossenheit als Millipore hätte diese Litanei konvergierender Kräfte leicht in einer Katastrophe enden können: eine jahrelange Verschlechterung der Ergebnisse, der Verlust entscheidender Mitarbeiter, die Übernahme durch einen größeren Konzern. Nach unserer Ansicht besteht Millipore diese Probe auf seine Anpassungsfähigkeit und Stärke bestens.

Noch bevor die Probleme sich in der Gewinn-und-Verlust-Rechnung oder in der Bilanz gezeigt hatten oder außerhalb des Unternehmens erkennbar geworden wären, nahm Millipore sie 1980 aggressiv in Angriff. Im Frühsommer dieses Jahres traf sich Millipores oberstes Führungsteam – jenes Dutzend Führungskräfte in Schlüsselpositionen, die für die wichtigsten Sparten und Funktionen verantwortlich waren – in Lenox, Massachusetts, um Werte, Ziele und allgemeine Richtung des Unternehmens einer genauen Prüfung zu unterziehen. Einige Teilnehmer dieser Sitzung mußten erhebliche persönliche Kritik ertragen. Aber in dieser und vielen späteren Sitzungen entwickelte Millipore ein Programm, das die Kräfte des Unternehmens sammeln sollte, so sagte Jack Mulvany, damals *President* und *CEO:* »Wir beschlossen, in den sauren Apfel zu beißen.«

Der erste Schritt war vielleicht der wichtigste. Millipore erklärte seine Absicht, den widrigen Umständen ins Auge zu sehen und sie zu überwinden. Sobald sich die Unternehmensführung dazu verpflichtet hatte, war sie in der Lage, die Maßnahmen zu ergreifen, die 1983 die Wende einleiteten und 1984 zu einem Rekordergebnis führten.

- Das obere Management verpflichtete sich, die Ausgaben und den Personalbestand zu verringern, und zwar unter Leitung einer Arbeitsgruppe, die sich aus Mitgliedern jeder größeren Sparte zusammensetzte und die beauftragt wurde, jede Kostenkategorie von Bedeutung zu bewerten.
- Millipore verkaufte 1982 Worthington Biomedical. Der Verkauf erbrachte einen Gewinn von 17 Millionen Dollar, was es Millipore ermöglichte, seine langfristigen Schulden deutlich abzubauen.
- Das Unternehmen führte seine Millipore Products Divisions wieder zusammen, so daß es mit Hilfe eines größeren Außen- und Kundendienstes wieder allen Kunden eine vollständigere Dienstleistung bieten kann.
- Eine Kerngruppe von Führungskräften aus allen Teilen des Unternehmens wurde beauftragt, Millipores Grundstrategie zu überprüfen und sie zu bestätigen oder in einer Form abzuwandeln, die denjenigen Grundwerten und Prioritäten entsprechen würde, die nach Meinung dieser Gruppe für das Unternehmen während der nächsten Jahre bestimmend sein sollten. Diese Kerngruppe verbreitete im ganzen Unternehmen die Botschaft, daß der Qualität, Innovation und dem Kundendienst, in Verbindung mit Verständnis für Konzentration auf die Entwicklung der eigenen Mitarbeiter, höchste Priorität eingeräumt werden sollten. Diese Bemühungen waren insofern von entscheidender Bedeutung, als sie die kurzfristigen finanziellen Ziele wieder in der richtigen Perspektive erscheinen ließen, die zwar als Verpflichtung Bedeutung behalten, aber niemals auf Kosten der Unternehmenswerte erfüllt werden sollten.
- Millipore beschloß, jedem Produkt- und Marktsegment eine Reihe von Gewinnstandards vorzugeben und die Geschäftsergebnisse anhand dieser Standards sorgfältig zu überprüfen. Um dieses Ziel zu erreichen, gewann Millipore John Gilmartin, einen erfahrenen Finanzmanager von Pfizer, dem großen pharmazeutischen Unternehmen, der ein geeignetes Kontrollsystem entwerfen sollte.
- Millipore bereinigte seine Bilanz – indem es Abschreibungen und Wertberichtigungen vornahm, die bei realistischer Betrachtung geboten waren – und verpflichtete seine zukünftige Bilanzpolitik auf konservative Grundsätze.

Das Ergebnis dieser massiven Anstrengungen waren ein Führungsteam, das sich deutlicher auf die fundamentalen strategischen Ziele und technischen Stärken des Unternehmens konzentrierte und sich dafür engagierte, eine weitaus stärkere Organisation und wieder Rekordergebnisse zu erreichen. In einem so wettbewerbsintensiven und sich rasch verändernden Geschäft wie dem von Millipore muß ein Unternehmen beinahe ständig mit neuen Problemen und unvorhergesehenen Situationen rechnen. Doch da Millipore Anfang der 80er Jahre bewiesen hat, daß es eine ganze Reihe Schwierigkeiten abwehren kann, ist zu erwarten, daß das Unternehmen Siegesgewißheit und die Fähigkeit hat, hohe Wachstumsraten weiterhin zu erreichen.

Im Augenblick haben auch zwei unserer Spitzengewinner große Probleme, weil ihre Erträge unter Druck geraten – Augat und MCI.

Augats Umsatz- und Gewinnwachstum ist zwar beeindruckend gewesen, aber nicht immer stetig. Beispielsweise erlitt die Elektronikindustrie 1975 weltweit einen Konjunktureinbruch, und Augat litt mit ihr. Aber in dieser harten Zeit konsolidierte Augat seine Position – es erwarb die Mehrheit an dem Schweizer Zulieferer von Präzisionskontakten für seine IC-Sockel und blieb mit seinen IC-Montageplatten im Geschäft, während vier andere Konkurrenten – TRW, Texas Instruments, Litton und AMP – diesen Markt verließen.

Auch die letzten drei Jahre waren schwierige Jahre. Die Kabelfernsehindustrie – eine Hauptkundengruppe für Augats Produkte – erlebte ein weniger aggressives Wachstum als erwartet, und die jüngste Hysterie der etwa 150 Unternehmen, die Personalcomputer zu verkaufen versuchen, ließ die Nachfrage nach Hardware-Verbindungsteilen rapide steigen und sinken. Aber der schwerwiegendste Schlag – aus dem Augat auch gelernt hat – betrifft ein Umweltproblem: der chemische Abfall auf dem Gelände von Augats Tochterunternehmen, einem Werk für galvanisches Plattieren. Zusätzlich zu der außerordentlichen Belastung des Ergebnisses 1983 mit 3,5 Millionen Dollar für die Abfallbeseitigung war Augats Galvanisierwerk 1984 drei Monate lang geschlossen; dadurch wurde die Produktion unterbrochen, die zu hohen Kosten extern galvanisiert werden mußte.

Das gute daran ist, daß Augat daraus gelernt hat. Um in Zukunft derartige Probleme zu vermeiden, schuf Augat eine interne Umweltrevision (vergleichbar mit der Finanzrevision).

Es stellte Lehrfilme her – die jetzt auch von anderen Unternehmen in Massachusetts eingesetzt werden –, in denen den Mitarbeitern gezeigt wird, wie Umweltprobleme zu verhindern sind. Da Augat immer innovativ ist, hat es einen externen unabhängigen »Umweltrevisor« – die Forschungs- und Beratungsfirma Arthur D. Little – eingeschaltet, die Umweltangelegenheiten genau so prüft, wie Deloitte Haskins & Sells seine Finanzen prüft.

Trotz dieses Umweltproblems und schwacher Konjunktur in seinen wichtigsten Märkten pumpte Augat 1984 etwa 16,7 Millionen Dollar in Forschung, Entwicklung und Konstruktion – gegenüber nur 12,5 Millionen im Jahre 1983.

MCI – vermutlich das am schnellsten wachsende Unternehmen mit über 1

Milliarde Dollar Jahresumsatz in Amerika – hatte fünf Jahre lang auch die höchsten Gewinnzuwachsraten. Aber vor kurzem sind die Gewinne deutlich zurückgegangen – was weitgehend auf die höheren Zugangsgebühren regionaler Telefon-Betriebsgesellschaften nach der Entflechtung von AT & T zurückzuführen ist. So stiegen MCIs Zahlungen an lokale Netze in fünfzehn Monaten von 21 Prozent des Umsatzes auf 44 Prozent – was niedrigere Gewinne und einen Kursverfall der MCI-Aktien zur Folge hatte. MCI reagierte mit Investitionen – es steigerte die Investitionen in sein Netz von 623 Millionen Dollar (1983) auf 1 Milliarde Dollar (1985) jährlich und dehnte seinen Deckungsbereich aggressiv (und kostenaufwendig) auf alle Telefonanschlüsse in den Vereinigten Staaten aus, um eine Ära vorzubereiten, in der in den Augen des Unternehmens bei allen Anbietern von Fernverbindungen gleiche Qualität und Bequemlichkeit geliefert wird. Auch wenn noch keineswegs klar ist, wer von der Umgruppierung im Fernmeldewesen in diesem Jahrzehnt profitieren – bzw. sie überleben – wird, rechnen viele Analytiker sowie der *President* von MCI, Orville Wright, optimistisch wieder mit steigender Rentablität. »In unserer kurzen Geschichte haben wir viele Probleme überlebt. Der Rückschlag in der Rentabilität ist nur eines von ihnen, das mit der Zeit und sorgfältigem Management gelöst wird«, sieht er voraus. Was noch wichtiger ist: Die meisten MCI-Mitarbeiter glauben das ebenfalls – 70 Prozent von ihnen kaufen weiterhin freiwillig und regelmäßig Aktien des Unternehmens.

Was geschah dort?

Diese Spitzengewinner stießen auf Schwierigkeiten, die auf eine Kombination externer und interner Kräfte zurückzuführen waren:

1. *Gesamtwirtschaftliche Schwierigkeiten.* Die meisten Geschäfte leiden unter einem Konjunkturabschwung; einige Sektoren, wie Investitionsgüter für die Schwerindustrie, können besonders hart getroffen werden. Auch andere wirtschaftliche Entwicklungen können, je nach Branche, schaden. Beispielsweise hat die Stärke des amerikanischen Dollars gegenüber den meisten anderen Währungen ein gewinnbringendes Exportgeschäft immer schwieriger werden lassen, hat erheblich größere Importe in Konkurrenz zu den heimischen Herstellern angeregt und den Wert des amerikanischen Dollars von im Ausland erzielten Gewinnen sinken lassen. Dee d'Arbeloff von Millipore bemerkte, daß »die Wechselkurse den Unterschied zwischen den für 1982 geplanten Gewinnspannen von 10 Prozent und den tatsächlich erzielten 6 Prozent ausmachen«.

   Der Verfall des Ölpreises von 1984 ist ein weiteres Beispiel einer wirtschaftlichen Veränderung, die starke Auswirkungen haben kann. Der Preisverfall ist für die Ölabnehmer zwar eine Wohltat, trifft aber die Gewinne der Erdölerzeuger, Raffinerien und Vertriebsgesellschaften sowie der Lieferanten von Ölfeldausrüstung und der Explorationskonsortien ganz empfindlich.

Eine veränderte Rolle des Staates kann sich ebenfalls auf Unternehmen auswirken. Als dieses Buch geschrieben wurde, verursachte der neue Zahlungsplan im staatlichen Gesundheitswesen erhebliche Schwierigkeiten für einige Hersteller von medizinischen Ausrüstungen (auch für Krankenhäuser), da er im wesentlichen der langjährigen Praxis automatischer Kostenweitergabe durch den Preis ein Ende setzte.

2. *Neue Wettbewerbstaktiken.* Neue Technologien, neue und bessere Konkurrenzprodukte und neue Geschäftsmethoden können von Zeit zu Zeit selbst innovative und erfinderische Unternehmen ahnungslos treffen. Die Umstellung vieler Industrieerzeugnisse von Elektromechanik auf Elektronik erfolgte mit beachtlicher Geschwindigkeit und ließ die Produkte vieler Unternehmen veralten; wieder aufzuholen wurde zur erschreckenden Herausforderung für sie. NCR – vormals National Cash Register – ist ein allgemein bekanntes Beispiel. Anfang der 70er Jahre übernahmen elektronische Registrierkassen den Markt, auf dem NCR jahrzehntelang führend gewesen ist; und da es nur langsam ein eigenes neues Produktprogramm entwickelte, verlor NCR schnell an Marktanteil.
3. *Strategische Fehler.* Viele erfolgreiche Unternehmen haben in ihrer Entwicklung einmal eine Zeit durchgemacht, in der sie über ihre Kraft hinaus und in Bereiche diversifizierten, von denen sie entweder nichts verstanden oder in denen sehr viel stärkere Konkurrenten nur darauf warteten, ihnen erhebliche Schwierigkeiten zu machen. Wieder andere paßten sich nicht an veränderte Marktbedingungen an, auch wenn sie das Aufkommen einer neuen Technologie oder anderer Wettbewerbsverhältnisse erkannt hatten. Und manchmal bringen Unternehmen ein Produktprogramm heraus, für das es dann einfach nur einen sehr begrenzten Markt gibt, der bereit wäre, annehmbare Gewinne abwerfende Preise zu zahlen.
4. *Organisatorische Schwächen.* Wenn Größe und Komplexität eines Unternehmens formalisierte Strukturen und Managementsysteme erforderlich machen und neue Mitarbeiter und neue Ideen ins Unternehmen einbringen, vervielfachen sich auch die Möglichkeiten für Pannen und Fehlleistungen. Eine mehrschichtige Organisation kann die Reaktionszeit drastisch verlängern. Die funktionelle Spezialisierung kann zu erheblichen Problemen bei der Koordinierung und Kontrolle führen: Liefert die Fertigung wirklich das, was der Verkauf verkauft, zum versprochenen Zeitpunkt? Unter Umständen liefern die Systeme keine ausreichende Information über Kostenüberschreitungen. Unternehmensführer können ihre tiefgreifenden Kenntnisse der Dy-

namik des Geschäfts oder sogar überhaupt ihr Engagement für das Unternehmen verlieren. Im ganzen Unternehmen können die Mitarbeiter Motivation und Einsatzfreude aufgeben und in 8-Stunden-Arbeitnehmermentalität verfallen.

Natürlich gibt es keine einfache Formel, mit deren Hilfe Unternehmen entweder Probleme oder Fehler in ihrer Art erkennen oder sie überwinden könnten. Wenn ein Unternehmen erfolgreich ist, weil es Dinge anders macht als die Konkurrenz, dann stolpert es *per definitionem* auch aus anderen Gründen, wenn es stolpert, und wenn es sich wieder erholt, geschieht das auch auf andere Weise.

Aber es gibt einige allgemeine Muster, die offensichtlich dafür typisch sind, wie die Spitzengewinner, die wir in diesem Kapitel erörtert haben, ihre Probleme in Angriff nahmen und sie lösten:

- Sie waren wachsam genug, das Vorhandensein eines Problems so frühzeitig zu erkennen, daß sie dagegen etwas unternehmen konnten, bevor es sich zerstörerisch ausgewirkt hätte.
- Sobald sie das Problem ermittelt hatten, zögerten sie nicht, in den sauren Apfel zu beißen.
- Sobald sie merkten, daß etwas schieflief, machten sie eine vollständige Bestandsaufnahme und achteten darauf, wirklich reinen Tisch zu machen und alle Ursachen des Mißstandes zu erfassen.
- Wenn sie erst einmal in den sauren Apfel bissen, boten sie alle organisatorische Entschlossenheit und Mittel auf, die Probleme zu lösen. Wie in jeder Situation, in der es um Leben und Tod geht, hat nichts höhere Priorität als die Rettung.
- Und nicht zuletzt sorgte eben dieses Gefühl der Dringlichkeit für die nötige Geschwindigkeit und Wendigkeit.

Kurzum, sie handelten schnell, um ihre Probleme wirklich anzugehen.

In den meisten Fällen, die wir untersuchten, ließen die Unternehmen zum Beispiel in üppigen Zeiten – nur etwas – in ihrer Wachsamkeit nach. Manche ließen die Belegschaft nur etwas zu stark wachsen. Manche traten in neue Produkt- oder Dienstleistungsbereiche ein, bei denen sie hätten erkennen sollen, daß sie strategisch nicht gut zu ihnen paßten. Manche überwachten ein paar Schlüsselvariablen nicht mehr mit der gleichen Gnadenlosigkeit.

Aber sobald jedes dieser Unternehmen das Problem erkannt hatte, ergriff es schnell Maßnahmen, um die überzählige Belegschaft zu verringern, strategisch nicht passende Unternehmensbereiche abzustoßen, um sich wieder in der ganzen Organisation auf die entscheidenden Leistungsvariablen zu konzentrieren.

Praktisch jedes mittelgroße Wachstumsunternehmen hat Erfahrung mit strategischen und organisatorischen Problemen. Spitzengewinner sind eine Minderheit, die sie schnell und kreativ korrigierte, wobei ihre Position in der Regel dann stärker als vorher war. Sie wissen, daß der Erfolg als solcher Probleme schafft. Sie wissen, daß sie von vornherein mit Veränderungen und widrigen Umständen rechnen und sich deshalb ein Frühwarnsystem aufbauen müssen, um interne Fehlentwicklungen und externe Störfaktoren so bald zu erkennen, daß sie zu Chancen werden können.

Was noch wichtiger ist: Da kein System vollkommen sein kann, bauen sie die Überzeugung in das Fundament ihrer Unternehmenskultur ein, daß Schwierigkeiten, die nun einmal vor der Tür stehen, von jedem vorrangig zu behandeln sind. Kurzum, sie wurden gewogen und nicht als zu leicht befunden.

Kapitel VII
Die richtige Mischung finden

Alle unsere Ergebnisse anzuerkennen bereitet einigen unserer Kollegen Schwierigkeiten. Im Verlauf unserer Untersuchung über die Eigenschaften von Spitzengewinnern haben sie uns immer wieder etwa folgende Fragen gestellt: »Nun mal ehrlich! Gibt es denn wirklich Unternehmen, die *alle* diese Eigenschaften haben? Und wenn sie sie haben, schafft es dann ein Unternehmen, seinen Level lange zu halten? Sind nicht langfristig gesehen alle Unternehmen zur Stagnation – sogar zum Verfall und zur Degeneration – verurteilt? Führt Erfolg nicht letzten Endes zur Selbstzufriedenheit und Größe zu Bürokratismus, wodurch schließlich auch die besten Unternehmen über die eigenen Füße stolpern? Und selbst wo so etwas nicht geschieht, werden sich nicht Veränderungen der wirtschaftlichen Großwetterlage, Veränderungen der Grundregeln des Wettbewerbs, Technologien und Marktkräfte schließlich gegen ein Unternehmen wenden und es nach unten ziehen? Seht Euch nur die Eisenbahnen, die großen Stahlunternehmen, die Autohersteller an – ist denn irgend jemand dagegen immun?«

Diese Fragen sind berechtigt. Von den ersten hundert Unternehmen der *Fortune-500-Liste* von vor dreißig Jahren (1955) gehören nur sechsundvierzig auch heute noch zu den ersten hundert. Außerdem werden die am schnellsten wachsenden Unternehmen irgendwann unweigerlich von den Zahlen eingeholt. (Ein Unternehmen mit 100 Millionen Dollar Jahresumsatz würde nur vierzig Jahre brauchen, um einen Jahresumsatz von 1 Billion Dollar zu erreichen, wenn es sich irgendwie ein Umsatzwachstum von 25 Prozent aufrechterhalten könnte.) Und selbst für die besten Unternehmen ist ein gewisser Verlust ursprünglicher Vitalität, klarer Visionen, Innovationskraft und Anpassungsfähigkeit ironischerweise der Preis, den sie für den Erfolg zu zahlen haben. In unseren Augen ist das Unternehmensziel, immer an der Spitze zu bleiben, weder erreichbar noch erstrebenswert, aber Unternehmen, die sich die in diesem Buch beschriebenen Eigenschaften wenigstens zehn oder zwanzig Jahre lang bewahrt haben, haben etwas Wichtiges bewiesen – sie haben einen Unternehmensstil institutionalisiert, der nicht nur für eine bestimmte Zeit richtig ist, sondern auch Anpassungsfähigkeit an unvermeidliche Veränderungen beinhaltet. Dadurch sind ihre Chancen erheblich gestiegen, als erstklassige Unternehmen weiter zu bestehen.

Dieses Kapitel untersucht drei sehr unterschiedliche Unternehmen, die sich über zehn Jahre lang die beeindruckende Fähigkeit zu Spitzenleistungen und Anpassung bewahrt haben.* Diese Unternehmen – Cray Research, Automatic Data Processing und Sealed Air Corporation – repräsentieren ganz verschiedene Branchen, sie arbeiten unter andersartigen Wettbewerbs- und Umweltbedingungen, Strategien, Organisationen und Führungsstilen. Das erste ist ein Unternehmen der Hochtechnologie, das die fortschrittlichsten Supercomputer herstellt; das zweite ein Informationsdienstleistungsunternehmen; das dritte ein Unternehmen mittlerer oder einfacher Technologie, das vorwiegend Produkte der Verpackungsmittelindustrie herstellt und verkauft. Ihre Leistungen sind keineswegs einmalig; 119 andere Aktiengesellschaften haben wie sie im letzten Jahrzehnt ihre Umsatz- und Gewinnwachstumsraten bei 20 Prozent oder darüber gehalten;** auch einigen nicht börsennotierten Unternehmen ist das gelungen und andere, die weniger schnell gewachsen sind, verfügen über ein ebenso fähiges Management. Diese drei Unternehmen haben wir gewählt, nicht weil wir sie höher als die anderen einstufen, sondern weil sie ganz einfach all die repräsentieren, die sich die in diesem Buch beschriebenen Qualitäten über längere Zeiträume erhalten haben.

Der Geist von Cray Research

Cray Research – eines der jüngsten, aber nachweislich erfolgreichsten amerikanischen Unternehmen – bringt als weltweit führendes Unternehmen für Konstruktion, Herstellung und Wartung von Supercomputern für die anspruchvollsten Kunden aus der Welt der Wissenschaft die richtige Mischung. Am 6. April 1972 gegründet, ist Cray eines von nur zwei Unternehmen, die in der Liste der Zeitschrift *Inc.* mit den hundert am schnellsten gewachsenen Aktiengesellschaften in fünf aufeinanderfolgenden Jahren enthalten war (im sechsten Jahr war Cray für diese Liste zu groß geworden).

Crays Umsatz- und Gewinnwachstum seit 1977 ist an sich bereits beeindruk-

* Cray wurde 1972 gegründet und erwirtschaftete 1976 zum ersten Mal einen Gewinn, hat aber seitdem ein durchschnittliches Wachstum von weit über 20 Prozent erzielt.
**Vgl. Anhang B, der eine vollständige Liste dieser Unternehmen enthält.

kend – sein Umsatz wuchs von 11 Millionen Dollar auf 229 Millionen Dollar 1984 und sein Gewinn von 1 Million Dollar auf 45 Millionen Dollar –, diese Zahlen werden aber von der Bedeutung seiner Innovationen für die amerikanische Wissenschaft, Technologie und Verteidigung noch in den Schatten gestellt. »Da gibt es keine Frage«, berichtete die Zeitschrift *Forbes* im September 1983, »Seymour Cray (der Firmengründer) ist nicht einfach ein Wissenschaftler unter anderen; er ist eine nationale Know-how Ressource.«* Cray-Computer, deren größte Modelle in einer Sekunde eine Milliarde Rechenoperationen durchführen können, sind für alle unverzichtbar geworden, die in den Bereichen Kernphysik, Erdölexploration, Wettervorhersage, Flugzeugbau und Waffentechnik den Stand des Wissens und der Technik vorantrieben.

Cray Research ist ein hervorragendes Beispiel für ein Unternehmen, das fast alle Eigenschaften aufweist, die unsere Forschungsarbeit und Erfahrung als günstig bestätigte. Seine Strategie ist *Innovation* – ununterbrochen entwickelt es neue Generationen von Supercomputern, die Cray gelegentlich aus seinem eigenen Geschäft zu verdrängen drohen, weil durch sie die Pioniergeräte des letzten Jahres veralten. Cray ist in einer *Nische* – von vielleicht lediglich vierhundert Kunden in der Welt – Marktführer, deren Anforderungen so hochentwickelt sind und die einen so großen Bedarf für die schnellsten Supercomputer haben, daß nur die besten, schnellsten und leistungsfähigsten in Frage kommen. Cray *baut auf seiner Stärke auf* – es erweitert sein Produktprogramm, indem es neue Anwendungen für seine Maschinen ausfindig macht, aber es bleibt bei dem, was es am besten kann – nämlich Hochgeschwindigkeitsrechner herzustellen. Cray profiliert sich mit dem *Wert* seines Produkts. Es erzeugt und vertreibt einige der teuersten Computer der Welt – und verkauft sie an preisbewußte staatliche Stellen, Forschungsinstitutionen und Universitäten –, weil diese ihre Arbeit damit schneller und billiger erledigen können und vordem undurchführbare Forschungen ermöglicht werden.

Cray hat eine *Organisationskultur,* die weit mehr will, als Vermögen zu schaffen und den Betrieb zu verwalten. Da das Unternehmen von fünf Männern gegründet wurde, die sich der administrativen Bürokratie eines größeren Unternehmens zu entziehen und als technische Puristen zu spezialisieren suchten, bedarf es wegen seines ausgeprägten Selbstverständnisses und der Verpflichtung auf den Geist eines Kleinunternehmens nur weniger Regeln, um die Prinzipien Autonomie, gesunder Menschenverstand und Freude an der Arbeit zur Geltung kommen zu lassen. Crays Ingenieure sind *da, wo ihre Kunden sind* – bei Seminaren für gegenwärtige und potentielle Kunden in den Wäldern in der Nähe von Chippewa Falls, Wisconsin, oder sie kommen durch die Monatszeitschrift für Anwender, *Cray Channels,* die für Laien schwer verständlich ist, Anwender

*»War Games«, *Forbes* 12. September 1983, S. 108–10.

aber anregend finden, direkt ins Haus. Was aber wichtiger ist, Cray teilt die gemeinsamen Interessen und Bedürfnisse führender Wissenschaftler – die besten Mittel für die Fähigsten. Ganz selbstverständlich spielen *Menschenführung und Belohnungen* in einem Unternehmen eine wichtige Rolle, dessen wertvollste Ressourcen Mitarbeiter sind, die in anderen führenden Unternehmen Erfolg hatten, aber dort nicht zufrieden waren. Die *Führerschaft durch die Unternehmensleitung* – der besessene Wille von Seymour Cray, den leistungsfähigsten wissenschaftlich nutzbaren Computer zu bauen, und die Integrationsfähigkeit von John Rollwagen (dem jetzigen *Chairman* und *CEO*) – wurde durch einen ungewöhnlichen, aber erfolgreichen Wechsel an der Unternehmensspitze kontinuierlich weiterentwickelt.

Sehen wir uns an, in welcher Kombination Cray Research über die in den vorherigen Kapiteln beschriebenen Eigenschaften verfügt und was jemand daraus lernen kann, der nach Geschäftserfolg und Wirkung über das finanzielle Ergebnis hinaus trachtet.

Strategische Positionierung

Für die meisten Amerikaner haben Supercomputer etwas Aufregendes und Reizvolles an sich – weil sie in den Bereich der Hochtechnologie gehören und in anspruchsvollen Anwendungsbereichen eingesetzt werden. Die hochgeheime National Security Agency beispielsweise zeigt in ihrer Einstellungsbroschüre das Bild eines Cray-Computers, das auf frischgebackene Naturwissenschaftler positiv wirken soll, die die NSA anzuwerben hofft. In mehreren beliebten Science-Fiction-Filmen spielt ein Großrechner als seelenlose Macht eine Rolle; dieser hat entweder den Schlüssel zur Zukunft in der Hand oder hat Mitschuld an einem nuklearen Holocaust oder mit knapper Not abgewendeten Unglück. Aber trotz aller Popularität gehören Supercomputer nicht zu den Märkten, auf denen die größten und etabliertesten Riesenkonzerne Erfolg gehabt haben.

IBM, bei Computern weltweit unbestritten Marktführer, unternahm zwei kurze Ausflüge in den Bereich der Supercomputer – in den 50er Jahren mit seinem »Super Stretch« und Mitte der 60er Jahre mit seinem »Modell 90« –; und beide Male ließ es das Projekt wieder fallen.* Control Data Corporation, das von dem sozial engagierten Bilderstürmer Bill Norris und anderen, darunter Seymour Cray, gegründet wurde, war dann eine Zeitlang der führende Hersteller von Supercomputern. Aber CDC sah auch, daß Supercomputer ein winziger Markt mit bescheidenem Wachstums- und Gewinnpotential waren – und

*»Supercomputers: Only A Few Success Stories«, *Computerworld* 9. November 1981, S. 18.

wandte seine Kräfte dem größeren Geschäft mit kommerziellen Mainframes und Anwendungsbereichen in der Wirtschaft sowie weniger verwandten Bereichen zu. So trat es mit dem Erwerb der Commercial Credit Company in den Bereich innovativer Finanzierung ein. Tatsächlich hat vor kurzem ein weiteres Unternehmen, ETA Systems, als ein Tochterunternehmen von CDC den Markt für Supercomputer betreten. Da die Unternehmen in Supercomputern nichts Lukratives sahen – nachdem Marktforschungen nur eine Handvoll so anspruchsvoller Kunden ermittelt hatten, die für diese Einzelstücke Bedarf haben würden –, blieb es Seymour Cray und seinen vier Kollegen überlassen, ein unpopuläres, aber herausforderndes Ziel zu verfolgen – »einen größeren und leistungsfähigeren Computer zu entwickeln und zu bauen als irgendwer anders ihn zur Zeit hat«, wie Cray im Mai 1972 der Zeitung seiner Heimatstadt, *Chippewa Herald Telegram,* sagte. Im wesentlichen setzte sich das junge Unternehmen für Supercomputer über die herrschende Meinung hinweg und begab sich an einen unpopulären Markt, der sich aber durch gute Wettbewerbsbedingungen auszeichnete. Wie sie dieses vernachlässigte Segment dann ausbauten und darin zum Marktführer wurden, ist die Erfolgsgeschichte eines Unternehmens, in dem zwölf technische Apostel 1973 erst eine halbe Million Dollar verloren und das Unternehmen dann 1984 zu einem Jahresumsatz von 229 Millionen Dollar und zum Erfolg an der Börse führten.

Innovation als Lebensstil

Die Grundlage für Cray Researchs Strategie ist, war und wird Innovation sein. Technologische Innovation zeichnet das Unternehmen vor allem aus, aber auch im Finanz- und Marketingbereich ist es kreativ und praktisch erfolgreich gewesen.

Beispielsweise nahm Cray Research 1983 in einer Auflistung der *Business Week* unter etwa 776 größeren amerikanischen Unternehmen, die jährlich mindestens 1 Million Dollar oder 1 Prozent ihres Umsatzes für F & E aufwendeten, mit seinen Investitionen pro Mitarbeiter den ersten Platz ein.* In diesem Jahr investierte Cray Research beinahe 21000 Dollar pro Mitarbeiter in die Forschung, beinahe viermal soviel wie der Durchschnitt der einunddreißig führenden amerikanischen Computerfirmen (die von den etablierten Riesenunternehmen wie IBM, Honeywell, Sperry und Control Data bis zu neueren Firmen wie Apple, Tandem und Amdahl reichten). Nach einem anderen häufig verwendeten Maßstab – dem Prozentsatz des Umsatzes, der für Forschung und Entwicklung aufgewendet wird – lag Cray unter den 776 führenden Forschungsunterneh-

*20. Juni 1983, S. 122. Ein Jahr später war Cray – am Forschungs- und Entwicklungsaufwand pro Mitarbeiter gemessen – noch immer unter den obersten fünfzehn des Landes, allerdings nicht mehr der erste.

men an vierter Stelle; es investierte mehr als 20 Prozent seines Umsatzes und damit siebenmal soviel wie das, was die National Science Foundation als Durchschnitt der amerikanischen Industrie schätzte, und beinahe dreimal soviel wie der Durchschnitt der größeren Computerhersteller.

Daß das Unternehmen der Forschung hohen Tribut zahlte, war kein Zufall. Von Anfang an beschloß Cray Research, jedes Jahr mindestens 15 Prozent seines Umsatzes in die Forschung zu investieren – weil es glaubte, daß technologische Überlegenheit für sein Ziel von zentraler Bedeutung war und daß seine technologisch führenden Kunden – zum größten Teil ihrerseits erstklassige Wissenschaftler – den Aufpreis für fortwährende Innovationen zahlen würden.

Noch bevor er Cray Research gründete, hatte sich Seymour Cray mit technischen Innovationen einen Namen gemacht. Die erste Maschine, an der er bei Sperry Rand arbeitete, war die Univac 1103. Nachdem er Control Data mitbegründet hatte, war Cray wichtigster Konstrukteur des Mainframe CDC 1604, bei dem er Pionierarbeit für die Substitution von Vakuumröhren durch Transistoren leistete. Danach leitete er die Konstruktion des 6 600 (dem damals fortschrittlichsten wissenschaftlichen Computer und des ersten mit Germanium-Transistoren), der 7 600 (dem ersten »Supercomputer«) und des 8 600 (der nie auf den Markt kam).

Crays technologisches Genie – das mindestens drei Generationen von Supercomputern erzeugte – brachte keine grundlegenden wissenschaftlichen Erfindungen hervor, sondern stellte, nach seiner eigenen zurückhaltenden Beschreibung, bereits vorhandene Dinge nur anders zusammen. So sagte einer von Crays frühen Mitarbeitern 1983 der Zeitschrift *Twin Cities Reader:* »Seymour sagte es bereits. ›Wir sind Ingenieure, die neue Kombinationen entwickeln. Wir nehmen ein Produkt, das es bereits eine Zeitlang gab, und stellen es anders zusammen.‹«*

John Rollwagen, ein Mann, der Ironie schätzt und Absurdität sowie Denken in Gegensätzen zu den wichtigsten Normen der Unternehmenskultur bei Cray zählt, sagte uns, daß der Cray-1-Computer – seinerzeit technologisch führend – »eine Neukombination rückständiger Komponenten« war. »Das Unternehmen konnte sich nichts anderes als alte Ladenhüterteile leisten«, erklärte er. Und mit wenigen Ausnahmen sei Cray Research weiterhin Seymours Rat an seine Kollegen gefolgt – »mit einfacher Technologie« zu arbeiten. »Sie kennen meine Regel: Bleib immer ein Jahrzehnt im Rückstand.«**

Kreativität und Innovation von Crays führender Technologie ist das Ergebnis simpler Konzeptionen.

In einem Bereich, in dem Rechenvorgänge pro Sekunde in Hundertmillion-

*»Meet Seymour Cray«, *Twin Cities Reader* 31. August 1983, S. 14–16.
**»Cray's Mark Remains Speed with Simplicity«, *Update,* University of Minnesota alumni magazine Frühjahr 1983, S. 8–10.

stel gemessen und Arbeitszyklen nach Nanosekunden berechnet werden, funktioniert diese Einfachheit. In dem Modell Cray-1 (das Cray und Rollwagen im Scherz das »der Welt teuerstes Zweisitzersofa« nennen, weil es so aussieht), zum Beispiel, sind einige Drähte 1,20 m lang. In den neueren Modellen ist die maximale Länge der Drähte auf einen halben Meter reduziert worden. Bei kürzeren Drähten muß die Elektrizität eine kürzere Entfernung zurücklegen, und eine kürzere Entfernung bedeutet höhere Geschwindigkeit.

Ein wichtiges Problem in der Computertechnologie ist, wie man die Wärmeentwicklung unter Kontrolle halten und reduzieren kann, durch die Mikroprozessorkomponenten ausfallen können. Ganze Teams begabter Wissenschaftler widmen ihre gesamte Arbeit dem Bau von Kühlsystemen. Der Cray-2-Computer beweist den Sieg des gesunden Menschenverstandes – der Computer ist in eine Art Fischbecken getaucht, das mit inertem Fluorkohlenstoff als Kühlmittel gefüllt ist – weshalb Cray und Rollwagen diesen wichtigen Fortschritt in der Rechnertechnik als »der Welt teuerstes Aquarium« bezeichnen. Daher kann es nicht überraschen, daß Cray auf die Frage nach seinen Spezialwerkzeugen bei der Konstruktion dieser Geräte im *Datamation Magazine* erklärte: »Wenn ich konstruiere, benutze ich außer Papier und Bleistift keine Spezialwerkzeuge.«*

Crays Innovation beschränkt sich nicht auf den Bereich Technologie. Das Unternehmen rühmt sich seiner einfallsreichen Finanzierungsmethoden für seine Kunden – für gemeinnützige Institutionen schuf es Leasing-Verträge, fand neue Finanzierungsmöglichkeiten für Computer, die es an die Nachrichtendienste verkaufte und bei denen Kunde und Standort der Geräte geheim blieben, oder es schuf, bereits früh in der Geschichte des Unternehmens, Wandelanleihen.

Im Marketingbereich ist Cray zum Experten für Beschaffungsmethoden des Bundes geworden, die selbst seinen Kunden rätselhaft sind. In einem Markt, in dem das Submissionsverfahren die Regel ist – eine Methode, die für ein Unternehmen wie Cray eher eine Barriere zu sein scheint – nennt Cray Research nur und immer nur seine Listenpreise und gewinnt den Wettbewerb fast immer.

In Marktnischen führen

Nach der letzten Zählung waren etwa 144 Supercomputer auf der Welt in Gebrauch – ohne die, die in den Ländern des Warschauer Paktes installiert sind. Siebenundneunzig davon sind Produkte von Cray Research.

Zum Vergleich, mehr als 122 000 Allzweckcomputer amerikanischer Hersteller, 17 000 Mainframes und 2 Millionen mittlere und kleine Computer sind heute auf der ganzen Welt in Betrieb – ganz zu schweigen von mehr als einer Million Minicomputern und unzähligen Personal-Computern.**

*»Four Expert Opinions«, *Datamation Magazine* Dezember 1982, S. 143–50.
**Schätzungen des *EDP Industry Report.*

Aber Cray Research hat sich nie von der ursprünglichen Handvoll Kunden – jetzt einhundert – abgewandt: den staatlichen Stellen, Universitäts- und Forschungsinstitutionen und anspruchsvollen Unternehmen, die regelmäßig unzählige Berechnungen durchführen müssen. So heißt es in der subjektiven Darstellung von Cray Researchs Unternehmensmission ganz klar: »Cray Research ist ein Unternehmen, dessen Hauptgeschäft Konstruktion, Bau, Vertrieb und Betreuung für die Wissenschaft nutzbare Großcomputer ist, die innerhalb bestehender Systeme erstklassige Rechenkapazitäten liefern.«

Da unsere Gesellschaft immer mehr danach strebt, das Unmögliche durch Simulation und quantitative Analysen zu berechnen, ist diese einst winzige Marktnische gewachsen. Einige der ursprünglichen Handvoll von Kunden haben jetzt mehr als einen Supercomputer. Zum Beispiel hat das Lawrence Livermore National Laboratory sechs und das Los Alamos National Laboratory fünf Supercomputer. Die NASA und das National Center for Atmospheric Research haben jeweils zwei.

Gelegentlich wurde bei Cray die Idee erörtert, Crays Kundenbasis zu erweitern und etwas weniger anspruchsvolle Maschinen anzubieten – es wurde vehement abgelehnt. Stattdessen hat Cray Research geduldet, daß andere Marktteilnehmer in seine Nische eintreten. Während Cray Research sich noch immer auf das winzige Segment technischer Puristen konzentriert, verkauft es Modelle mit dem Leistungsstand des Cray-1 (zu reduzierten Preisen, in denen sich der Fortschritt der verwendeten Komponenten und niedrigere Produktionskosten niederschlagen) an Neulinge, die auf ihrem letzten Stand der Technik diese Maschinen brauchen.

Auf Stärken aufbauen

Cray Researchs erstes Ziel ist, in seiner Marktnische führend zu bleiben – die schriftliche Niederlegung seiner Unternehmensphilosophie drückt es wörtlich so aus, »bei der Entwicklung und beim Vertrieb von Hochleistungssystemen führend zu sein, die auf dem Markt, den sie bedienen, ein einmaliger Beitrag sind.« Und sein zweites Ziel ist, auf seinen Stärken aufzubauen – wieder in seinen Worten, »die unternehmerische Entwicklung von Produkten zu fördern und zu unterstützen, die eine natürliche Erweiterung unserer bestehenden Fähigkeiten darstellen.«

Für Cray hat diese Vorwärtsbewegung auf der starken Basis bestehender Fähigkeiten darin bestanden, neue Anwendungen für nicht-traditionelle Kunden ausfindig zu machen, die aber sehr anspruchsvolle Kunden sind. Beispielsweise hat Cray in den letzten zwei Jahren für acht von zehn der größten Ölgesellschaften Supercomputer geliefert – damit sie ihre Explorationstätigkeiten gezielter ansetzen können – und es hat Geräte für General Motors installiert (die bei der Konstruktion von Autos und der Simulation von Zusammenstößen zu gebrauchen sind); für Boeing und NASA (um Tests zu simulieren, die vorher in noch teureren Windkanälen durchgeführt wurden); und für eine Filmgesellschaft (weil der Supercomputer – ob man es nun glaubt oder nicht – Kulissen wirtschaftlicher schaffen kann als die Studios).

Bei der Ausweitung seines Arbeitsgebietes hat Cray sein Hardware-Konzept nicht geändert, auch wenn noch jeder Supercomputer maßgerecht auf die Kundenbedürfnisse zugeschnitten wird. Aber es hat ein Programm mit dem Ziel, für seine neuen Kunden Software nach deren Bedürfnissen zu schaffen. Früher hatte sich Cray darauf verlassen, daß sich seine Kunden, selbst auf dem letzten Stand der Technik – Forschungsinstitutionen und ähnliches – für ihre einmaligen Anwendungsbereiche selbst ihre Software erstellten. Heute sind etwa zweihundert der mehr als zweitausend Mitarbeiter von Cray mit Software-Entwicklung befaßt. Etwa ein Drittel seines Forschungsbudgets gibt das Unternehmen für Software aus, und Cray hat daran gearbeitet, seine Maschinen mit anderen Computern kompatibler zu machen, die neuere Kunden vielleicht bereits besitzen.

Diese Grenzüberschreitungen haben Cray erhebliche Dividenden eingebracht, ohne seine Unternehmensphilosophie zu beeinträchtigen. Jedes Jahr hat das Unternehmen die Zahl neu installierter Computer erhöht – wobei es es allein 1984 auf dreiundzwanzig neue Maschinen brachte, elf davon für neue Kunden, die fast alle die einfacheren aus Crays Produktprogramm bestellten. Die anderen zwölf Installierungen waren Folgeaufträge – aus der traditionellen Kategorie der Kunden –, die selbstverständlich die neuesten aufwendigsten Modelle aus dem Programm orderten.

Über den Wert, nicht über den Preis konkurrieren

»Der Cray-Stil«, eine Unternehmensphilosophie, auf die wir später in diesem Kapitel noch zurückkommen werden, betont folgende Grundlagen des Wettbewerbs besonders:

Wirtschaftlichkeit ergibt sich aus einem hohen Wert, nicht aus niedrigen Kosten.

Diesem Ausspruch entsprechend verdanken Crays Supercomputer – die teuersten der Welt – ihren Wert, die hohe Wirtschaftlichkeit, die ihre Kunden schätzen. Crays Supercomputer kosten in etwa zwischen 5 Millionen und 20 Millionen Dollar für die Geräteausrüstung, zuzüglich monatlicher Unterhaltungskosten, die zwischen 25 000 und 50 000 Dollar liegen. Zum Vergleich, ein hochwertiges Mainfraime kann man schon für etwa 4 Millionen Dollar erwerben.

Diese hohen Anschaffungs- und Betriebskosten zahlen sich aber durch niedrigere Kosten pro Rechnungsvorgang aus. Zum Beispiel kostet ein Cray-1 für eine Standard-Simulation etwa 1 Prozent dessen, was ein IBM 360-50 kosten würde, und zwar nach der Analyse des NASA Ames Research Center, über die der *Economist* berichtete.* Und ein Cray-2 kostet sogar noch weniger – etwa ein Zehntel Prozent pro Simulation. Für Wissenschaftler, die Unmengen von Simulationen durchführen, macht sich die Cray-Maschine schnell bezahlt.

In der Industrie können die hohen Kosten eines Cray-Computers schnell durch die wirtschaftlichen und strategischen Vorteile, die er bringt, zusammenschrumpfen. *Business Week* berichtete, zum Beispiel, daß »Boeing mit Hilfe seines Cray-Systems bei der neuen 767 den Luftwiderstand an der Verbindungsstelle zwischen Windschutzscheibe und Rumpf um 12 Prozent verringern konnte . . . Probleme dieser Art wurden vorher wegen zu hoher Kosten nicht gelöst.«**

Das soll nicht heißen, daß Cray nicht kostenbewußt wäre – oder daß es Einsparungen nicht an seine Kunden weitergäbe. 1982 konnte Cray, zum Beispiel, die Kosten seines Cray-1 durch die Verwendung neuer Komponenten senken. Das verminderte dessen Preis um die Hälfte – von 8 auf 4 Millionen Dollar – was eine neue Preisleistungskurve entstehen ließ und den Preisabstand zwischen einem Supercomputer und den hochwertigsten Mainframes aufhob. Etwa sechs Monate lang herrschte auf dem Markt Verwirrung – man konnte einfach nicht glauben, daß Cray vergleichbare Leistungen zum halben Preis anbot. Als man entdeckte, daß dem so war, kaufte eine Reihe neuer Kunden die Maschine – Cray hatte sowohl den Gesamtmarkt als auch seinen Marktanteil vergrößert.

Eine klar ausgerichtete Organisation

Während Seymour Cray seinen Traum verwirklichte und erfolgreiche superschnelle Computer baute, konzentrierte sich sein Partner, John Rollwagen, auf den Aufbau einer erfolgreichen Organisation. In den letzten zehn Jahren hat Cray Research organisatorische Entwicklungsstadien durchlaufen, für die die meisten Unternehmen sehr viel länger brauchen. Vom Ausgangspunkt ohne ein Produkt, Kunden oder ein Geschäft zu haben, brauchte Cray vier Jahre und erhebliche Finanzmittel, um sein erstes Produkt zu entwickeln und zu erzeugen. Danach brachte der Erfolg des Unternehmens in kurzer Zeit Wachstum und Komplexität – drei Hauptstandorte für Fertigung und Unternehmensführung, vier Vertriebs- und Kundendienstregionen im Inland und eine gleich hohe Zahl von Tochterunternehmen im Ausland, zwei neue Generationen von Supercomputern, Software-Entwicklungen und zahlreiche Modifikationen seines ursprünglichen Produktprogramms; und Anwachsen der Mitarbeiterzahl von zwölf auf mehr als zweitausend.

*»Supercomputers Come Out Into the World«, *The Economist* 11. August 1984, S. 78.
**»The Hot Market for Supercomputers«, *Business Week* 20. Dezember 1982, S. 70.

Da Cray dieses Jahrzehnt voller Veränderungen meisterte und zu einem Unternehmen von weltweiter Bedeutung wurde, der Konzerne riesiger Konkurrenten gerne gleichkommen würden, hat es die Herausforderungen bestanden, von denen Fachpresse und Branchenbeobachter meinten, sie würden das Unternehmen in die Knie zwingen. Erstens ist das Unternehmen, das einst ganz vom Können, der Führungskraft und dem technischen Genie eines Mannes – Seymour Cray – abhing, zu einer Institution mit eigenständigem Ansehen geworden, die sich aber nach wie vor in einmaliger Weise auf die Talente des Gründers stützt. Zweitens, es hat sein Dakapo geschafft – mit Erfolg eine zweite Generation von Supercomputern zu entwickeln und damit ebenfalls wirtschaftlichen Erfolg zu haben – den Cray X-MP –, indem es dem ursprünglichen Cray-1 mit einem neuen Verfahren, der Simultanverarbeitung modifizierte. Das ist die Leistung eines Teams unter der Führung von Steve Chen, einem zweiten Computer-Konstrukteur von Cray Research.

Die Entwicklung einer Organisation, die diesen Anforderungen – Komplexität, Wachstum, Steigerung der Talente eines Genies und die Wiederholung einer technischen und geschäftlichen Superleistung – entspricht, ist in unseren Augen eine ebenso schwierige Aufgabe wie die, eine neue Generation von Supercomputern zu entwickeln. Und aus den Erfahrungen, die Cray Research bei der Bewältigung dieser organisatorischen Herausforderungen gemacht hat, können andere Schwellenunternehmen wichtige Lehren ziehen. Zu den Konstruktionsgrundlagen für Crays Erfolg gehörten bewußte und sorgfältige Bemühungen, Seymour Crays Mission und Wertvorstellungen zu definieren und zu institutionalisieren; die genaue Beachtung und Beherrschung der Gechäftsdetails, die für das Unternehmen am entscheidendsten sind; eine erfolgreiche Kampagne, das Unternehmen gegen latenten Bürokratismus immun zu machen; fortgesetzte Bemühungen, die Kunden und ihre Interessen genauestens zu verstehen; und hohe Priorität für Personalentwicklung und Motivation der Mitarbeiter.

Mission und gemeinsame Werte institutionalisieren

Wie das in vielen von unternehmerischem Geist beherrschten Firmen der Fall ist, teilten Seymour Cray und seine frühen Mitstreiter ausgeprägte Wertvorstellungen, die ihrer neuen Unternehmung die philosophische Grundlage lieferten. Zu diesen gemeinsamen Werten gehörten das Ziel technischer Überlegenheit, eine Abneigung gegen bürokratische Hindernisse in größeren Organisationen, die Achtung individueller Beiträge und der Glaube, daß Mitarbeiter, die Freude an der Arbeit haben, bessere Ergebnisse erzielen.

Als das Unternehmen Erfolg hatte und wuchs, spürte Rollwagen, daß diejenigen Aspekte der Unternehmenskultur, die so Wesentliches zu Cray Researchs Position beigetragen hatten, verstärkt werden mußten – er berief einen Ausschuß, der sich mit der Unternehmensphilosophie befassen sollte und dem er als Schriftführer diente. Nach monatelangen Überlegungen und mit vielen Beiträgen von Mitarbeitern aus dem ganzen Unternehmen, veröffentlichte der Ausschuß ein Unternehmenscredo: »The Cray Style.« – Crays Unternehmensstil. Wir drucken es im vollen Wortlaut ab, weil es in unseren Augen das Modell einer Unternehmensphilosophie ist.

»The Cray Style« nennt fünf Unternehmenswerte, die nach der Meinung der von uns Befragten (und unseren Beobachtungen im Unternehmen) sich sehr deutlich bemerkbar machen:

Erstens, *Qualität* – bei Produkten, Arbeitsumfeld, Mitarbeitern, Werkzeugen – bei allen Komponenten. Crays Strategie ist eindeutig qualitäts- (nicht kosten- oder preis-)bestimmt, und das Unternehmen hat beschlossen, Qualität in jedem Aspekt seiner Arbeit in den Mittelpunkt zu stellen.

Zweitens, *Ungezwungenheit* – Cray, Rollwagen und die anderen bei Cray sind überzeugt (und ihre Geschichte beweist es), daß die wichtigsten Durchbrüche und Innovationen aus der Zusammenarbeit in kleinen Gruppen entstehen. Obwohl das Unternehmen schnell größer wird, unternimmt es große Anstrengungen, übersichtlich zu bleiben. Seymour Cray selbst arbeitet als Vorbild in der Regel mit kleinen Teams von fünf oder sechs Personen – wobei er meistens die jüngsten, unerfahrensten neuen Ingenieure herausgreift, weil »sie noch nicht wissen, was unmöglich ist.« Cray Research organisierte seine vier Regionen in Profit-Center – um den Geist kleiner Unternehmen zu erhalten. Der Cray X-MP – seine zweite Generation superschneller Computer – ist ein großer Erfolg, der von einem anderen Team als der Cray-2 konstruiert wurde.

Das sie kleineren Unternehmenseinheiten den Vorzug geben, äußert sich auch darin, welche Führungssysteme sich das Unternehmen selbst gegeben hat. Es gibt keine Grundsatz- und Verfahrenshandbücher. So erklärte Margaret Loftus, die Chefin von Crays jungem Software-Bereich: »Ich verfolge nur eine Unternehmenspolitik und die heißt, keine Schikanen. Ich glaube, daß Grundsatzhandbücher schikanös wirken.«*

Wie kommt Cray damit zurecht? Die gemeinsamen Werte, die Mission und Philosophie des Unternehmens sind so ausgeprägt, sie werden von allen so akzeptiert und vertreten, daß Vorschriften und Regeln einfach nicht nötig sind.

Der nächste Unternehmenswert ist *Arbeitsfreude*. In der Präambel zu »The Cray Style« heißt es: »Bei Cray Research nehmen wir unsere Arbeit sehr ernst, aber uns selbst nehmen wir nicht sehr ernst.« Seymour Cray bietet auch hier ein klares Rollenvorbild. Obwohl im letzten Jahrzehnt beispielsweise hunderte von Artikeln über Cray Research erschienen sind, ist Seymour Cray für die Presse in der Regel unerreichbar. Aber wenn er spricht, wird deutlich, daß er

*»People«, *Datamation Magazine* 1. April 1984, S. 167–68.

the Cray style

Bei Cray Research nehmen wir unsere Arbeit sehr ernst, uns selbst aber nehmen wir nicht sehr ernst.

Wir haben einen ausgeprägten Sinn für Qualität – für die Qualität unserer Produkte und Dienstleistungen natürlich; aber auch für die Qualität unseres Arbeitsumfeldes, der Mitarbeiter, mit denen wir zusammenarbeiten, der Werkzeuge, die wir bei der Arbeit verwenden, und der Komponenten, die wir für das, was wir machen, wählen.

Wirtschaftlichkeit ergibt sich aus hohem Wert, nicht aus niedrigen Kosten.

Ästhetik ist Teil der Qualität.

Unser Streben nach Qualität erstreckt sich auch auf die Gemeinschaften, in denen wir arbeiten und leben.

Bei Cray gehen wir informell und unbürokratisch vor. Wichtig ist verbale Kommunikation, nicht Memoranden, »Anrufen, nicht Schreiben« lautet die Parole.

Die Leute auf allen Ebenen sind zugänglich.

Den Leuten macht es auch Spaß, bei Cray Research zu arbeiten. In unseren Räumen hört man Lachen und ernsthafte Diskussionen. Vor allem ist die Organisation persönlich und umgänglich und darauf ausgerichtet, effektiv zu arbeiten.

Mit dem informellen Klima geht aber auch Zuversicht nicht unter. Cray-Mitarbeiter fühlen sich auf der Seite der Gewinner. Sie empfinden sich als erfolgreich, und sie sind es. Eben dieses Selbstvertrauen läßt die Einstellung entstehen »mach weiter und versuch's, wir schaffen es schon«. Bei Cray empfinden wir auch Stolz.

Professionalismus ist wichtig. Die Mitarbeiter verhalten sich professionell und werden auch so behandelt.

Cray-Mitarbeiter trauen sich gegenseitig zu, mit dem höchsten Berufsethos gute Arbeit zu leisten. Was sie tun, nehmen sie sehr ernst. Aber Cray-Mitarbeiter sind Profis, ohne Pedanten zu sein. Ihr Ansatz ist gradlinig, sogar einfach. Sie nehmen sich selbst nicht allzu ernst.

Weil bei Cray der einzelne so wichtig ist, herrschen hier wirklich vielfältige Ansichten darüber, was Cray nun wirklich ist. Tatsächlich ist Cray vielerlei für viele verschiedene Menschen. Das entsteht dadurch, daß diese unterschiedlichen Menschen die Möglichkeit erhalten, sich selbst zu verwirklichen und Leistung zu erleben. Denn die Kreativität, die das Unternehmen hervorbringt, stammt aus den vielen Ideen der Individuen. Und das ist die eigentliche Stärke von Cray Research.

sich selbst nicht allzu wichtig nimmt, wie das folgende Interview mit dem *Datamation Magazine* zeigt:

Datamation: »Welche Probleme sehen Sie in der Arbeit mit Galliumarsenid?«
Cray: »Nun, es ist schwer zu sagen. Wenn man das erst einmal geschafft hat . . .«
Datamation: »Welche technologischen Entwicklungen der letzten fünf bis zehn Jahre hatten den größten Einfluß auf Ihre Marktnische in der Computerbranche?«
Cray: »Da gab es gar keine, vermute ich.«
Datamation: »Keine Entwicklungen in der Mathematik, im Bereich der Konstruktion . . .?«
Cray: ». . . Ich erledige nur meine eigene Arbeit, wenn es also etwas Neues in der Mathematik gäbe, würde ich das gar nicht erfahren.«
Datamation: »Was hat Sie an der Anwendungsart Ihrer Produkte am meisten überrascht?«
Cray: »Ich weiß gar nicht, wieso so viel von Supercomputern die Rede ist. Das sind sicherlich keine ›Supermaschinen‹; es sind ziemlich einfache, dumme Geräte.«*

Das vierte Element in »The Cray Style« ist der *Professionalismus,* – daß »Mitarbeiter professionell behandelt werden und auch handeln und sich zutrauen, ihre Aufgabe gut und nach dem höchsten ethischen Standard zu erledigen.« Einfache Vorgehensweisen gelten als professionell, wenn sie die Aufgaben gut erfüllen. Stechuhren gibt es nicht; von jedem Mitarbeiter – Führungskraft, Konstrukteur, Montagearbeiter oder Sekretärin – erwartet man, daß er sich professionell verhält und behandelt ihn auch wie einen mündigen Mitarbeiter. Wie ein *Vice President* von Cray uns sagte, fördert das Unternehmen flexible Arbeitszeit bis zum letzten. (Von Seymour wird gesagt, daß er gern am Nachmittag kommt und erst tief in der Nacht die Firma wieder verläßt). Anstelle uneffektiver Gruppen lösen kleine Teams größere technische und geschäftliche Probleme. Was Peters und Waterman »Produktivität durch die Mitarbeiter« nennen, erreicht Cray in hohem Maß, weil es der gesamten Belegschaft ein Gefühl von Stolz und Professionalismus vermittelt.

Schließlich hebt Cray individuelle *Leistung* und die *Kreativität* des einzelnen hervor. Dieses letzte Element des Credos könnte den Zynikern unter uns vielleicht als Platitüde erscheinen, die jede gute wie schlechte Institution gleichermaßen betont, aber bei Cray ist es wichtiger Bestandteil der Unternehmenskultur – das Erbe von fünf Männern, die ihre Unterschiedlichkeit hoch schätzten

*»Four Expert Opinions«, *Datamation Magazine* Dezember 1982, S. 143–50.

und eine dem einzelnen förderliche Umwelt zu schaffen anstrebten. Nichts wird in Crays Geschäft so ernst genommen und ist für den Erfolg so entscheidend wie die Konstruktion von Computern, und doch wurden zwei aufeinanderfolgende Generationen superschneller Rechner (der Cray X-MP und der Cray-2) von zwei verschiedenen Teams mit unterschiedlichen technischen Ansätzen konstruiert (d. h. mit zwei Ansätzen für die Simultanverarbeitung und zwei Ansätzen für den Chip-Entwurf). Beide waren technisch erfolgreich – und man rühmte die unterschiedlichen Ansätze.

Geschäftliche Details beherrschen

Ganz offensichtlich ist bei Cray Research die wichtigste Fähigkeit die Konstruktion und die Herstellung von Supercomputern sowie einen ausgezeichneten Service für technologisch führende Kunden zu bieten. Und keinem anderen Ziel wird in diesem Unternehmen soviel Aufmerksamkeit und Anstrengung gewidmet.

Aber strategische Planung und Finanzen genießen auch erhebliche Beachtung – worin sich zum Teil Können und Neigung von Rollwagen, dem gegenwärtigen *CEO,* niederschlagen. Gleichzeitig mit der ersten Gruppe von Konstrukteuren, die Cray einstellte, hat Cray Research Fachleute für die Bereiche Marketing, Finanzen und Personalführung angeworben und damit andere grundlegende Fähigkeiten aufgebaut.

Bürokratismus bekämpfen, Experimente fördern

Seymour Cray und seine ersten Mitarbeiter gründeten das Unternehmen zum Teil deshalb, weil sie dem zermürbenden Bürokratismus ihrer früheren Stellen entfliehen wollten. Und wie frühere Erörterungen ihrer gemeinsamen Wertvorstellungen und »The Cray Style« zeigen, ist die Furcht vor Bürokratismus auch heute noch groß.

Aber Cray Research weist nicht nur bürokratische Strukturen und Systeme von sich – die sichtbarste Methode, Geist und Ungezwungenheit eines kleinen Unternehmens zu erhalten –, ist weiterhin, experimentierfreudig zu bleiben. Manche Experimente sind sehr erfolgreich – etwa das X-MP-Projekt. Andere – wozu ein Forschungsprojekt in Boulder, Colorado, und ein Tochterunternehmen unter dem Namen Circuit Tools gehören – sind erprobt und dann entweder aufgegeben oder neu überarbeitet worden. Aber die Mentalität des »vorwärts, versuch es« beherrscht das ganze Unternehmen.

Die Kunden verstehen

In einem seiner seltenen öffentlichen Interviews sagte Seymour Cray über seinen Markt folgendes:

> . . . Nach wie vor verkaufen wir Computer an dieselben alten Kunden, und sie werden genau so schnell alt wie ich. Wenn wir mit einem neuen Computer herauskommen, haben wir nicht einmal eine Einführungsphase, weil wir die Leute bereits kennen. Für uns ist es immer und immer wieder der gleiche Markt . . .*

Wie man uns eines Nachmittags bei einer Sitzung des obersten Führungsteams von Cray Research erklärte, ist Cray seinen führenden Kunden so nah, daß sie zu Partnern werden, – sozusagen auf der Suche nach besseren Rechenmöglichkeiten, um der Wissenschaft die erfolgreiche Zukunft zu garantieren. Die Kunden besuchen Crays Forschungs-, Konstruktions- und Fertigungseinrichtungen – und legen die Spezifikationen für die Maschinen gemeinsam fest, so daß jede nach den ganz spezifischen Bedürfnissen der Wissenschaftler konzipiert werden kann. (Trotz seiner Kundennähe bei der Ermittlung ihrer Bedürfnisse behält Cray jedoch die Kontrolle über die endgültige Konstruktion der Geräte, ihre technische »Architektur« – auch wenn Les Davis, ein *Executive Vice President* bei Cray, scherzend meint, daß »der Kunde jede Maschine in der von ihm gewünschten Farbe haben könne.«) Außerdem bleibt Cray – vermutlich in Anlehnung an IBMs Erfolgsformel – bei seinen Kunden, und zwar nicht nur bei der Installierung und Inbetriebnahme des Supercomputers, sondern auch noch danach, um sicherzustellen, daß dieser während seiner ganzen Nutzungsdauer zufriedenstellend arbeitet.

Beachtung der Mitarbeiter
Auch wenn die Außenwelt wohl weitgehend Cray Researchs technologisches Wissen und Ansehen als seine Hauptaktiva ansieht, sind in den Augen des Managements bei Cray die Mitarbeiter noch wertvoller. Daher überrascht es nicht, daß dem professionellen Verhalten, individueller Leistung und Kreativität in »The Cray Style« so sehr viel Beachtung geschenkt wird. Und im Gegensatz zu vielen Hochtechnologiefirmen des Silicon Valley, die ihre Mitarbeiter mit »goldenen Handschellen« zu fesseln versuchen, wird bei Cray die Gewinnbeteiligung so schnell verteilt wie es nur rechtlich möglich ist. Der Grund: Cray Research möchte seine besten Talente halten, weil sie selbst bleiben *wollen,* nicht weil sie noch auf den Tag warten, an dem ihre Ansprüche fällig werden. Als ein Unternehmen, das puristische Pilger gründeten, als sie andere führende Firmen verlassen hatten, ist Cray der Meinung, daß ständige Herausforderung, Anerkennung und Arbeitsfreude sehr viel wirksamer sind als rechtlich bindende Arbeitsverträge oder rein finanzielle Anreize.

*»Four Expert Opinions«, *Datamation Magazine* Dezember 1982, S. 150.

Die Entwicklung der CEO-Führungsrolle

Cray Research bietet auch ein gutes Beispiel für die Weiterentwicklung der Führungskräfte, die nach unserer Ansicht allgemein den mittelgroßen Wachstumsunternehmen mit Spitzenleistungen eigen sind. Nicht nur die Merkmale Beharrlichkeit, Integration, Teamarbeit und Eingehen kalkulierter Risiken waren deutlich vertreten, sondern was am wichtigsten ist, Cray Research hatte eine leistungsfähige – wenngleich ungewöhnliche – Mannschaft von *CEOs*.

Nach den Berichten aller, die es wissen müßten, ist Seymour Cray ein Genie – ein Mann, der die Boolesche Algebra in praktische Computer-Hardware umsetzt, die Hunderte von mathematischen Transaktionen in einer Mikrosekunde (dem millionsten Teil einer Sekunde) rechnen kann. Und seine Entschlossenheit, das besser als jeder andere zu machen, hat den Verlauf seiner Karriere gekennzeichnet.

Cray, Sohn eines Ingenieurs, entwickelte bereits früh Interesse an der angewandten Wissenschaft, fungierte beim Abschlußball der Chippewa Falls High School als Beleuchter und gewann 1943 den naturwissenschaftlichen Preis seiner Schule. An den Universitäten Wisconsin und Minnesota studierte er Elektrotechnik. Nach einer ersten Anstellung bei der jetzigen Sperry Corp. (einem Pionierunternehmen im Computerbereich) half Cray, die Außenseiterunternehmung Control Data Corporation (CDC) zu gründen, wo er im Alter von einunddreißig Jahren *Vice President* und *Director* wurde. In diesem ziemlich jungen Alter war er bereits für sein interdisziplinäres Können bei der Konstruktion hochentwickelter Wissenschaftscomputer bekannt – und zu diesem Zeitpunkt hatte CDC den Markt für »Supercomputer« schon fest in der Hand.

Um von Seymour Crays elektrischen Interessen (die vom Schaltkreisentwurf bis zur logischen Architektur und Softwareentwicklung reichten) zu profitieren, errichtete CDC in der Nähe von Chippewa Falls ein Labor, in dem Cray nachdenken, entwickeln und produzieren konnte. Als CDC seine Interessen allmählich in die kommerzielle Anwendung von Computern und in Finanzdienstleistungen diversifizierte, fragte sich Cray immer mehr, ob das Unternehmen die Mission, die er mit zielstrebiger Intensität verfolgte, noch ernst nähme – nämlich die schnellsten und leistungsfähigsten Computer der Welt herzustellen. Obwohl man den Markt für superschnelle Höchstleistungsrechner der neuesten Technologiegeneration für winzig hielt (nach einigen Schätzungen etwa nur ein Dutzend Absatzchancen), war Cray von der Vision technologischer Leistung, reiner Wissenschaft und Qualität besessen.

Im Jahr 1972 machte sich Cray mit einem Team weiterer vier technologischer Puristen daran, das beste Gerät zu konstruieren. So sagte uns einer seiner frühen Mitstreiter, Les Davis: »Wir wußten wirklich nicht genau, was wir überhaupt herstellen würden, wenn überhaupt etwas. Wir hätten eine technische

Denkfabrik werden oder den schnellsten Computer bauen können – aber wir wollten den Stand der Technik vorantreiben!« Dieses Team brauchte vier Jahre und nahm Millionen von Dollar auf, bevor es einen einzigen Computer verkaufte. Wie eine Fallstudie der Harvard Business School* (mit der angehende Management-Profis in die Kunst und Wissenschaft der Geschäftsführung eingeführt werden) über Cray Research berichtet, sind mindestens zwei Jahre angestrengten Arbeitens nötig, bis ein Supercomputer konstruiert, vermarktet, hergestellt und installiert ist. Und auf Cray Researchs neueren Märkten, etwa Automobil- und Ölgesellschaften, gab es zwischen dem ersten Kontakt und dem ersten Verkauf jeweils einen Zeitraum von fünf bzw. sieben Jahren, in dem das Unternehmen mit der Entwicklung der neuen Supercomputer beschäftigt war. Diese Beharrlichkeit muß aber nicht nur den Firmengründer auszeichnen. Wie Robert Gaertner, der Personalchef des Unternehmens, uns sagte, konnte Cray seinen Erfolg, schließlich doch noch in die Erdölbranche einzudringen, nur erzielen, weil sich eine Führungskraft, George Stephenson, fünf Jahre darum bemüht hatte.

Aber wichtiger als die langen Vorlaufzeiten und die mit diesem Geschäft verbundenen finanziellen Risiken, war, daß Seymour Cray und seine technischen Partner von dem Willen besessen waren, immer leistungsfähigere und schnellere Generationen von Supercomputern zu schaffen – und unbeirrt das Ziel verfolgten, sich nicht durch andersartige Möglichkeiten von ihrem Arbeitsschwerpunkt abbringen oder durch (technische oder administrative) Hindernisse ihren Fortschritt aufhalten zu lassen. Ein Spaßvogel der Branche sagt dazu: »Der erste Supercomputer war so etwas wie der Nobelpreis. Aber diese Kerle geben sich nicht zufrieden, wenn sie den Preis nicht jedes Jahr erhalten!«

Der Aufbau der Institution war bei Cray eine ebenso bedeutsame Leistung wie der Bau der Computer. Zum Aufbau der Institution gehört, daß Cray Research für die Zukunft erhebliche Mittel in Forschung und Entwicklung investierte. Und es ist mehr als die frühen (und gegenwärtigen) Bemühungen, Kapital aufzunehmen. Es sind all jene Maßnahmen, die eine Organisation und Unternehmenskultur schaffen, die das Unternehmen viele Jahre lang tragen können.

John Rollwagens Rolle beim Aufbau der Institution reichte von sichtbaren und greifbaren Entscheidungen (z. B. der Einführung von Systemen der Finanzkontrolle und strategischen Planung) zu nicht greifbaren Leistungen (wie der Initiative, Cray Researchs Unternehmensphilosophie zu artikulieren, zu kodifizieren und zu verstärken).

Cray Research ist auch ein Modell für ein Unternehmen, das kalkulierte Ri-

*Francis J. Aguilar und Caroline Brainard, *Cray Research, Inc.*, Harvard Business School 1984, S. 8.

siken eingeht. Vier Jahre nahmen Cray und seine Partner eine Menge Geld auf und investierten es – auch ihr eigenes Geld –, als sie an Konstruktion, Verbesserung und Vervollkommnung eines Computers arbeiteten, für den es nichts Gleichwertiges gab und verzeichneten Verluste von etwa 4 Millionen Dollar. Schließlich hatten sie 1976 einen Computer, der funktionierte – sogar schneller als die, die Cray für Univac und Control Data konstruiert hatte – und sie stellten ihn dem Los Alamos National Laboratory zur Ansicht zur Verfügung. (Jeder von uns, der einmal Briefmarken gesammelt hat, weiß, daß Waren »zur Ansicht« in der Hoffnung verschickt werden, daß der Kunde ihren Vorteil erkennt und dann später auch bezahlt.) Die Maschine funktionierte, und das Forschungslabor kaufte sie – der Preis deckte schließlich die Kosten der Forschung sowie der Maschine selbst und rechtfertigte den ungeheuren Einsatz an Geld, persönlicher Zeit und Ansehen, der für das Gründerteam auf dem Spiel stand. Heute hat Los Alamos fünf Cray-Computer, mit deren Hilfe dieses nationale Forschungslabor seine Pionierrolle in der Kernphysik und waffentechnischen Forschung weiter behaupten kann.

Jedes Unternehmen, das die Technologie über den augenblicklichen Stand hinaus voranzutreiben und Märkte zu schaffen und zu bedienen versucht, die man vorher für nicht existent hielt, ist *per definitionem* riskant. Und Cray Research riskiert im alltäglichen Geschäft fortwährend diese Einsätze. Was Cray Research von anderen unterscheidet, ist, das es die Risiken kalkuliert.

Erstens glaubt Cray an den internen Wettbewerb. Bei Cray ist es nichts Ungewöhnliches, daß kleine Teams von Fachleuten daran arbeiten, ähnliche Probleme mit unterschiedlichen methodischen Ansätzen zu lösen. So sagte Seymour Cray der Zeitschrift für ehemalige Studenten seines College: »Wir werden uns an keinem nationalen Vorhaben beteiligen . . . bei uns herrscht im Unternehmen Wettbewerb. Fünf Meilen von hier arbeitet eine Gruppe für mich, von der ich weiß, daß sie mich auszustechen versucht.«*

Andrew Scott, Crays *Chairman* und Rechtsberater und einer der Firmengründer, erklärte uns, Cray habe immer wieder Möglichkeiten abgelehnt, sich an staatlich geförderter und bezahlter Forschung zu beteiligen; stattdessen habe er lieber an seinem extrem unabhängigen internen Wettbewerb festgehalten – und in mindestens einem Fall ein Gerät an eine Stelle verkauft, die vorher mit erheblichen Mitteln Forschungen zweier potentieller Konkurrenten für die Konstruktion eines Supercomputers finanziert hatte.

So erklärte John Rollwagen Cray Researchs Gepflogenheit, Risiken einzugehen: »Wir haben keine Alternative – keine Wahl – als diese Einsätze zu riskieren. Aber wir machen gleichzeitig mehrere Einsätze.«

*»Cray's Mark Remains Speed with Simplicity«, *Update,* University of Minnesota alumni magazine (Frühjahr 1983), S. 8–10.

Cray Research bietet ein gutes Beispiel für wirksame Teamarbeit und die Übernahme der Führungsaufgaben der Ebene des *CEO*. John Rollwagen, ein Ingenieur vom MIT und Absolvent der Harvard Business School, erzählt gerne die Geschichte, wie sich seine Verbindung mit Cray ergab, weil er zum richtigen Zeitpunkt am richtigen Ort war – in diesem Fall in einem Friseurladen in Mendota Heights, Minnesota. Rollwagen ist ebenfalls ein ehemaliger Mitarbeiter von Control Data Corporation, der gegangen war, um Marketingleiter einer Computer-Timesharing-Firma zu werden. In einem Friseurstuhl saß er zufällig neben einem anderen ehemaligen leitenden Angestellten von Control Data und Cray-Gründer, und zwar in dem Gebäude, in dem Cray sein Büro hatte; Rollwagen beschloß, dort vorbeizuschauen und ein wenig mit den Leuten zu plaudern. Drei Jahre später wurde er als *Vice President* ohne festen Verantwortungsbereich eingestellt und wurde schnell zum *Chief Financial Officer* später *President* und schließlich *CEO*. Im letzten Jahrzehnt haben Rollwagen und Cray eine produktive Partnerschaft geführt – in der sich Seymour Crays wissenschaftliches Genie, sein besessener Wille zu Qualität und technischer Perfektion mit John Rollwagens finanzieller Kreativität und seinem Marketingverstand verbanden und Cray Research zu einer Institution von Weltklasse werden ließen.

Solange ein Unternehmen den Übergang von seinem Unternehmensgründer-*CEO* zu einem Nachfolger nicht erfolgreich über die Bühne gebracht hat, hat es seinen Erfolg keineswegs unter Beweis gestellt noch seine Zukunft gesichert. Im Fall Cray Research fürchteten Kunden und Wall Street diesen unvermeidlichen Übergang gleichermaßen – und zwar wegen des überragenden technischen und philosophischen Beitrags seines Namensgebers, Seymour Cray.

Als das Unternehmen größer und komplexer wurde, hatte Seymour Cray glücklicherweise Weitsicht, Selbstvertrauen und Einsicht genug, um zu erkennen, daß die Leitung eines Unternehmens mit mehreren Hundertmillionen Dollar Umsatz Anforderungen an ihn stellen würden, die er weder mit leidenschaftlichem Eifer erfüllen mochte noch damit dem langfristigen Interesse der Institution dienen würde. Nach monatelangen weitreichenden, offenen und intensiven Diskussionen zwischen Seymour Cray, John Rollwagen und Andrew Scott wurde 1980 ein ungewöhnlicher – aber bislang erfolgreicher – Rollentausch für Seymour Cray und die Nachfolge an der Unternehmensspitze verkündet, als das Unternehmen den Prototyp des Cray-2-Modells der Öffentlichkeit vorstellte.

Im wesentlichen machte sich Seymour Cray wieder selbständig – als wichtigster »unabhängiger Lieferant« und Berater des Unternehmens. Auf einem einzigen Blatt Papier entwarfen Cray, Rollwagen und Scott eine einfache Vereinbarung, nach der Cray seine Forschung und Entwicklung unabhängig, aber mit Unterstützung des Unternehmens betreiben sollte. Cray sollte keine der gering geschätzten Verwaltungsaufgaben als *Chairman* oder Führungskraft des Unternehmens zu erfüllen haben, sondern frei sein zu tun, was er am besten konnte und am liebsten tat – Supercomputer konstruieren. Cray Research stellte das Personal, verpachtete die Laboreinrichtungen an Seymour Cray und hatte das erste Nuzungsrecht an seiner Forschung – über die Seymour Cray alleine entschied und die er alleine steuerte.

Als diese Regelung verkündet wurde, fragten sich viele Wall Street-Experten und Branchenbeobachter, wie und ob eine derartig unspezifische, ungewöhnliche Regelung überhaupt funktionieren könnte. Offensichtlich setzt das außergewöhnlich viel guten Willen von seiten beider Parteien voraus. Aber anscheinend hat es funktioniert, da die Vereinbarung bis 1987 verlängert wurde. Bei unserer Diskussion mit Rollwagen und Scott wurde klar, daß Seymour Cray wie eh und je eine ganz besondere Stütze des Unternehmens ist, jemand, dem man Ruhe gönnen und Unterstützung zuteil werden lassen muß, damit er sein Bestes leisten kann. Die Vereinbarung ist absichtlich zweideutig – sowohl Cray, der Mann, als auch Cray, das Unternehmen, wissen, daß sie nur so lange funktionieren kann wie beide Seiten es wollen.

So stellt sich jetzt John Rollwagen, der zur Zeit seiner Beförderung neununddreißig Jahre alt war, die herausfordernde Aufgabe, das Unternehmen so zu führen, daß Seymour Cray und die Legionen zukünftiger Seymour Crays angesichts harter Konkurrenz produktiv und kreativ bleiben.

Heute und in Zukunft sind die Herausforderungen für Cray Research größer als in der Vergangenheit. Als es 1972 in das Geschäft einstieg, gab es nur einen Konkurrenten – Control Data Corporation. Aber in den beiden letzten Jahren haben riesige Konsortien von Computerunternehmen umfangreiche Kooperationsprogramme verkündet, die das Ziel haben, diese verhältnismäßig winzige Firma zu schlagen. Das feierlich proklamierte japanische National Superspeed Computer Projekt, das mit 100 Millionen Dollar für acht Jahre konzipiert ist, (Fujitsu, Hitachi, Mitsubishi, NEC (Nisson), OKI Electric und Toshiba); die Microelectronic and Computer Technology Corporation (MCC) – mit Sitz in Austin, die die Mittel von fünfzehn riesigen amerikanischen Unternehmen, einschließlich Control Data, vereint; und das europäische Esprit-Programm, und andere, versuchen jeweils, dieses kleine, stark unternehmerische, schnell wachsende Unternehmen einzuholen und seine Ergebnisse zu übertreffen. *The Economist* berichtet, daß etwa fünfzig Teams an amerikanischen Universitäten ebenfalls versuchen, ihre eigenen Supercomputer zu bauen.* Bis zu einem gewissen Grad ist dieser unglaubliche Wettbewerb Crays eigenes Werk, da das kleine Computerunternehmen aus dem Mittelwesten, über jeden Zweifel erhaben, bewiesen hat, daß die winzige vernachlässigte Marktnische der Supercom-

*»Supercomputers Come Out Into the World«, *The Economist* 11. August 1984, S. 78.

puter interessante Möglichkeiten birgt. Und nur die Zeit kann zeigen, wie lange »The Cray Style« sich gegen die massiven Ressourcen von Nationen, Branchen und Universitäten behaupten kann. Bislang hat Cray sie mit seiner Intelligenz alle an die Wand gespielt.

Das intensive Engagement von Automatic Data Processing

Da es sich seine Familie als Einwanderer nicht leisten konnte, ihm ein Medizin-, Jura- oder auch nur Lehrerstudium zu ermöglichen, strebte Henry Taub von Jugend an nach einer Karriere im Handel. Seine ersten Jobs waren Zeitungen verkaufen und als Caddy, Golfer die Schläger zu reichen, aber zu dem Zeitpunkt, als die Vereinigten Staaten das erste Jahr am Zweiten Weltkrieg teilgenommen hatten, arbeitete der fünfzehn Jahre alte Henry Taub nachts bei Associated Transport. Sechs Jahre später sollte er mit einundzwanzig Jahren Automatic Data Processing gründen, eine der aufregendsten Erfolgsstories der heutigen Zeit über mittlere Unternehmen.

1943 mußte der junge Taub von seiner Arbeit bei Associated immer rechtzeitig nach Hause eilen, um seine Schularbeiten für die High School zu erledigen, da er trotzdem in der zur Verfügung stehenden Zeit alles erledigte, wurde er schnell zum Terminüberwacher mit guten Ideen für Verbesserungsmethoden. Er erfand neue Methoden, um die Stapel von Rechnungen zu sortieren, die jeden Tag über seinen Schreibtisch gingen, und das Verfahren zu strukturieren, nach dem der Nettobetrag für jede Faktura zu berechnen war. Er lernte, 400 Anschläge pro Minute zu tippen, und er fand immer wieder Wege zur Produktivitätssteigerung. »Vermutlich brachten wir diese Organisation voran, weil ich zu meinen Hausaufgaben zurück mußte. Mein Abschlußzeugnis war mir wichtig, weil ich eine Universitätsausbildung vorweisen wollte.«

Um sich die Studiengebühren der New York University zu verdienen, arbeitete Taub weiter, dieses Mal bei einer kleinen Buchhaltungsfirma. Dabei widmete er den traditionellen Buchhaltungs- und Rechnungsprüfungsaktivitäten nur wenig Zeit. Da er für kleine Kunden arbeitete, bestand seine erste Aufgabe darin, für diese Kunden als Buchhalter, Lohnbuchhalter und Rechnungsprüfer tätig zu sein. Er schrieb ihre Rechnungen; er war ihr Debitorenbuchhalter; er machte ihre Gehaltsabrechnung. Und so hatte er, als er mit neunzehn Jahren seinen Abschluß an der New York University machte, mehrere Jahre Büroerfahrung und wußte außergewöhnlich gut, worin sich rationelle und unrationelle Verwaltungsarbeit unterschieden.

Noch verfolgte Taub nicht den Plan, ein Unternehmen zu gründen. Nach seinem College-Abschluß trat er in eine Wirtschaftsprüfungsgesellschaft ein, stellte aber schnell fest, daß das langsame Tempo und bürokratische Klima einer solchen Firma nichts für ihn waren. Als nächstes arbeitete er bei einem Freund in einer kleinen Wäschefirma als Bürochef. Es war ein entscheidendes Ereignis, als in einer Woche die Gehaltsliste nicht fertig wurde, weil ein Sachbearbeiter krank war – und Taub lernte schnell, welch verheerenden Einfluß es auf Stimmung und Produktivität haben kann, wenn die Arbeiter nicht bezahlt werden. Dieses Problem ließ einen seiner Kollegen die Idee eines Unternehmens konzipieren, das die Gehaltsabrechnung für andere Unternehmen durchführen und garantieren würde, daß nie eine Gehaltsliste ausbleiben würde, was auch immer geschähe. Mit diesem Kollegen und 6000 Dollar von einem dritten Partner wurde der Grundstein zu ADP gelegt.

Das Geschäft lief nur langsam an – »wir hatten nur zwei Kunden« – als wieder einmal das Schicksal eingriff. Taubs aktiver Teilhaber, Irving Levine, heiratete, und kurz darauf wurde ihm die sichere Stelle als Finanzchef in einem größeren, etablierten Unternehmen angeboten. Daraufhin ging Taub zu seinem stillen Teilhaber und bot ihm an seine 6000-Dollar-Investition zu übernehmen, um so über das gesamte Eigenkapital des jungen Unternehmens zu verfügen. Und so kam es, daß Henry Taub mit einundzwanzig Jahren zum Alleininhaber eines neuen Geschäfts wurde. Er hatte zwei kleine Kunden, 6000 Dollar Schulden und ein ausgeprägtes Gespür dafür, was die Kunden brauchten und wie man es ihnen liefern könnte. Seine Ziele waren bescheiden – niemals seine Kunden im Stich zu lassen und dafür zu sorgen, daß sein kleines Unternehmen überlebte.

Also noch so ein kleines Unternehmen mit bescheidenem Anfang. Aber ein Firmengründer, der seit seiner frühen Jugend Tag und Nacht gearbeitet hat, und ein Geschäft, das hundertprozentige Genauigkeit und pünktliche Lieferung verlangt, können diese außergewöhnlich intensive Zielstrebigkeit, Engagement und präzise Arbeitsausführung wecken. Im Fall von ADP brachte diese Intensität fünfunddreißig Jahre lang Umsatz- und Gewinnwachstum hervor, den kein anderes an einer Börse der Vereinigten Staaten notiertes Unternehmen aufzuweisen hat.* Und sie zeigt sich deutlich in ADPs Vorgehensweisen, in Strategie, Organisation und Führung, die sich mit den Ergebnissen dieses Buches weitgehend decken.

ADPs Strategie

ADP entstand durch eine *Innovation,* die eine neue Marktnische schuf – eine narrensichere externe Dienstleistung, kleinen Unternehmen zu helfen, ihre wöchentliche Gehaltsabrechnung zu erledigen – ein Bereich, der einstmals voll und

*Für eine weitere Darstellung von ADPs Leistung vgl. »How to Manage an Evolution«, *Forbes* 23. April 1984, S. 96–103.

ganz in die Zuständigkeit des Geschäftsinhabers fiel. Ihr *hoher Wert* bestand in der Sicherheit, die jeder Firmeninhaber hatte – er konnte krank werden, verreisen oder Urlaub machen und trotzdem war gewiß, daß seine Leute ihre Gehaltsabrechnungen rechtzeitig bekommen würden.

Vom ersten Tag an baute ADP auf der *Stärke* vertrauensvoller Beziehungen und genauester Kenntnis des Lohnabrechnungsverfahrens und des Rechnungslegungsbedarfs auf. Als dann in Abständen auf einzelstaatlicher Ebene und Bundesebene arbeitsrechtliche Vorschriften erlassen wurden, war ADP bereits vor Inkrafttreten in der Lage, die verlangten ausführlichen Analysen und Unterlagen zu liefern. ADP verstand und erfüllte die internen Informationsbedürfnisse seiner Kunden im Personalmanagement. Und seine Fähigkeiten in den Bereichen Operations, Verkauf und Kundendienst – die es ihm durchweg ermöglicht haben, bei Gehaltsabrechnungssystemen sowohl ein kostengünstiger Hersteller als auch wertbezogen führend zu sein – waren die Grundlage, das Geschäft geographisch über die ganzen Vereinigten Staaten auszudehnen. Als sich ADPs Geschäftstätigkeit von mechanischen Rechen- und Buchungsmaschinen zu mehreren Generationen immer leistungsfähigerer Computer weiterentwickelte, konnte es gegenüber seinen Konkurrenten eindeutige Kosten- und Servicevorteile – und eine Eigenkapitalsrendite von durchschnittlich etwa 17 Prozent – behaupten.

Während ADP seine Fähigkeiten in Verwaltung und Vertrieb von Computerdienstleistungen ausbaute, wandte es sie nach und nach auch in neuen Marktnischen an – und bei der Entwicklung jeder Marktnische war und ist als strategische Schubkraft innovativer Service, kundenbezogener Wert und der fortgesetzte Ausbau eigener Stärken zu erkennen. Dabei ist ADP konsequent und in hohem Maß diszipliniert vorgegangen; selten betätigte es sich als Pionier und begann ein Nischengeschäft vom Nullpunkt, sondern seine Innovationen bestanden eher darin, kleine und kaum rentable Unternehmen aufzukaufen und dann deren Produktprogramm, Betriebsmethoden und Verkaufsansatz dem ADP-Stil anzupassen. ADP hat dies vielleicht ein Dutzend Mal getan. Sehen wir uns drei Beispiele an.

1. *»Innendienst«-Service für Wall-Street-Firmen.* Die Vorstellung eines leistungsfähigen rechnergestützten Systems für die Abwicklung von Transaktionen, Führung der Kundenunterlagen und allgemeiner Broker-Buchführung war Anfang der 60er Jahre zwar nichts Neues, aber nach dem Kauf eines kleinen, in diesem Bereich bereits tätigen Pionierunternehmens bestand ADPs »Innovation« darin, das erste wirklich funktionierende System zu entwickeln – dann stellte sich außerdem heraus, daß es auch die Spitzenbelastung durch die riesigen Abschlußvolumina der turbulenten Zeiten Ende der 60er Jahre und später abfangen konnte. Da ADP dies besser als jedes andere

Unternehmen tat, bedient es jetzt etwa 20 Prozent des Marktpotentials für derartige Dienstleistungen und ist am »Dritt-Markt«, unter den Broker-Firmen führend, die externe Computerdienste einsetzen. Teilweise ist es ADP so gut ergangen, weil die Systeme vieler Konkurrenten an umsatzstarken Tagen versagten und andere Konkurrenten wiederum abgeschreckt wurden, als bekannte Broker-Firmen schließen mußten, weil sie mit der internen Abwicklung nicht nachkamen.

ADPs Systeme – und seine Kunden – versagen nicht, und seine Kundenliste wächst immer weiter.

2. *Schätzung von kaskoversicherten Unfallschäden.* Zu ADPs Geschäftsbereichen, die am besten verdeutlichen, wie ein innovatives System einen »dauerhaften Wettbewerbsvorteil« schaffen kann, gehört sein Dienst zur Schätzung kaskoversicherter Unfallschäden; er stützt sich auf eine unternehmenseigene Datenbank und rationelle Datenkommunikation. Dieses Geschäft hatte Itel Corporation erfolglos gestartet und später an ADP verkauft. Der Schlüssel zum späteren Erfolg liegt in dem hohen Wert, den ADP sowohl für den einzelnen Verbraucher als auch für die Versicherungsgesellschaften, die die Rechnung für die Reparatur von unfallbeschädigten Autos übernehmen, schafft, indem es nirgendwo sonst verfügbare Daten liefert. ADP leistet hier etwas sehr Einfaches: Es sagt präzise, was die Reparatur irgendeines Unfallschadens an irgendeinem Modell oder Jahrgang eines Autos kosten sollte, und schützt damit sowohl den Halter des Autos als auch die Versicherungsgesellschaft gegen Betrügereien »nach oben offener« Reparaturwerkstätten.

In seinen Computern hat ADP alle Daten über den erforderlichen Zeitaufwand für jede Art von Reparatur gespeichert – sie basieren auf aktuellen Erfahrungswerten aus dem ganzen Land und auf dem Urteil eines Expertengremiums. Es hat auch die Preise für neue und gebrauchte Ersatzteile und die regional geltenden Lohnsätze gespeichert. Ein Schadenssachverständiger der Versicherung gibt genaue Angaben über das beschädigte Auto in ADPs Computernetzwerk ein und erhält in zwei Minuten einen detaillierten Kostenvoranschlag ausgedruckt, welche Arbeiten für die Reparatur des Autos erforderlich sind und was das kosten wird. Auf dieser Grundlage zahlt die Versicherungsgesellschaft dann an den Versicherten, und der Fahrer des Wagens kann von der Reparaturwerkstatt angemessene Preise verlangen.

Kürzlich hat ADP diesen Markt erweitert und die Dienstleistung auch auf abgelegene Landesteile ausgedehnt, wo keine Computerterminals für den Anschluß an das ADP-Netz zur Verfügung stehen. ADP stellt ganz einfach eine kostenlos anwählbare Telefonnummer zur Verfügung, um die gleichen Informationen abzufragen – diese Innovation ist typisch für die kleinen Schritte, mit denen ADP laufend versucht, seine Märkte, seine Position zu stärken. Heute könnte ein Konkurrent nur unter größten Schwierigkeiten eine so umfangreiche Datenbank und ein Kommunikationsnetz aufbauen, wie es sich ADP in dieser hochwertigen Marktnische geschaffen hat.

3. *Dienstleistungen für Autohändler.* ADPs erster Eintritt in den Automarkt – die Errichtung eines der komplexesten Informationsnetze in den Vereinigten Staaten – begann 1975 mit der Übernahme eines sehr kleinen regionalen Unternehmens. Es befaßt sich mit Problemen, die einige der fundamentalsten Bedürfnisse der Autohändler betreffen:
   - Laufende Informationen über den Fahrzeugbestand
   - Leasing, Wartung und Bestellung von Fahrzeugen
   - Für Kaufinteressenten im ganzen Land Autos ausfindig machen, die genau die gewünschten Merkmale und Ausstattungen haben
   - Kritische Ersatzteile ausfindig machen, die andere Händler haben könnten
   - Allgemeine Buchführung für die Händler sowie andere notwendige Dienstleistungen.

   Das ADP-System bietet alle Daten, Unterlagen und Kommunikationsmöglichkeiten, die die amerikanischen Autohändler für die Erfüllung dieser Anforderungen brauchen – was kein Einzelhändler eigenständig erreichen könnte. Um diese Nische weiterhin zu bedienen, hat ADP seine Dienstleistung verbessert und verkauft oder least den Händlern Computer, anstatt die gesamte Datenverarbeitung auf ADPs-eigenen Computern durchzuführen – womit es erheblich von seiner herkömmlichen Methode der zentralisierten Datenverarbeitung abweicht und seine Anpassungsfähigkeit unter Beweis stellt, seinen Kunden hochwertige Dienstleistungen zu liefern.

Andere neue Marktnischen, in denen ADP auf seinen Stärken aufbaute, sind Bankdienstleistungen, Rechnungen »Telefon-Inkasso«, Überweisungen und andere Finanzleistungen und umfangreiche, auf größere Branchen zugeschnittene Datenbanken und Datenkommunikationsnetze. In jeder Marktnische verfolgte ADP das Ziel – das es nicht immer, aber in der Regel erreichte –, zum unverzichtbaren Bestandteil im Geschäftsablauf seiner Kunden zu werden.

Nicht daß ADPs Bemühungen um den Eintritt in neue Nischen immer von Erfolg gekrönt gewesen wären – auch ADP hat seine Grenzen. Zum Beispiel:

- Irgendwann vor einigen Jahren stieg ADP in das Geschäft ein, für öffentlich zugelassene Wirtschaftsprüfer Einkommenssteuererklärungen aufzubereiten. Aber dieser Bereich erwies sich für ADP als zu saisonabhängig, wobei die Arbeitsbelastung in den Wochen vor dem 15. April einen absoluten Höchststand erreichte. Und die Kosten und Mühen, unzählige Veränderungen in den Steuerverordnungen von Bund, Einzelstaaten und Kommunen zu berücksichtigen, ließen keinen Raum für Gewinne. Nach zwei Jahren verkaufte ADP das Geschäft.

- Mit der Übernahme von zwei kleinen Unternehmen Anfang der 70er Jahre betrat ADP einen Markt, der zu einem wichtigen Wachstumsmarkt für Computerdienstleistungen werden sollte – Krankenhausinformationssysteme. John Weston beschrieb uns ADPs Erfahrung: »Es war der richtige Markt und der richtige Zeitpunkt, aber wir haben diesem Geschäft weder genug Aufmerksamkeit geschenkt, wie es ein Top-Management tun sollte, noch die notwendige operative Sachkenntnis gezeigt, die ein explosionsartig wachsender und sich verändernder Markt in den ersten Entwicklungsjahren braucht. Das war ein großer Fehler, und nach vier Jahren lagen wir so weit hinter unseren Erwartungen zurück, daß wir beschlossen, das Geschäft zu verkaufen.«

Aufgrund dieser Erfahrungen hat es sich zum Grundsatz gemacht, für jede Nische, in die es eintritt, gründliche Analysen durchzuführen und die intensive Einschaltung der Unternehmensleitung zu sichern.

Um zusammenzufassen, ADP ist aus Innovation entstanden; ist durch die intensive Bearbeitung einer Reihe von Marktnischen gewachsen; baut auf seinen grundlegenden Stärken in Konstruktion, Betrieb und in der Vermarktung von Computern und Kommunikationsnetzen auf; hat aus seinen Fehlern gelernt und setzt darauf, seinen Kunden einen so hohen Wert zu bieten, daß es seinen außergewöhnlichen Gewinnwachstum und seine Kapitalrendite behaupten kann.

Organisation: Disziplinierte Freiheit

Vom ersten Tag an brauchte ADP unbedingt organisatorische Disziplin – aber auch individuelle Freiheit, um in der sich schnell verändernden Welt rechnergestützter Informationssysteme rasche Anpassung, Innovation und Reaktionsfähigkeit zu fördern. Als das Unternehmen noch klein war, gingen die nötigen Impulse sowohl für die Disziplin als auch für die Kreativität von Henry Taub, von seinem Bruder Joe und von Frank Lautenberg, dem späteren *Chairman* von ADP und jetzigem Senator von New Jersey, persönlich aus. Im Zuge seines Wachstums mußte ADP beide Eigenschaften in der Organisation verankern – es war eine besondere Herausforderung. Beginnen wir mit der Disziplin.

Um es noch einmal hervorzuheben, Gehaltsabrechnungen sind nun einmal etwas besonders Wichtiges. Die Mitarbeiter sind darauf angewiesen, den richtigen Betrag zum richtigen Zeitpunkt ausgezahlt zu bekommen. Folglich stellte ADP von Anfang an Schnelligkeit, Genauigkeit und Zuverlässigkeit in den Vordergrund und garantierte die Erreichung dieser Ziele mit sehr strengen Zeitplänen, verschiedenen Anreizen und Kontrollen. Gab es eine Panne, mußte der Computerbetrieb durch menschliche Arbeitskraft unterstützt werden; wenn eine pünktliche Gehaltsliste bedeutete, die ganze Nacht zu arbeiten, dann wurde das von den Mitarbeitern erwartet und sie taten es.

Im Zuge des Unternehmenswachstums und seiner Diversifikation mußten diese Grundprinzipien immer wieder angepaßt und ausgebaut werden. Das Unternehmen erweiterte die Anzahl der Sparten, wenn es in neue Marktnischen eintrat. Um von der Disziplin und den Kontrollen großer, erfolgreicher Unternehmen zu lernen, stellte ADP neue begabte und erfahrene Leute in hohen Positionen ein (anders als bei vielen anderen Spitzengewinnern, die wir beobachteten, stiegen viele der augenblicklichen Spartenleiter bei ADP auf höherer Ebene ein, nachdem sie in anderen großen Unternehmen bereits ihre Erfahrungen gesammelt hatten). Häufige Struktur- und Systemveränderungen waren nötig, um das sich schnell verändernde und immer komplexere Geschäft unter Kontrolle zu halten.

Anfang der 70er Jahre erkannte man immer mehr, daß man dem Problem einer anpassungsfähigen und innovativen Organisation in einem Klima intensiver Kontrollen und Disziplin mehr Aufmerksamkeit widmen mußte. ADPs Unternehmensleitung ging das Problem mit der ihr eigenen persönlichen Disziplin und intensivem Engagement an und unternahm eine Reihe von Schritten, zu denen folgende, allerdings nicht erschöpfend aufgezählte Maßnahmen gehörten:

- Immer häufiger trafen sich Vertreter mehrerer Führungsebenen, um über alle Aspekte des Geschäfts zu sprechen. Aus Linie, Zentralfunktionen und Unternehmensleitung kamen die Führungskräfte zusammen, und diese Treffen waren für ihre offene und interaktive Atmosphäre bekannt. In diesen Sitzungen wurde ohne Tabus, direkt und manchmal auch angriffslustig geredet – aber sie boten allen ein Forum, sich mit den wichtigsten Aspekten der Unternehmensentwicklung auseinanderzusetzen. Alle Führungskräfte wußten, das wichtig war, daß sie Einfluß auf die Zukunft des Unternehmens hatten und von ihrem *Chairman* und *President* gehört wurden.
- ADP stellte einen Personalleiter ein, der dem *CEO* in einer streng disziplinierten Organisation als »offiziell ernannter Renegat« helfen sollte. Seine Aufgabe war es, im Unternehmen der menschlichen Seite mehr Gewicht zu verleihen und die Mitarbeiter – insbesondere die Führungskräfte – daran zu erinnern, daß bei ADP in seiner herausfordernden, sich schnell verändernden Umwelt Kreativität, persönliche Initiative, konstruktive Kritik und Ungezwungenheit sehr erwünscht wären.
- Die Unternehmensleitung bestellte 1977 eine Task force – »Task Force '80« – und beauftragte sie, der Gesamtunternehmensleitung für 1980 und später

strategische und organisatorische Prioritäten zu empfehlen. Zu dieser Arbeitsgruppe gehörten die Leiter jeder größeren Dienstleistungssparte sowie führende Mitglieder der Zentrale, und ihre Berichte und Empfehlungen bewirkten erhebliche Veränderungen sowohl der Struktur als auch der Managementsysteme bei ADP.

Der Leser mag bereits ahnen, daß es bei ADP nicht gerade ruhig zugeht. Es herrscht ein intensives Arbeitstempo, was wichtiger Bestandteil des Unternehmenserfolgs ist. *CEO* Josh Weston bestimmt dieses Tempo, und wenn er da ist, kann man ihn normalerweise um sieben Uhr dreißig an seinem Schreibtisch finden, nachdem er am frühen Morgen etwa drei Kilometer gejoggt ist. Auf Reisen beginnt Westons Arbeitstag in der Regel mit einem Frühstück zusammen mit einem oder mehreren von ADPs Außendienstlern, dem ein Besuchsprogramm bei Kunden und ADP-Mitarbeitern verschiedener Ebenen folgt; der Tag endet dann mit einem Abendessen und abschließenden Gesprächen. Diese Begegnungen halten Weston über das Geschäft auf dem laufenden und sein Vorbild bleibt im Unternehmen nicht unbeachtet; dort wird ähnlich intensiv gearbeitet.

Um ein vollständigeres Bild zu erhalten, wie die Merkmale Disziplin, Freiheit und intensive Arbeit zum Unternehmenserfolg führen, wollen wir uns die Organisationsmerkmale von Spitzengewinnern näher ansehen.

Unternehmensmission und Unternehmenswerte

Über Mission und Werte des Unternehmens ist ADPs Führungsmannschaft einer Meinung. Sie sind in ADPs Unternehmensphilosophie, »Corporate Philosophy«, die 1980 zum ersten Mal veröffentlicht und 1984 überarbeitet wurde, sehr präzise artikuliert worden. Bezeichnenderweise läßt ADPs Unternehmensphilosophie einfach keine Kompromisse zwischen kurzfristigen und langfristigen Ergebnissen und der Entwicklung einer starken Organisation zu – ADP will das alles gleichermaßen. Die Vorstellung von Kompromissen ist im amerikanischen Management nur allzu populär geworden, wo rationale Überlegungen Führungskräfte sagen lassen: »Wenn ich in die langfristige Entwicklung von Produkten und Märkten investieren soll, kostet das Geld, und ich kann keine so hohen kurzfristigen Gewinne erreichen. Und wenn ich Personalentwicklung betreiben soll, können wir nicht so viel Zeit und Geld auf lang- oder kurzfristige Gewinne verwenden.«

ADPs Einstellung ist, daß es hier keine Kompromisse geben kann – von seinen Mitarbeitern erwartet man, alle drei Ziele zu erreichen. Diese Einstellung bewirkt Adrenalinausschüttungen und schafft Spannungen, aber sie führt auch zu einem höheren Leistungsniveau des Unternehmens. Vermutlich läßt sich daraus lernen, daß eine Unzufriedenheit mit der Organisation, deren hohe Standards sich nie ganz erfüllen lassen, die konstruktiven Spannungen erzeugt, die langfristig zum Erfolg führen.

ADPs hervorragenden langfristigen Gewinne belegen dies. Die Gewinnzielvorgaben sind eindeutig und Anreizprogramme an deren Erfüllung gebunden.

Zu ADPs wichtigsten Grundsätzen gehört, zuerst kommt der Kunde; seine Unternehmensphilosophie formuliert das ganz klar: »Der Kundendienst steht bei ADP an erster Stelle. Bei unseren Wachstumszielen können wir es uns kaum leisten, Kunden zu verlieren. Jeder Kunde ist wertvoll. Sie brauchen uns nur, wenn wir ihnen zuverlässige, effiziente und flexible Leistungen bieten. Zuerst kommt der Kunde, und er sollte entsprechend behandelt werden.«

ADPs Unternehmensphilosophie nennt dann seinen hohen Standard in bezug auf die Qualität des Kundendienstes, fortwährende Produktverbesserungen und hochwertige Innovationen, sein Streben nach Marktführung und hervorragenden finanziellen Ergebnissen und sein Engagement für seine Mitarbeiter und die Unternehmenskultur: »Schließen wir, womit wir begonnen haben, mit ADPs Mitarbeitern, die das Rückgrat unseres Erfolgs sind.«

Leere Worte? Bestimmt nicht, wie wir aus Diskussionen mit ADPs Mitarbeitern aus allen Teilen des Unternehmens erfahren haben. Aber vielleicht am eindrucksvollsten und ein Zeichen dafür, wie sehr sich die Organisation diesen Werten verpflichtet fühlt, ist die allgemein verbreitete Ansicht, daß ADP seine eigenen hohen Standards bei weitem nicht erfüllt. Hier sehen wir eines der allerbesten unter den Unternehmen mit zur Zeit knapp einer Milliarde Dollar Umsatz (allerdings wird ADP die Grenze von einer Milliarde Dollar überschritten haben, bis dieses Buch in Druck geht), und doch sind seine Mitarbeiter nicht erfreut über ihre Erfolge, sondern äußern sich mit größerer Wahrscheinlichkeit wie folgt:

- »Wir verwenden bei weitem nicht so viel Zeit auf Personalentwicklung und Motivation von Mitarbeitern, wie wir sollten.«
- »Wir legen noch zu viel Gewicht auf die Erfüllung kurzfristiger finanzieller Ziele und überdenken nicht gründlich genug, wie wir unsere Kunden in Zukunft noch besser bedienen und uns weiterhin das Recht auf einen immer höheren Gewinn verdienen können.«
- »Wir sind nicht annähernd so innovativ, wie wir das sein sollten, oder gehen neue Bereiche mit hohem Wachstumspotential nicht annähernd so aggressiv an, wie wir das tun sollten.«

Eine klare Mission, hohe Standards, eine unlösbare Spannung zwischen drei feststehenden Werten und das ewige Gefühl der Unzufriedenheit – wenn das kein Erfolgsrezept ist!

Beachtung von Details
Das deutlichste Einzelmerkmal in ADPs Managementsystem und Organisation ist seine starke Disziplin. Aus dem Zwang, die Buchführung der Kunden rechtzeitig fehlerlos zu erledigen, entwickelte das Unternehmen umfangreiche Kontrollmechanismen und eine grundlegende Disziplin.

Auf der ersten Organisationsebene hat sich diese Disziplin in den Treffen des Verkaufsstabs am Dienstagabend institutionalisiert, die als »Appell« bezeichnet werden. In etwa fünfzig einzelnen Sitzungen im ganzen Land berichtet jeder Außendienstler reihum über seine Abschlüsse in der vorhergehenden Woche und andere wichtige Entwicklungen. Diese Methode bewirkt zweierlei. Erstens möchte kein Außendienstler zwei oder drei Wochen nacheinander aufstehen müssen, ohne etwas Positives über ein neues Geschäft zu berichten zu haben, so daß davon ein intensiver Leistungsdruck ausgeht. So sagt Josh Weston dazu: »Jeder Außendienstler sieht seine Kollegen fünfzig Mal im Jahr, er kann sich also nirgends verstecken.« Zweitens liefern diese Treffen ein unmittelbares Feedback über Wettbewerbs- und Marktentwicklungen. Bei den meisten Unternehmen arbeitet der Verkaufsaußendienst in monatlichen Zyklen; wenn es bei einem ihrer Kunden, Märkte oder Außendienstler Schwierigkeiten gibt, zeigt sich das erst in zwei oder drei Monaten. Bei ADP dauert es nur zwei oder drei Wochen.

ADPs Anreizsysteme sind ein weiteres Disziplinierungsmittel. Prämienanreize sind direkt an das Erreichen von Absatz-, Kundendienst- und Gewinnzielen geknüpft; und daß sowohl über Erfolge als auch über Mißerfolge allgemein geredet wird, ist eine weitere wichtige Motivationskraft.

Die Führungsdisziplin im operativen Bereich beginnt bei ADP ganz an der Spitze des Unternehmens; für jedes Profit-Center werden ein Jahresplan und für jeden Geschäftsbereich alle drei bis fünf Jahre strategische Pläne aufgestellt. Aber wirklich wichtig sind diese Pläne nicht nur deshalb, weil es sie gibt, da sie inzwischen ja in den meisten Unternehmen zu finden sind. Ihr Geheimnis ist, daß von jeder Führungskraft erwartet wird, die Pläne zu erfüllen oder Rückstände korrigieren und aufholen zu können – eine kompromißlose und intensive Ausrichtung auf den Unternehmenserfolg.

Bürokratismus bekämpfen, Experimentierfreude fördern
Angesichts seiner strengen Disziplin hat ADP ebenso wirksame Systeme entwickelt, die ein Erstarren im Bürokratismus verhindern sollen. Einige wurden bereits zu Beginn dieses Abschnittes genannt. Hier folgen einige andere:

○ *Tendenz zur Dezentralisierung.* ADP hat mehr als ein Dutzend einzelner Geschäftsbereiche, die weitgehend unabhängig geführt werden. Im Rahmen dieser Geschäftsbereiche unterhält ADP in mehr als hundert Städten Geschäftsstellen, in denen jede lokale Führungskraft selbst für Kundenbetreuung und Kundendienst verantwortlich ist und auch Ergebnisverantwortung trägt. Konsequent hat ADP an seiner Philosophie festgehalten, kleinen Unternehmenseinheiten in hohem Maß Autorität und Verantwortung zu delegieren.

- *Kleine Stäbe.* »Wenn Sie sich hier nach Stabspersonal umsehen, werden Sie es, wie in einem japanischen Unternehmen, kaum finden.« Bei ADP übernehmen überwiegend die Linienkräfte selbst die Verantwortung für alles, was für den Erfolg ihres Geschäftsbereichs erforderlich ist, anstatt es an Stäbe zu delegieren.
- *Intensive Bemühungen, die Kommunikation über organisatorische Grenzen hinweg zu verbessern.* ADP hat einen Rat für Personalförderung, der aus den Spartenleitern besteht. Er hat die Aufgabe, aufgrund der Erfahrung aller Mitglieder dieses Gremiums neue Methoden zu entwickeln, um ADPs Führungsteam schneller und besser zu entwickeln. ADP hat auch einen Strategie-Rat, der über Fragen des Tagesgeschäftes hinaus für ein hohes Maß an Interaktion sorgt, und einen Exekutivausschuß, der aus ADPs drei *Line Group Presidents,* dem *President* des Unternehmens und dem *Chief Financial Officer* besteht. Um die Interaktion auf eine noch breitere Basis zu stellen, trifft sich die Führungsebene der oberen vierzig bis fünfzig leitenden Angestellten des Unternehmens zwei bis drei Mal im Jahr, um das Unternehmen betreffende Grundsatzfragen zu besprechen.

Denken wie die Kunden

Alle zwölf Monate – wo sich das Geschäft schnell verändert oder neue Ansätze erprobt werden, alle sechs Monate – verschickt ADP an jeden seiner Kunden einen Fragebogen, in dem er ADPs Leistung bewerten soll. In einem Fall kam mit Hilfe dieses wichtigen Mittels, das die allgemeine Kundenreaktion mißt, ans Licht, daß sich beim Kundendienst in einer größeren Stadt im Norden Reaktionszeit und Qualität sehr verschlechtert hatten. In der Regel wird ADPs Kundendienst von kleinen Teams aus fünf bis sechs Kundendienstvertretern abgewickelt, die für einen relativ kleinen Kreis von Kunden verantwortlich sind und ihre Beziehungen zu diesen Kunden kontinuierlich pflegen. Als die Kundenbefragung diese Mängel zutage gefördert hatte, stellte man nach einer weiteren Untersuchung fest, daß die Kundendienstteams in dieser Stadt viel zu groß geworden waren – bis zu fünfzehn Leute – und viel zu viele Kunden betreuten, um noch jedem Kunden die persönliche Aufmerksamkeit widmen zu können, wie sie ADPs Geschäft – und seine Grundsätze – erforderten.

Die Lösung bestand darin, jetzt statt zwei Teams vier zu bilden, und der Kundendienst wurde wieder deutlich besser. Ein weiterer wichtiger Umstand: Es war ADPs *President* selbst, der den lokalen Kundendienstleiter, vier Hierarchiestufen unter ihm, anrief, um ihn auf dieses Problem aufmerksam zu machen und Abhilfe zu veranlassen – was sowohl zeigte, wie sehr bei ADP Grenzen überschritten werden, um Dinge schnell zu erledigen, als auch alle Führungskräfte an ihre Pflicht erinnert, die Ergebnisse unter Kontrolle zu behalten.

Auch direkte Kundenbesuche haben bei ADP einen hohen Stellenwert, und wenn Josh Weston in regelmäßigen Abständen Kunden zu besuchen pflegt, will er damit ebenso den anderen als Vorbild dienen wie selbst den Finger am Puls des Marktgeschehens haben. Und wieder zeigt sich die ewige Unzufriedenheit der ADP-Führung, die überzeugt ist, daß die meisten Führungskräfte den Kunden noch mehr Zeit widmen und herausfinden sollten, wie sich mit kleinen Schritten Kundendienst und Kundenbeziehungen verbessern lassen.

Die Mitarbeiter beachten.
Bob Miller, ADPs *Vice President* für Personalwesen, lehnte eine Stelle bei ADP zuerst ab, weil er sich nicht sicher war, ob das Unternehmen der Entwicklung seiner Führungskräfte genug Aufmerksamkeit schenkte. Laut Miller nahm er die Stelle später wegen der Aktion »Das gemeine Dutzend« doch an.

Als ADP Ende der 70er Jahre schnell expandierte und es als wachsendes Unternehmen erfahrene Führungskräfte und funktionale Spezialisten in die Firma holen mußte, meinte das Unternehmen, daß die Geschichte seines Wachstumserfolgs eine unwiderstehliche Wirkung ausüben würde. Aber dem war nicht so. Von 1977 bis 1979 lehnten zwölf Mal Leute, die ADP in Schlüsselpositionen übernehmen wollte, das Angebot ab. Josh Weston wollte wissen, weshalb ADP einen Korb bekommen hatte, und führte mit jedem dieser zwölf Nachfaßinterviews durch, – eine Aktion, die den Namen »Studie des gemeinen Dutzends« erhalten sollte.

ADP war sich nicht bewußt gewesen, das ergab die Untersuchung, daß es genauer artikulieren mußte, welche Aufgaben eine Führungskraft haben würde, die in die höheren Ebenen des ADP-Managements übernommen werden sollte. Wer aus sehr viel größeren Unternehmen kam, war sowohl an sehr klare Arbeitsplatzbeschreibungen und Karrierepfade als auch an sehr viel präzisere Aussagen über Vergütungs- und Beförderungsaussichten gewöhnt. ADPs Art war, zu sagen »Kommen Sie an Bord! Hier geht so viel vor sich, wozu Ihre Talente gebraucht werden; wir werden Ihnen dann Ihre Aufgaben übertragen, wenn es soweit ist.« Diesen und weitere Aspekte seiner erfolglosen Einstellungsmethoden förderte die »Studie des gemeinen Dutzends« zutage, worauf ADP seine Methoden erheblich verbesserte. Jetzt glaubte auch Bob Miller, daß sich ADP um seine Mitarbeiter wirklich kümmere, und trat kurz danach in das Unternehmen ein.

CEO Josh Weston sieht in der Entwicklung und Förderung der Mitarbeiter seine wichtigste Aufgabe. In der Woche vor einem unserer Gespräche mit

Weston war er in Chicago, San Francisco und Los Angeles gewesen, hatte mit fünfunddreißig Mitarbeitern aus ADPs Außenorganisationen persönlich gesprochen und sich mit mehr als zweihundert Mitarbeitern in Gesprächsrunden unterhalten – und noch eine Reihe Kunden besucht. Weston versucht, menschliche Kontakte zu pflegen und ist dafür bekannt, daß er Außendienstleute mit ihren Ehefrauen zum Abendessen einlädt, wenn sie etwas Außergewöhnliches erreicht haben. Seine vorrangige Aufgabe sieht er darin, eine Unternehmenskultur zu schaffen und zu erhalten, die die Energien der ADP-Mitarbeiter freisetzt und Interaktion zwischen ihnen ermöglicht und andererseits mit wenig Grundsätzen auskommt.

Doch Weston konfrontiert sein Unternehmen mit einer Schwierigkeit. Seine Mitarbeiter empfinden ihn als so organisiert und rational, daß sie mit ihm schwer normalen menschlichen Umgang pflegen können. Vor einigen Jahren erhielt Josh von seinen Führungskräften eine Parkuhr geschenkt – sie sollte ausdrükken, daß man bei einem Treffen mit Josh eine genau vorgegebene und begrenzte Zeit habe, seine Anliegen vorzutragen. Bezeichnenderweise versucht Weston diesem Dilemma entgegenzuwirken: »Auf allen Führungsebenen ermutige ich zum Widerspruch – zur Diskussion –, um meine Eigenheiten auszugleichen. Ich weiß, sie geben mir kontra, und mit solchen Leuten um mich herum kann ich es mir leisten, ich selbst zu sein.« Weston weiß, daß ADP, selbst ganz an der Spitze, einen ständigen Spannungsausgleich braucht.

Führung durch den CEO: Ein neuer Mann für jede Jahreszeit

Vielleicht ist die Geschichte von Automatic Data Processing eigentlich die Geschichte ihrer drei Leiter – von denen jeder eine recht unterschiedliche Persönlichkeit ist und eine andere Aufgabe erfüllte oder noch erfüllt. In keinem anderen Unternehmen wird deutlicher als bei ADP, welch wichtige Rolle der *CEO* spielt und von welch entscheidender Bedeutung es ist, daß sich diese Rolle ändert, wenn sich die Verhältnisse des Unternehmens ändern. Ohne seine drei Unternehmensleiter hätte ADPs Geschichte unserer Ansicht nach weder geschrieben werden können noch wäre es dem Unternehmen annähernd so gut gegangen, wenn sie es in einer anderen Reihenfolge geleitet hätten.

Henry Taub war der Unternehmer, der die Vision eines Lohnbuchhaltungsservice hatte und nicht ruhte, bis das Geschäft lief – der Mann, der die Geduld aufbrachte, sein Unternehmen in zwölf Jahren auf einen Umsatz von 420 000 Dollar zu bringen, wobei er häufig fast rund um die Uhr arbeitete. Taub sagte zu *Forbes:* »Wir waren jung, keiner von uns war verheiratet; die Zeit hatte für uns noch nicht den Wert, den sie bekommt, wenn man älter wird.«* Aber Taub

*»How to Manage an Evolution«, *Forbes* 23. April 1984, S. 100.

hatte das Zeug und die Führungsqualitäten, das Unternehmen als *CEO* auch noch zu führen, als es von 420 000 Dollar im Jahr 1961 auf 188 Millionen Dollar im Jahr 1976 wuchs. Und er verfügte über genug Voraussicht und Urteilsvermögen, um Anfang der 50er Jahre einen Mann wie Frank Lautenberg an das Unternehmen zu binden, und über ausreichende Selbstkritik, um ihm 1976 den *CEO*-Titel zu übergeben.

Auch heute läßt Taub Josh Weston seine volle Unterstützung zukommen. Er ist selbst *Chairman,* und Weston *President* und *CEO.* Taub widmet jetzt den größten Teil seiner Zeit karitativen Zwecken, wobei er mit der gleichen Freude und Leidenschaft rund um die Uhr arbeitet wie in seinen Anfangsjahren bei ADP.

Was Taub für ADP geleistet hat, ist weit mehr als nur der Aufbau des Geschäfts. Er verpflichtete ADP auf den zuverlässigen, hochwertigen Kundendienst, der nach wie vor das Fundament der Firma ist. Taub entspricht, kurz gesagt, unseren Vorstellungen von einem Spitzengewinner-*CEO:* er ist innovativ, hat Führungsqualitäten und ist ein Baumeister, der den Erfolg seines Unternehmens über seine persönlichen Eitelkeiten stellte, und er ging nicht nur zu Anfang ein unternehmerisches Risiko ein, sondern auch, als er die Kontrolle des Unternehmens an nachfolgende Generationen übergab. Noch bevor er als *CEO* zurücktrat, modifizierte er seine Rolle bereits und übertrug Lautenberg und Weston bei ADP weitreichende Führungsbefugnisse; und er plante nicht nur den eigenen Rücktritt, sondern auch einen zweiten erfolgreichen *CEO*-Wechsel.

Bereits in den ersten Tagen von Automatic Payroll (wie ADP zunächst hieß) lernte Frank Lautenberg Henry Taub kennen und trat dann 1954 ganz in das Unternehmen ein, wo er sich in erster Linie dem Verkauf widmete. Schon lange bevor er 1976 Vorstandsvorsitzender wurde, hatte er den Kurs eingeschlagen, der ADPs Zukunft für immer seinen Stempel aufdrücken sollte: das intensive Akquisitionsprogramm, das ADPs Kerngeschäft der Personalverwaltung und Lohnbuchhaltung über das ganze Land ausdehnte, dem Unternehmen mit seinem massiven Rechnerpotential einen Größenvorteil verschaffte und ihm eine breite Palette neuer verwandter Nischen erschloß. Lautenberg gilt allgemein als derjenige, der ADPs Übernahmeprogramm entwickelt hat und als der Mann, der die Hauptverhandlungen führte, ein Meister der Kunst der Grenzüberschreitung in verwandte Bereiche, der über einhundert Betriebsübernahmen zum Abschluß brachte, bevor er dann 1982 in den Senat ging.

Lautenbergs Wille, ADP zum wichtigsten Computerdienstleistungsunternehmen im Land zu machen, ließ ihn auch aggressiv Talente von außen anwerben. Aus Unternehmen wie IBM, Digital Equipment, Burroughs und vielen weiteren Spitzenunternehmen holte er eine ganze Schar von Leuten, die in ADPs früher Wachstumsphase einen entscheidenden Part spielten. So sagte uns Lautenberg: »Ich wußte, daß ich das Management professionalisieren mußte, daß mir allein ADP mit seinem Wachstum schnell außer Kontrolle geriet. So holte ich Leute ins Haus, die ein Riesenunternehmen zu führen verstanden.«

Offensichtlich spielte 1970 dann das Glück mit, als Lautenberg einen Mann von Popular Services, Inc. abwarb, dessen Vorgesetzter Josh S. Weston war. »Als Josh mit mir redete und mich davon abzubringen versuchte, ihm seinen Mann zu nehmen, merkte ich sehr schnell, wie gut Josh war,« sagte Lautenberg. Auch sondierte ich die Lage ein bißchen und stellte fest, daß Josh praktisch den ganzen Laden schmiß, aber keine Geschäftsanteile besaß. Kurz darauf stellte ich Josh ein und – mit Henry Taub als *Chairman* – führten wir das Unternehmen die nächsten zehn Jahre als Team.«

Kurzum, Lautenberg baute ein Team und ein Unternehmen auf, ging Risiken ein, führte das Unternehmen in viele neue Bereiche und entschied zusammen mit Taub, Josh Weston zum Nachfolger als *CEO* zu machen, als er selbst ausschied und Senator wurde.

Später sagte Lautenberg einmal zu Josh Weston: »Ihr Problem ist, daß Sie noch keinen eigenen Josh Weston haben.« Als wir dieses Buch schrieben, gab es seit ADPs frühester Zeit zum ersten Mal keinen eindeutigen zweiten Mann, auch wenn jemand das etwa im nächsten Jahr werden könnte. Solang sieht Weston im Exekutivausschuß ein Forum, in dem sich jedes Mitglied weiterentwickeln und das Seine zur Führung des Tagesgeschäfts beisteuern kann. ADP ist ein sehr viel größeres, diversifizierteres und geographisch verstreuteres Unternehmen als die meisten Spitzengewinner, die wir untersucht haben. Und angesichts der heutigen raschen Veränderungen sowohl der Technologie als auch der Marktstruktur ist es wahrscheinlich sehr sinnvoll, wenn ADPs nächster Unternehmensleiter aus einer Kerngruppe von Bereichsleitern und Leitern von Funktionsbereichen herauswächst.

In Wirklichkeit hat sich Josh Weston wahrscheinlich von allen dreien am fanatischsten mit dem Geschäft identifiziert. Aber was vielleicht am wichtigsten ist, Weston wird zwar bis heute als zupackender operativer Manager gesehen, hat aber wirklich ernst damit gemacht, ADPs Management zu »professionalisieren«. Immer wieder hat er von außen fähige Führungskräfte in das Unternehmen geholt und ihnen auf hoher Ebene erhebliche Verantwortung übertragen.

Bei geschäftlichen Entscheidungen und bei der Einführung neuer Produkte ist Weston vorsichtig. Er besteht auf ausführlichen Analysen, Experimenten und Planungen. Seine Risikobereitschaft zeigt sich bei Personalentscheidungen – in der Anwerbung neuer Talente in Schlüsselpositionen des Unternehmens.

Kurzum, Automatic Data Processing hat seine Stärke durch seine Unternehmensleiter, die seine intensive Nischenstrategie und seine selbstkritische Organisation vorangetrieben haben. Länger als jedes andere uns bekannte Unternehmen konnte ADP die Erfordernisse eines rasch wachsenden Unternehmens und einer sich schnell verändernden Branche in Einklang bringen mit einem anhaltend guten Unternehmensergebnis.

Was von ADP zu lernen ist, ist Ausgewogenheit und Engagement. ADPs Maßnahmen erfolgten nie abrupt – sie waren wohl berechnet, sie waren marginal. Aber – trotz seiner Mißerfolge und verschiedener noch nicht rentabler Geschäftsbereiche – hat ADP so viele Maßnahmen so gekonnt ergriffen, daß die Leistung dieses Unternehmens nahezu alles überragt, was das Land in den letzten fünfunddreißig Jahren gesehen hat.

Die Siegermannschaft von Sealed Air Corporation

»Ein Unternehmen, daß seine Umsätze und Gewinne konsequent alle drei Jahre verdoppelt, indem es Luft verkauft, muß man einfach bewundern!« Diese Äußerung gilt Sealed Air Corporation, das den Markt für aus Luftblasen bestehende Bubble-Verpackungen, zum Schutz zerbrechlicher Gegenstände geschaffen und entwickelt hat.

Sealed Air verkauft eigentlich keine Luft – es vermarktet Schutz gegen Stöße, Erschütterungen, Kratzer, Korrosion und elektrostatische Entladung. Es vertreibt auch mehr als Verpackungsmaterial – es verkauft eine Methode, die die Erzeugnisse seiner Kunden schützen, während sie gelagert, hergestellt oder vertrieben werden, und die die Verpackungskosten der Kunden senken, weil sie helfen, deren Produktivität zu steigern, (in einigen Fällen um mehr als 100 Prozent).* Sealed Airs Motto ist: »Unsere Erzeugnisse schützen Ihre Erzeugnisse« – das klingt vielleicht etwas abgedroschen, beschreibt aber genau Sealed Airs Mission.

Im Gegensatz zum Hochtechnologieunternehmen Cray Research und zur intensiven Geschäftigkeit bei ADP klingt Sealed Airs Geschichte sehr viel weniger aufregend. Im allgemeinen gehört Verpackung in den Bereich einfacher Technologie, ein alltägliches Material – ein Produkt, das zum Wegwerfen bestimmt ist, nachdem es seinen Zweck erfüllt hat. Aber Sealed Air hat daraus sowohl für seine Aktionäre als auch für seine Belegschaft ein interessantes Geschäft gemacht, indem es eine Reihe wachstumsstarker Nischen geschaffen oder erworben und sich durch Flexibilität in Technik und Marketing dort jeweils eine führende Position aufgebaut hat. Sealed Air weist die ganze Bandbreite positiver Eigenschaften auf – Strategie, straffe Organisation und anpassungsfähige Führung. Aber wir meinen, daß sein wichtigstes Erfolgsgeheimnis seine Orga-

*»Air Bubbles Pay Off in Five Ways for a Packager«, *Canadian Packaging* Mai 1981, S. 20.

nisation ist. Es hat sich eine Unternehmenskultur aufgebaut, die weder von den Genies im Forschungs- und Entwicklungsbereich, noch von den hellen Köpfen rund um die Uhr arbeitender Computerspezialisten geprägt wird, sondern von bodenständigen Geschäftsleuten, die sich als Teil einer Siegermannschaft fühlen.

Mit diesem Team hat Sealed Air Außergewöhnliches geleistet. Von 1971 bis 1984 wuchsen die Umsätze durchschnittlich um 27 Prozent und die Gewinne um 29 Prozent im Jahr. Den einzigen Rückschlag in diesem Zeitraum erlebte das Unternehmen 1982, und der wurde durch Kostensenkung, Produktentwicklung und intensivere Marketingbemühungen schnell überwunden, so daß Sealed Air mit erheblich verbesserten Marktanteilen aus der Rezession hervorging.

Sealed Airs Strategie

Sealed Air hat ohne Unterbrechung die Merkmale Innovation, Nischenorientierung, Aufbau auf den eigenen Stärken und hoher Wert für den Kunden aufzuweisen gehabt, die für Spitzengewinner typisch sind. In Märkten, die von relativ bescheidenem Wachstum und allmählichem technologischem Wandel gekennzeichnet sind, hat es sich ständig verbessert und ist in neue Nischen eingetreten, wodurch es seine Position und seine hohen Wachstumsraten behaupten konnte; so kam es auch nach einem Rückschlag schnell wieder auf die Beine.

Ein Filmausschnitt über Sealed Airs Strategie und Position würde ein Unternehmen zeigen, das auf *Innovation* basiert – das ein vollkommen neues Material zum Abfedern schuf, welches empfindlichen und wertvollen Erzeugnissen sehr viel besseren Schutz garantiert als die herkömmliche Holzwolle, Sägespäne oder Zeitungspapier. Das Produkt ist »Luftpolsterlaminat« – Schichten von Kunststoffolien, zwischen denen Tausende von Luftblasen eingeschlossen sind – wie sie ihre Kinder (und vielleicht auch sie selbst) so gerne zerplatzen lassen, nachdem sie ihr neues Videogerät ausgepackt haben. Auf der Basis dieser ursprünglichen Idee ist Sealed Air weiterhin innovativ gewesen und hat noch achtzehn Patente für neue Produkte und Verfahren angemeldet.

Sealed Air hat sowohl neue Anwendungsmöglichkeiten als auch neue Produkte entwickelt. »Zuerst«, meinte sein Gründer Al Fielding, »hatten wir vielleicht zweihundert Ideen, wie unser Luftblasenmaterial anzuwenden sei – diese Verpackung erwies sich einfach als die beste. Aber wir haben immer nach neuen und hochwertigen Anwendungsmöglichkeiten für Air Cap [Sealed Airs eingetragenes Warenzeichen für seine beste Bubble-Verpackung] gesucht.« Sealed Airs Innovationsfreude erstreckte sich auch auf die Systeme, die seine Kunden am Verpackungsband und die es selbst in seinem Herstellungs- und Vertriebsverfahren anwandte. Zum Beispiel:

- 1976 kaufte Sealed Air Instapak, ein System zum Formverschäumen, bei dem mit Hilfe einer Spezial-»Pistole« eine Kunststoffmischung in den Karton gespritzt wird, in dem ein Personal-Computer oder ein anderes sperriges, zerbrechliches Produkt verpackt werden soll. In fünfzehn Sekunden dehnt sich der Kunststoff auf das 140fache seines Volumens in flüssigem Zustand aus und bildet ein Schaumpolster, durch welches das Produkt an seinem Platz gehalten und vor äußeren Einwirkungen geschützt wird. Durch ständige Forschung hat Sealed Air nicht nur das Erscheinungsbild und die Wirksamkeit dieses Materials erheblich innovativ verbessert, sondern auch die Anwendungsgeschwindigkeit wiederholt gesteigert, beispielsweise durch automatische Säuberungsvorrichtungen, um die »Pistolen« von klebrigem Kunststoff freizuhalten, und durch die Entwicklung halbautomatischer und automatischer Produktionsanlagen, um das Material mit höherer Geschwindigkeit anwenden zu können. Die Fachzeitschrift *Modern Materials Handling* nennt ein Beispiel, bei dem die Produktionsgeschwindigkeit vervierfacht wurde – was die Kosten für Sealed Airs Kunden erheblich senkte.*
- Auf seinem Beschichtungsverfahren aufbauend, schuf Sealed Air eine neue, leicht entfernbare Haftfolie – Poly Mask –, die bei der Herstellung, Handhabung und beim Transport auf der glänzenden Metalloberfläche von Teilen und Produkten (etwa von Stahlmöbeln oder Haushaltsgeräten und Apparaten) haftet und sie vor dem Verkratzen schützt, bis sie installiert sind und Poly Mask abgezogen wird.
- Sealed Air hat eine Vielzahl von Produkten geschaffen, für die sein Bubble-Verpackungsmaterial gebraucht werden kann, beispielsweise seine Produkte »Mail Lite« und »Bubble-Lite«, – gepolsterte Briefumschläge und sehr leichte Schutzbehälter für kleine Geschenkartikel, Kassetten und andere kleine zerbrechliche Gegenstände. Im Laufe der Jahre hat es diese Produkte durch zusätzliche Vorteile (wie selbsthaftende Verschlüsse) weiter verbessert.
- Sealed Air hat den Vertrieb der Rollen seines federleichten Verpackungsmaterials wesentlich wirtschaftlicher gemacht, indem es riesige Anhänger für LKWs von extrem geringem Gewicht einsetzte. Den hohen Preis der LKWs, die 18 Tonnen und mehr befördern können, braucht Sealed Air jetzt nicht mehr zu zahlen.
- Inzwischen geht die Entwicklung mit neuen Verpackungs- und Schutzformen weiter, die den Kunden Wert und Einsparungsmöglichkeiten bieten. Zum Neuesten gehört Instafil, ein Ersatzprodukt für die bekannten Polystyrol-Schnipsel.

*»›Smart‹ Foam-in-Place System Shortens Molding Time by 75 %«, *Modern Materials Handling* 5. November 1982, S. 60–62.

Jede dieser Innovationen wurde entwickelt, um eine *Marktnische* zu schaffen oder deren Bedarf zu decken und damit *die Kunden in dieser Nische Geld verdienen.* Beispielsweise hat Sealed Air vor kurzem eine neue Marktnische – für extrem schwer entflammbares Verpackungsmaterial – besetzt, weil es ein Material aus dem am wenigsten brennbaren Kunststoff anbieten kann, das sich derzeit auf dem Markt befindet. In einer weiteren Nische beliefert Sealed Air größere Elektronik- und Computerfirmen, die bei der Verschickung ihrer empfindlichen und wertvollen Produkte rund um die Welt besondere Probleme haben. Und Sealed Air bietet auch Produkte und Anwendungssysteme an, die für Hersteller hochwertiger Glaswaren und Gedenkteller, für Weinhändler und viele andere geeignet sind. Indem es eine winzige Nische nach der anderen findet, erreicht es sein hohes Wachstum.

Sealed Air baute konsequent auf *seinen Stärken auf,* wenn es neue Nischen betrat oder seine Geschäftsbereiche erweiterte. Das Produkt Poly Mask basiert im wesentlichen auf den Kenntnissen des Unternehmens in der Kunststoffbeschichtung und auf seinen Vertriebskapazitäten in einer breiten Palette von Märkten des Produktschutzes. Im Laufe der Jahre hat Sealed Air sieben Unternehmen erworben, die alle eine direkte Erweiterung des Marketing- oder Fertigungs-Know-how von Sealed Air darstellten. Sie wurden jeweils auch in Sealed Air integriert, um gleichzeitig mit dem hohen Wert auch niedrige Kosten und damit einen maximalen Nutzen für die Kunden zu erreichen. Zum Beispiel ist Instapak eine eigenständige Produktlinie (aber kein eigenständiger Unternehmensbereich). Instapak wird also als eine unter mehreren Möglichkeiten zum Schutz der Kundenprodukte verstanden – das über die gleiche Vertriebs- und Marketingorganisation wie die Bubble-Verpackungen verkauft wird – und ist nicht als unabhängige Sparte organisiert.

Ende der 70er Jahre betrat Sealed Air eine Marktnische, die auf seiner einmaligen Position bei der Herstellung von Kunststoffluftpolstern aufbaute: es entwickelte eine Produktlinie für Swimmingpools, die das Becken vor Schmutz und Wärmeverlust schützt. Sealed Air stellte – in einfachen Worten – fest, daß sein Material Air Cap nicht nur als leichte Abdeckung verwendet werden könnte, sondern auch in der Lage sein würde, die Sonnenwärme am Tag zu absorbieren und damit das Wasser zu erwärmen sowie es in der Nacht gegen Kälte zu isolieren, was sowohl die Wärme erhalten als auch gegen Wasserverlust durch Verdunstung schützen würde. Sealed Air ging einen Schritt weiter und baute eine passive Sonnenzellen-Fläche ein, womit das Wasser noch zusätzlich erwärmt und in manchen Fällen eine weitere Heizung überflüssig macht.

Praktisch alle Produkte von Sealed Air, die wir beschrieben haben, und andere, die hier nicht genannt wurden, sparen seinen Kunden Geld. Das ist ein Schlüssel zu Sealed Airs Strategie. In bezug auf den Kundenwert hat *CEO* Dermot Dunphy Sealed Airs Unternehmensphilosophie und seine Methoden sehr gut in einer Bemerkung zusammengefaßt: »So etwas wie Massenware gibt es eigentlich nicht.« Es wird immer innovative Methoden geben, meint Dunphy, die das Verpacken für den Kunden wirtschaftlicher machen, – und zwar nicht nur durch besseres Material, sondern auch durch eine schnellere Anwendung, bessere Verfügbarkeit und pünktlichere Lieferung, so daß die Kunden ihren Lagerbestand verringern oder Ausfallzeiten am Verpackungsband vermeiden können oder einfach eine zuverlässigere Produktqualität als bei den Konkurrenten.

Ein weiterer wichtiger Wert, den Sealed Air seinen Kunden bietet, ist die verpackungstechnische Beratung. In vierundzwanzig Labors, in den Vereinigten Staaten und im Ausland, können die Kunden ihre Verpackungsprobleme vorbringen und mit Hilfe von Sealed Air Lösungen entwickeln. Kurzum, Sealed Air hat die Rentabilität seiner Kunden zum eigenen Anliegen gemacht, und indem es seinen Kunden Wert bietet, steigen die eigenen Gewinne und Renditen ständig weiter.

Auf Schwierigkeiten reagieren

Die Verpackungsindustrie ist konjunkturabhängig; insbesondere sind Materialien und Systeme zur Verpackung von Industriegütern konjunkturempfindlicher als bei den stabileren Verbrauchsgütern. In schlechten Zeiten hat sich Sealed Air als höchst anpassungsfähig erwiesen, insbesondere auch in der Rezession von 1981–82. Es faßte nicht nur schnell wieder Fuß, es nutzte die Zeit auch, um den Konkurrenten Marktanteile abzunehmen.

Als Sealed Airs Gewinne 1982 zurückfielen, war das mehr als nur die Folge eines allgemeinen rezessionsbedingten Geschäftsrückgangs in der Verpakkungsbranche. Ende der 70er Jahre hatte sich Sealed Air etwas vom raschen Wachstum und den hohen Gewinnen beeindrucken und die Vertriebs- und Personalkosten zu stark steigen lassen. Da für das Unternehmen jetzt das Marketing einen höheren Stellenwert besaß, hatte auch seine technologische Führungsposition allmählich gelitten; es reagierte nur langsam auf einige Verbesserungen an Konkurrenzprodukten.

Als die Unternehmensleitung von Sealed Air das Problem erst einmal erkannt hatte, reagierte sie schnell, und zwar noch bevor die Rezession eingesetzt hatte. Bereits zwei Jahre, bevor sich diese Probleme in den finanziellen Ergebnissen niederschlugen, veranlaßten Rückmeldungen von Kunden Sealed Air, 1980 seine Marktposition strategisch neu zu bewerten. Dabei wurde klar, daß einer der größeren Konkurrenten für das Formverschäumgeschäft sowohl ein ästhetisch ansprechenderes Material als auch ein zuverlässigeres Anwendungssystem entwickelt hatte. Gleichzeitig kam Sealed Air zu der Überzeugung, daß die Unternehmensleitung ihre Aufmerksamkeit zu sehr auf das Marketing verlagert hatte und es jetzt an der Zeit war, die Produktentwicklung wieder mehr in den Mittelpunkt zu stellen.

Durch sein Gespür für die sich anbahnende Rezession wurde Sealed Airs neuerliches Engagement für die Produktentwicklung noch verstärkt, denn das Unternehmen rechnete damit, daß die meisten Konkurrenten in dieser Zeit ihre Mittel für die Produktentwicklung kürzen würden. Sealed Airs Führungskräfte sahen eine wichtige Chance, den Konkurrenten Marktanteile abzunehmen, wenn sie gerade zu dem Zeitpunkt mit überlegenen Produkten auf den Markt kommen würden, an dem ihre Konkurrenten dem stärksten finanziellen Druck ausgesetzt sein würden. Mit dieser Absicht verdreifachte Sealed Air sein Budget für Forschung und Entwicklung; erhöhte seine Investitionen für Forschungseinrichtungen; und unternahm erhöhte Anstrengungen, durch die Einstellung von Ingenieuren und Technikern Sealed Airs Forschungskompetenz auszubauen.

Diese verstärkten Forschungs- und Entwicklungsanstrengungen führten unter anderem dazu, daß das Ausschäumprodukt erheblich verbessert und dessen Anwendungssystem schneller und zuverlässiger wurde. Aufgrund dieser Verbesserungen gewann Sealed Air seine klare Führungsposition auf diesem entscheidenden Markt zurück. 1980 schätzte die *Financial World* Sealed Airs Anteil am Markt für Formverschäumen auf 80 Prozent.* Das Unternehmen nahm auch erhebliche Verbesserungen an seinen Bubble-Verpackungsprodukten vor und erweiterte das Programm um unbeschichtete Folien, um damit bei Produkten mit weniger hohem Schutzbedürfnis gegen neue Wettbewerber anzutreten.

Sealed Air hatte auch den Mut, in der Rezession seine Preise (auf Kosten einiger Dollar Gewinn) zu senken, um schwächeren Konkurrenten Marktanteile abzunehmen, wodurch der Konkurrenz sowohl für das Marketing als auch für die Produktentwicklung weniger Geld blieb. Als der Markt dann wieder größer wurde, ließ Sealed Air die Preise steigen, und die Konkurrenten, die weit schlimmerem finanziellem Druck ausgesetzt waren als Sealed Air, folgten.

Gleichzeitig widmete sich Sealed Air in der Rezession der Aufgabe, die Personalausstattung und die Kosten einer Revision zu unterziehen. Das Unternehmen führte eine umfassende Überprüfung des Führungspersonals durch und nahm erhebliche Kürzungen vor, wobei jeder Fall vom Unternehmensleiter individuell und persönlich behandelt wurde. Daß hier auch aus Sicht der Mitarbeiter ein sehr behutsames Vorgehen gewählt wurde, hat beträchtlich dazu beigetragen, die für diese Organisation typische hohe Motivation zu erhalten.

*»It's All in the Packaging«, *Financial World* 1. März 1980, S. 48.

Organisation: eine klassenlose Gesellschaft

Sealed Air konnte nur deshalb seine innovative Strategie, für den Kunden Geld zu verdienen, verfolgen und aus einer schwierigen Zeit gestärkt hervorgehen, weil eine engagierte Mannschaft in einer »klassenlosen Gesellschaft« zusammenarbeitete – um einen Satz zu gebrauchen, den wir oft aus dem Mund von Sealed-Air-Mitarbeitern hörten.

Der Teamgeist, der Sealed Air in den letzten vierzehn Jahren erfolgreich sein ließ, zeigte sich bei einem unserer Besuche in der Firmenzentrale im Herbst 1984 unübertroffen deutlich. Anders als bei den meisten Treffen in anderen Unternehmen begannen wir nicht mit einem langen Einzelinterview mit dem Vorstandsvorsitzenden, sondern mit einer gemeinsamen Sitzung, an der Dunphy, sein oberstes Führungsteam, ein externes Aufsichtsratsmitglied und Dunphys Verwaltungsassistentin, Barbara Lewis, teilnahmen. Später interviewten wir dann jeden dieser Schlüsselpersonen einzeln, aber um Sealed Airs Prinzip der kollektiven Führung zu symbolisieren, wollte Dunphy sie am Anfang alle dabei haben.

Die Anwesenheit eines externen Aufsichtsratsmitglieds bei dieser ersten Sitzung war für uns ebenfalls eine ungewöhnliche Erfahrung, für Sealed Air allerdings nicht; das bestätigte, was uns andere von außerhalb des Unternehmens bereits gesagt hatten: nämlich daß Mitglieder des *Board* praktisch wie Mitglieder des Managements behandelt würden. Man erwartet, daß sie umfassend informiert sind und zur Meinungsbildung im Unternehmen beitragen. Robert L. San Soucie, das Aufsichtsratsmitglied, das wir später an jenem Tag noch interviewten, sagte uns, daß er in der Regel wöchentlich fünf Stunden oder mehr für das Unternehmen arbeite, was weit über dem Durchschnitt liegt.

Die Anwesenheit von Alfred Fielding, der heute *Executive Vice President* ist und 1960 Sealed Air mit begründete, ist ein weiteres Indiz für die Offenheit und gegenseitige Unterstützung in dieser Teamorganisation. Im durchschnittlichen mittleren Unternehmen sieht man den Firmengründer kaum noch, wenn er nicht mehr *CEO* ist. Bei Sealed Air zählt man Fielding zu den wertvollsten Mitgliedern der Führungsspitze; in dem Bereich, an dem er am meisten interessiert ist und in dem er am meisten Sachkenntnis hat – bei der Entwicklung neuer Produkte und neuer Marktnischen –, ist er nach wie vor aktiv führend tätig. Ähnlich wie Seymour Cray vor kurzem, kam Fielding Ende der 60er Jahre zu dem Schluß, daß sein Hauptinteresse der Technologie, nicht dem Management gelte, und trat von seiner Verantwortung als *CEO* zurück. Bei unseren Diskussionen und in seinen Reden hat Dunphy immer wieder hervorgehoben, wie wichtig Fieldings Perspektive und Einsichten für die Führung des Unternehmens seien. Der Firmengründer Fielding bestätigte später unseren Eindruck, daß Dunphy die besondere Fähigkeit habe, den Mitarbeitern ein Gefühl der

Produktivität und der Teamzugehörigkeit zu vermitteln: »Dermot hat eine Art, das Beste aus uns herauszulocken und mit den besten Ideen weiterzuarbeiten. Er schafft einen Konsens für diese Ideen, und bei jeder größeren Entscheidung, die wir zu treffen haben, fühlen alle, daß wir schließlich im selben Boot sitzen. Das erreicht er zum Teil dadurch, daß es wegen kleiner Fehler keine Vorwürfe gibt – sie werden als Teil des Lernprozesses verstanden. Die Frage ist, was lernen wir aus unseren Fehlern, und wie können wir aus dem, was wir gelernt haben, Kapital schlagen?«

Sealed Airs Strategie hat in den letzten fünfzehn Jahren zwar erhebliche Veränderungen erfahren, im Management herrschte dagegen beachtliche Stabilität und Kontinuität. Von Sealed Airs oberstem Führungsteam waren alle außer einem bereits vor zwölf Jahren im Unternehmen, als es noch eine kleine Firma mit einem Jahresumsatz von 5 Millionen Dollar war und Dunphy vom *Board* zum *CEO* gemacht wurde. Nach der herrschenden Meinung bringt ein *CEO,* der von außen neu in ein Unternehmen kommt, seine eigene Mannschaft mit – »neue Besen kehren gut«. Dunphy aber arbeitete mit der Mannschaft, die er vorgefunden hatte; folglich hat er eine starke Führungsgruppe mit kontinuierlicher Perspektive, die sich im Lauf der Jahre immer stärker mit dem Unternehmen identifiziert hat.

Angesichts dieser Unternehmenskultur kann es nicht überraschen, daß Sealed Air die sechs Merkmale leistungsfähiger Organisation, die in diesem Buch bereits beschrieben wurden, deutlich erkennbar aufweist: es hat eine Mission und ein Wertsystem, beachtet die Details des Geschäftes, bekämpft den Bürokratismus, hält es für wichtig, Neues auszuprobieren, engagiert sich für seine Kunden und mißt seinen Mitarbeitern einen hohen Stellenwert bei.

Mission und Werte

In engem Zusammenhang mit dem Wert, den Sealed Air auf eine »klassenlose Gesellschaft« legt, hört man oft einen anderen Satz, der für manchen abgedroschen oder nichtssagend klingen mag – »Erfolg und Menschlichkeit«. Bei Sealed Air bedeutet der Satz wirklich etwas. Als wir diese Worte zum ersten Mal in Dermot Dunphys handschriftlicher Antwort auf unseren aus 82 Einzelfragen bestehenden ABC-Fragebogen lasen, ahnten wir noch nicht, wie oft wir sie noch bei unseren Interviews auf den verschiedensten Managementebenen bei Sealed Air hören würden. Sie fassen die Unternehmensphilosophie zusammen und erklären, daß nur durch die Einbeziehung der Mitarbeiter und die Entwicklung ihres vollen Potentials Spitzenleistungen zu erreichen sind. Um es mit den Worten von George Shegog, dem für Finanzen zuständigen *Senior Vice President,* der 1970 zu Sealed Air kam, zu sagen: »Als ich von Price Waterhouse hierher kam, dachte ich wahrscheinlich zwei bis vier Jahre zu bleiben – es ist unglaublich, daß ich vierzehn Jahre später noch immer hier bin! In diesem Unternehmen herrscht ein ausgeprägtes Gefühl zu gewinnen, das vom Hausmeister bis zum *President* reicht, und das hat es mir möglich gemacht, weit über meine Erwartungen hinaus voranzukommen. Was genau so wichtig ist, wir gehören alle zur Mannschaft und wir behandeln uns gegenseitig als ebenbürtig.« Erfolg – gewinnen – *und* Menschlichkeit.

Sealed Air faßt seine Mission in strategischen Leitlinien zusammen, die im ganzen Unternehmen vertreten und verstanden werden:

1. Wir konzentrieren uns auf differenzierte Schwerpunktprodukte, die unseren Industrie- und Privatkunden wirtschaftlich meßbare Vorteile bringen.
2. Wir fördern die Entwicklung neuer Produkte, um unsere bewährten Vertriebskanäle voll zu nutzen.
3. Wir streben Marktführerschaft an, weil sie den langfristigen Ertrag maximiert.
4. Wir bauen unsere technologische Führerschaft aus, weil nur sie langfristig die Marktführerschaft gewährleisten kann.
5. Wir nutzen das größere Marktpotential und entwickeln die größere Wettbewerbsfähigkeit, die sich aus multinationaler Geschäftstätigkeit ergeben.

Ihre Wirkung erreichen diese Leitlinien zum Teil dadurch, daß sie in Sealed Airs Jahresbericht von 1980 öffentlich verkündet wurden. Wenn die Unternehmensleitung sich schriftlich festgelegt hat, ist sie wesentlich stärker verpflichtet, ihre Versprechen zu halten – und bislang hat Sealed Air den Plan hier mehr als erfüllt.

Und Dunphy verstärkt diese Ziel- und Wertvorstellungen durch regelmäßige Memoranden und Reden an die Mitarbeiter – »Sealed Airs Verhaltenskodex«; »Die widersprüchlichen Rollen eines Controller in einer dezentralisierten Finanzorganisation«; »So etwas wie Massenware gibt es nicht«; »Die Rolle des Betriebsleiters«; »Geschichte und Bedeutung der Technologie in der Sealed Air Corporation«; und viele mehr, die die doppelte Aufgabe aller Führungskräfte bei Sealed Air hervorheben, sowohl ihre Funktionen voll und ganz zu erfüllen als sich auch gegenseitig zu unterstützen und die Interessen des Gesamtunternehmens konsequent zu vertreten.

Trotz allem und trotz der Leistungsorientierung herrscht ein gutes Arbeitsklima. Dunphys Sinn für Humor bleibt selten verborgen. Bei unserer gemeinsamen Sitzung zu Beginn der Untersuchung, vergingen kaum fünf Minuten ohne herzhaftes Lachen, und die Teilnehmer bezeichneten das als ganz normal. Bei Sealed Air haben sie Spaß am Gewinnen.

Beachtung von Details.
Bei Sealed Air verpflichtet eine strenge Disziplin die Führungskräfte, sich sowohl anzupassen als auch effektiv zu arbeiten. Wahrscheinlich hat Elmer N. »Pete« Funkhouser III, *Senior Vice President* für das internationale Geschäft, das am besten zusammengefaßt: »Bereits nach fünf Minuten fragt in jeder Diskussion jemand: ›Wie paßt das zu dem, was wir im Unternehmen zu erreichen versuchen?‹« Trotz der Belastungen durch das Tagesgeschäft und der vielen einzelnen Aufgaben, die täglich erledigt werden müssen, erinnert diese Disziplin Sealed Airs Führungskräfte ständig daran, den eigentlichen Wert jeder Maßnahme für die Kunden und das Unternehmen in den Mittelpunkt zu stellen und zu prüfen, ob sie zu den langfristigen Zielen, Werten und Interessen des Unternehmens paßt.

Sealed Air sorgt auch mit klaren quantitativen finanziellen Zielen bei seinen Führungskräften für Disziplin im Hinblick auf die gemeinsame Sache: ein Gewinnwachstum von mehr als 20 Prozent, 7 Prozent Nettoumsatzrendite, 20 Prozent Kapitalrendite, ein Verhältnis von Eigenkapital zu langfristiger Verschuldung von 2:1, Liquidität 3. Grades von mindestens 1,5:1, weitestgehende Selbstfinanzierung sowie Ausschüttung von etwa 20 bis 25 Prozent des Gewinns.

Sealed Air stellt laufend detaillierte Betriebsberichte, Budgetpläne und Wettbewerbsinformationen zusammen. Da das Unternehmen Wert darauf legt, sich hohe Gewinne und die Selbstfinanzierung zu erhalten, und da in seinem Geschäft harter Wettbewerb herrscht, verfolgt es einen sehr kostenbewußten Ansatz – die Führungskräfte möchten keinen Pfennig verschwenden und finden ununterbrochen neue Wege, die Kosten herunterzudrücken. Da sie stark darauf ausgerichtet sind, neue Wege zu entdecken, um durch bessere Produkte und Anwendungsmöglichkeiten ihre Kunden wirtschaftlicher arbeiten zu lassen, bleibt das nicht ohne Auswirkungen auf das eigene Geschäft, wo sie diszipliniert ständig nach weiteren Verbesserungen suchen.

Kurzum, Sealed Air verfügt über hervorragende interne und externe Informationen und hat deren Nutzung straff organisiert.

Den Bürokratismus bekämpfen
Peter Funkhouser weist darauf hin, daß er sein internationales Geschäft von 30 Millionen Dollar mit einem Stab abwickelt, der aus ihm selbst und einer Sekretärin besteht. Da das Unternehmen in der Personalentwicklung eine wichtige Aufgabe des Linienmanagements sieht, gibt es bei Sealed Air keine zentrale Personalverantwortung. Das Unternehmen verwendet weder Organisationspläne noch formale Tätigkeits- oder Arbeitsplatzbewertungen, denn das könnte – in Dunphys Worten – dazu führen, daß »der Arbeitsplatz anstatt die Leistung der Person auf diesem Arbeitsplatz bewertet wird«. Indem Sealed Air sich vor Bürokraten hütet, kann es den Bürokratismus vermeiden.

Das Unternehmen setzt weitgehend kleine, aufgabenorientierte Teams ein. Instafil, die Antwort des Unternehmens auf die Polystyrol-Kügelchen, die man nach dem Öffnen mancher Verpackungen überall auf dem Fußboden wiederfindet, wurde von einem Team entwickelt, das aus einem Chemieingenieur, einem Chemiker und einem Verkäufer bestand, die alle nur kurze Zeit daran arbeiteten. Ein Verkäufer und zwei Techniker bildeten das Team, das die automatische Instapak-Maschine entwickelte, und Merle Brown, *Senior Vice President* für Technologie und Fertigung, berichtete, daß er sich kürzlich mit zehn Projekt-Teams getroffen habe, die an verschiedenen Produkt- und Verfahrensverbesserungen arbeiteten.

Experimente fördern

Zu Sealed Airs Methoden gehört es, die Experimentierfreude durch ein sogenanntes »vertikal/horizontales« Management zu fördern. Mit diesem Konzept (das dem Konzept der doppelten Karrierepfade bei Analog Devices ähnlich ist) versucht Sealed Air sicherzustellen, daß im Unternehmen die Übernahme von Führungsaufgaben nicht der einzige Weg zum Erfolg ist. Es möchte auch einzelne starke Leistungsträger, die neue Ideen beisteuern können; und das größte und deutlichste Beispiel des Erfolgs ist *Executive Vice President* Al Fielding – der gut bezahlt wird, hoch geachtet ist und keine Untergebenen hat. Mehr als die meisten anderen Unternehmen betont Sealed Air, daß es zwei verschiedene Wege zu Aufstieg und Wertschätzung im Unternehmen sowie zu finanzieller Anerkennung gibt: fachliche Leistung und Managementqualitäten.

Die kreative, experimentierfreudige Einstellung bei Sealed Air zeigt sich in den folgenden Äußerungen von Dermot Dunphy über Richard Sperry, den Erfinder von Instapak: »Ich fragte Dick Sperry einmal, wie ein Doktor der Biologie zu einem Erfinder mechanischer Dinge würde? Das sei nicht unlogisch, antwortete er, da alles bereits von der Natur vorgegeben ist und die ihr zugrundeliegenden Prinzipien lediglich in Stahl und Plastik transformiert werden müßten.«

»Demnach halten wir für unsere Innovationen nicht immer nach den formal am besten ausgebildeten Ingenieuren oder Chemikern Ausschau, sondern versuchen, kreative Menschen zu fördern, wo immer wir sie finden.«*

Sealed Air rechnet auch mit Fehlern und akzeptiert sie, denn es sieht in ihnen mehr einen integralen Bestandteil des Lernens als einen Anlaß für Strafen. Mit den Worten von *Director* Robert San Soucie, nach unserem ersten Treffen mit der Unternehmensleitung von Sealed Air: »Jeder an diesem Tisch hat irgendwann in der Vergangenheit einen schweren Fehler gemacht. Wir werfen deswe-

*Rede von T. J. Dermot Dunphy vor der Newcomen Society of North America in New York 13. Mai 1982.

gen niemanden raus – wir sagen, mach Deinen Fehler wieder gut und lern daraus. Und dadurch haben wir sowohl bessere Führungskräfte als auch bessere neue Ideen.«

Denken wie die Kunden

Der stärkste Anreiz, das Geschäft eines Kunden so gut wie der Kunde selbst zu verstehen, ist der Wille, die Konkurrenten zu schlagen. Aber jenseits dieses fundamentalen Antriebs hat Sealed Air eine Reihe organisatorischer Mittel geschaffen, um auf jeden Fall immer die Erfordernisse derjenigen zu kennen, die ja die ganzen Rechnungen bezahlen.

- *Technische Konferenzen,* zu denen das technische Personal der Kunden in großer Zahl eingeladen und aufgefordert wird, seine Probleme der ganzen Gruppe darzulegen. Diese Konferenzen helfen nicht nur den Kunden direkt, die von anderen Ideen bekommen, wie sie ihre Arbeitsabläufe verbessern können, sondern das bringt auch Sealed Air wesentliche Ideen zur Produktverbesserung ein.
- *Einkäuferseminare,* an denen sich die Einkaufsleiter der Kunden und potentiellen Kunden beteiligen und über das Verpackungsangebot von Sealed Air informiert werden. Diese Seminare ergeben oft Ideen für neue Anwendungen und auch direkt neue Kunden.
- *Sealed Airs Kundendienstlabore,* in denen für die Kunden neue Verpackungsanwendungen und Fertigungsmethoden getestet werden.
- *Managementkontakte durch häufige Besuche* von Mitgliedern der Führungsgruppe von Sealed Air bei den Kunden, um deren Bedürfnisse festzustellen und zu sehen, inwieweit Sealed Air sie befriedigt.

Der eigentliche Kern von Sealed Airs Geschäft ist, den Produktschutzbedarf seiner Kunden zu kennen und ihn so wirtschaftlich wie möglich zu befriedigen.

Nicht selten beenden Sealed Airs Kundenbetreuer ihren Tag, indem sie selbst am Verpackungsband ihrer Kunden arbeiten. Dadurch wird nicht nur die Beziehung zum Kunden gefestigt, weil es ihm hilft, seine Verpackungsaufgaben besser zu lösen, sondern Sealed Airs Vertreter erhalten in allen Einzelheiten auch tiefe Einblicke in die Bedürfnisse und Probleme ihrer Kunden. Wie Larry Chandler, *Senior Vice President,* für das Nordamerikageschäft, sagte, hatte das Unternehmen Erfolg, weil »wir zum Berater unserer Kunden, zum Partner unserer Händler und zum aktiven Teilnehmer in unserer Branche wurden.«

Bedeutung der Mitarbeiter

In einer Rede, die Dermot Dunphy 1984 vor einer Versammlung von Technikern bei Sealed Air hielt, stellte er einige innovative technische Verbesserungen dar, die im Unternehmen neue Produkte geschaffen, alte Produkte verbessert und für Sealed Air Fertigungskosten eingespart hatten. Was am wichtigsten ist, in seinen Äußerungen ist eine Einstellung zu in Organisationen arbeitenden Menschen zu erkennen, die für die Unternehmenskultur und den anhaltenden Erfolg von Sealed Air von grundlegender Bedeutung ist.

> Meine erste Lektion [im Technologie-Management] bestand darin, die Kreativität zu erkennen und zu entwickeln, die bei allen Mitarbeitern unserer Organisation vorhanden ist. Der menschliche Geist ist unsere wichtigste Ressource, und die Natur hat jedem von uns Begabungen und Fähigkeiten mitgegeben, deren wir uns nicht immer bewußt sind. »Wichtig ist«, so sagte Albert Einstein, »nie aufzuhören zu fragen. Neugier hat ihre eigene Existenzberechtigung. Man muß einfach Ehrfurcht empfinden, wenn man die Geheimnisse des Ewigen, des Lebens, der wunderbaren Struktur der Wirklichkeit betrachtet. Es reicht, wenn man versucht, jeden Tag nur ein kleines Stück dieses Geheimnisses zu verstehen. Verlier nie die Tugend der Neugier!«

Diese Einstellung – daß jeder Kreatives beisteuern kann – zeigt im Kern, warum Sealed Air den Mitarbeitern so viel Bedeutung beimißt. Sie erklärt auch, warum es in den obersten Führungspositionen des Unternehmens einen so hohen Grad an Kontinuität gibt. Sie macht auch die Äußerung von Barbara Lewis, die in den letzten fünf Jahren Dunphys Verwaltungsassistentin war, glaubwürdig: »Wir sind hier ein Team, daß zusammenhält. Selbst wenn wir in konjunkturschwachen Zeiten Leute entlassen mußten, gingen sie erstaunlich oft als Freunde und blieben auch später noch mit uns in Kontakt. Es herrscht das Gefühl, daß dieses Unternehmen wirklich an die Fähigkeit seiner Mitarbeiter, das ihre beizusteuern, glaubt und sich um sie kümmert.« Die Zeitschrift *Forbes* stellte 1979 in Frage, ob Sealed Air mit seinem Konsensprinzip, seiner Unterstützung der Mitarbeiter und deren zögernder Entlassung in einer von hartem Wettbewerb geprägten Umwelt nicht an Schlagkraft verlieren würde.* Wir meinen, Sealed Airs bemerkenswerte Erholung in den letzten vier Jahren hat gezeigt, daß seine Unternehmenskultur sein größter Aktivposten ist.

Seine Philosophie, den Mitarbeitern hohen Wert beizumessen, untermauert Sealed Air mit attraktiven Prämiensystemen und Beteiligungsprogrammen. Ein Drittel des Jahresverdienstes der oberen Führungskräfte besteht in der Regel aus leistungsbezogenen Prämien, und bis in die Reihen der mittleren Führungskräfte werden leistungsbezogen Aktienanteile vergeben. In einem Unternehmen, dessen Aktienkurs seit Anfang der 70er Jahre um das Zwölffache gestiegen ist, ist das eine wirksame Methode, die Mannschaft ständig zu motivieren!

*»What Turnaround?«, *Forbes* 1. Oktober 1979, S. 89.

Dermot Dunphy: Die Freude am Führen

Lebhaft erinnert sich Dunphy an eine Zeit, als er Mitte der 50er Jahre an der Harvard Business School war und der Wunsch, Unternehmensleiter zu werden, zu einem wichtigen Ziel seines Lebens wurde. Dunphy belegte einen Kurs über »Fertigung« und war von einem Zitat beeindruckt, das der Professor, General Georges Doriot, aus Joseph Conrads *Typhoon** vorlas und das die Einsamkeit des Befehlshabers treffend charakterisierte:

> Jukes war vorbehaltlos froh, seinen Captain bei der Hand zu haben. Es erleichterte ihn, als ob dieser Mann einfach dadurch, daß er an Deck kam, weitgehend die Last des Sturmes auf seine Schultern genommen hätte. Die Verantwortung zu übernehmen, ist das Privileg des Befehlshabers, durch sie erklärt sich sein Ansehen, aber sie bedeutet auch, die Last alleine zu tragen. Captain MacWhirr konnte von niemandem auf Erden derartigen Trost erwarten. Das ist die Einsamkeit des Befehlshabers.

»In diesem Augenblick beschloß ich«, sagte Dunphy später, »mir mehr als alles andere die Einsamkeit des Befehlshabers, des Führenden, zu wünschen. Plötzlich eröffnete sich mir das romantische Abenteuer der Wirtschaft.«

Als Dunphy 1956 seinen Abschluß an der Harvard Business School gemacht hatte, trat er bei Westinghouse in eine Abteilung ein, wo er mehrere Jahre blieb und schließlich den Vertrieb von Klimaanlagen für einen größeren Bereich verantwortlich leitete. Dann unterlag er dem Reiz des Führens und wurde bei der Custom-Made Paper Bag Company *President,* einer kleinen Firma, die Einwickelpapier für Eis am Stiel und Staubsaugertüten herstellte. Dunphy kaufte mehr als die Hälfte der Aktien. In den nächsten acht Jahren steigerte er durch kluges Verkaufen, Kostensenkungen und einfach mit harter Arbeit die Umsätze des Unternehmens, so daß es Gewinn brachte. Als Dunphy 1967 Custom-Made an das Papierunternehmen Hammermill verkaufte, verschaffte er sich gleichzeitig eine Kapitalbasis und war bereit für seinen nächsten Karriereschritt.

Damals forderte ihn die Bank, die einen großen Teil des Aktienkapitals von Sealed Air gekauft hatte, auf, in den Aufsichtsrat *(Board)* der damals noch winzigen Sealed Air Company zu gehen. Als der Aufsichtsrat die Wachstumsmöglichkeiten erkannte und sah, daß er einen Baumeister-*CEO* brauchte, machte er Dunphy im März 1971 zum *President* und *CEO*.

Als Dunphy die Umsätze des Unternehmens von 5 Millionen Dollar im Jahr 1971 auf 166 Millionen Dollar im Jahr 1984 steigerte, war sein erster Beitrag,

*Garden City, N. Y.: Doubleday & Company, 1919, S. 75.

Sealed Airs kleine Führungsmannschaft zu festigen und zu ermuntern sowie Vertrieb und Marketing des Unternehmens leistungsfähiger zu machen. Er übernahm die Strategieentwicklung und führte persönlich das Akquisitionsprogramm des Unternehmens, wobei der Erwerb von Instapak am wichtigsten war. Er sorgte für Ausgleich, indem er die teamorientierte Unternehmenskultur prägte, gleichzeitig aber Sealed Airs straffes Informationssystem entwarf. Und schließlich sorgte er ab 1980 für neue Prioritäten, um dem Unternehmen eine seinen Stärken im Marketing und Vertrieb gleichwertige wissenschaftliche und technische Kapazität zu geben. Aber vor allem verbreitete er Siegesgewißheit.

So urteilt sein Führungsteam über ihn:

- »So wie dieses Unternehmen geführt wird, hat jeder von uns eine außergewöhnliche Chance, sich weiterzuentwickeln. Dermot regt konsequent zu vernünftigem Denken an und erteilt selten Befehle. Mit jeder Rede, in jedem Treffen will er unseren Horiozont erweitern – beispielsweise mit seiner jüngsten Rede ›So etwas wie Massenware gibt es nicht‹ vor unseren Vertretern. Er führte aus, daß es immer Methoden gibt, unser Produkt und unsere Dienstleistung gegenüber den Konkurrenten abzuheben und für unsere Kunden einen Zusatzwert zu schaffen. Das veranlaßte unsere Leute, anders über unser Produktprogramm zu denken.«
- »Dunphy gehört zu den wenigen *CEOs,* die nicht darauf bestehen, daß man alles genauso ausführt, wie sie es wünschen. Er ermutigt uns alle, uns selbst verantwortlich zu fühlen, selbst den besten Weg zu finden, um ein Ziel zu erreichen; und wenn das nicht funktioniert, uns etwas anderes auszudenken. Diese Einstellung und dieser Ansatz motivieren sehr.«
- »Da wir hier eine offene Gesellschaft sind, arbeiten wir als Team gut zusammen, selbst nach einer harten Auseinandersetzung. Als wir vor zwei Jahren entscheiden mußten, wie wir unsere Solarabdeckungen für Swimming-Pools vertreiben und verkaufen sollten, stellten wir in mehreren Sitzungen umfassende Überlegungen an. Alle entscheidenden Vorstandsmitglieder und Führungskräfte waren an der Diskussion beteiligt. Eine Probeabstimmung ergab eine Mehrheit von sechs zu fünf, woraufhin sich Dermot zugunsten der Minderheit entschied! Aber erst sprach Dermot über eine Stunde und wägte Für und Wider sorgfältig gegeneinander ab. Aber da er die strittigen Punkte sowohl gekonnt und fair gegeneinander abwog als auch die Meinung derer, denen er schließlich nicht zustimmte, offensichtlich respektierte, fiel es uns allen leicht, der Entscheidung schließlich zuzustimmen. Nachdem die Entscheidung gefallen war, erreichten wir tatsächlich einen Konsens. Bei dieser Art von Entscheidungsfällung kann man ohne Hemmungen diskutieren, ohne daß es Verlierer gibt!«

Dunphy ist ganz klar ein Integrator, ein Mannschaftsspieler, der sich für Sealed

Airs Erfolg einsetzt. In einer Beziehung, so behauptet er, sind unsere Ergebnisse über die Spitzengewinner nicht repräsentativ; es ist die Arbeitszeit. Dunphy gibt an, nur fünfzig Stunden pro Woche zu arbeiten; das könne er tun, weil aufgrund des starken Teamgeistes, der bei Sealed Air herrsche, andere vieles abdecken könnten, das er sonst selbst erledigen müßte.

Aber Dunphy besitzt eine ungeheure Hartnäckigkeit und Risikobereitschaft. Beinahe fünf Jahre arbeitete er an der Übernahme von Instapak, bevor sie schließlich erfolgte; und noch im Jahr zuvor hatte Instapaks *Board* ihm mitgeteilt, er solle es vergessen. Instapak kostete Sealed Air 7 Millionen Dollar (in bar und in Aktien), im Vergleich zum Sealed-Air-Eigenkapital von damals, nämlich 13 Millionen Dollar. Über Dunphy sagte ein enger Freund und Studienkamerad von der Harvard Business School, Salomon-Brothers-Partner Harold Tanner, damals: »Er ist wie ein Spieler – mit der Übernahme von Instapak hat er um das ganze Unternehmen gewettet!« Seither ist Instapaks Formverschäumungsprogramm zu einem von Sealed Airs erfolgreichsten Geschäftsbereichen geworden.

Dunphy hat sich über das Problem der Nachfolge viel Gedanken gemacht; er nennt bei Sealed Air heute mindestens zwei potentielle Nachfolger, und es könnten noch weitere auf der Bildfläche erscheinen. Aber mit zweiundfünfzig sieht Dunphy noch eine lange Amtszeit vor sich, bevor er die Zügel abgeben wird.

Kurz gesagt, Dunphy hat eine klare Vorstellung vom Geschäft und von den Wünschen seiner Kunden. Er hat eine motivierte Mannschaft aufgebaut, die ebensoviel Energie und Schwung hat wie in den 40er Jahren seine Rugby-Teams, und er geht »kalkulierte Risiken« ein, die sich für sein Unternehmen beeindruckend bezahlt gemacht haben.

Was kann man aus dem Erfolg lernen

Cray, ADP und Sealed Air verdeutlichen jeweils typische Elemente erfolgreicher mittelgroßer Unternehmen, die wir bereits früher untersucht haben. Sie lassen auch anschaulich erkennen, warum sich – selbst auf der allgemeinen Ebene der Ergebnisse dieses Buches – nur schwer allgemeine Feststellungen über die Ursachen des Erfolgs machen lassen; denn nur »in der richtigen Mischung« läßt sich das Potential der Spitzengewinner freisetzen. Die spezielle Kombination von Methoden kann so unterschiedlich wie bei unseren drei Unternehmen sein – und ist es auch.

Viele weniger erfolgreiche Unternehmen weisen ebenfalls einige – oder sogar alle – dieser Elemente auf. Sie sind in Nischen tätig, sind innovativ, liefern den Kunden Wert, bauen auf ihren Stärken auf. Viele dieser Unternehmen unter

»ferner liefen« haben Richtungssinn, gute Mitarbeiter, straffe Systeme und bekämpfen den Bürokratismus. Es gibt auch Verlierer, deren Führungspersönlichkeiten brilliant und von ihrer Aufgabe besessen sind. Hier sind die Elemente durchaus richtig, nur die Zusammensetzung ist falsch.

Kleine Unternehmen sind aufgrund der individuellen Leistung einer Persönlichkeit erfolgreich. Da mittelgroße Unternehmen sehr komplex geworden sind, haben sie nur Erfolg, wenn sich die gesamte Institution weiterentwickelt und sich die Merkmale der Spitzengewinner erhalten. Mittelgroße Unternehmen sind – ganz ähnlich wie Menschen – komplexe Organismen, in denen sich alle Teile gegenseitig unterstützen und die als Ganzes zusammenwirken müssen, und das noch zum richtigen Zeitpunkt und auf die richtige Weise. Um die Analogie noch weiter zu treiben, für einen erfolgreichen Sportler ist ein starkes Herz wesentlich, aber nicht mehr als gutes Sehvermögen, leistungsfähige Lungen, ein gesundes Gefäßsystem oder trainierte Muskeln. Und dieses Herz muß dann reagieren und nur dann, wenn es gebraucht wird – man kann weder mit einem Puls von 70 Rekordzeiten laufen noch mit einem Puls von 180 schlafen. Alles muß die ganze Zeit zusammen funktionieren – und richtig funktionieren. Isolierte Vorgänge können gelegentlich zum Erfolg führen, aber langfristig kann nur die geschlossene institutionelle Kraft des gesamten Organismus gewinnen.

Alles paßt zusammen; das Ganze hängt von den Teilen und jedes Teil vom Ganzen ab.

Spitzengewinner sind, wie Cray, ADP und Sealed Air, in Nischen tätig – sie sind innovativ, sie bauen auf ihren Stärken auf und sie schaffen zusätzlichen Wert. Diese Unternehmen erkennen auch frühzeitig den Wandel, reagieren auf Schwierigkeiten und passen sich der sich verändernden Welt an. Umgekehrt sind ihre Strategien und ihre Anpassungsfähigkeit das Produkt ihrer organisatorischen Stärke – ihres ausgeprägten Richtungssinns, ihrer Mitarbeiter, Systeme, Werte und Strukturen. Sie verbinden Kompetenz mit Motivation, sie können und sie wollen siegen. Und derartige Organisationen gibt es nur, wenn sie von engagierten, fähigen Führungspersönlichkeiten geschaffen und erhalten werden – die nicht nur alles richtig zusammenfügen, sondern auch dafür sorgen, daß es so bleibt.

Wie unsere drei Beispiele zeigen, können Stil und äußeres Erscheinungsbild erhebliche Unterschiede aufweisen – Cray ist innovativ, spielerisch und individuell; ADP ist intensiv und organisatorisch diszipliniert; Sealed Air hat Teamgeist. Die entscheidenden institutionellen Fähigkeiten oder Schwerpunkte können ebenfalls stark voneinander abweichen – von Sealed Airs Produktentwicklung und Marketing über ADPs günstige Betriebskosten und seinen zuverlässigen Kundendienst bis hin zu Crays technologischer Einmaligkeit.

Die Konzepte für den Erfolg mittlerer Unternehmen sind allgemeingültig, aber die Art, wie sie es geschafft haben, ist einmalig und auf jedes Unternehmen zu seiner Zeit zugeschnitten. Die Bestandteile des Erfolgs findet man in vielen Unternehmen, aber die Zusammenstellung der Elemente ist einzigartig. Und was schließlich zählt, ist diese einmalige Kombination – eben die richtige Zusammensetzung.

Kapitel VIII
Der Unternehmerbetrieb

Vor fast zwei Jahrzehnten hielt der angesehene Wirtschaftswissenschaftler, einflußreiche Gesellschaftskritiker und Staatsdiener John Kenneth Galbraith seine Nachrede auf den »Unternehmerbetrieb«.

In seinem Bestseller *The New Industrial State*, der eine Generation von akademisch gebildeten Amerikanern geprägt hat, berichtete Galbraith, daß »der Unternehmerbetrieb in stetem Rückgang begriffen« ist.* Um hervorzuheben, wie sehr er an eine von Planung, Oligopolen und Betriebsgröße geprägte neue Wirtschaft glaubte, sprach der berühmte Professor vom Unternehmerbetrieb fast immer in der Vergangenheitsform. Galbraiths Nachruf auf eine unternehmerisch geprägte Wirtschaft war zwar in Wirklichkeit voreilig, aber was er damals an Fakten zusammenstellte, ließ vermuten, daß das Todesröcheln des Managements in unternehmerischem Geist alsbald zu vernehmen sein würde.

Als Galbraith sein Buch schrieb, ermittelte er, daß der Löwenanteil an Umsatz und am Vermögen der Nation auf die fünfhundert größten Unternehmen entfiel. Der Aufstieg des modernen Mischkonzerns hatte Gestalt angenommen. Am Harvard College, wo Galbraith lehrte, waren die Studenten damals an der Wirtschaft wenig interessiert, noch weniger an unternehmerischer Leistung – sie befaßten sich mit dem Vietnam-Krieg, den Bürgerrechten und anderen politischen und moralischen Problemen der Zeit. Die Harvard Business School machte sich wegen der Antipathie der neuen Generation gegenüber der Wirtschaft wirklich schwere Sorgen. Sie lud 1967 fünfzig der besten Studenten ein, auf ihre Kosten den Sommer im Institut zu verbringen. Man wollte vor allem

* John Kenneth Galbraith, *The New Industrial State* (Boston: Houghton Mifflin Company, 1967), S. 388; deutsch: *Die moderne Industriegesellschaft*, übersetzt von Norbert Wölfl, München, 1967, S. 428.

herausfinden, warum die Welt der Wirtschaft den Besten und Klügsten dieser Generation so wenig attraktiv erschien und sie mit angesehenen Unternehmen bekannt machen.

Seither hat sich die Welt und die amerikanische Wirtschaft verändert. Die ökonomische Situation hat sich verbessert und die Wirtschaft ist, besonders bei den jungen Akademikern, die die College-Studenten der 60er und 70er Jahre waren, wieder angesehen. Dem Unternehmertum seine Energie zu widmen und ihm Interesse zu schenken, ist die neue Maxime geworden; die Zahlen der Neugründungen erreichen Rekordhöhe, und Unternehmer werden zu Helden der Nation. *Time* machte 1984 einen Unternehmer, Peter Ueberroth, zum Mann des Jahres. Er war der erste Unternehmensleiter, seit Walter Chrysler 1928, der auf der Titelseite erschien. Wenig später stellte *Business Week* eine neue Wirtschaftselite vor, von der die Hälfte Unternehmer waren.

Die Großunternehmen, die Galbraith in *The New Industrial State* beschrieben hatte, sind zwar absolut gesehen gewachsen, ihr Einfluß auf die Wirtschaft ist aber gleich geblieben. 1967, zum Beispiel, entfielen mehr als ein Drittel aller Unternehmensumsätze auf die fünfhundert größten Unternehmen; 1982 war ihr Anteil noch genauso hoch.* Aber in bezug auf Arbeitsplätze und Exporte liegen kleine und mittelgroße Unternehmen wesentlich über den Wachstumsraten der größten fest etablierten multinationalen Konzerne. Auch die Öffentlichkeit schenkt ihnen größere Beachtung. Diese tiefgreifenden Veränderungen wurden weitgehend durch die Wiedergeburt und Renaissance des Unternehmerbetriebs bewirkt – durch mittelgroße Wachstumsunternehmen, die weder so winzige Betriebe noch so riesige Oligopole sind, wie sie Galbraiths Bild von der Wirtschaft prägten.

Wie wir zeigen wollen, sind die Innovationen, Führungsmethoden und die Unternehmensphilosophien nicht nur für den Bruchteil von 1 Prozent relevant, den mittelgroße Unternehmen in bezug auf die Gesamtanzahl der Unternehmen ausmachen (allerdings sind ihnen ein Viertel des Sozialprodukts und ein Fünftel der Arbeitsplätze zuzurechnen), sondern auch für ihre größeren und kleineren Geschwister-Unternehmen.

Der Unternehmerbetrieb ist gesund und aktiv nicht nur bei unseren mittelgroßen Wachstumsunternehmen, sondern auch sowohl bei kleineren Firmen, die die Schwelle zu Unternehmensgröße und Komplexität erst noch zu überschreiten haben, als auch in einzelnen Unternehmensbereichen und Tochterunternehmen größerer Konzerne.

Beispielsweise haben die meisten Merkmale der Spitzengewinner in den strategischen und organisatorischen Konzepten und Methoden so leistungsstarker

* *1984 Update: Mergers and Aggregate Concentration* (New York: McKinsey & Company), S. 25.

Giganten wie 3M (Minnesota Mining and Manufacturing), Citicorp oder Johnson & Johnson offensichtlich Einzug gehalten, und zwar in deren vielen dezentralisierten Unternehmenseinheiten.

Wer ein komplexes Unternehmen gut führen will, muß vieles beachten (ebenso wie der, der ein Flugzeug fliegt oder eine Operation durchführt); aber wer einen Unternehmerbetrieb – welcher Größe und welchen Standorts auch immer – schaffen und erhalten will, hat hauptsächlich drei schwierige Aufgaben zu lösen. Er muß zielstrebig Innovationen vorantreiben, Werte und Disziplin in Einklang bringen und im Geist des Unternehmertums Führungsprobleme meistern. Betrachten wir nacheinander alle drei Elemente.

Zielstrebig Innovationen vorantreiben

Schon 1969 hatte Peter Drucker, der Autor und Spezialist für Unternehmensführung, Rat für alle, die in den letzten 25 Jahren Unternehmensleiter werden wollten. In einem Beitrag für eine Anthologie, die Drucker herausgab, schrieb er vorausschauend: »Die Unternehmensleiter von morgen, das ist klar, müssen unternehmerisch sinnvoll organisieren können . . . müssen wissen, wie Innovationen im voraus zu erkennen sind und wie man sie wirtschaftlich nutzen kann.«*

Nach unseren Beobachtungen und unserer Untersuchung hatte Drucker wirklich recht. Sein Morgen ist jetzt gekommen: Innovation ist zur Grundlage von Wettbewerbsvorteilen leistungsstarker Unternehmen geworden – und wer seine Zukunft in der gleichen Richtung sieht, muß die folgenden fünf wichtigen Tatsachen erkennen.

1. *Innovationen sind technologisch, aber nicht zwangsläufig technisch.* Um den Unterschied zu verdeutlichen, sagt das Wörterbuch, daß Technologie »Methodik und Verfahren eines bestimmten Forschungsbereiches ist.« Technisch meint andererseits »die Gesamtheit der Maßnahmen, Einrichtungen und Verfahren, die dazu dienen, naturwissenschaftliche Erkenntnisse praktisch nutzbar zu machen.« Unter Management-Gesichtspunkten ist Technologie die Voraussetzung, um Wissen systematisch anzuwenden – und es muß nicht unbedingt technisches Wissen sein, um ein Produkt oder eine Dienstleistung zu entwickeln oder zu verbessern.

Viele nicht-technischen Innovationen unserer Spitzengewinner sind technologisch, weil sie das Geschäftssystem verändern. Die Hochzeitslisten von Lenox China haben wohl kaum etwas mit Wissenschaft zu tun, außer man bezieht die

* *Preparing Tomorrow's Business Leaders Today*, hrsg. von Peter Drucker, Engelwood Cliffs, N. J.: Prentice Hall 1969, S. 280–81.

historische Entwicklungsgeschichte der Hochzeit mit ein. Ähnlich stellt Safety-Kleens Innovation, das Reinigen von Schmieröl zu einer Dienstleistung zu machen, mehr eine konzeptionelle als eine technische Leistung dar.

Das soll nicht heißen, daß wissenschaftliche Erfindungen, Entdeckungen und Anwendungen nicht wichtig wären. Aber sie sind nicht auf Produkte der Hochtechnologie beschränkt. Henry Fosters Erfahrung mit der Aufzucht reinrassiger Versuchsratten in den Charles River Laboratories oder Frank Perdues Erfolge mit seinen Brathähnchen aus dem neuentwickelten Oven-Stuffer Roaster sind zwei Erfolge der Wissenschaft, die aus Massenerzeugnissen wertdifferenzierte Produkte gemacht haben. Automatic Data Processing drang mit der Macht der Computer in das Tagesgeschäft der Büros ein. In allen Fällen war die technische Technologie ein Mittel, reale Bedürfnisse zu befriedigen – kein Zweck an sich.

Und selbst in unserer »hochtechnologischsten« Fallstudie – bei Cray Research – war die Technologie konzeptioneller Art. Crays Fähigkeit, nahezu veraltete Technologie für die fortschrittlichsten Produkte einzusetzen, beweist überzeugend, daß selbst wissenschaftliche Innovationen keineswegs auf Entdeckungen und Erfindungen zu beruhen brauchen.

2. *Innovation und Bürokratie passen einfach nicht zusammen.* Kleine Arbeitsgruppen und Beachtung der Leistung von Einzelpersonen, keine Riesenprojekte, haben bei Cray und Analog Devices Innovationen bewirkt – um zwei der technisch und technologisch besten Unternehmen zu nennen, die wir untersucht haben. Und in beiden Fällen bemüht sich die Unternehmensleitung nachhaltig, unternehmenspolitische Details, Verfahren, Systeme und Strukturen nicht innovationshemmend werden zu lassen.

Im Grunde verfolgt Bürokratie als Administrationsform das Ziel, Risiken so gering wie möglich und unter Kontrolle zu halten. Aufgrund früherer Fehler werden Methoden und Verfahren entwickelt, um zukünftigen Fehlleistungen vorzubeugen. Es werden mehrere Führungsebenen geschaffen, die Maßnahmen im voraus überprüfen und billigen müssen, damit das Urteil mehrerer Personen (die vielleicht über mehr Reife und Erfahrung verfügen) zum Tragen kommen kann und Fehler vermieden werden. Aber Risiken, die Feinde bürokratischer Verwaltung, sind das Lebenselixier innovativer Unternehmer. Und die besten unter ihnen wissen, daß Fehler, Fehlstarts und auch Schwierigkeiten notwendigerweise als Nebenprodukt anfallen, wo man Risiken eingeht – also wesentliche Bestandteile des Innovationsprozesses sind. Um zwei Beispiele zu nennen: Wir waren beeindruckt, wie MCA und MCI, beides noch innovative Unternehmen, mit Fehlern umgehen. MCA (Marketing Corporation of America), dessen Geschäft es ist, anderen bei Innovationen zu helfen, rühmt sich, daß die Mitarbeiter, denen die schlimmsten Versäumnisse unterliefen (und die nicht zufällig auch die größten Erfolge hatten), für ihre Fehler nicht bestraft wurden. Bei MCI, der »anderen« Telefongesellschaft, ist es offensichtlich zentraler Bestandteil des Management-Katechismus, Fehler zu machen und aus ihnen zu lernen. Wir befragten fünfundzwanzig leitende Angestellte bei MCI, um die entscheidenden Elemente seiner Unternehmenskultur zu erkennen. Zuerst unterhielten wir uns mit Bill McGowan, dem *CEO*, der zunächst unsere Fragen beantwortete und uns dann sagte: »Vergessen Sie nicht, wir machen in diesem Haus eine Menge Fehler. Das war von Anfang an so. Aber solange jemand nicht immer wieder denselben Fehler macht, können wir damit leben und darüber hinwegkommen.« In den folgenden zwei Dutzend Interviews sprachen neunzehn Führungskräfte (ohne darauf angesprochen worden zu sein) von Irrtümern, Fehlern und sogar Katastrophen, für die sie persönlich verantwortlich waren. Sie reichten von Telemarketing-Experimenten, wo es nicht genug Leute gab, die eingehenden Anrufe zu beantworten, bis zu technischen Entscheidungen, die schlicht im Fiasko endeten.

Was diese Spitzengewinner anders machen, wenn sie mit Fehlern fertig werden müssen, ist, daß sie sie in geringem Umfang machen, viele Experimente anregen und ihre Energie mehr darauf verwenden, die Fehler ausfindig zu machen als jemandem die Schuld daran zuzuschieben.

3. *Ihre Kunden und Vertriebsorganisationen als willkommene Partner des Innovationsprozesses sehen.* »Not invented here«, »Nicht aus unserem Haus«, – was in engstirnig bürokratischen Organisationen abwertend klingt – ist in innovativen Unternehmen höchstes Lob. Dunkin' Donuts besitzt zwar eine stattliche Anzahl seiner Restaurants selbst, aber sein *Chairman* und sein *President* weisen ohne Zögern darauf hin, daß viele seiner erfolgreichsten Produkte die Idee seiner Konzessionsnehmer waren – wie die Munchkin-Imbißstuben, die in Springfield, Massachusetts, ihren Ursprung hatten.

4. *Kreativität wird hoch bewertet und wirksam gefördert.* Wie Professor Theodore Levitt an der Harvard Business School so gerne sagt, ist Kreativität, neue Ideen zu haben, während Innovation heißt, sie in die Tat umzusetzen. Ohne neue Ideen gibt es keine Innovation. Die meisten Formen unternehmerischer Kreativität, die wir kennenlernten, boten hochinteressante und aufschlußreiche Vorbilder. Sie sind mit praktischem Verstand entwickelt und auf jedes Unternehmen übertragbar.

Ein Muster praktischer Kreativität ist das Denken in Analogien: Was in anderen Branchen oder Unternehmungen funktioniert, könnte auch hier funktionieren. Lange Garantien und eine Umtauschpolitik nach dem Motto »Bei Nichtgefallen – Geld zurück!« gibt es seit langem – aber es brauchte einen A. T. Cross, um für die Qualität von Schreibgeräten und einen Frank Perdue, um für ein Hähnchen Garantie zu leisten. Viele der besten innovativen Ideen sind irgendwo abgeguckt, und zwar nicht von Konkurrenten, sondern von Leuten in ganz anderen Branchen.

Ein weiteres Muster der Kreativität ist das Denken in Gegensätzen. Im Extremfall fordert Bill McGowan, der selbst voller Widersprüche steckt, jeden bei MCI auf, doch das Gegenteil von dem zu tun, was seine riesigen Konkurrenten im Fernsprechverkehr tun. Als McGowan früher in seiner Laufbahn »Risikokapitalist« und Krisenmanager war, entwickelte er eine grobe Wahrscheinlichkeitsregel, nach der die in eine Krise geratenen Firmen, denen er auf die Beine zu helfen versuchte, vermutlich sehr viel falsch machten – also warum nicht das Gegenteil versuchen? Außerdem stellte er sich vor, daß die Organisation eine Schockbehandlung brauche, um im Betrieb drastische Veränderungen und im Geschäft extreme Einsparungen zu ermöglichen. Wenn der Außendienst auf Kommissionsbasis arbeitete, gab McGowan ihnen ein fixes Gehalt. Wenn ein Bürovorgang automatisiert war, ließ McGowan ihn wieder manuell erledigen – und umgekehrt. Das Entscheidende an diesen Versuchen mit dem Gegenteil war, genau zu beobachten, um festzustellen, ob sie etwas verbesserten. Wo das »Gegenteil« funktionierte, wurde es beibehalten. Bei MCI ist dieses Denken in Gegensätzen in vielen Führungsmethoden zu erkennen. Die Rechtsabteilung wird als Profit-Center und nicht unter den Gesamtkosten geführt – und im Lauf der Jahre sah man, daß sich eine eigene Rechtsabteilung nicht lohnt. MCI zahlt seinen externen Anwaltsfirmen Erfolgshonorare, wann immer das möglich ist – was bei Verfahren wegen Personenschadens durchaus üblich, für etablierte, auf Gesellschaftsrecht spezialisierte Anwaltssozietäten aber ungewöhnlich ist.

Ein drittes Innovationsmuster ist der Gesichtspunkt »alte Produkte für neue Kunden«. Wir erinnern an ein früheres Kapitel, in dem wir zeigten, wie Cullinet sich sanierte und unter den Wirtschaftsprüfern einen Markt für Software fand, den die Fachleute der Datenverarbeitung nicht besonders mochten. Cray fand für seine Großrechner bei Geologen und Filmemachern einen Markt. Den Eskimos Kühlschränke zu verkaufen, um Lebensmittel zu kühlen, ist eine Sache, erklärte Peter Drucker vor langer Zeit; den Eskimos aber Kühlschränke zu verkaufen, damit die Lebensmittel nicht tiefgefrieren, das ist kreativ.

5. *Neue Märkte schaffen*, anstatt lediglich alte Märkte zu bedienen. Charter Medical schuf landesweit einen Markt für die Versorgung psychisch Kranker. Da es die Schwierigkeiten der Gesellschaft mit dem Umgang solcher Menschen kannte, machte Charter aus der Behandlung psychischer Erkrankungen ein gewinnorientiertes – und gewinnbringendes – Geschäft. Analog Devices half Märkte für die rechnergestützte medizinische Diagnose- und Robotertechnik zu schaffen; es erkannte, daß Computer, die Signale aus der realen Welt und nicht nur binär kodierte Ziffern verarbeiten können, große Möglichkeiten eröffnen.

Die meisten, die wir bei unserer Untersuchung befragten, gaben an, daß Innovationen mit der Zeit offensichtlich schwieriger würden. Durch die größere Betriebsgröße, Marktakzeptanz, Komplexität und Lebensdauer des Unternehmens, die sich mit dem Erfolg einstellen, werden sie komplizierter. Es überrascht nicht, daß neue und einmalige Produkte in ununterbrochener Folge sich immer schwerer entwickeln lassen. Aber bei den Spitzengewinnern werden die Innovationen fortgesetzt – sowohl mit neuen Produkten als auch mit neuen Märkten – oft durch den Übergang zu *neuen Geschäftsmethoden* (zum Beispiel, zu anderen Fertigungsmethoden, einfallsrcichen Marketingmethoden, neu strukturierten Distributionssystemen oder neuen Finanzierungsmethoden) – das fünfte Innovationsmuster.

Auch wenn Betriebsgröße und Komplexität erfolgreiche Innovationen zu einer größeren Herausforderung werden lassen, schließen sie sie nicht aus. Viele große leistungsstarke Unternehmen sind für ihre Innovationen zu Recht bekannt. Aber in allzu vielen Fällen geht die Fähigkeit, Innovationsmöglichkeiten wahrzunehmen, bei größeren Unternehmen verloren.

Zur Frage, wie Innovation erfolgt, gibt es zwei Schulen, die den Theorien über die Frage, wie denn das Universum entstand, ähneln. Eine Schule, die die Theorie vom »Urknall« vertritt, sieht wichtige Veränderungen an Produkten oder Vertriebssystemen als Innovation (zum Beispiel, Konzessionen für Hamburger, Gürtelreifen, Dispositionskonten für Privatkunden, Qualitätsmarkenhähnchen oder einen zweiten Wettbewerber im Fernsprechverkehr). Die zweite, evolutionistische Schule bezieht – nicht so sehr die kühnen aufsehenerregenden –, sondern die kleineren und bescheidenen Innovationen mit ein (zum Beispiel, das »Big Mac«-Sandwich, lange Garantiefristen für Reifen, SB-Bankautomaten, Rock Cornish-Hühner oder Kreditkartenautomaten fürs Telefonieren).

Wir glauben, daß sich Innovationen vom Typ »Urknall« und »Evolution« mehr in der Betrachtungsweise als in ihrer Art unterscheiden. Die Auswirkung einzelner Innovationen geringeren Umfangs wird eher wahrgenommen, weil die Innovation und das Unternehmen Synonyme sind. Apple Computer entwikkelte einen Personal-Computer und brachte ihn auf den Markt – eine Innovation, die jedem ins Auge fällt. MTV produzierte als erster eine neue Form von Unterhaltungssendungen für Jugendliche – die Rock-Videos. Größere Firmen haben ähnlich wichtige und erfolgreiche Innovationen hervorgebracht, die in der Öffentlichkeit nicht annähernd so stark beachtet worden sind (zum Beispiel, Johnson & Johnsons Einführung von Rhogam, einem Medikament zur Vermeidung von Rhesusfaktor bedingten Schwangerschafts- und Geburtsschwierigkeiten).

Offensichtlich würde eine evolutionäre Innovation eines größeren Unternehmens in einem kleinen Unternehmen ein »Urknall« sein. Wenn »Post-It Note Pads« (jene Notizzettel, die auf anderem Papier haften, sich aber leicht wieder abziehen lassen) von einem neuen »Post-It«-Unternehmen entwickelt worden wären, hätte man die Innovation erst als großes Risiko und später als sagenhaften Erfolg empfunden und an der Börse und in der Wirtschaftspresse hätte sie als Innovation vom Typ »Urknall« großen Anklang gefunden. Aber für 3M war »Post-It« nur ein weiterer Artikel in einer Serie erfolgreicher Innovationen – für dieses große Innovationsunternehmen etwas Alltägliches.

In Wirklichkeit ist Innovation das Produkt eines experimentierfreudigen Menschen, der die Bereitschaft zeigt, Risiken auf sich zu nehmen, gut zuhören kann und der versucht, sich in die tatsächlichen Kundenbedürfnisse hineinzudenken. Ob sie nun groß oder klein ist, das Produkt, die Dienstleistung oder das System betrifft, die Bestandteile der Innovation bleiben die gleichen und lassen sich allerorts erreichen.

Geist und Disziplin in Einklang bringen

Leider führen Wirtschaftswissenschaftler, Praktiker und Unternehmensberater in diesem Land eine unergiebige, aber manchmal leidenschaftliche Debatte über das »Wie« der Unternehmensführung. Dabei dreht es sich um humanistisches Management einerseits oder rationales Management andererseits. Im Extremfall stimmen die Vertreter der humanistischen Schule im Chor »Laßt hundert Blumen blühen« an. Wenn man Mitarbeiter in Ruhe läßt und ihre Erfolge feiert, so argumentieren sie, setzt eine Organisation Energie, Kreativität und Phantasie der Menschen frei – die sich richtig verhalten, wenn sie nicht von Systemen, Strukturen und Plänen eingeengt werden. Induktives Denken, Intuition und hoch entwickelte Fähigkeiten im zwischenmenschlichen Kontakt sind für sie die wertvollsten Merkmale, die jedoch am seltensten zu finden sind. Intelligenz messen sie an praktischem Verstand und Kreativität. Columbo, der von Peter Falk dargestellte Fernsehkommissar, symbolisiert diesen Typ des Problemlösens.

Die Rationalisten – die mit ihren hoch entwickelten linken Gehirnhälften Probleme hauptsächlich mit dem Instrument der Analyse zu lösen versuchen – sehen die Welt gerne als mikroökonomisches Modell, dessen Beherrschung Ordnung, Methodik und schließlich Erfolg zeitigt. Mit diesem Ziel greifen sie, wenn möglich, zur Quantifizierung und immer zu strenger Disziplin. Und wenn das Problem einmal gelöst und für die Zukunft mit dem richtigen Modell versehen ist, können Entscheidungen im Rahmen von Systemen und Strukturen gefällt und das Handeln von ihnen geprägt werden. Deduktives Denken, quantitative Analyse und ein konzeptioneller Rahmen werden als Instrumente geschätzt und entwickelt. Intelligenz wird an der Fähigkeit zur raffinierten Quantifizierung, an der Fähigkeit, »harte« Fakten zu bewerten und zu manipulieren, und am Durchschauen komplexer Zusammenhänge gemessen. Sherlock Holmes ist das literarische Vorbild rationalistischer Ermittlungsarbeit.*

* Inspektor Clouseau war weder Humanist noch Rationalist. Er hatte einfach Glück.

Gute Führungskräfte haben die Erfahrung gemacht, daß beide Extreme – für sich allein – gefährlich und wenig effektiv sind. Geschäfte – eigentlich jedes organisierte Handeln – sind weder die Domäne rein logischer Positivisten noch reiner Phänomenologen. Unternehmensführung ist weder nur eine Wissenschaft noch nur eine Kunst.

Wenn ein Adjektiv wirklich zu Unternehmensführung paßt, ist es das Wort »praktisch«. Im Unternehmerbetrieb stützt sich der praktische Manager sowohl auf rationalistische als auch auf humanistische Methoden – und wendet sie je nach Sachlage an. Aber nicht der Umstand, daß beide Methoden angewendet werden können, sondern wie sie angewandt werden, ist der Schlüssel zum Erfolg. Diese Mischform versucht zwischen den methodischen Ansätzen beider Managementschulen keinen Ausgleich herzustellen, keinen Optimierungskompromiß zu finden und keine Durchschnittsmischung herzustellen. Sie wendet sie beide gleichzeitig an. Was wir daraus lernen, ist, daß wirksames Führen situationsbezogen, selektiv und synchronisiert ist.

Situationsbezogenes Management

Für den Erfolg gelten in jeder Entwicklungsphase eines Unternehmens besondere Anforderungen und Herausforderungen.

In einem neuen Ein-Mann-Unternehmen sind die Management- und Führungsaufgaben konzeptionell einfach, aber persönlich herausfordernd. Strategie, Wissen, Wertsystem, Systeme, Mitarbeiterstab, Organisationsstruktur und Führungsstil des Unternehmens konzentrieren sich auf die Person des Unternehmers.* In der Vision des Firmengründers sind interne gemeinsame Werte und Unternehmensstrategie enthalten. Er oder sie verkörpert selbst Mitarbeiterstab und Systeme; das Wissen des Unternehmens ist sein oder ihr eigenes Wissen. Die Persönlichkeit des Unternehmers macht aus, was Kunden, Lieferanten und Finanziers als Führungsstil sehen, hören und spüren.

Das nächste Wachstumsstadium, in der Regel mit einer kleinen Gruppe von Partnern, Teilhabern und Angestellten, bedeutet noch eine ähnlich gradlinige Führungsaufgabe. Mit einer so überschaubaren Gruppe von Mitstreitern lassen sich Herz, Kopf, Seele und zentrales Nervensystem des Unternehmens meistens noch um einen einzigen Tisch versammeln. Wie im Fall des Alleininhabers läßt sich der unternehmerische Kern, ein kleines Team, durch Ausdauer, schnellen Verstand und harte Arbeit kennzeichnen.

* Diese sieben Elemente effektiver Organisation haben unsere Kollegen bei McKinsey ermittelt und ihnen mit den 7-S einen Rahmen gegeben; sie werden in *Auf der Suche nach Spitzenleistungen* genauer erläutert.

Aber wenn Unternehmen dann geschäftlichen Erfolg haben, steigt die Zahl der Führungskräfte und Angestellten, und das Unternehmen wird explosionsartig komplexer. In dieser Startphase des Wachstums muß das Unternehmen durch Strukturierung und Systematisierung diszipliniert werden, damit es nicht außer Kontrolle gerät. Etwa die Hälfte der *CEOs* unserer Spitzengewinner erinnern sich, zum Beispiel, daß ihre Unternehmen einmal »pleite oder beinahe pleite« gewesen seien; die leistungsfähige Finanzkontrolle, die wir jetzt dort finden, ist als Erbe dieser Lage zu verstehen, um Kosten und Liquidität im Auge zu behalten. Wenn die Unternehmensgröße zunimmt und Kunden, Funktionen und Aktivitäten vielschichtiger werden, müssen die Verantwortungsbereiche irgendwie aufgeteilt werden; das aufstrebende Unternehmen bietet Menschen mit besonderen Fachkenntnissen und Erfahrung eine Chance, das Ihre beizusteuern.

Aufgrund des Erfolgs – und wegen der Aufmerksamkeit, die dieser bei Konkurrenten und nachahmungswütigen neuen Anbietern erregt – muß das Unternehmen mit Hilfe einer Strategie intellektuell diszipliniert werden, die formal ausgearbeitet, artikuliert und institutionalisiert werden muß. »Alles ganz natürlich machen« verliert an Wirksamkeit, wenn viele Produkte auf vielen Märkten von vielen Mitarbeitern angeboten werden. Und die Planung, die einst leicht mit Hilfe einiger Besprechungen zwischen den Entscheidungsträgern erledigt wurde, wird schwieriger, wenn das Unternehmen neue Betriebsanlagen erwirbt und einsetzt und Kunden und Mitarbeitern Zusagen macht. Aber was am wichtigsten ist, mehr Leute müssen jetzt diese komplexere Strategie zum Funktionieren bringen – und um das tun zu können, müssen sie sich an deren Ausarbeitung beteiligen, deren Inhalt und Substanz wirklich verstehen und mit anderen kooperativ zusammenarbeiten.

Wenn diese Grundprinzipien – Struktur, Systeme und Strategie, die für die Kontrolle des Unternehmens zu Beginn der Schwellenphase wichtig sind – nicht mit Vorsicht und Sorgfalt angewandt werden, können sie für das komplexere Unternehmen zum Anfang vom Ende werden; denn wenn etwas funktioniert – sei es nun ein Kostensystem, das den Vertriebsaufwand überschaubar macht – ist es nur eine natürliche menschliche Reaktion zu glauben, daß alles andere sich auf dieselbe Weise lösen läßt. Aber bei Managementdisziplinen kann mehr von der gleichen Art zuviel bedeuten. Das kann die Lebenskraft eines Unternehmens genauso schwächen wie mehr von einer Wundermedizin einzunehmen, die einmal eine Krankheit heilte, aber in unkontrollierten Dosen medikamentenabhängig macht. Diese Diener der Unternehmensführung – Struktur, Systeme und formale Strategie – haben einen Eigenmechanismus, sich zu Herren zu machen und Innovation und Motivation zwangsläufig zu ersticken.

Deswegen sollten der Doktor (und die Aktionäre, Angestellten und Kunden) dem größeren Unternehmen – mit seiner Fülle von professionellen Führungsinstrumenten – verordnen, den Geist des Unternehmens mit neuem Leben zu erfüllen. Gemeinsame Werte – die Philosophie, der Geist und die Leitprinzipien des Unternehmens – müssen wiederbelebt und artikuliert werden. Ein Führungsstil, der der menschlichen Seite und der Fähigkeit, Mitarbeiter aufzubauen, Wert beimißt, sie in den Vordergrund stellt und sie verkündet, wird um so wichtiger, mit je mehr Menschen das Unternehmen als Kunden oder Angestellten in Berührung kommt. Und was am wichtigsten ist, Können und Fertigkeiten des Unternehmens – die Gesamtheit des Könnens der Mitarbeiter, die das Unternehmen ausmachen – müssen bewertet, gestärkt und weiterentwickelt werden. Daher sind die Ergebnisse von *In Search of Excellence* und *Corporate Cultures** über die Spitzenleistungen großer Unternehmen so wichtig, weil sie die Elemente des Führungsgeistes (gemeinsame Werte, Können, Mitarbeiter und Stil) ermitteln, die Energien, unternehmerische Kreativität und Spitzenleistungen freisetzen. Ob es sich nun um Fußballmannschaften, Militäreinheiten oder Unternehmen handelt – um Erfolg zu haben, brauchen sie sowohl Disziplin als auch die richtigen Werte.

Selektive Disziplin

Ein unternehmerisch denkender Firmenleiter muß erkennen, was einer strengen Kontrolle unterzogen werden muß und was nicht. Die Besten von ihnen wissen, welche Funktionen, Aktivitäten und Aufgaben für den Unternehmenserfolg entscheidend sind, und welche Richtung man ihnen geben muß. Mit großer Sorgfalt werden sie häufig und aufmerksam überwacht, bewertet, kontrolliert, geprüft, beaufsichtigt und gemanagt – oft vom Vorstandsvorsitzenden selbst. In der Regel handelt es sich um nicht mehr als eine Handvoll erfolgsbestimmender Schlüsselfaktoren; doch jenseits dieser Handvoll von Faktoren bleiben Entscheidungen dem praktischen Verstand, dem Urteilsvermögen und der Phantasie vertrauenswürdiger Führungskräfte überlassen.

Beispielsweise beansprucht die Qualitätskontrolle auf den Perdue-Farmen den größten Teil der Energien von Frank Perdue und seinem obersten Führungsteam. Jedes Produktionsstadium unterliegt der Kontrolle von Qualitätsinspektoren – wenn etwas falsch läuft, sind sie jederzeit befugt, den Betrieb zu unterbrechen und ein Erzeugnis zurückzuweisen. Weil Verbraucher Hähnchen immer einzeln prüfen, wird das auch in den Perdue-Farmen so gehandhabt; diese Methode ist zwar teurer und zeitaufwendiger als Stichproben, aber auch

* *Auf der Suche nach Spitzenleistungen*, a.a.O.; Terrence E. Deal und Allan A. Kennedy, *Corporate Cultures: The Rites and Rituals of Corporate Life,* Reading, Mass.: Addison-Wesley Publishing Co., Inc., 1982.

effektiver. Siebenundsechzig Qualitätsstandards müssen erfüllt sein; und etwa 20 Prozent der Perdue-Hähnchen, die nach allgemeinen Standards zur Qualitätsklasse A gehören, erfüllen den Perdue-Standard nicht und werden ausgeschieden. Aber die Qualitätskontrolle endet nicht bei der Produktion. Perdue-Vertreter wandern durch Lebensmittel- und Fleischerläden sowie Supermärkte, um ihre Produkte zu überprüfen und Hähnchen von Konkurrenten zu kaufen, die dann in Qualitätslabors analysiert werden. Verarbeitungsbetriebe erhalten Belohnungen – nicht weil sie am meisten Geld verdienen, sondern weil sie die höchste Qualität geliefert haben. Und bis heute liest Frank Perdue die täglichen Qualitäts- und Außendienstberichte und reagiert sofort darauf. Aber andere Entscheidungen, wie das Ausprobieren neuer Geräte, die Erprobung der besten Futtermittel und Verbesserungsvorschläge für bestimmte Produktionsschritte, bleiben denen überlassen, die damit am meisten zu tun haben.

Daß die Unternehmensleitung sich, wie bei Perdue, um Einzelheiten kümmert, ist auch bei anderen Spitzengewinnern zu finden. Bob Elliot, der *CEO* von Levitz Furniture, hält sich täglich über den Lagerbestand auf dem laufenden. Bill McGowan von MCI braucht nicht in den Zeitungen zu lesen, um zu erfahren, welche Beweggründe zu welchen Entscheidungen führten. Und so weiter. Entscheidend ist zu wissen, welche wenigen Dinge kontrolliert werden müssen – nicht zu versuchen, alles zu kontrollieren. CEOs von Spitzengewinnern lassen Generaldirektoren Generaldirektoren sein – indem sie Stabsstellen auf ein Minimum begrenzen, deren Mitarbeiter die Linienkräfte beobachten, überprüfen und kritisieren.

Synchronisation

Der letzte Punkt, der aus einer ausgewogenen Unternehmensführung zu lernen ist, ist, Vorgänge auf jeden Fall nicht so zu regeln, daß einer das Ziel des anderen zunichte macht. Je größer und heterogener eine Organisation ist, um so häufiger kommt das vor. (In den Vereinigten Staaten, zum Beispiel, gibt der Staat Millionen von Dollar aus, um seine Bürger von den Vorzügen des Nichtrauchens zu überzeugen. Mit ebenfalls Millionen von Dollars subventioniert er die Tabakpflanzer).

Im Bereich der Unternehmensführung sind die Möglichkeiten, sich gegenseitig widersprechende Methoden zu kombinieren, subtiler, aber sie sind ebenso konterkarierend. Man sagt den Führungskräften »Haltet engen Kontakt zu Euren Kunden«, kürzt dann aber das Reisebudget, ohne das Kundenbesuche nicht möglich sind. Mit schönen Worten fordert der Chef zu Innovation und Risikobereitschaft auf, aber die monatlichen Gewinnziele und die daran gebundenen

Prämien bestrafen selbst kleine Fehler. Ein Unternehmen beschließt, den Entscheidungsprozeß in kleine, unternehmerisch denkende Unternehmenseinheiten zu dezentralisieren, versäumt es aber, das Rechnungswesen so zu strukturieren, daß es Ergebnisse auf der Basis der Unternehmenseinheiten erfaßt. Es gibt endlos viele Möglichkeiten – und sie werden leicht zur rauhen Wirklichkeit. Rhetoriker nennen das Ironie. Wir nennen es schlicht schlechte Führung.

Hier kommen wiederum die Elemente Disziplin und Unternehmensphilosophie ins Spiel. Sie müssen unbedingt aufeinander abgestimmt sein, wenn Unternehmen sich verändern – was sie zwangsläufig müssen –, um den Veränderungen der wirtschaftlichen Bedingungen zuvorzukommen und von ihnen zu profitieren. Törichte Konsistenz mag das Schreckgespenst der Kleingeister sein – aber wenn Führungsmethoden in ihren Zielen und Ergebnissen konsistent sind, ist das weise. Wenn daher eine neue Strategie konzipiert und implementiert wird, muß sie mit den gemeinsamen Wertvorstellungen des Unternehmens vereinbar sein; sie muß die real vorhandenen Fertigkeiten berücksichtigen; das Unternehmen muß eine Führungsstruktur und Systeme haben, die deren Funktionieren erleichtern anstatt es zu behindern.

Bei Spitzengewinnern wird diese Konsistenz praktiziert. Analog Devices weiß, daß einzelne Fachleute wichtige Beiträge leisten können – und hat eine Parallelhierarchie, die diese Leistungen belohnt und anerkennt. Sein Personalsystem entspricht seiner Strategie, individuelle Fähigkeiten so weit wie möglich zu nutzen. Dunkin' Donuts ist von der Vitalität seiner Konzessionsnehmer abhängig – und so bezieht es sie als Partner am Entscheidungsprozeß und als Nutznießer des Großeinkaufs ein – behandelt sie nicht als unbeteiligte Dritte.

So elementar dies alles klingt, auf den Spielfeldern des Wettbewerbs gibt es zahllose Beispiele von Unternehmen, die scheiterten. Und in dem Maß, in dem Organisationen – besonders an der Schwelle zum Großunternehmen und danach – komplexer werden, wird die von praktischem Verstand diktierte Maxime synchronisierter Führungselemente unumgänglich.

Im Geist des Unternehmertums führen

In den vier Jahren, in denen wir die wissenschaftlichen Untersuchungen für dieses Buch durchführten – und in den zwei Jahren, in denen wir die Ergebnisse niederschrieben – haben uns Freunde, Kollegen, Kunden und Zuhörer früher oder später immer wieder etwa folgende Frage gestellt: »Was ist von all dem, was ihr über diese Spitzengewinner erfahren habt, nun am wichtigsten?«

Diese Frage ist schwer zu beantworten, weil ein Spitzengewinner vieles richtig und es meistens richtig machen muß. Wie wir bereits erläutert haben, ist nicht ein Strategieelement das Entscheidende, sondern deren Kombination und Intensität. Wertbezogen zu konkurrieren, Innovationen voranzutrieben und Marktnischen anzuführen, das sind Elemente, die aufeinander aufbauen. Und Organisationsmethoden funktionieren nur zusammen, nicht isoliert. Daher ist es nie eine Methode oder ein Merkmal allein, die zum Erfolg führen. Entscheidend ist, wie die vielen kritischen Elemente aufeinander abgestimmt sind.

Aber das *Topmanagement* – das Strategie und Organisation aufeinander abstimmt – und die *Fähigkeit des Unternehmensleiters, seine Führung im ganzen Unternehmen durchzusetzen und zu institutionalisieren*, kristallisiert sich nach unserer Meinung als das entscheidende Merkmal der Spitzengewinner unter den wachstumsstarken mittelständischen Unternehmen heraus.

Zwar läßt sich schwer bestreiten, daß Führung in jedem irgendwie organisierten Vorhaben wichtig ist, für mittelgroße Unternehmen aber ist sie von entscheidender Bedeutung. Anders als einige größere, festetablierte Unternehmen, die sich (zumindest eine Zeit lang) auf ihrer Größe, ihrer Macht und ihrem Ansehen ausruhen können, müssen mittelgroße Wachstumsunternehmen ganz auf ihre Wendigkeit und schnelle Reaktion bauen. Der Erfolg stellt sich nur durch Einsatz ein – anders geht es nicht.

Über Führung, und besonders über Unternehmensführung, ist viel geschrieben worden. Psychologen diskutieren, ob sie angeboren oder erlernt ist. Wer sich mit Führung befaßt, nennt menschliche, manchmal einander widersprechende Eigenschaften – Ehrgeiz, Aggressivität, Mut, Mitgefühl, Integrität, Hoffnung, Geduld, Vision, Risikofreude – als den Stoff, aus dem Führung gemacht ist.

Was Richter Potter Stewart vom Supreme Court der Vereinigten Staaten über Pornographie sagte, gilt auch für Führung: definieren können wir sie nicht, aber wenn wir sie sehen, wissen wir, was es ist.

Wir stellten fest, daß Führungspersönlichkeiten mittelgroßer Wachstumsunternehmen drei entscheidende Methoden praktizieren:

1. Sie engagieren sich von ganzem Herzen – bis zur Besessenheit – für das Unternehmen.
2. Sie institutionalisieren diese persönliche Leidenschaft in einer allgegenwärtigen Unternehmenskultur und Unternehmenswerten.
3. Sie haben die Fähigkeit, besondere Chancen zu erkennen und sogar einzuschätzen, wann der Zeitpunkt gekommen ist, sich selbst zu ersetzen oder die eigene Rolle zu verändern.

Leidenschaftliches Engagement

Trotz all des Geredes, nicht hart, sondern mit Köpfchen zu arbeiten, gibt es für keines von beiden Ersatz. Bei den erfolgreichsten unternehmerisch denkenden Firmenleitern haben wir beobachtet, daß sie ganz außergewöhnliches Engagement und Hingabe für ihre Arbeit zeigen. Will man dieses Phänomen verstehen, muß man ihre Motive kennen.

Vor mehr als siebzig Jahren zählte Joseph Schumpeter, der Wirtschaftswissenschaftler, der als erster den Unternehmer als Triebkraft wirtschaftlicher Entwicklung erkannte, die Motive der Unternehmer für ein derartiges Engagement auf. In seinem richtungsweisenden Buch *Theorie der wirtschaftlichen Entwicklung** (das im Herbst 1912 zum ersten Mal veröffentlicht wurde) verneinte Schumpeter, daß materielle und finanzielle Ziele die Haupttriebkraft dieser Männer seien; das entspräche nicht »unserem Bild vom Unternehmertypus«. Stattdessen nannte er drei einflußreichere Motive, die von unseren sehr viel neueren Untersuchungen bestätigt werden:

1. »Da ist zunächst der Traum und der Wille, ein privates Reich zu gründen, meist, wenngleich nicht notwendigerweise auch eine Dynastie.«
2. »Da ist sodann der Siegeswille. Kämpfenwollen einerseits, Erfolghabenwollen um des Erfolgs willen andererseites.«
3. »Freude am Gestalten . . . bloße Freude am Tun«, die seinen »Kraftüberschuß« absorbiert, »als auch spezielle Freude am Werk, an der Neuschöpfung als solcher.«**

Und unsere modernen Unternehmensleiter werden offensichtlich von den gleichen Bedürfnissen bewegt – ja vielleicht getrieben. Im Wörterbuch des Sozialpsychologen David C. McClelland haben die Leiter von Spitzengewinnern ein ausgeprägtes Bedürfnis nach allen drei Grundmotiven: Leistung, Macht und Gestaltung. Sie suchen hier keinen Optimierungskompromiß, wie die herrschende Meinung das haben möchte – sie optimieren sie alle durch ihre Persönlichkeit.

Werte, die über den Wohlstand hinausgehen, verleihen dem unternehmerisch denkenden Firmenleiter Kraft. Eine Reihe der Befragten hat zwar beträchtlichen persönlichen Reichtum erreicht – materiellen Gewinn, durch den sie in die *Forbes*-Liste der vierhundert reichsten Amerikaner aufgenommen werden konnten –, aber als Selbstzweck hat Reichtum auf ihrer Prioritätenliste einen niedrigen Stellenwert. Es gibt kaum Hinweise auf auffällig hohen Konsum. Bei unseren umfassenden Interviews mit diesen Männern und Frauen wurde das Thema Geldverdienen selten angeschnitten. In ihrem Kredo und Kodex ist Gewinn ein untergeordnetes Ziel, für das sie nur den Aktionären gegenüber Verantwortung tragen müssen, oder sie sehen in ihm einen Erfolgsmaßstab dafür, daß sie das andere richtig machen. Und in vielen Fällen spielen sie mit ihrem

* Joseph A. Schumpeter, *Theorie der wirtschaftlichen Entwicklung. Eine Untersuchung über Unternehmergewinn, Kapital, Kredit, Zins und den Konjunkturzyklus,* 1. Aufl. 1911, 6. Aufl. 1964.
** *Ebd.*, S. 137–39.

persönlichen Vorbild die materiellen Früchte des Erfolgs herunter oder genießen sie kaum. Jim Macaleer, der Gründer und *CEO* von Shared Medical Systems, fährt täglich mit einem sechs Jahre alten Chevrolet zur Arbeit. Frank Perdue benutzt den Bus der New York and New Jersey Port Authority, um an den Newark International Airport zu gelangen und fliegt dann mit der Billig-Fluggesellschaft People Express Airline. Seymoure Cray ißt am Tresen einer gewöhnlichen Imbißstube in Chippewa Falls zu Mittag. In einem Interview der Zeitschrift für Absolventen der Columbia Business School äußerte Reynold M. Sachs, der bei Digital Switch die Wende einleitete und in einem Zeitraum von drei Jahren etwa 50 Millionen Dollar verdiente: »Menschen, deren erstes und einziges Ziel finanzieller Gewinn ist, verdienen letztendlich all das Geld, von dem sie träumen, doch nicht . . . Wessen Hauptziel Geld ist, scheitert mit größerer Wahrscheinlichkeit als Erfolg zu haben, wahrscheinlich weil er ein kurzsichtiges Ziel verfolgt, das Anreize zu falschen Entscheidungen bietet.«*

Wenn wir unsere Ansicht über die Motive erfolgreicher Unternehmensleiter äußerten, hat so mancher sie zurückgewiesen und mit verständlichem Mißtrauen gemeint, für einen Millionär oder Milliardär sei es nun mal sehr leicht, über Geld und Reichtum nonchalant zu denken und zu sagen, Geld sei nicht wirklich wichtig. Wenn dem so ist, haben die Männer und Frauen, die wir befragten, uns getäuscht. Wir sind aber fest überzeugt, daß es sie tatsächlich mehr interessiert, die Zukunft zu gestalten als ein Vermögen anzuhäufen, und daß sie eher die Mentalität von Baumeistern als von Bankiers haben. In Wirklichkeit sehen diese Unternehmensleiter ihr Unternehmen mehr als Möglichkeit der Selbstverwirklichung und als Chance, um nicht so schnell vergessen zu werden und widmen ihm dementsprechend ihre ganze Tatkraft.

Menschen, die von ihrer Aufgabe und vom Erfolg besessen sind, gibt es keineswegs nur in mittelgroßen Unternehmen. Admiral Hyman G. Rickover war von der nuklearen Ausstattung der Marine, Casey Stengel von den sagenhaften New York Yankees, Douglas MacArthur vom Sieg, Martin Luther King jr. von der Gleichheit, Thomas A. Edison von seinen Erfindungen, Sam Rayburn vom Repräsentantenhaus und J. Edgar Hoover vom FBI besessen.

Aber diese Art von Leidenschaft reicht an sich noch nicht aus, um eine Organisation aufzubauen. Wenn sie nicht durch eine Perspektive gezügelt wird, was wir noch kurz ansprechen wollen, kann bloße Besessenheit genauso gefährlich sein wie blinder Ehrgeiz. Außerdem läßt sich diese Besessenheit nicht nachahmen oder erzwingen – entweder jemand arbeitet leidenschaftlich und engagiert für sein Unternehmen oder er tut es nicht. Und wer das nicht tut, sollte keine Führungsaufgabe übernehmen. Außergewöhnliches Engagement ist der Preis

*»The Entrepreneur Series«, *Hermes, Columbia Business School Magazine,* Herbst 1984. S. 28.

der Führung. Umgekehrt ist Engagement ein Merkmal, aber nicht das einzige, das in jedem Unternehmen ein Auswahlkriterium für künftige Unternehmensleiter sein sollte.

Werte, Leidenschaft und Führung institutionalisieren

In der Menge der Leidenschaftslosen und Desinteressierten kann das Leben für jemanden, der sich einer Vision verschrieben hat, einsam und frustrierend sein. Die besten Firmengründer und Unternehmensleiter erkennen, wie sie ihre persönliche Besessenheit und ihr Engagement in institutionelle Energie und Hartnäckigkeit umsetzen können.

Eine wesentliche Aufgabe der Führung erfolgreicher Unternehmensleiter ist, den in der Organisation arbeitenden Menschen das gleiche Gefühl für die Bedeutung des Unternehmens zu vermitteln, die es für seinen Leiter hat. Denn was Spitzengewinner von den Unternehmen »unter ferner liefen« unterscheidet, ist – und das ist sehr wichtig –, daß diese Unternehmen dem Leben der Menschen, die darin arbeiten, einen Sinn geben, ihnen nicht nur das Gehalt überweisen.

Korpsgeist und Siegesgewißheit sind in bekannten Organisationen – ungeachtet ihrer unterschiedlichen Ausprägungen – nichts Ungewöhnliches. Marinesoldaten, Harvard-Studenten, IBM-Angestellte, Beamte im »Office of Management and Budget« des Weißen Hauses, Journalisten der New York Times, Mitarbeiter der Morgan Guaranty-Bank, Finanzleute von Goldman Sachs, Rechtsanwälte von Sullivan & Cromwell und Jesuiten zeigen allesamt gern ihren besonderen Stolz auf die zentralen Werte hervorragender Leistung, die in ihren Organisationen allgegenwärtig sind. Aber wichtiger als bloßer guter Wille ist, daß sie sich für diese Werte engagieren und sie verstehen. Darum können diese Organisationen außergewöhnlichen Einsatz und Engagement fordern und ihre Mitarbeiter zeigen dies auch.

Viele einzelne – symbolische und wirkliche – Handlungen verleihen diesen Unternehmen Bedeutung. Nur geeignete Mitarbeiter für das Unternehmen auszuwählen (und in die Unternehmenskultur zu passen, ist genau so wichtig wie objektive Qualifikationen für den Arbeitsplatz) und dann nur solche in verantwortungsvollere Stellen zu befördern, sind zwei wichtige Mittel, dem Anliegen des Unternehmens gerecht zu werden. Das Unternehmenskredo, seinen Kodex und seine Philosophie herauszuarbeiten und zu verbreiten, ist ein weiteres Mittel. Noch ein weiteres sind Aktien für Mitarbeiter und Führungskräfte – jeder ist Miteigentümer des Unternehmens und kann sich als Aktionär auch damit identifizieren. Aber am meisten Bedeutung verleiht dem Unternehmen das Vorbild seines Leiters – wie er oder sie Entscheidungen trifft, seine oder ihre Energien einsetzt und mit den Menschen umgeht.

Persönliche Führung durch das eigene Vorbild sollte nicht mit Charisma verwechselt werden – das unsere Freunde bei Webster als »persönlicher Zauber, der eine besondere allgemeine Loyalität oder Einsatzbereitschaft wachruft«, definieren. Im Charisma zeigt sich zwar oft die Fähigkeit, Werte und Grundsätze in Handlungen und leidenschaftlich verfolgte Ziele umzusezten, es ist aber keineswegs notwendig. Unter den *CEOs* der Spitzengewinner strahlen einige reichlich Charisma aus – Bill McGowan von MCI, John Cullinane von Cullinet und Ross Perot von Electronic Data Systems (EDS). Aber die meisten verhalten sich wie normale Menschen, wenn es darum geht, eine Menge zu beeindrucken, die Presse für sich zu gewinnen oder leidenschaftliche Gefolgschaft zu schaffen. Aber ihre persönliche Führung ist sehr effektiv, weil sie durch ihr unauffälliges Vorbild Werte vermitteln. Diese Werte und ihre Mitarbeiter sind ihnen einfach wichtig. Das sollte niemanden überraschen, auch wenn die Medien aus Charisma einen Kult machen. John F. Kennedy und Theodore Roosevelt waren charismatische Führer – aber Abraham Lincoln und Woodrow Wilson waren es nicht. Douglas MacArthur hatte Charisma – Omar Bradley hatte es nicht. Natürlich ist Charisma hilfreich, aber das Medium ist nicht die Botschaft, der Inhalt ist es. Und es ist der Gehalt der Unternehmenswerte und -philosophie, was dem Unternehmen Bedeutung verleiht.

Ein wichtiger Test, mit dessen Hilfe wir feststellen, inwieweit die Unternehmenswerte verstanden und vertreten werden, ist, die Arbeiter ganz unten in der Hierarchie der Organisation zu fragen, für was das Unternehmen steht – und diesen Test kann jede Führungskraft durchführen, wenn sie mit Mitarbeitern am Produktionsband, am Empfang oder in der Telefonvermittlung redet. Wir wollten sehen, inwieweit sich ihre Erläuterung der Werte mit der der Unternehmensleitung deckt. Und die Ergebnisse sind recht beachtlich. Einer unserer Mitarbeiter lebt in Washington, D.C., dem Sitz von MCI, und ist stets beeindruckt, wenn Angestellte von MCI – in der U-Bahn, bei Cocktail-Parties oder im Flugzeug früher oder später weitausschweifend erläutern, was Wettbewerb im Fernsprechwesen bedeutet und wie MCI dafür sorgt, daß er funktioniert.

Die Führung der Spitzengewinner zeichnet sich also dadurch aus, daß sie die anderen Menschen, die im Unternehmen arbeiten, durch Logik, Vorbild und praktische Umsetzung von der zentralen Aufgabe zu überzeugen und für die Unternehmenskultur zu gewinnen vermag.

Perspektive

Ohne Perspektive ist Besessenheit Fanatismus.* Um im Geist des Unternehmertums führen zu können, braucht man eine Perspektive, die nach außen eine Vision eröffnet und nach innen realistisch ist.

* Am liebsten definieren wir einen Fanatiker als jemanden, »der sein Ziel aus den Augen verloren hat, aber seine Anstrengungen verdoppelt.«

Die externe Vision läßt erkennen – und läßt auch andere erkennen und entsprechend handeln –, was Schumpeter das Erzeugnis des Unternehmers nannte: »neue Kombinationen vorhandener Dinge und Kräfte«.* Schumpeter nannte fünf neue Kombinationen, um die wahrzunehmen der Unternehmer noch heute, so meinen wir, genug Phantasie und um die zu nutzen er genug praktischen Verstand haben muß: (1) Herstellung eines neuen Gutes, (2) Einführung einer neuen Produktionsmethode, (3) Erschließung eines neuen Absatzmarktes, (4) Eroberung einer neuen Bezugsquelle, und (5) Durchführung einer neuen Organisation. Und wie Schumpeter bereits 1912 sagte und wir heute noch meinen, besteht die Aufgabe des Unternehmers genau darin, nämlich die alte Tradition zu überwinden und eine neue Tradition zu schaffen.**

Die feine, aber entscheidende Grenzlinie zwischen einer derartigen Vision und Halluzinationen ist die Perspektive der Praktizierbarkeit. Sie wird von den Kunden aufgezeigt – den wirklichen Menschen und Verbrauchern, die auf dem Markt als Kunden ihre Stimme abgeben. Was immer wir kaufen – Büroklammern, Computer, medizinische Versorgungsleistungen oder Flugscheine –, wir kaufen etwas, um ein Problem zu lösen. Praktische Problemlösungen sind daher der Kern jeder unternehmerischen Vision.

Das zweite Element unternehmerischer Perspektive ist interner Realismus – die Eigenschaft, Unmögliches zu erkennen. Auf der Welt gibt es wenige Renaissance-Menschen – und noch weniger Renaissance-Unternehmen. Von Leonardo da Vinci – der in der Wissenschaft, der Kunst und der Politik Außergewöhnliches leistete – und Thomas Jefferson – dem Meisterarchitekten, Wissenschaftler, Pädagogen und Staatsdiener – und ihresgleichen abgesehen, leisten wenig Sterbliche in unterschiedlichen Bereichen Außergewöhnliches. Der Leistung sind Grenzen gesetzt, wie brennend der Ehrgeiz und wie groß die Begabung auch sein mögen. Diese natürlichen Grenzen – sowohl für das Unternehmen als auch für die Person – zu erkennen und zu akzeptieren, läßt einen Unternehmer erfolgreich sein.

Die Wahrnehmung der Realität macht es möglich, Grenzen zu überschreiten und erfolgreich zu expandieren, aber hindert es, in vollkommen fremde Unternehmungen einzutreten, wo es mit größter Wahrscheinlichkeit scheitern würde (selbst wenn sie interessant und oberflächlich attraktiv sind). Wie wir bereits sagten, sind einige Wachstumsunternehmen einer gewissen Hybris verfallen – einem hemmungslosen Ehrgeiz, Produkte, Dienstleistungen und Märkte zu erobern, die ihnen fremd sind und von denen sie nichts verstehen, und das ist ein fataler Fehler.

Zwischen Nachfolge und Erfolg besteht sowohl ein etymologischer als auch

* *Theorie wirtschaftlicher Entwicklung*, S. 100–101.
** *Ebd.*, S. 139

sachlicher Zusammenhang. Wenn es ein Problem gab, das die von uns befragten Leiter der Spitzenunternehmen beschäftigte, war es, das Unvermeidliche ins Auge zu fassen – für den Kommandowechsel Kandidaten zu ermitteln, zu trainieren und zu erproben und sich selbst darauf vorzubereiten, ihnen die Entscheidungsgewalt zu überlassen.

Die Wahrnehmung der Realität und die natürliche Sterblichkeit verlangen, für die Nachfolge eines leistungsfähigen Unternehmensleiters zu sorgen. Um die Lebenskraft der Institution zu erhalten, muß der Unternehmensleiter bestrebt sein, potentielle Nachfolger anzuwerben, auszuwählen und zu fördern, die möglichst noch begabter als er selbst sind – was Mut erfordert. Und die erfolgreichsten Unternehmensleiter verfügen über soviel organisatorische Perspektive und Selbstbewußtsein, daß sie im voraus erkennen, wann die Organisation für ihre Zukunft bessere, andere oder neue Fertigkeiten, Talente, Energien oder Schwerpunkte braucht – und abtreten, wenn die Zeit gekommen ist.

Seymour Cray und David Pall waren nicht nur genial, als sie mit technischen Innovationen oder unternehmerischen Erfolgen wichtige Unternehmensbereiche gründeten und aufbauten. Beide beschlossen, die Verantwortung des *CEO* an Kollegen abzugeben und sich selbst wichtigen Aufgaben in Forschung und Entwicklung zu widmen.

Was nun?

Eine große Mehrheit unserer Leser hat sicherlich mit mittelgroßen Unternehmen nichts zu tun. Wenn unsere Leserschaft der allgemeinen Beschäftigungsstruktur entspricht, arbeiten die meisten in größeren oder kleineren Firmen. Und noch weniger haben mit Unternehmen zu tun, deren wirtschaftliche Leistung auch nur annähernd der der Unternehmen entspricht, die wir für dieses Buch auswählten.

Wer in mittelgroßen Wachstumsunternehmen oder in den »Excellence companies« arbeitet, wird unter den Lehren, die wir aus unserer Untersuchung gezogen haben, zweifellos eine Menge »Altbekanntes« finden. Das führt zwangsläufig zu der Frage nach dem allgemeinen Interesse der Ergebnisse.

Dieses Buch befaßt sich zwar schwerpunktmäßig mit mittelgroßen Wachstumsunternehmen, aber nicht nur Unternehmen dieser Größenordnung können vom Unternehmerbetrieb lernen. Kleinere Betriebe, die expandieren wollen, können wachsen, wenn sie die Erfolgsmethoden erkennen und selektiv anwenden. Die erfolgsträchtigen Strategien – den Wettbewerb auf der Basis von Innovationen führen, Marktnischen schaffen und diese anführen, die Grenze zu verwandten Märkten und Produkten überschreiten und dem Wert höchsten

Stellenwert einräumen – waren für die Unternehmen, die wir untersuchten, in ihrer Frühphase genau so wichtig wie sie es noch heute sind. Diese Merkmale ihrer Strategie waren es, die die leistungsstarken Unternehmen in den Kreis der Spitzengewinner unserer Wirtschaft haben aufsteigen lassen.

Für die meisten – wenn auch nicht für alle – größeren Unternehmen sind unsere Ergebnisse ebenfalls wertvoll. Heutzutage sind die meisten größeren amerikanischen Unternehmen in Profit-Center und Unternehmenseinheiten unterteilt, die in bezug auf ihre Größe und strategischen Merkmale den Unternehmerbetrieben, über die wir hier berichtet haben, sehr ähneln. Und für diese Unternehmensbereiche gelten unsere Ergebnisse ebenfalls. Einige der erfolgreichsten, unternehmerisch denkenden Riesenkonzerne haben in ihren dezentralisierten Unternehmenseinheiten diese Strategien auch angewandt.* Aber noch wichtiger für größere und fest etablierte Unternehmen sind unsere Beobachtungen zur Organisation – daß Disziplin und Unternehmensphilosophie in Einklang gebracht werden müssen, so daß die nötige Strenge mit ständiger Verjüngung koexistieren kann.

Für alle Unternehmungen ist – ungeachtet ihrer Größe, ihres Alters und Standortes – persönliche Führung auf allen Ebenen der Organisation am erfolgversprechendsten. Wenn die Unternehmensführung engagiert ist und dieses Engagement in Werten, Geist und Leitsätzen des Unternehmens institutionalisiert, vermag das die Energien der Mitarbeiter freizusetzen; denn das Gefühl, einer besonderen Institution anzugehören, verleiht ihrer Arbeit zusätzliche Bedeutung.

Per definitionem kann nicht jedes Unternehmen zu den oberen 1 bis 10 Prozent unter seinesgleichen gehören – so wenig wie jeder Golfspieler die Masters-Turniere oder jede Nation bei den Olympischen Spielen die meisten Goldmedaillen gewinnen kann. Sehr, sehr wenige Unternehmen werden den Leistungsstand der Spitzengewinner, über den wir hier berichtet haben, erreichen, geschweige denn halten können. Aber mehr als man denkt, können tatsächlich bessere Leistungen anstreben und erreichen – wenn sie den Willen dazu haben und die notwendigen Fähigkeiten entwickeln.

Im Wirtschaftsleben gibt es wie sonst auch im menschlichen Leben »Naturtalente«, die das Glück haben, mit außergewöhnlichen Fähigkeiten begabt zu sein. Wer von Natur aus die Voraussetzungen zum Sportler oder zur Sportlerin hat, trainiert, die besten Methoden entwickelt und anwendet sowie alle Möglichkeiten, um besser und anders zu kämpfen, ausnutzt, erhöht damit seine Aus-

* Natürlich gibt es eine kleine Minderheit funktional organisierter Unternehmen, in denen aufgrund ihrer Betriebsgröße, Integration, massive langfristige Investitionsentscheidungen und größenbedingte Wettbewerbsvorteile bestimmend sind. Für diese Unternehmen sind unsere strategischen Ergebnisse ohne Belang.

sichten, durch Spitzenleistungen Sieger zu werden. Und die weniger Begabten, die das gleiche tun, werden wahrscheinlich nicht siegen, aber sie können in der Regel ihre Gesamtleistung verbessern.

Das gilt auch für Unternehmen – den Mannschaftssport im Wirtschaftsleben. Die besten Methoden zu erkennen, zu übernehmen, anzuwenden, weiterzuentwickeln und über den bisherigen Stand hinaus zu verbessern, – das garantiert zwar keine geschäftliche Spitzenstellung, dürfte aber zu höheren und befriedigenderen Ergebnissen führen.

Durch das, was sie vom Unternehmerbetrieb lernen können – Innovationen vorantreiben, Geist und Disziplin in Einklang bringen und nach den Grundsätzen des Unternehmertums persönlich führen – können die Besseren zu den Besten werden. Und die Besten werden für die nächste Generation von Unternehmern wieder eine neue Tradition ins Leben rufen.

Anhang A
Mitglieder der American Business Conference

Arthur Levitt erinnert sich genau an den Tag vor einigen Jahren, als er mit einer Gruppe von Leitern einiger der größten, angesehendsten Unternehmen Amerikas vor dem Roosevelt-Zimmer des Weißen Hauses wartete, um sich mit Präsident Carter zu treffen und über die Wirtschaft zu diskutieren. Bei dieser Sitzung sollte ein breites Spektrum von Fragen angeschnitten werden, die für das wirtschaftliche Wohlergehen der Nation von entscheidender Bedeutung waren; das Unternehmertum war in der Themenliste zwar enthalten, befand sich aber weit unten. Außerdem war keines der kleineren, besonders unternehmerisch ausgerichteten Firmen des Landes vertreten.

Bei den Gesprächen unmittelbar vor der Sitzung, erinnert sich Levitt, übten mehrere CEOs wortreich Kritik an der Wirtschaftspolitik der Regierung. Aber ihre Klagen zielten nicht darauf ab, neue Ideen und neue Geschäftszweige zu schaffen, von denen neue Wachstumsimpulse ausgehen würden. Stattdessen forderten sie Schutzmaßnahmen für ältere, schrumpfende Branchen. Als die Sitzung dann begann, kam das Thema Unternehmertum überhaupt nicht zur Sprache. Programme oder politische Maßnahmen, die entweder den großen Unternehmen oder den kleineren Wachstumsunternehmen Innovationsanreize geben würden, wurden einfach gar nicht erwähnt.

Eben in diesem Moment kam Levitt zu der Überzeugung, daß das Unternehmertum auf der Tagesordnung der Nation sehr viel vorrangiger plaziert zu werden verdiente, und daß gestandene Unternehmer aus mittelgroßen und kleineren Unternehmen in der Gestaltung politischer Programme eine Stimme zu haben verdienten. Sein Traum wurde 1980 Wirklichkeit; ihre Stimme ist die American Business Conference.

In wichtigen Punkten vertritt die ABC als politisches Sprachrohr, was ihre Mitglieder (und ihnen verwandte Köpfe aus der Wirtschaft) im Verlauf ihrer eigenen Erfolgsgeschichte gelernt haben – und was auch dieses Buch lehrt. Die ABC repräsentiert eine Nische: den winzigen Teil der amerikanischen Unternehmen, die sowohl wachstumsstark als auch von mittlerer Größe sind. Sie konzentriert sich auf sehr wenige, sehr wichtige Fragen – Steuern und Kapitalbildung, Handelsreform und Deregulierung – und wird jetzt allgemein als eine Institution anerkannt, die zu diesen Fragen deutlich und nachdrücklich Stellung bezieht.

Da die ABC ihre Aufgaben durch ihre Mitglieder erfüllen läßt, braucht sie keine eigene Bürokratie aufzubauen. Wenn die ABC Fragen frühzeitig aufgreift und versucht, auf die öffentliche Diskussion hierzu gestaltend einzuwirken, denkt sie wie die politischen Entscheidungsträger, die schließlich die Endverbraucher ihrer Ideen sind.

Bei der Verfolgung ihrer Ziele sind ABC-Mitglieder innovativ – wie *CEO* George Hatsopoulos von Thermo Electron bewies, als er eine Pionieruntersuchung der Kapitalkosten und ihres Einflusses auf die internationale Wettbewerbsfähigkeit anführte. Eine der Hauptursachen für das Nachlassen der Wettbewerbsfähigkeit Amerikas liegt nach seinen Untersuchungsergebnissen darin, daß die retiven Kapitalkosten so stark gestiegen sind; damit widerspricht er den Auguren, die die Schuld bei den amerikanischen Arbeitnehmern und Unternehmensführungen suchten.

Wie das in der Regel für Menschen gilt, die in Politik und Wirtschaft etwas bewegen, verkörpern die Männer, die die ABC gründeten und jetzt führen, Arthur Levitt und Jack Albertine, leidentschaftlichen Einsatz und Institutionalisierung von Werten. Die Mitglieder der ABC haben ihrerseits die Werte, Perspektive und Einsatzbereitschaft, die sie in ihren eigenen Unternehmen an den Tag legen, in die Organisation eingebracht – und dadurch, keineswegs überraschend, aus einer neuen unbekannten Organisation schnell eine Kraft gemacht, von der einflußreiche Ideen und Maßnahmen ausgehen.

Heute zieht es Regierungsbeamte und andere angesehene Persönlichkeiten aus beiden politischen Lagern zu den Treffen, Workshops und Konferenzen der ABC. Und sie hat spürbaren Einfluß auf die Wirtschaftspolitik des Landes genommen; bei der Verabschiedung des Tax Equity and Fiscal Responsibility Act von 1982, dem Gesetz für größere Steuergerechtigkeit, und in den Auseinandersetzungen um den Haushalt von 1983 und 1984 spielte die ABC, zum Beispiel, eine wichtige Rolle.

Im März 1985 gehörten der American Business Conference 101 *Chief Executives, Chairmen* und *Presidents* an. Die folgende Liste nennt die Mitglieder nach dem Stand von März 1985 in der alphabetischen Reihenfolge des Firmennamens.

John J. Lynch
President und CEO
Adams-Russell Company, Inc.
Waltham, Massachusetts

J. David Markley
Chairman und CEO
American First Corporation
Oklahoma City, Oklahoma

Robert J. Fierle
President
American Precision Industries, Inc.
Buffalo, New York

Ray Stata
Chairman und President
Analog Devices, Inc.
Norwood, Massachusetts

John W. Poduska, Sr.
Chairman und CEO
Apollo Computer, Inc.
Chelmsford, Massachusetts

Robert W. Philip, Jr.
Honorary Founding Member
Arthur Andersen & Company
Dallas, Texas

Sandra L. Kurtzig
Chairman und CEO
ASK Computer Systems, Inc.
Los Altos, California

Coleman Raphael
Chairman und CEO
Atlantic Research Corporation
Alexandria, Virginia

Roger D. Wellington
Chairman und CEO
Augat Inc.
Mansfield, Massachusetts

Josh S. Weston
President und CEO
Automatic Data Processing, Inc.
Roseland, New Jersey

Roland S. Boreham, Jr.
Chairman und CEO
Baldor Electric Company
Fort Smith, Arkansas

Robert H. Spilman
Chairman und CEO
Bassett Furniture Industries, Inc.
Bassett, Virginia

Earle Williams
President und CEO
BDM International, Inc.
McLean, Virginia

Emil Martini
Chairman und CEO
Bergen Brunswig Corporation
Los Angeles, California

Robert W. Van Tuyle
Chairman und CEO
Beverly Enterprises
Pasadena, California

John W. Hartman
Chairman
Bill Communications, Inc.
New York, New York

Arthur B. Birtcher
General Partner
Birtcher
Beverly Hills, California

Winton M. Blount
Chairman und CEO
Blount, Inc.
Montgomery, Alabama

Stephen R. Levy
Chairman und CEO
Bolt Beranek and Newman, Inc.
Cambridge, Massachusetts

Albert R. Snider
President und CEO
Bourns, Inc.
Riverside, California

W. L. Lyons Brown, Jr.
Chairman
Brown-Forman Corporation
Louisville, Kentucky

David Dibner
Chairman
Burndy Corporation
Norwalk, Connecticut

Thomas W. Walthen
President
California Plant Protection, Inc.
Van Nuys, California

William A. Fickling, Jr.
Chairman und CEO
Charter Medical Corporation
Macon, Georgia

J. E. R. Chilton III
Chairman
Chilton Corporation
Dallas, Texas

Henry D. Clarke, Jr.
Chairman und CEO
Clabir Corporation
Greenwich, Connecticut

James A. Collins
Chairman und CEO
Collins Food International, Inc.
Los Angeles, California

Kenneth N. Pontikes
Chairman und President
Comdisco, Inc.
Rosemont, Illinois

Stephen T. Winn
President
Computer Language Research, Inc.
Carrollton, Texas

Parker Montgomery
Chairman und CEO
Cooper Vision, Inc.
Palo Alto, California

John A. Rollwagen
Chairman und CEO
Cray Research, Inc.
Minneapolis, Minnesota

Bradford R. Boss
Chairman
A. T. Cross Company
Lincoln, Rhode Island

John J. Cullinane
Chairman und CEO
Cullinet Software
Westwood, Massachusetts

Barrie M. Damson
Chairman
Damson Oil Corporation
New York, New York

Edson de Castro
President
Data General Corporation
Westboro, Massachusetts

Marne Obernauer, Jr.
President und CEO
Devon Group, Inc.
New York, New York

John K. Castle
President
Donaldson, Lufkin & Jenrette
New York, New York

Robert E. Linton
Chairman und CEO
Drexel Burnham Lambert, Inc.
New York, New York

Robert M. Rosenberg
Chairman
Dunkin' Donuts Incorporated
Randolph, Massachusetts

J. P. Barger
President
Dynatech Corporation
Burlington, Massachusetts

Morton H. Meyerson
President
Electronic Data Systems
Dallas, Texas

Daniel Greenberg
Chairman und CEO
Electro Rent Corporation
Santa Monica, California

William F. Farley
Chairman und CEO
Farley Industries
Chicago, Illinois

Don L. Gevirtz
Chairman
The Foothill Group, Inc.
Los Angeles, California

Milton Greenberg
Chairman und CEO
GCA Corporation
Bedford, Massachusetts

Stephen C. Swid
Cochairman
General Felt Industries/
Knoll International
New York, New York

Robert L. Tarnow
Chairman
Goulds Pumps, Inc.
Seneca Falls, New York

Gordon C. Luce
Chairman und CEO
Great American First Savings Bank
San Diego, California

Edward H. Meyer
Chairman und President
Grey Advertising, Inc.
New York, New York

Charles A. Hayes
Chairman
Guilford Mills, Inc.
Greensboro, North Carolina

Robert Marbut
President und CEO
Harte-Hanks Communications, Inc.
San Antonio, Texas

Fred R. Dusto
President und CEO
Harvey Hubbell, Inc.
Orange, Connecticut

Edgar F. Heizer, Jr.
Chairman und President
Heizer Corporation
Chicago, Illinois

James M. Hoak
President
Heritage Communications, Inc.
Des Moines, Iowa

Richard H. Hughes
Chairman
Hinderliter Industries, Inc.
Tulsa, Oklahoma

Gerald D. Hines
Chairman
Gerald D. Hines Interests
Houston, Texas

Barry W. Florescue
Chairman und CEO
The Horn & Hardart Co.
New York, New York

Charles R. Scott
President und CEO
Intermark, Inc.
La Jolla, California

Patrick J. McGovern
Chairman
International Data Group
Framingham, Massachusetts

Marvin Josephson
Chairman und CEO
Josephson International, Inc.
New York, New York

Michael Jaharis, Jr.
President und CEO
Key Pharmaceuticals, Inc.
Miami, Florida

Robert L. Swiggett
Chairman
Kollmorgen Corporation
Stamford, Connecticut

Lester B. Korn
Chairman
Korn/Ferry International
Los Angeles, California

S. Lee Kling
Chairman und CEO
Landmark Bancshares
Corporation
St. Louis, Missouri

Robert M. Elliot
Chairman
Levitz Furniture Corporation
Miami, Florida

Robert H. Krieble
Chairman und CEO
Loctite Corporation
Newington, Connecticut

James R. McManus
Chairman und CEO
Marketing Corporation of America
Westport, Connecticut

Richard A. Manoogian
President
Masco Corporation
Taylor, Michigan

Sheldon Weinig
Chairman
Materials Research Corporation
Orangeburg, New York

V. Orville Wright
President
MCI Communications Corporation
Washington, D. C.

Harlan Steinbaum
President
Medicare-Glaser Corporation
St. Louis, Missouri

Robert A. Burnett
President und CEO
Meredith Corporation
Des Moines, Iowa

Max O. DePree
Chairman
Herman Miller, Inc.
Zeeland, Michigan

Dimitri V. d'Arbeloff
Chairman
Millipore Corporation
Bedford, Massachusetts

George P. Mitchell
Chairman, President und CEO
Mitchell Energy & Development
Corporation
The Woodlands, Texas

Robert A. Mosbacher
Chairman
Mosbacher Production Company
Houston, Texas

Dillard Munford
Chairman und CEO
Mundford, Inc.
Atlanta, Georgia

Burke Mathes
Chairman und CEO
Pacific Stereo Company
Emeryville, California

Abraham Krasnoff
President und CEO
Pall Corporation
Glen Cove, New York

Edward Green
Chairman
Pandick, Inc.
New York, New York

Larry D. Horner
Chairman und CEO
Peat, Marwick, Mitchell & Company
New York, New York

Jerome A. Lewis
Chairman und CEO
Petro-Lewis Corporation
Denver, Colorado

Robert G. Tointon
President
Phelps, Inc.
Greeley, Colorado

Burton P. Resnick
President
Jack Resnick & Sons, Inc.
New York, New York

Ernest J. Nagy
Chairman und President
Riblet Products Corporation
Elkhart, Indiana

Donald W. Brickman
President und CEO
Safety-Kleen Corporation
Elgin, Illinois

Jack L. Bowers
Chairman und CEO
Sanders Associates, Inc.
Nashua, New Hampshire

T. J. Dermot Dunphy
President und CEO
Sealed Air Corporation
Saddle Brook, New Jersey

R. James Macaleer
Chairman
Shared Medical System
Malvern, Pennsylvania

Melvyn N. Klein
President und CEO
Sparkman Energy Corporation
Corpus Christi, Texas

Stuart D. Buchalter
Chairman
Standard Brands Paint Comany
Torrance, California

Wendell W. Gamel
Chairman und President
Tech-Sym Corporation
Houston, Texas

Alexander V. d'Arbeloff
President
Teradyne, Inc.
Boston, Massachusetts

George N. Hatsopoulos
Chairman und President
Thermo Electron Corporation
Waltham, Massachusetts

J. David Parkinson
Chairman
Thomas & Betts Corporation
Raritan, New Jersey

G. Allen Mebane
Chairman und CEO
Unifi, Inc.
Greensboro, North Carolina

Arthur H. Stromberg
Chairman, President und CEO
URS Corporation
San Mateo, California

C. Angus Wurtele
Chairman und CEO
The Valspar Corporation
Minneapolis, Minnesota

Roger W. Johnson
Chairman, President und CEO
Western Digital Corporation
Irvine, California

Stanley A. Wainer
Chairman, President und CEO
Wyle Laboratories
El Segundo, California

Lester L. Colbert, Jr.
President und CEO
Xidex Corporation
Sunnyvale, California

Anhang B
Die 119 wachstumsstärksten, börsennotierten mittelgroßen Unternehmen in den Vereinigten Staaten (1983)*

Adobe Oil & Gas Corp.
Advanced Micro Devices, Inc.
Alaska Airlines, Inc.
Allegheny Beverage
Alpha Industries, Inc.
Ames Department Stores, Inc.
Analog Devices, Inc.
Applied Data Research, Inc.
Atwood Oceanics, Inc.
Augat Inc.
Automatic Data Processing, Inc.
Basix Corp.
California Microwave, Inc.
Charming Shoppes, Inc.
Charter Medical Corp.
Coachmen Industries, Inc.
Cobe Laboratories, Inc.
Comdisco, Inc.
Commodore International Ltd.
Community Psychiatric Centers
Comprehensive Care Corp.
Computer Consoles, Inc.
Computer Horizons Corp.
Computer Products, Inc.
Computervision Corp.
Conair Corporation
Cox Communications, Inc.
CPT Corporation
Damson Oil Corp.
Data Card Corporation
Data-Design Laboratories
Datapoint Corp.
Dillard Department Stores, Inc.
Diversifoods Inc.
D. O. C. Optics Corp.
Donaldson, Lufkin & Jenrette, Inc.
Dreyfus Corp.
Dynascan Corp.
Dynatech Corporation
A. G. Edwards & Sons, Inc.
EG&G, Inc.
Electrospace Systems, Inc.
Emerson Radio Corp.
Fay's Drug Company
Flightsafety International, Inc.
Fort Howard Paper Co.
General Datacomm Industries, Inc.
Gerber Scientific Inc.
Global Marine Inc.
Golden Nugget, Inc.
Great Lakes Chemical Corp.
John H. Harland Co.

* Unternehmen, die Compustat für 1983 mit Umsätzen zwischen 25 Millionen Dollar und 1 Milliarde Dollar und für die Jahre 1973–1983 mit einem jährlichen Umsatz- *und* Gewinnwachstum von jeweils über 20 Prozent führt.

Hechinger Co.
The Horn & Hardart Co.
Impell Corporation
Jerrico, Inc.
Kaneb Services, Inc.
Mary Kay Cosmetics, Inc.
Key Pharmaceuticals Inc.
Kinder-Care Learning Centers, Inc.
Knogo Corp.
La Quinta Motor Inns, Inc.
Loral Corp.
Luby's Cafeterias Inc.
Lynden Incorporated
M/A-Com Inc.
Manor Care, Inc.
MEI Corp.
Herman Miller, Inc.
Mitchell Energy & Development Corp.
Molex Incorporated
National Education Corp.
National Medical Care, Inc.
Newcor, Inc.
Nicolet Instrument Corp.
Nordstrom, Inc.
Ocean Drilling & Exploration Co.
Optical Radiation Corp.
Pacific Telecom Inc.
Pall Corp.
Pauley Petroleum Inc.
Payless Cashways, Inc.
Petro-Lewis Corp.
PHH Group, Inc.
Pic ›N‹ Save Corp.
Piedmont Aviation, Inc.
Public Service Co. of New Mexico
Pulte Home Corp.
Pyro Energy Corp.
Republic New York Corp.
Resorts International Inc.
Adams Russell Co., Inc.
Ryland Group Inc.
Sabine Corp.
Science Applications International Corp.
Scurry-Rainbow Oil Ltd.
Sealed Air Corp.
Sensormatic Electronics Corp.
Servicemaster Industries Inc.
Shaklee Corp.
Shared Medical Systems Corp.
Shoney's Inc.
Shop & Go, Inc.
Southland Royalty Co.
Southwest Airlines Co.
Staff Builders Inc.
Survival Technology, Inc.
Telecredit, Inc.
Timeplex, Inc.
Torotel, Inc.
Transtechnology Corp.
Tyco Laboratories Inc.
Valtek Incorporated
Viacom International Inc.
Wavetek Corporation
WD-40 Company
Western Steer Mon ›N‹ Pop's Inc.
Winners Corp.
Worthington Industries, Inc.

Anhang C
Anmerkungen zu methodischem Ansatz und zur Analyse

Manche Leser sind vielleicht an genaueren Angaben interessiert, mit welchem Ansatz wir dieses Buch erstellten und die Ergebnisse erhielten, die seine Thesen stützen. Deswegen erläutern wir in diesem Anhang:

1. die Methoden, die wir einsetzten
2. die Quellen, auf die wir unsere Ergebnisse stützen
3. Einzelheiten unserer Analyse und Ergebnisse (einschließlich 36 statistischer Abbildungen)

I. Methoden

Wir haben die Spitzengewinner unter den wachstumsstarken mittelgroßen Unternehmen gründlich, methodisch diszipliniert und umfassend untersucht, glauben wir – aber es ist keine »wissenschaftliche Untersuchung« im klassischen Sinn.

Wir wählten einen doppelten Ansatz. Zuerst versuchten wir aus erster Hand zu ermitteln, welche Strategie-, Organisations- und Führungsmethoden mittlere Unternehmen mit überdurchschnittlichen Leistungen in der Regel anwenden. Daraufhin testeten wir, wo das möglich war, unsere Ergebnisse an einer größeren Auswahl von Unternehmen mit unterschiedlichen Leistungen. Über diejenigen Methoden, die nach unserem Test von Spitzengewinnern angewendet werden *und* die in Unternehmen mit durchschnittlichen und unterdurchschnittlichen Ergebnissen nicht oder nur in Ansätzen zu finden sind, haben wir dann dieses Buch geschrieben.

Methoden der Spitzengewinner

In erster Linie konzentrierten wir uns hier auf eine Gruppe mittelgroßer Unternehmen mit überdurchschnittlichen Leistungen, nämlich die Mitglieder der American Business Conference. Voraussetzung für die Mitgliedschaft in dieser Gruppe von einhundert Unternehmensleitern ist, daß die Umsätze der Unternehmen zwischen 25 Millionen Dollar und 1 Milliarde Dollar liegen *und* das durchschnittliche Umsatz- oder Gewinnwachstum in den letzten fünf Jahren vor der Aufnahme jährlich mindestens 15 Prozent betragen hat. Bei Aktiengesellschaften lassen sich die einzelnen Ergebnisse leicht anhand von Jahresberichten, SEC-Angaben und allgemein zugänglichen Datenbanken wie Compustat oder Dun & Bradstreet verifizieren. Bei Personengesellschaften stützt sich die ABC auf die Angaben der Wirtschaftsprüfer des jeweiligen Unternehmens.

Im Durchschnitt lagen die Wachstumsraten der einundachtzig Aktiengesellschaften unter den ABC-Unternehmen in den letzten fünf Jahren erheblich über dem Mindestsatz von 15 Prozent. Ihre kollektiven durchschnittlichen Leistungen, die in den Abbildungen 19 bis 25 dieses Anhangs dargestellt werden, lagen über den Durchschnittswerten der Gesamtwirtschaft, der *Fortune* 500 und sogar der »Excellent Companies«, über die Peters und Waterman in *Auf der Suche nach Spitzenleistungen* berichteten, – und zwar mit erheblichem Abstand bei den Wachstumsraten für Umsatz, Ertrag, Marktwert, Anlagevermögen, Arbeitsplätze und Investitionen in den Jahren 1978–83 (dem letzten Fünfjahreszeitraum, für den allgemein zugängliche Daten erhoben wurden). In bezug auf die Eigenkapitalrendite, einer Standardkennziffer der Rentabilität, lag die ABC-Auswahl über der Gesamtwirtschaft und den *Fortune* 500, blieb aber um 1,3 Prozent hinter den »Excellent Companies« zurück.

Die ABC-Auswahl erzielte zwar durchschnittliche Wachstumsraten, die ihr einen Platz im oberen Viertel aller mittelgroßen Unternehmen (jener 6 117 mittelgroßen Unternehmen, für die Dun & Bradstreet Fünfjahreszahlen hat) sicherten, und die meisten von ihnen gehörten mit ihrem Umsatzwachstum und ihrer Eigenkapitalsrendite ins obere Quartil der Konkurrenten in ihrer Branche, innerhalb der ABC aber gibt es ein weites Spektrum von Leistungswerten. Die Unternehmen, die im Text in erster Linie als Beispiele dienen, hatten langfristig Leistungen erzielt, die sie in der ABC-Auswahl auf einen der vorderen Plätze brachte und deren Unternehmensleitung sich erbot, bei den Interviews, der Umfrage und der Analyse mitzuarbeiten.

Wie bei den meisten freiwilligen Organisationen ändert sich auch hier im Lauf der Zeit die Mitgliedschaft. Zum Beispiel haben drei Unternehmen der Auswahl – EDS, Charles River Laboratories und Lenox – vor kurzem mit anderen Firmen fusioniert. Zu statistischen Vergleichszwecken gingen wir bei der Liste der ABC-Mitglieder vom Stand im Februar 1984 aus. Zusätzlich wurden einige Nichtmitglieder herangezogen, um bestimmte Methoden zu verdeutlichen; auf jeden Fall entsprechen deren Geschäftsergebnisse dem Durchschnitt der ABC-Auswahl oder liegen darüber.

Unser erster Ansatz zur Ermittlung der Fakten war, in der Zeit von 1981–83 die Unternehmensleiter zu befragen (als wir die Untersuchung durchführten, deren Ergebnisse in unserem Bericht *The Winning Performance of the Midsize Growth Companies* veröffentlicht wurden). Diese Interviews sollten die »besten Methoden« ermitteln und wurden individuell und in kleinen Gruppen durchgeführt. Sie wurden ergänzt durch eine zweiundachtzig Fragen umfassende Fragebogenaktion sowie zahlreichen Diskussionen mit Führungskräften, Angestellten und *Board*-Mitgliedern, mit Personen, die zu den Unternehmen unserer Auswahl geschäftliche Verbindung hatten (wie Händler und Kunden), und mit früheren Mitarbeitern der Firmen. Für jeden Fall stellten wir auch ein Dossier mit Materialien zusammen, die über das Unternehmen veröffentlicht worden waren. Und in vielen Fällen gewannen wir darüber hinaus Einsichten und Kenntnisse durch Diskussionen mit informierten Beobachtern (Finanzanalysten, Konkurrenten, Wissenschaftlern und Journalisten). Als wir in der Zeit von 1983–85 an diesem Buch arbeiteten, wiederholten wir im wesentlichen den gleichen Vorgang noch einmal. Im Verlauf unserer Untersuchung führten wir Hunderte von Interviews durch – einhundert davon mit *Presidents* und/oder *Chairmen* – und trugen eine Dokumentation zusammen, die vier Aktenschränke füllte.

Bei den Interviews und bei der Umfrage sicherten wir unseren Gesprächspartnern die vertrauliche Behandlung unternehmenseigener Daten zu – und wir stimmten unsere Ergebnisse mit den Teilnehmern ab und holten für die Veröffentlichung von Zitaten jeweils die ausdrückliche Erlaubnis ein.

Aus diesen Interviews, Umfrageergebnissen und veröffentlichten Materialien sind unsere Beobachtungen über die Methoden der Spitzengewinner abgeleitet.

Überprüfung der Ergebnisse

Aus zwei Gründen mußte die Validität unserer ersten Ergebnisse über erfolgreiche Führungsmethoden überprüft werden. Erstens wäre es denkbar, daß die von uns ermittelten Methoden und Merkmale in allen Unternehmen – unabhängig von ihrer Leistung – zu finden sind. Zweitens widersprachen viele unserer Ergebnisse entweder einigen allgemein anerkannten Management-Theorien oder gingen weit über sie hinaus. Um unsere Ergebnisse zu überprüfen und zu validieren, entscheiden wir uns sowohl für einen quantitativen als auch für einen qualitativen Ansatz.*

Um unsere Ergebnisse der Strategieanalyse zu testen, führten wir eine Reihe genauer statistischer Analysen durch. Um, zum Beispiel, unsere Feststellung, daß Unternehmenserfolg von der Branche weitgehend unabhängig ist, zu erhärten oder zu widerlegen, werteten wir die Ergebnisse von 6 117 mittelgroßen Unternehmen in 58 primären SIC-Kategorien aus. Und wir untersuchten die Listen, die von führenden Zeitschriften über leistungsstarke Unternehmen veröffentlicht werden (wie die jährlichen Berichte von *Inc.* und *Forbes* über Spitzengewinner).

Die PIMS-Datenbank erwies sich als ausgezeichnetes – wenn auch nicht vollkommenes – Mittel zur Überprüfung anderer Strategie-Aussagen. Ihre 525 mittelgroßen Unternehmenseinheiten bilden in bezug auf Branche und bisherige Leistungen ein weites Spektrum. In diesem Fall mußten wir uns auf Informationen beschränken, die das Strategic Planning Institute bereits gesammelt hatte, aber zum Glück eignete sich die Datenbank weitgehend zur Überprüfung der Hypothesen, die wir validieren wollten. Zum Beispiel wurden unsere Ergebnisse zum Kriterium Produktinnovation anhand von PIMS-Daten

*Wir haben unsere Ergebnisse auf mehrere Arten getestet – wobei wir uns auf statistische Analysen von Datenbanken, vergleichende Fallstudien, veröffentlichte Jahresabschlüsse und die Erfahrung von Fachleuten stützten. Eine exaktere Methode wäre es gewesen, eine Auswahl von hundert »Verlierern« zu ermitteln und sie anhand von Interviews, Umfragen und Faktenmaterial zu untersuchen – um ihre Vorgehensweisen dann mit unserer Auswahl von »Gewinnern« zu vergleichen und gegeneinander abzusetzen. Ein solches Vorhaben mag zwar theoretisch verlockend klingen, ist praktisch aber undurchführbar; denn die »Verlierer« für eine aufrichtige und begeisterte Zusammenarbeit zu gewinnen, hieße, die menschliche Natur verleugnen. Wenige Menschen oder Institutionen sind darauf erpicht, die Gründe ihres Mißerfolgs – insbesondere zur Veröffentlichung – zu erörtern.

über den Zeitpunkt des Markteintritts erhärtet, – ebenso unsere Ergebnisse zum Kriterium Wert anhand der Daten zur Produktqualität. Insgesamt führten wir sieben Basisanalysen durch, um eine Korrelation zwischen Strategiemerkmalen der Spitzengewinner und entsprechenden PIMS-Eigenschaften nachzuweisen. Und in allen sieben Fällen stellten wir fest, daß die Ertragskraft an der durchschnittlichen Kapitalrendite (über vier Jahre gemessen) der 525 PIMS-Unternehmenseinheiten unsere Ergebnisse bestätigten. PIMS-Unternehmen, deren Merkmale den Methoden unserer Spitzengewinner entsprachen, wiesen eine höhere Rentabilität auf – diejenigen ohne diese Merkmale verzeichneten niedrigere Erträge.

Nicht alle unsere Ergebnisse eignen sich für die Quantifizierung (zum Beispiel, das leidenschaftliche Engagement der Unternehmensleiter oder von der Belegschaft gemeinsam vertretene Werte). In diesen Fällen stützten wir uns auf unsere eigene insgesamt vierzigjährige Beratererfahrung, um diese »weicheren« Merkmale zu überprüfen. Im Text sind zahllose namenlose Beispiele von Organisationen enthalten, die gegenteilige Methoden anwandten. Wir baten auch etwa zwanzig langjährige Mitglieder von McKinsey & Company – die als Unternehmensberater insgesamt über mehrere hundert Jahre Berufserfahrung verfügen –, zu unseren Ergebnissen Stellung zu nehmen. Zwar fand nicht jedes Ergebnis allgemeine Zustimmung, aber wir erreichten einen hohen Stand allgemeiner Übereinstimmung.

Schließlich überprüften wir unsere Ergebnisse in Kreisen der Wirtschaft. In den letzten vier Jahren haben wir sie unzählige Male der Öffentlichkeit präsentiert, von Führungsgruppen aus Unternehmen, die nicht zu unserer Auswahl gehören, über Vorträge vor Professoren und Studenten führender Wirtschaftsinstitute bis zu Versammlungen von Wirtschafts- und Berufsverbänden überall in den Vereinigten Staaten. Fast immer gehörten zu diesen Präsentationen Diskussionen, in denen wir die Praktiker aufforderten, unsere Ergebnisse in Frage zu stellen oder zu bestätigen. Mit der gleichen Absicht verteilten wir auf Anfrage etwa dreitausend Exemplare unseres ursprünglichen Berichts – an Führungskräfte, an Wissenschaftler in Lehre und Forschung, an Regierungsbeamte und andere. Schließlich wurde der Bericht auch in der Fach- und allgemeinen Presse ausführlich kommentiert. Fast in allen Fällen wurden unsere Ergebnisse von denen, die sie lasen oder von ihnen hörten, bestätigt.

Damit wollen wir nur sagen, daß unsere Ergebnisse, auch wenn sie nicht auf absolut vollkommener wissenschaftlicher Forschung beruhen, sich doch auf ein hinreichendes Maß sorgfältiger Analysen stützen, und daß sie ihre Probe vor der Fachwelt und der Öffentlichkeit bestanden haben.

II. Beschreibung der Quellen

Die statistischen Analysen dieses Buches stützten sich im wesentlichen auf fünf Datenquellen

1. Umfrage bei ABC-Mitgliedern

Wir entwickelten einen Fragebogen mit 82 Fragen und führten damit dann eine Umfrage durch, die von 46 Mitgliedern der American Business Conference beantwortet wurde. Der Fragebogen schnitt Themen wie Marktmerkmale, Unternehmenswerte, Organisation und Vergütung an. Die Ergebnisse wurden tabellarisch geordnet und als einer der Quellen benutzt, um die gemeinsamen Merkmale wachstumsstarker mittelgroßer Unternehmen zu ermitteln.

2. Compustat

Compustat, eine von Standard & Poor's verwaltete Datenbank, enthält in 175 Kategorien Finanzinformationen über mehr als sechstausend Aktiengesellschaften aus einem Zeitraum von bis zu zwanzig Jahren.

Da in Compustat alle 81 Aktiengesellschaften unter den ABC-Unternehmen, mehr als 2 500 andere mittlere Unternehmen und praktisch alle *Fortune* 500-Firmen erfaßt sind, benutzten wir diese Datenbank häufig, um Vergleichsdurchschnittswerte und Vergangenheitstrends zu berechnen.

3. Dun & Bradstreet

Dun & Bradstreet unterhält eine Datenbank, in der mehr als 5 Millionen gewerbliche Unternehmen beschrieben werden. Von diesen Unternehmen sind etwa 15 000 mittelgroß. Für unseren Bericht von 1983 *The Winning Performance of the Midsized Growth Companies* werteten wir Größe, Verteilung und wirtschaftlichen Einfluß dieser Unternehmen aus; 6 117 mittelgroße Unternehmen waren in der D & B-Datenbank ausreichend dokumentiert, um auch Wachstumsmuster zu berechnen.

4. IRS Statistics

Um die Anzahl der amerikanischen Unternehmen bestimmen zu können, verwendeten wir die Daten der »Statistics of Income« des Internal Revenue Service (Finanzverwaltung). In dieser Zusammenstellung sind Schätzungen über die Zahl der Kapitalgesellschaften, Personengesellschaften und Einzelfirmen, die in den Vereinigten Staaten zur Ertragssteuer veranlagt werden, enthalten.

5. PIMS

PIMS (Profit Impact of Market Strategy) ist ein Programm für angewandte Forschung, das vom Strategic Planning Institute (SPI) in Cambridge, Massachusetts, betrieben wird. SPI gab uns die Erlaubnis, ein weites Spektrum von Analysen mittelgroßer Unternehmenseinheiten in der PIMS-Datenbank durchzuführen. In dieser Datenbank sind Angaben über Aktivitäten und Ergebnisse von etwa 2 500 Unternehmenseinheiten enthalten, die von einer Gruppe von 200 beteiligten Unternehmen zur Verfügung gestellt werden.

Zuerst wurden die 525 mittelgroßen Unternehmenseinheiten (mit Umsätzen zwischen 25 Millionen Dollar und 1 Milliarde Dollar) ausgesondert. Dann wurden sie analysiert, um den Einfluß verschiedener Marketingstrategien und wirtschaftlicher Bedingungen auf die Kapitalrendite festzustellen.

Soweit SPI und wir wissen, wurde dieses Segment seiner Datenbank damit überhaupt zum ersten Mal isoliert analysiert.

III. Beschreibung der Datenanalysen und der Ergebnisse

Die quantitativen Analysen, die wir in den zwei Jahren der ursprünglichen ABC- Untersuchung durchführten, und die Zusatzanalysen für dieses Buch gliedern sich in drei Hauptkategorien:

- Analyse aller mittelgroßen Unternehmen
- Analyse wachstumsstarker mittelgroßer Unternehmen
- Analyse von ABC-Mitgliedsunternehmen.

Analyse aller mittelgroßen Unternehmen

Wir versuchten, die Bedeutung mittelgroßer Unternehmen und ihre Verteilung in der Wirtschaft der Vereinigten Staaten festzustellen. Aus Dun & Bradstreets Datenbank über 5 Millionen Firmen entnahmen wir statistische Angaben über 15 000 mittelgroße Unternehmen. Die Ergebnisse dieser statistischen Analysen werden in den folgenden Abbildungen graphisch dargestellt.

Abbildung 1: Obwohl mittelgroße Unternehmen ein Segment sind, das nur einen Bruchteil von einem Prozent aller Unternehmen der amerikanischen Wirtschaft repräsentiert, steuern sie einen überproportional großen Teil der Umsätze, des Anlagevermögens und der Arbeitsplätze bei.

Abbildung 1
Mittelgroße Unternehmen in der amerikanischen Wirtschaft

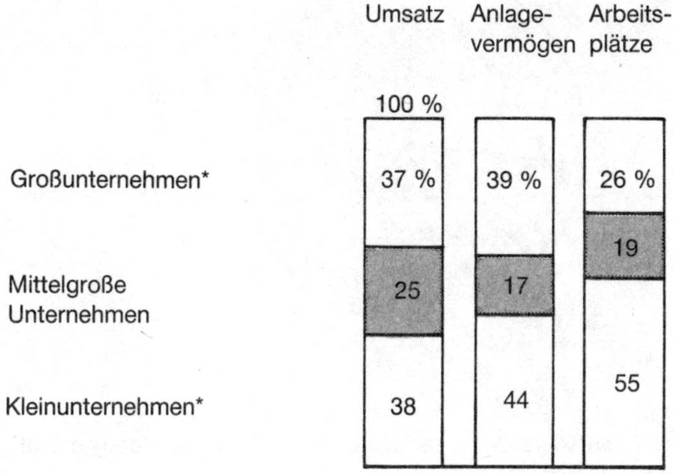

* Geschätzt

Anmerkung: Als mittelgroß wird ein Unternehmen definiert, das einen Gesamtumsatz zwischen 25 Millionen Dollar und 1 Milliarde Dollar hat; ohne Finanzsektor.

Quellen: Dun & Bradstreet; *Statistical Abstract of the United States*; IRS-Umsatzstatistik; *Forbes*; *Fortune*; McKinsey-Analyse

Abbildung 2: Ähnlich haben die amerikanischen mittleren *Finanzinstitute* einen überproportional großen Anteil am Anlagevermögen.

Abbildung 2
Geschätzter Anteil mittelgroßer Finanzunternehmen am Anlagevermögen des Finanzsektors
Daten von 1982

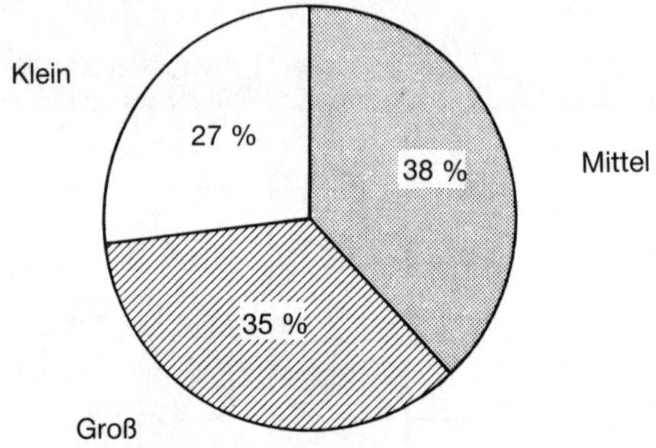

Quellen: 1983 Savings & Loan Sourcebook; 1982 Statistics on Banking; Moody's Bank and Finance Manual; McKinsey-Analyse

Anmerkung: Als mittelgroß werden Unternehmen mit Anlagevermögen zwischen 250 Millionen Dollar und 8 Milliarden Dollar definiert

Abbildung 3: Insgesamt entsprechen die Wirtschaftssektoren, in denen mittelgroße Unternehmen tätig sind, der Verteilung aller Unternehmungen.

Abbildung 3
Verteilung mittelgroßer Unternehmen im Vergleich zur amerikanischen Wirtschaft

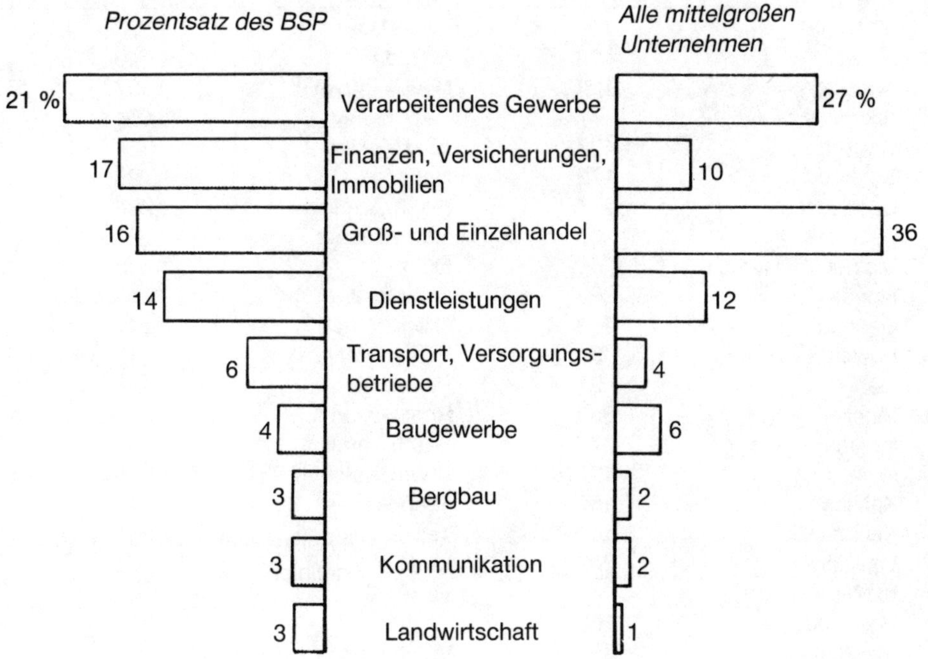

Quellen: Dun & Bradstreet; U.S. Survey of Current Business, August 1984; McKinsey-Analyse

Abbildung 4: Die Standorte mittelgroßer Unternehmen sind über das ganze Land verteilt.

Abbildung 4
Anzahl mittelgroßer Unternehmen in den Vereinigten Staaten

Staat	Anzahl der Firmen	Staat	Anzahl der Firmen
Alabama	151	Nebraska	87
Alaska	28	Nevada	40
Arizona	102	New Hampshire	37
Arkansas	77	New Jersey	554
California	1 437	New Mexiko	34
Colorado	172	New York	1 195
Connecticut	274	North Carolina	226
Delaware	37	North Dakota	23
District of Columbia	50	Ohio	635
Florida	363	Oklahoma	218
Georgia	253	Oregon	141
Hawai	34	Pennsylvania	712
Idaho	21	Puerto Rico	55
Illinois	885	Rhode Island	48
Indiana	270	South Carolina	98
Iowa	137	South Dakota	19
Kansas	158	Tennessee	258
Kentucky	133	Texas	1 234
Louisiana	202	Utah	73
Maine	45	Vermont	9
Maryland	160	Virginia	218
Massachusetts	394	Virgin Islands	2
Michigan	484	Washington	226
Minnesota	321	West Virginia	55
Mississippi	68	Wisconsin	337
Missouri	315	Wyoming	8
Montana	25	Insgesamt	13 188

Anmerkung: Daten für 1982; ohne Finanzsektor; dies sind Mindestwerte – d. h. sie erfassen die Firmen, die speziell ermittelt werden konnten.

Quellen: Dun & Bradstreet; McKinsey-Analyse

Abbildung 5: Wenn man die Ergebnisse der 6 117 mittelgroßen Unternehmen mit denen der oberen Hälfte der *Fortune* 500 vergleicht, zeigt sich, daß die mittelgroßen Unternehmen, am Umsatzwachstum und an der Eigenkapitalrendite gemessen, besser abschneiden als die amerikanischen Industriegiganten. (Von den 15 000 mittelgroßen Unternehmen in der Datenbank von Dun & Bradstreet waren 6 117 ausreichend dokumentiert, um diese Berechnungen zu erlauben).

Abbildung 5
Wachstum und Rendite mittelgroßer Unternehmen im Vergleich zu den »Fortune 250«
1981–82

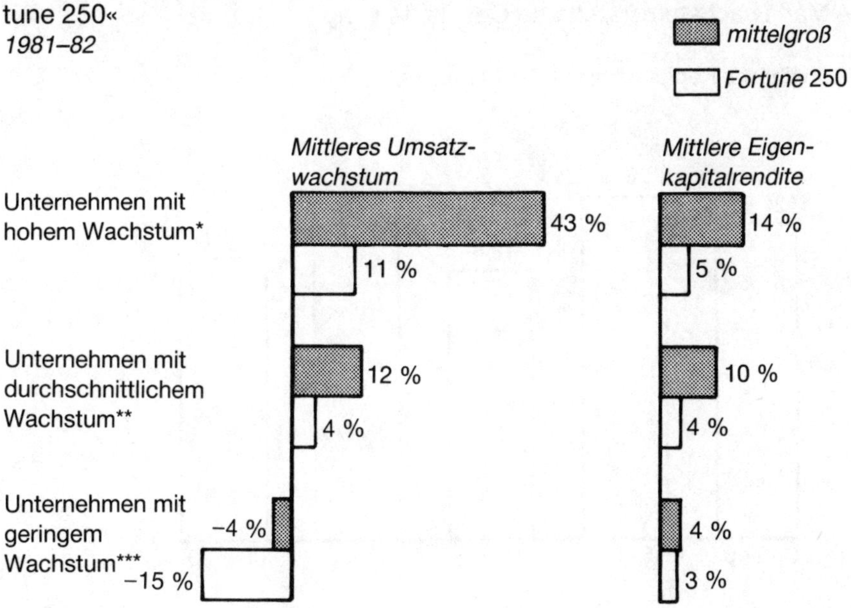

* Als diejenigen Unternehmen definiert, die mit ihrem Umsatzwachstum zum oberen Quartil der Auswahlen gehören

** Als diejenigen Unternehmen definiert, die mit ihrem Umsatzwachstum in die beiden mittleren Quartile der Auswahlen gehören

*** Als diejenigen Unternehmen definiert, die mit ihrem Umsatzwachstum in das untere Quartil der Auswahlen gehören

Anmerkung: Ohne Finanzinstitute, Versicherungen und Immobilien; es wurden 6 117 mittelständische Unternehmen und 250 *Forbes*-Unternehmen ausgewertet.

Um festzustellen, welche kritischen Variablen bei mittelgroßen Unternehmen außergewöhnliche Leistungen fördern, bewerteten wir 525 mittlere Unternehmenseinheiten aus der PIMS-Datenbank. Als wir die Kapitalrentabilität mit anderen Variablen korrelierten, erhielten wir die in den Abbildungen 6 bis 12 dargestellten Ergebnisse.

Abbildung 6: Zwischen Kapitalrentabilität und Gesamtmarktwachstum besteht kaum oder überhaupt kein Zusammenhang.

Abbildung 6
Reale Marktwachstumsraten und Geschäftserfolg

Durchschnittliche Kapitalrendite (über vier Jahre)*

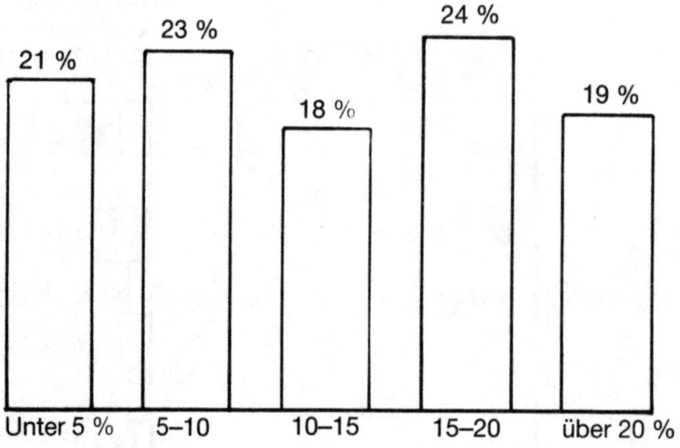

Reale Marktwachstumsraten

* Vor Zinsen und Gemeinkosten; 525 mittelgroße Unternehmen
Quelle: PIMS-Programm

Abbildung 7: . . . Ein deutlicher Zusammenhang besteht zwischen der Kapitalrentabilität eines Unternehmens und dem Ausmaß, in dem es »Gewinner«-Merkmale aufweist.

Abbildung 7
Anzahl strategischer Merkmale und Geschäftserfolg
Durchschnittliche Kapitalrendite (über vier Jahre)*

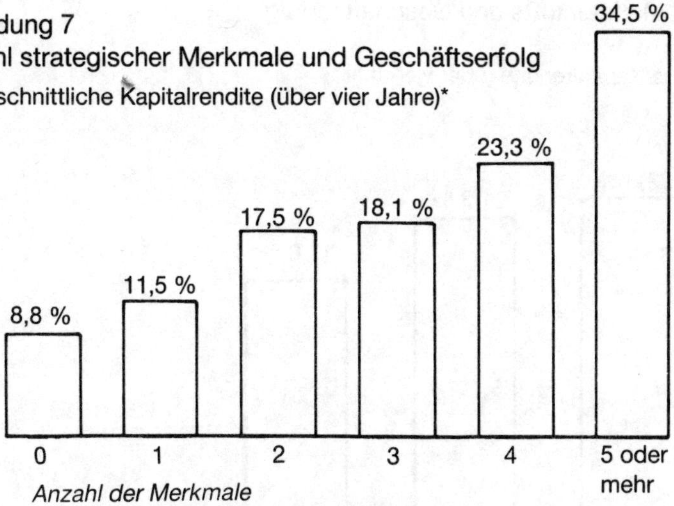

* Vor Zinsen und Gemeinkosten; 525 mittelgroße Unternehmen

Anmerkung: Als Indikatoren für strategische Merkmale eines Unternehmens wurden sechs Variablen verwendet; z. B. ein Marktanteilsrang von eins oder zwei als Indikator für Marktführerschaft

Quelle: PIMS-Programm

Abbildung 8: . . . in der Neigung, in seinen Märkten Pionierunternehmen zu sein.

Abbildung 8
Zeitpunkt des Markteintritts und Geschäftserfolg

Durchschnittliche Kapitalrendite (über vier Jahre)*

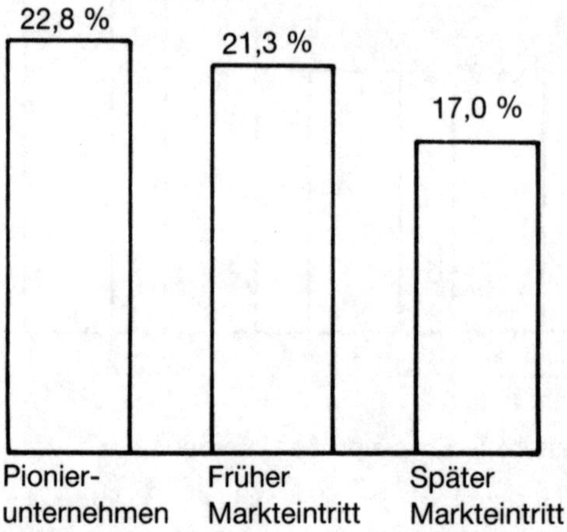

* Vor Zinsen und Gemeinkosten; 525 mittelgroße Unternehmen

Quelle: PIMS-Programm

Abbildung 9: Hohe Kapitalrendite korreliert auch mit kleineren »Nischen«-Märkten . . .

Abbildung 9
Marktgröße und Geschäftserfolg

Durchschnittliche Kapitalrendite (über vier Jahre)*

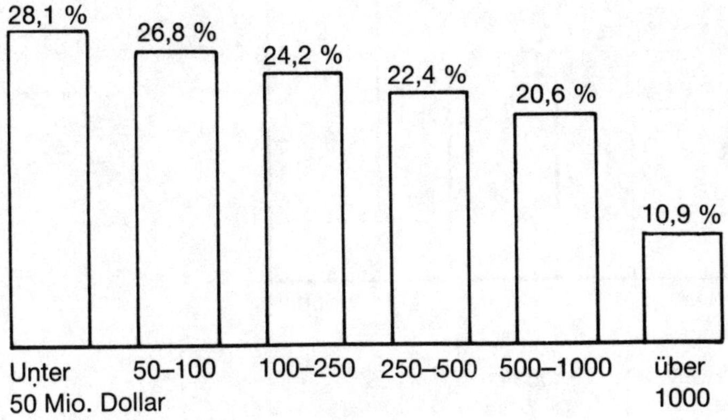

Marktgröße

* Vor Zinsen und Gemeinkosten; 525 mittelgroße Unternehmen

Quelle: PIMS-Programm

Abbildung 10: . . . und mit der Produktqualität . . .

Abbildung 10
Relative Produktqualität und Geschäftserfolg

Durchschnittliche Kapitalrendite (über vier Jahre)*

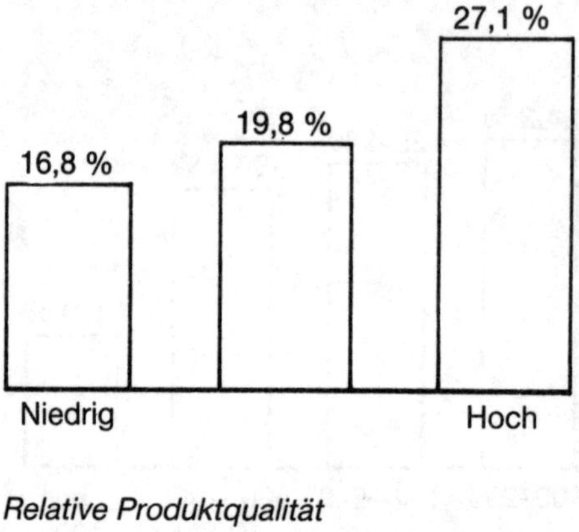

* Vor Zinsen und Gemeinkosten; 525 mittelgroße Unternehmen

Quelle: PIMS-Programm

Abbildung 11: . . . mit dem Marktanteil . . .

Abbildung 11
Marktanteilsrang und Geschäftserfolg

Durchschnittliche Kapitalrendite (über vier Jahre)*

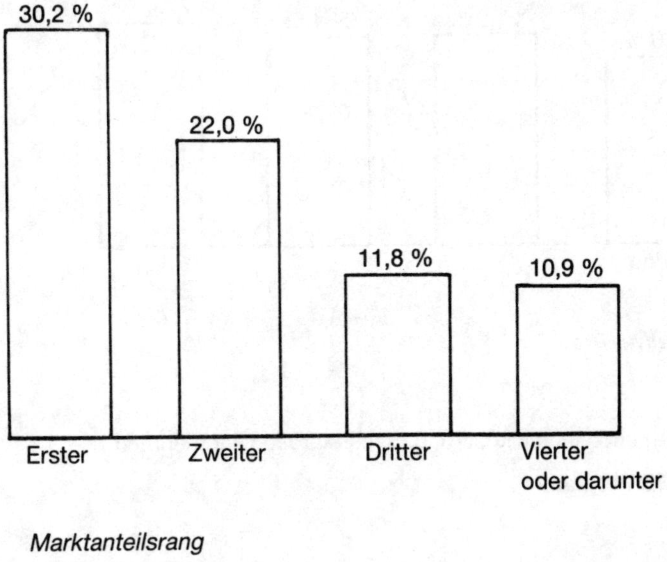

* Vor Zinsen und Gemeinkosten; 525 mittelgroße Unternehmen

Quelle: PIMS-Programm

Abbildung 12: . . . und mit hohen Preisen der Produkte.

Abbildung 12
Relativer Preis der Produkte und Geschäftserfolg

Durchschnittliche Kapitalrendite (über vier Jahre)*

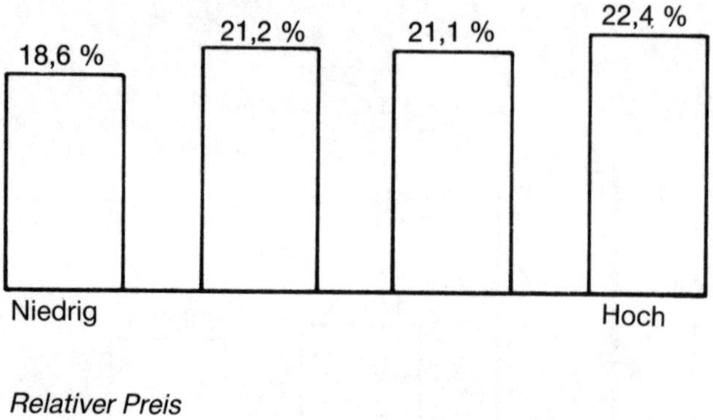

* Vor Zinsen und Gemeinkosten; 525 mittelgroße Unternehmen

Quelle: PIMS-Programm

Analyse der mittelgroßen Wachstumsunternehmen

Nachdem wir die Bedeutung des Sektors mittelgroßer Unternehmen für die Wirtschaft nachgewiesen hatten, wandten wir unsere Aufmerksamkeit der »Spitzenleistung« wachstumsstarker mittelgroßer Unternehmen zu; wir benutzten die Compustat- und Dun & Bradstreet-Datenbanken und erhielten Ergebnisse, die wir in den Abbildungen 13 bis 15 zeigen.

Abbildung 13: Zum größten Teil weisen die mittelgroßen Unternehmen insgesamt und die mittelgroßen Wachstumsunternehmen eine ähnliche Branchenverteilung auf.

Abbildung 13
Verteilung der mittelgroßen Unternehmen und der »wachstumsstarken« mittelgroßen Unternehmen

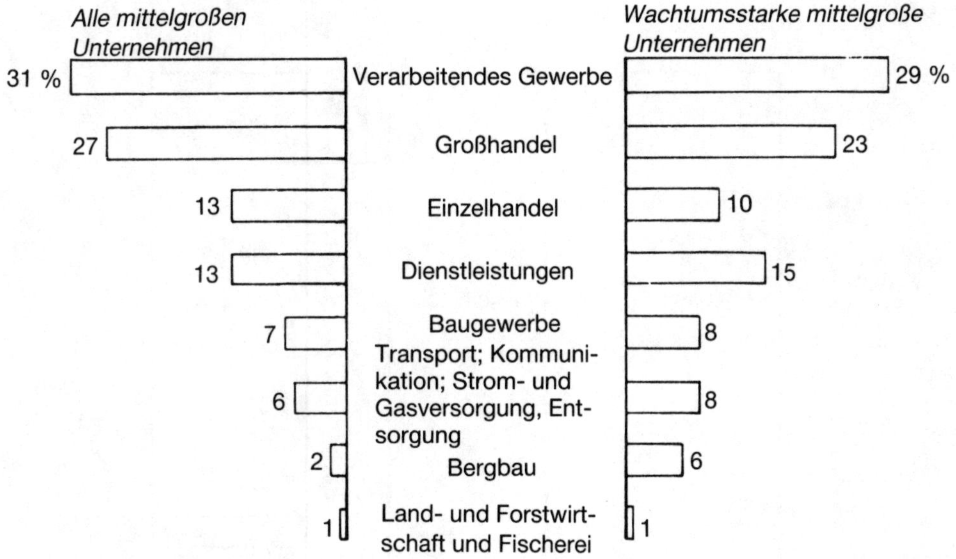

Anmerkung: Ohne Finanzinstitute, Versicherungen und Immobilien; Basis: Zahlen von 1981–82

Quellen: Dun & Bradstreet; McKinsey-Analyse

Abbildung 14: Bei den in der Compustat-Datenbank erfaßten Unternehmen gehört ein überproportional großer Prozentsatz der wachstumsstarken Unternehmen zum »mittleren« Sektor.

Abbildung 14

Prozentualer Anteil wachstumsstarker Unternehmen an der Erhebungsauswahl – Kombination der Daten von 1973–83 und 1980–83

Die Gruppe mittelgroßer Unternehmen zeigt die größte Konzentration wachstumsstarker Unternehmen

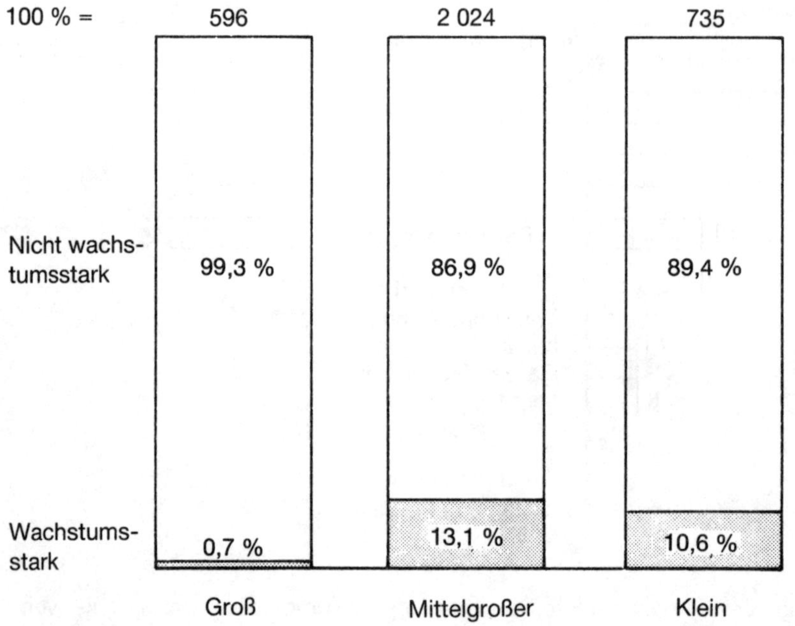

Die Zahlen beziehen sich auf das Umsatzwachstum 1973–83 oder 1980–83, wo für 1973 keine Angaben zur Verfügung standen.
»Wachstumsstark« = durchschnittlich jährliches Wachstum über 20 %

Quellen: Auswahl von 3355 Unternehmen aus Compustat; McKinsey-Analyse

Abbildung 15: Um Erkenntnisse über das Problem der Beibehaltung hoher Wachstumsraten zu gewinnen, verfolgten wir die Ergebnisse von hundert Star-Unternehmen des Jahres 1973 über die nächsten fünf und zehn Jahre. Nach zehn Jahren konnten nur noch siebenundzwanzig der Star-Unternehmen von 1973 diesen Titel beanspruchen.

Abbildung 15
Die Star-Unternehmen* von 1973
100 % = 100 Unternehmen

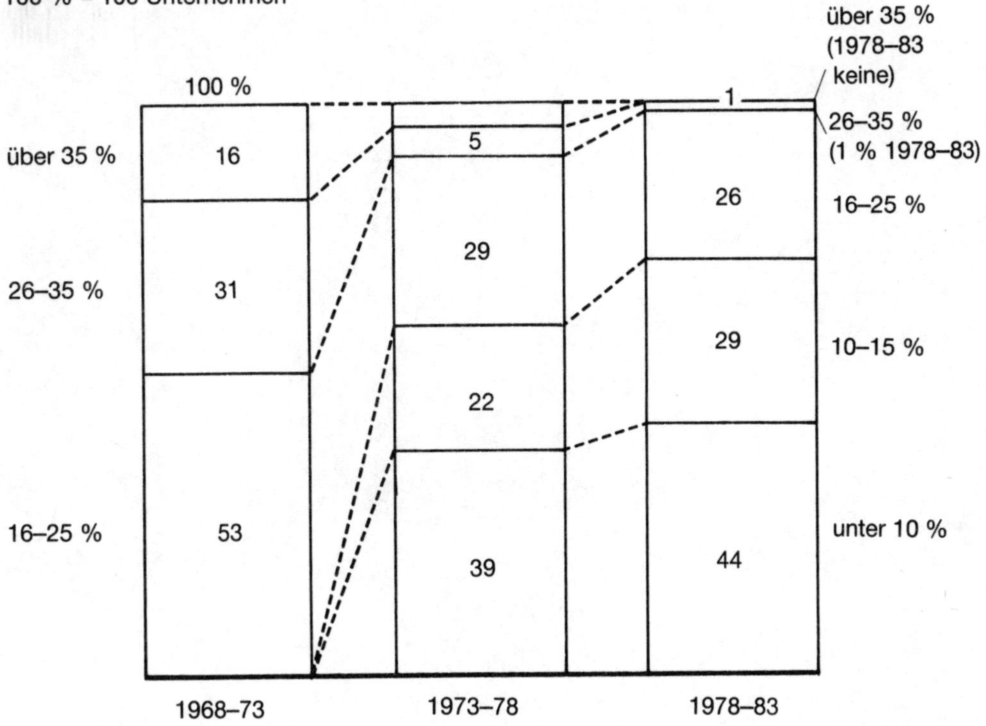

* Star-Unternehmen werden als die mittelgroßen Unternehmen definiert, die 1968–73 das höchste Umsatzwachstum aufwiesen und 1982 noch existierten

Quellen: Compustat; McKinsey-Analyse

Analyse der ABC-Mitgliedsunternehmen

Da die ABC-Unternehmen in diesem Buch weitgehend im Mittelpunkt stehen, haben wir ihre Merkmale und Leistung einer ausgiebigen Analyse unterzogen. Diese Analyse stützt sich weitgehend auf Daten, die die Compustat-Datenbank über die einundachtzig Aktiengesellschaften unter den ABC-Unternehmen enthält.

Wie der »mittlere« Sektor, in dem sie eine Untergruppe sind, sind die Mitglieder der American Business Conference breit über die Wirtschaft der Vereinigten Staaten verteilt, was die Abbildungen 16 bis 18 zeigen.

Abbildung 16: . . . geographisch . . .

Abbildung 16
Anzahl von ABC-Unternehmen in den fünfzehn bevölkerungsreichsten Staaten
1984

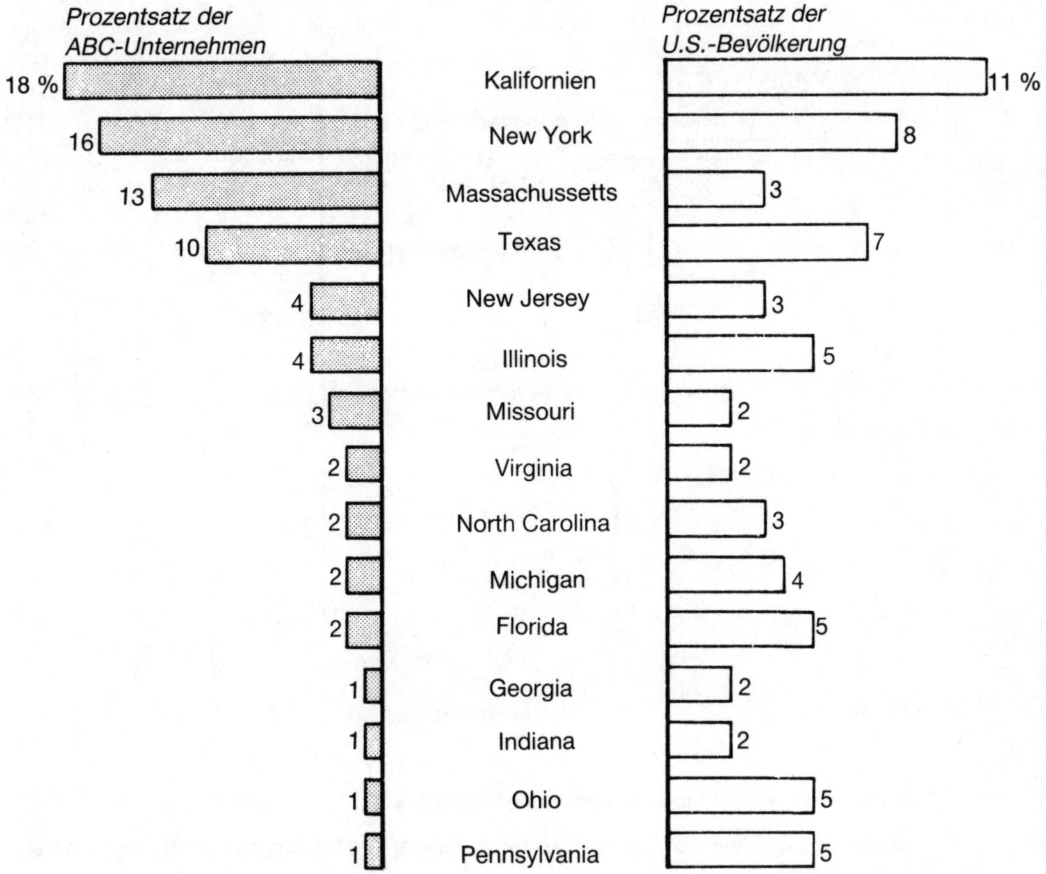

Anmerkung: Auf diese 15 Staaten entfallen 85 % der Bevölkerung der Vereinigten Staaten; ABC-Unternehmen haben ihren Sitz in 25 Staaten und im District of Columbia.

Quellen: 1984 Statistical Abstract of the U.S.; McKinsey-Analyse

Abbildung 17: . . . und nach Wirtschaftszweigen

Abbildung 17
Verteilung der ABC-Unternehmen auf die Wirtschaftssektoren

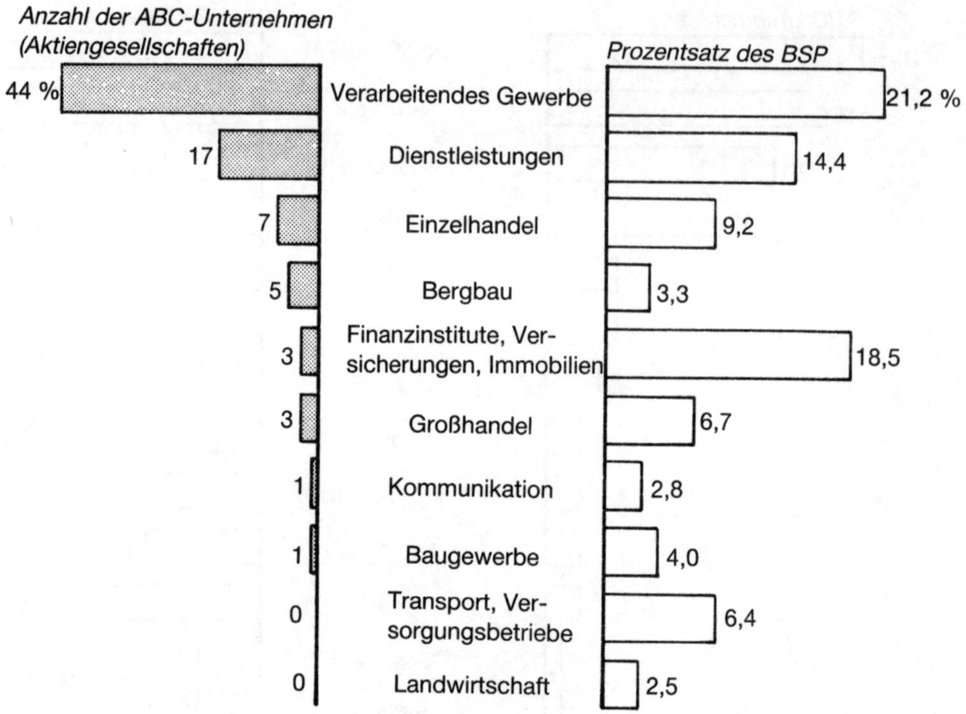

Anmerkung: ABC-Mitgliedschaft im Februar 1984

Quellen: U.S. Survey of Current Business, August 1984; Compustat; McKinsey-Analyse

Abbildung 18: Im Vergleich zu ihrer Branche erzielen die meisten ABC-Unternehmen jeweils Spitzenergebnisse.

Abbildung 18
Leistung der ABC-Unternehmen im Vergleich zu ihrer Branche
1978–83

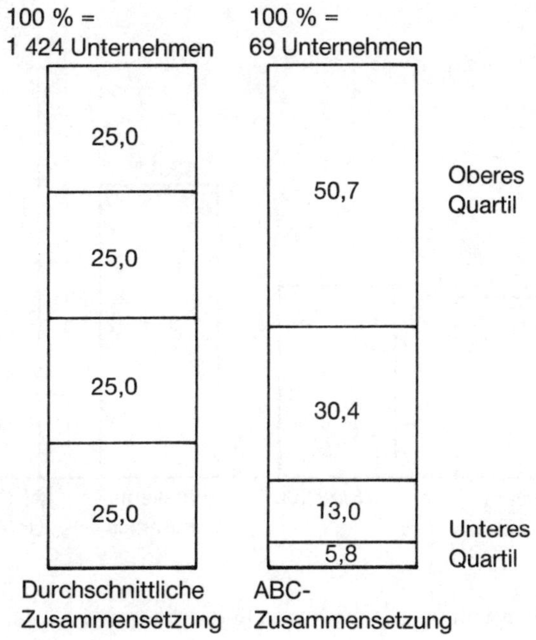

Anmerkung: Leistungsmaßstab ist die Kombination aus Umsatzwachstum und Eigenkapitalrendite. ABC-Mitgliedschaft im Februar 1984.

Quellen: Compustat; McKinsey-Analyse

Zur allgemeinen Leistungsevaluation werden die Wachstumsraten der ABC-Unternehmen mit den Werten der »Excellent Companies«, die bei Peters/Waterman *Auf der Suche nach Spitzenleistungen* beschrieben werden, mit den Daten der *Fortune 500* und soweit möglich mit denen der Gesamtwirtschaft der Vereinigten Staaten, verglichen. Diese Auswertungen werden mit Hilfe der Daten von Compustat, FOCUS und Statistical Analysis System (SAS) erstellt. Die ABC-Mitgliedsunternehmen erzielten in jedem Bereich die besten Ergebnisse, mit Ausnahme der Eigenkapitalrendite.

Abbildung 19: . . . sie haben das höchste Umsatzwachstum . . .

Abbildung 19
Umsatzwachstum
Auf Jahresbasis 1978–83

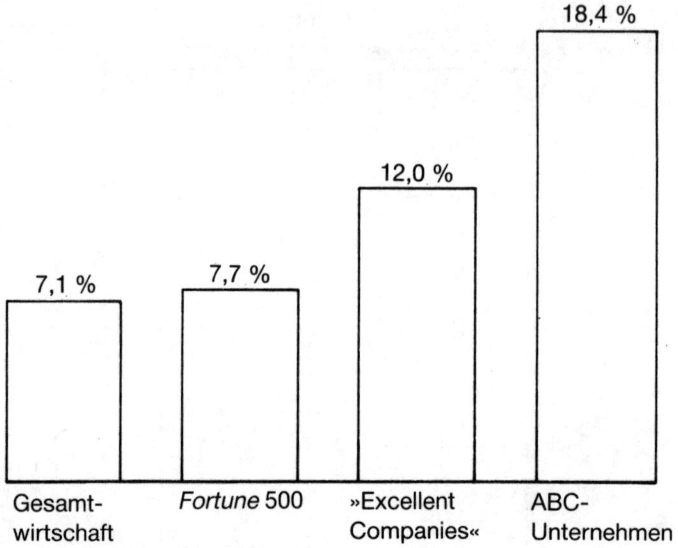

Anmerkung: ABC-Mitgliedschaft im Februar 1984 (Mittelwerte). Die Zahlen für die *Fortune* 500 entstammen einer Datenbank über 470 Unternehmen.

Quellen: Compustat; *Fortune*; *Auf der Suche nach Spitzenleistungen*; Konjunkturindikatoren

Abbildung 20: . . . sie haben das größte Wachstum des Nettoertrages . . .

Abbildung 20
Wachstum des Nettoertrages
Auf Jahresbasis 1978–83

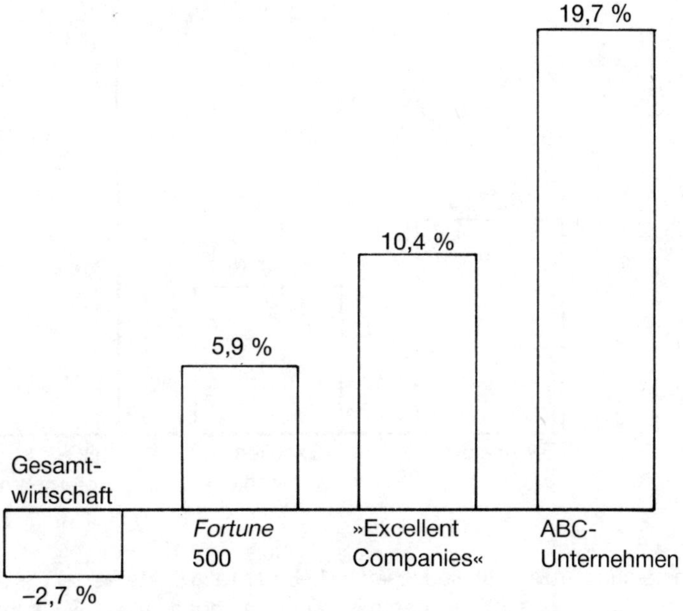

Anmerkung: ABC-Mitgliedschaft im Februar 1984 (Mittelwerte). Die Zahlen für die *Fortune* 500 entstammen einer Datenbank über 470 Unternehmen.

Quellen: Compustat; *Fortune*; *Auf der Suche nach Spitzenleistungen*; Konjunkturindikatoren

Abbildung 21: . . . ihr Marktwert ist am stärksten gestiegen . . .

Abbildung 21
Wachstum des Marktwertes
Auf Jahresbasis 1978–83

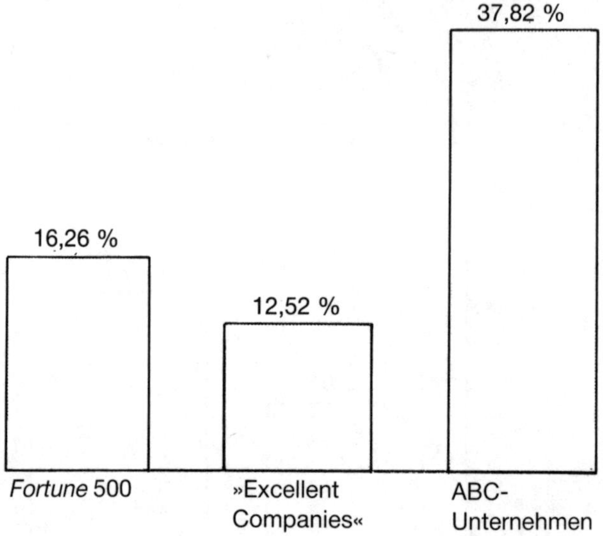

Anmerkung: ABC-Mitgliedschaft im Februar 1984 (Mittelwerte). Die Zahlen für die *Fortune* 500 entstammen einer Datenbank über 470 Unternehmen.

Quellen: Compustat; *Fortune*; *Auf der Suche nach Spitzenleistungen*; Konjunkturindikatoren

Abbildung 22: . . . bei der Eigenkapitalrendite sind sie (nach den »Excellent Companies«) zweite . . .

Abbildung 22
Eigenkapitalrendite
Jahresdurchschnitt für 1978–83

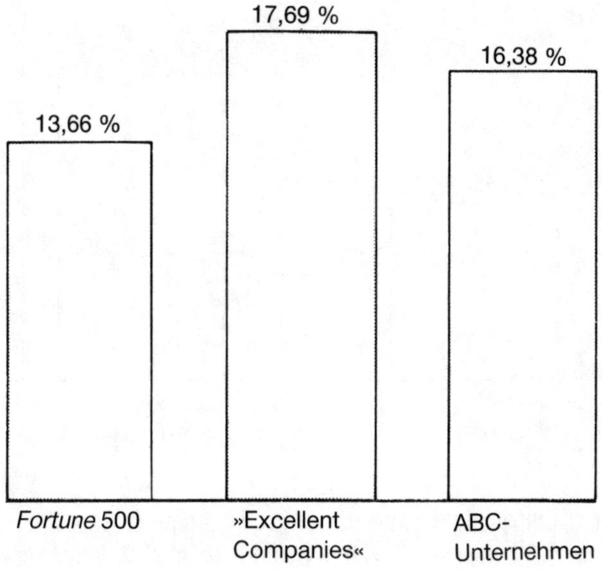

Anmerkung: ABC-Mitgliedschaft im Februar 1984 (Mittelwerte). Die Zahlen für die *Fortune* 500 entstammen einer Datenbank über 470 Unternehmen.

Quellen: Compustat; *Fortune*; *Auf der Suche nach Spitzenleistungen*

Abbildung 23: . . . sie haben das höchste Wachstum des Anlagevermögens . . .

Abbildung 23
Wachstum des Anlagevermögens
Auf Jahresbasis 1978–83

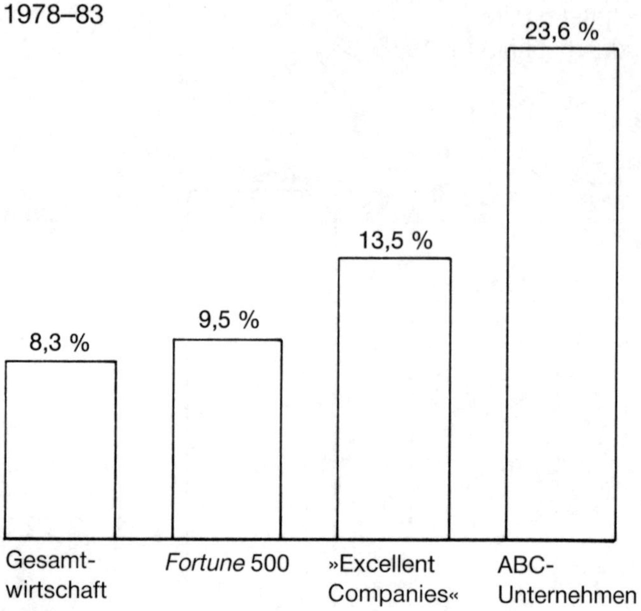

Anmerkung: ABC-Mitgliedschaft im Februar 1984 (Mittelwerte). Die Zahlen für die *Fortune* 500 beruhen auf einer Datenbank von 470 Unternehmen.

Quellen: Compustat; *Fortune*; *Auf der Suche nach Spitzenleistungen*; Konjunkturindikatoren

Abbildung 24: . . . sie schaffen am meisten Arbeitsplätze . . .

Abbildung 24
Wachstumsraten der Arbeitsplätze
Auf Jahresbasis 1978–83

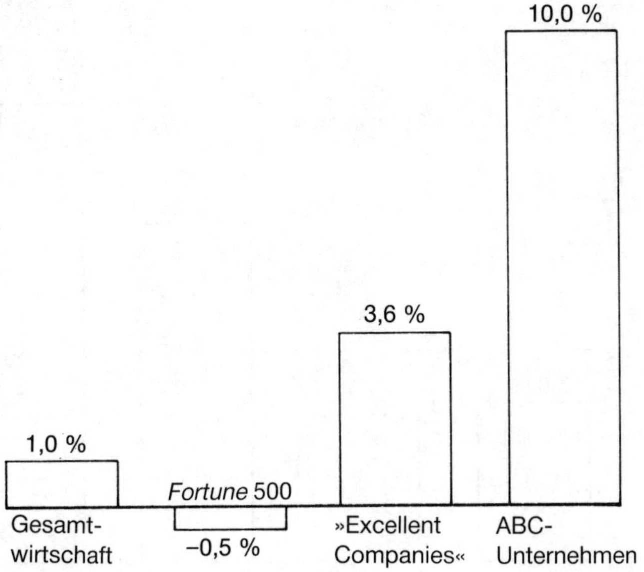

Anmerkung: ABC-Mitgliedschaft im Februar 1984 (Mittelwerte). Die Zahlen für die *Fortune* 500 beruhen auf einer Datenbank von 470 Unternehmen.

Quellen: Compustat; *Fortune*; *Auf der Suche nach Spitzenleistungen*; Konjunkturindikatoren

Abbildung 25: . . . und hatten das stärkste Investitionswachstum . . .

Abbildung 25
Investitionswachstum
Auf Jahresbasis 1978–83

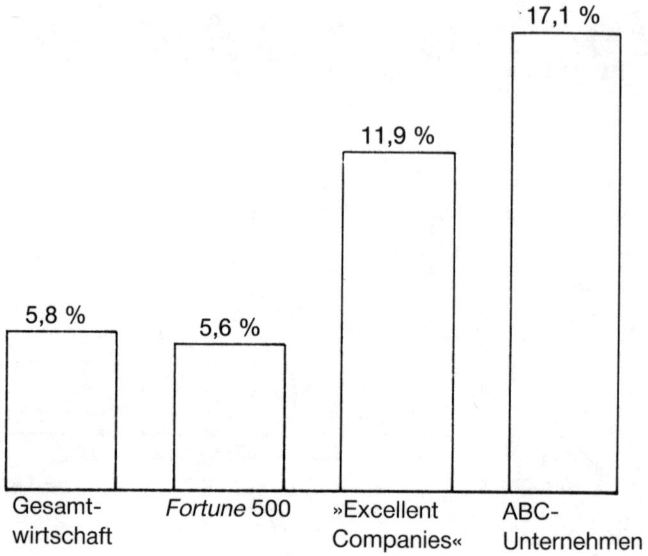

Anmerkung: ABC-Mitgliedschaft im Februar 1984 (Mittelwerte). Die Zahlen für die *Fortune* 500 entstammen einer Datenbank über 470 Unternehmen.

Quellen: Compustat; *Fortune*; *Auf der Suche nach Spitzenleistungen*; Konjunkturindikatoren

Unsere Analyse der ABC-Mitglieder schlossen wir mit der Auswertung einer Umfrage ab, bei der zweiundachtzig Fragen zu beantworten waren. Unsere sechsundvierzig Antworten ermöglichten uns, eine Datenbasis der angegebenen Erfolgsmerkmale aufzubauen, die sich auf Faktoren wie Strategie, Marketingphilosophie und Organisation bezogen. Zu den signifikanten Ergebnissen gehören die, welche in den Abbildungen 26 bis 36 dargestellt werden.

Abbildung 26: Drei Viertel führen ihren Anfangserfolg auf Innovation zurück.

Abbildung 26
Anteil der Befragten, die den Anfangserfolg auf einen einmaligen Faktor zurückführen

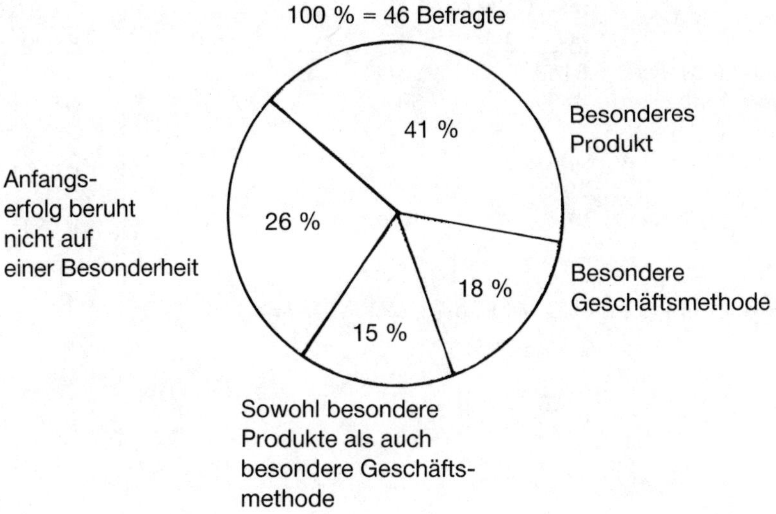

Quelle: Umfrage bei ABC-Mitgliedern

Abbildung 27: Die Auswahl bestätigt überwiegend die Strategie-Merkmale Innovation, Nischenwettbewerb und wert- statt preisbezogener Wettbewerb.

Abbildung 27
Strategie-Merkmale der ABC-Unternehmen

	»Trifft für mein Unternehmen zu«	Bedeutung		
		Groß	Mäßig	Gering
Häufige Innovation	84 %	63 %	34 %	3 %
Nischenwettbewerb	81 %	59 %	32 %	9 %
»Überhöhte Investitionen« für kritische Funktionen	59 %	31 %	34 %	35 %
Werte, nicht Preis	97 %	80 %	20 %	0 %

Quellen: Umfrage bei ABC-Mitgliedern; McKinsey-Analyse

Abbildung 28: Mit der Zeit konzentrieren sich Innovationen mehr auf neue Geschäftsmethoden als auf neue Produkte.

Abbildung 28
Dauerinnovatoren:*
Veränderung im Charakter der Innovation

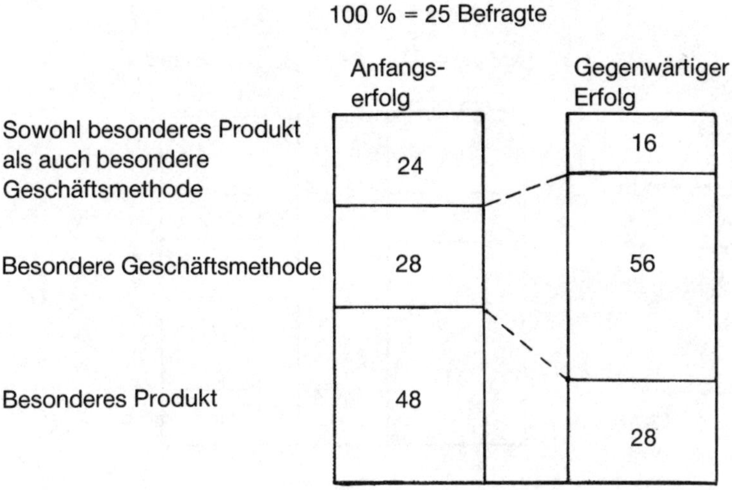

* Als Dauer-Innovatoren werden Unternehmen definiert, die sowohl ihren Anfangserfolg als auch ihren gegenwärtigen Erfolg auf Innovation zurückführen.

Quelle: Umfrage bei ABC-Mitgliedern

Abbildung 29: Es ist schwer, ununterbrochen innovativ zu sein.

Abbildung 29
Bedeutung einmaliger Faktoren für Anfangserfolg und gegenwärtiger Erfolg

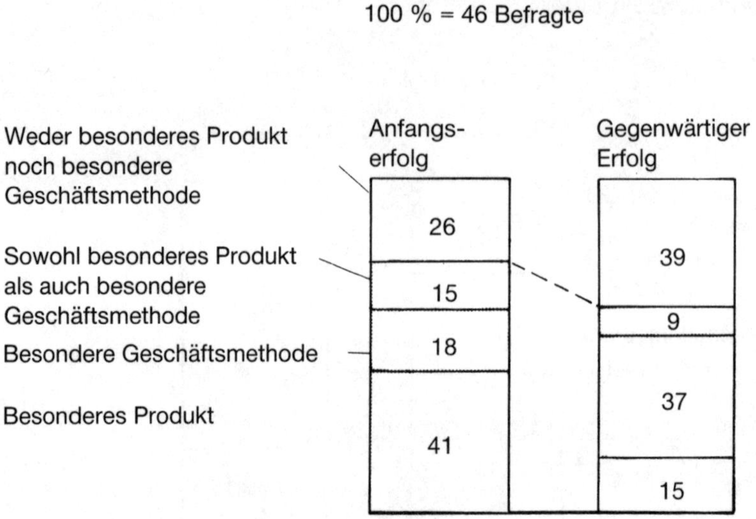

Quelle: Umfrage bei ABC-Mitgliedern

Abbildung 30: Kaum eines stützt sich nach wie vor auf ein einziges Produkt für einen einzigen Markt – die meisten haben in verwandte Produkte und/oder Märkte diversifiziert.

Abbildung 30
Ähnliche Märkte und Produkte

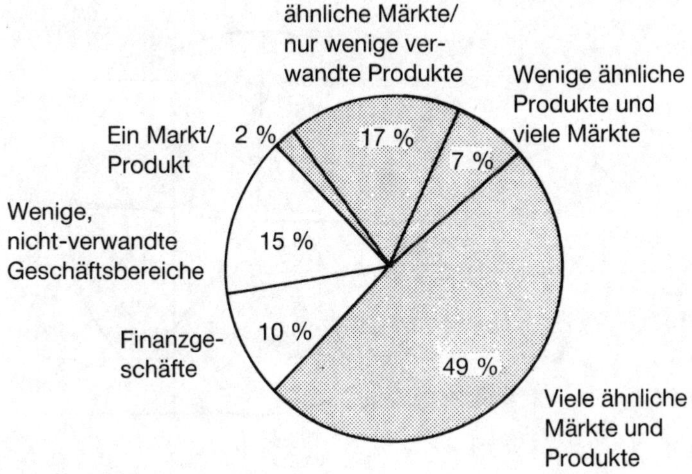

Quelle: Umfrage bei ABC-Mitgliedern

Abbildung 31: Drei Viertel sind durch Akquisitionen gewachsen, die Hälfte erwarb mehr als ein oder zwei Unternehmen.

Abbildung 31
Verteilung der Anzahl Akquisitionen der Umfrageteilnehmer in den letzten zehn Jahren

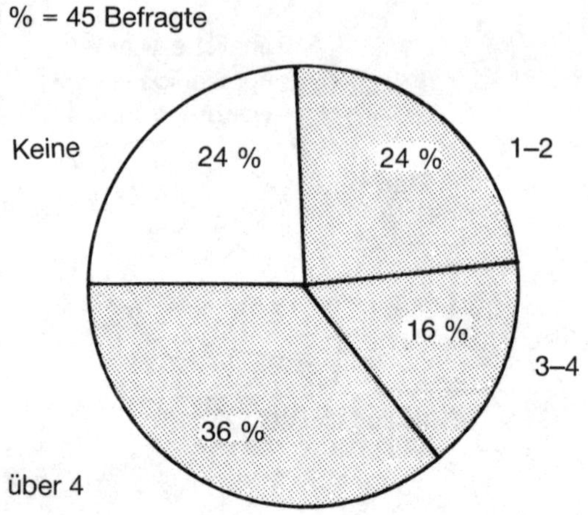

Quelle: Umfrage bei ABC-Mitgliedern

Abbildung 32: Über die Bedeutung einiger Organisationsmerkmale besteht ausgeprägter Konsens.

Abbildung 32
Organisationsmerkmale von ABC-Mitgliedern

	»Trifft für mein Unternehmen zu«	»Einfluß auf meinen Erfolg« Sehr wichtig	Mäßig wichtig	Relativ unwichtig
Selbstverständnis und gemeinsame Werte	91 %	69 %	25 %	6 %
Personalverantwortung der Unternehmensleitung	91 %	83 %	14 %	3 %
Aktionsorientierung	91 %	89 %	8 %	3 %
Marktorientierung/ Kundennähe	97 %	89 %	11 %	0 %
Starke Leistungsanreize	95 %	61 %	39 %	0 %

Quellen: Umfrage bei ABC-Mitgliedern; McKinsey-Analyse

Abbildung 33: Sie legen Wert auf gemeinsame Werte.

Abbildung 33
Gemeinsame Werte in den ABC-Unternehmen

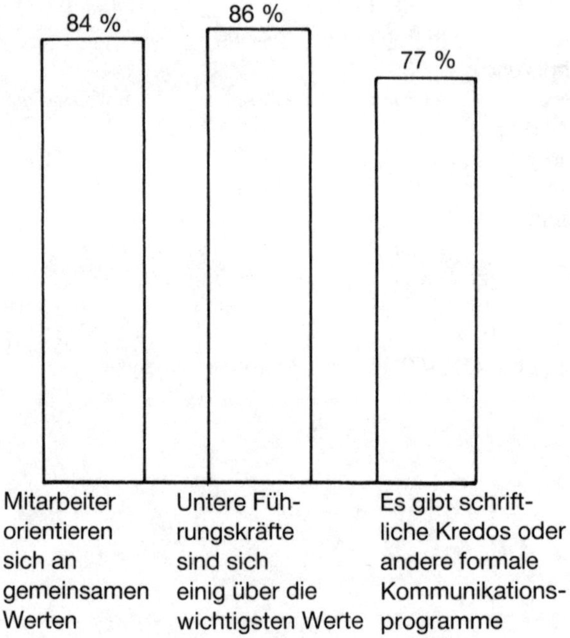

Quellen: Umfrage bei ABC-Mitgliedern; McKinsey-Analyse

Abbildung 34: Sie haben möglichst wenige und möglichst kleine Stabsabteilungen.

Abbildung 34
Größe der Stabsabteilungen in ABC-Unternehmen

	Größe der Abteilung			
	hat keine	klein	mittel	groß
Beziehungen zu staatlichen Behörden	80 %	18 %	2 %	0 %
Interne Kommunikation	64 %	24 %	9 %	3 %
Public Relation	58 %	38 %	4 %	0 %
Beziehungen zum Anlagepublikum	55 %	45 %	0 %	0 %
Unternehmensplanung	40 %	51 %	9 %	0 %
Rechtsfragen	33 %	42 %	22 %	3 %
Personal	7 %	31 %	53 %	9 %

Quellen: Umfrage bei ABC-Mitgliedern; McKinsey-Analyse

Abbildung 35: In ABC-Unternehmen besitzen die Mitarbeiter in erheblichem Umfang Unternehmensanteile, sowohl bei breiter Streuung als auch bei enger Konzentration der Eigentumsanteile.

Abbildung 35
Unternehmensanteile der Mitarbeiter in ABC-Unternehmen
Prozentsatz aller Aktien im Publikumsbesitz

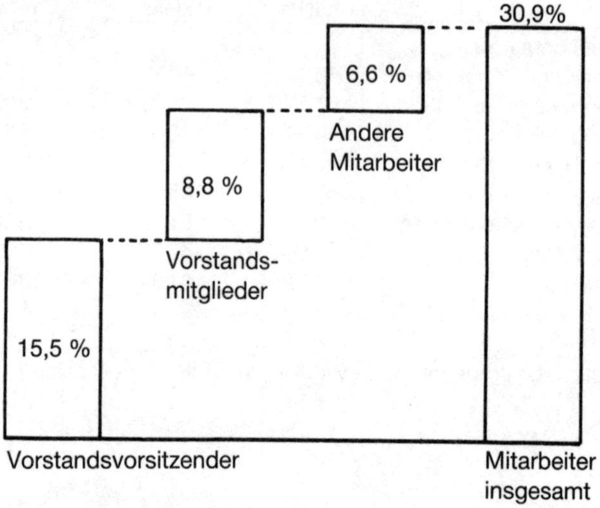

Quellen: Umfrage bei ABC-Mitgliedern; McKinsey-Analyse

[Abbildung 35 – Fortsetzung]

In Unternehmen mit eng gestreutem Aktienbesitz*

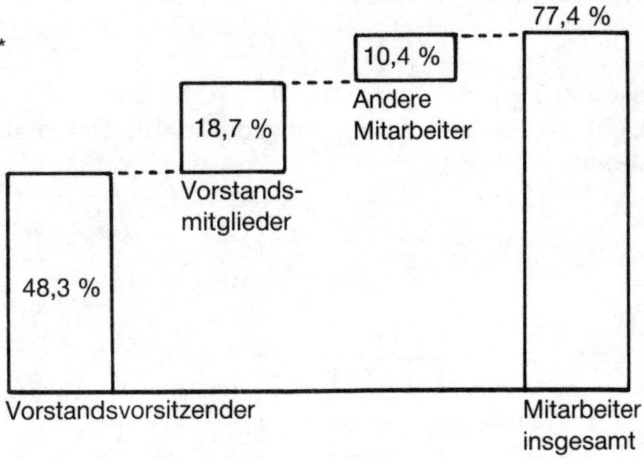

In Unternehmen mit breiter gestreutem Aktienbesitz**

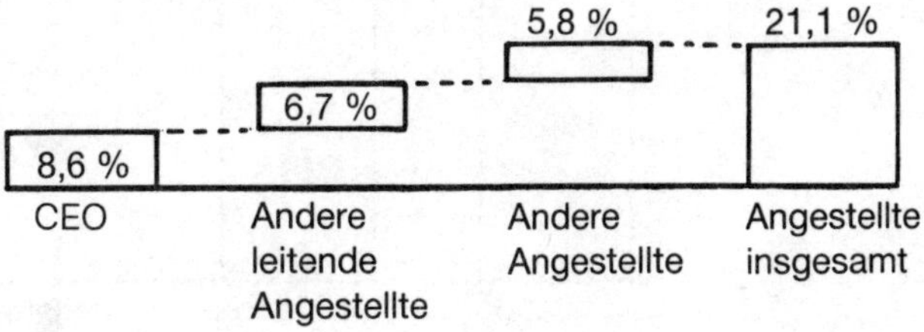

* Über 50 % im Besitz der Angestellten; 7 Unternehmen vertreten

** Unter 50 % im Besitz der Angestellten; 33 Unternehmen vertreten

Quellen: Umfrage bei ABC-Mitgliedern; McKinsey-Analyse

Abbildung 36: Ein wesentlicher Teil der Vergütung der Führungskräfte wird in Form von Prämien bezahlt.

Abbildung 36
Prozentsatz der Gesamtvergütung, der in ABC-Unternehmen als Prämien gezahlt wird

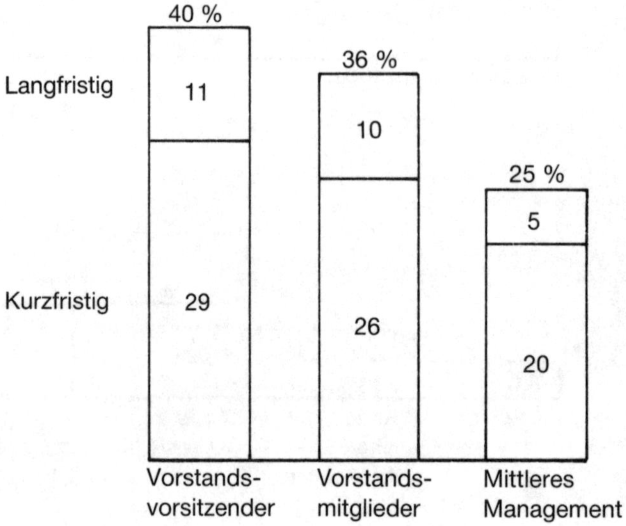

Quellen: Umfrage bei ABC-Mitgliedern; Mc Kinsey-Analyse

Personen- und Sachregister